数字营销系列

营销管理
新媒体、新零售与新营销

余来文　甄英鹏　黄绍忠　陈　龙 ◎著

企业管理出版社
ENTERPRISE MANAGEMENT PUBLISHING HOUSE

图书在版编目（CIP）数据

营销管理：新媒体、新零售与新营销 / 余来文等著. -- 北京：企业管理出版社，2021.1

ISBN 978-7-5164-2283-0

Ⅰ. ①营… Ⅱ. ①余… Ⅲ. ①营销管理 Ⅳ. ①F713.56

中国版本图书馆CIP数据核字(2020)第216609号

书　　名：	营销管理：新媒体、新零售与新营销
作　　者：	余来文　甄英鹏　黄绍忠　陈　龙
责任编辑：	郑　亮　黄　爽
书　　号：	ISBN 978-7-5164-2283-0
出版发行：	企业管理出版社
地　　址：	北京市海淀区紫竹院南路17号　邮编：100048
网　　址：	http://www.emph.cn
电　　话：	编辑部（010）68701638　发行部（010）68701816
电子信箱：	qyglcbs@emph.cn
印　　刷：	香河县闻泰印刷包装有限公司
经　　销：	新华书店
规　　格：	170毫米×240毫米　16开本　25.75印张　575千字
版　　次：	2021年1月第1版　2021年1月第1次印刷
定　　价：	58.00元

版权所有　翻印必究·印装有误　负责调换

前言

2020年已经临近年末,许多人们关注的国内科技型上市公司半年报早已经陆续出炉。美的集团2020年上半年营业总收入1397亿元,净利润139亿元,同时家用空调业务营业收入首次反超格力成为行业第一。小米集团2020年上半年营业总收入1032亿元,净利润57亿元,面对5G手机的普及,小米集团迅速迭代5G时代产品结构,牢牢守住头部厂商的地位。由于疫情原因,传统家电企业格力电器开始展现互联网思维,连续几次由董明珠直播带货,从22.63万元销售额开始,随后三场直播实现华丽逆袭,销售额先后跃升到3.1亿元、7亿元和65亿元,证明了传统企业面对新媒体的转型能带来更多的收益。还有人们一直关注的拼多多、美团等科技型上市公司,本书都把相关营销发展模式放到正文案例里面与读者进行剖析分享。本书着重从新媒体、新零售、新营销三个维度出发,结合营销管理基础理论知识,让读者既能快速学到知识,又能从新时代互联网思维实践案例当中找到知识的落脚点,让学习不再枯燥。

第一,本书有"支撑"。作为教材而言,主要作者的授课经验与认识非常重要,具有明显的"支撑作用"。本书的主要作者教授营销管理长达10余年甚至20余年,均有相当丰富的企业实践经验,有的作者自身就长期担任公司高管,在传统企业向互联网电商转型的过程中,见证了时代的变迁和公司的发展,践行了整个新媒体、新零售、新营销业态升级迭代以及艰难蜕变的过程;所讲授的营销管理课程得到广大学员尤其是企业高管与MBA人士的高度评价。在长期的教学实践中,逐步建立了自身独特的教学体系,不断完善了对营销管理的独特认识。同时,围绕着营销管理问题,撰写并发表了多部专著与多篇论文,完成了多项理论课题与企业管理咨询项目。应该说,雄厚的教学研究实力,使得主要作者能够博采众长且游刃有余,能够汲取前人优秀成果并有所突破。同时,改革开放后,中国经济迅速发展,经济总量攀升至世界第二位,中国企业界丰富多彩、卓有成效的营销实践被我们所捕捉并加以研究,这显然又使本书获得了巨大的"支撑力"。

第二,本书有"创新"。本书在体系结构安排、章节内容设计上既要求做到逻辑严谨、推演顺畅,也要求克服雷同、力争创新。比如,在体系结构安排上,我们在借鉴主流营销管理教材的基础上,增设了"社群营销、移动营销、口碑传播等数字化营销"章节,这在现有营销管理教材中是少有的。在章节内容设计上,比如第一章"市场与市场营销概念与发展",我们增设了第三节——演进,系统介绍了营销1.0到4.0的演变,这在现有营销管理教材中也是少有的。类似这样的创新与亮点,本书的每一章都有所体现。

第三,本书有"特色"。本书的特色可以概括为"实践特色""中国特色""时代特色"。"实践特色"是指本书理论与案例并举,突出营销实践在营销管理教材中的重要地位,就全书文字量而言,案例部分占50%左右,这比一般的营销管理教材中案例部分的比例明显要高,体现了教材的"操作性"。"中国特色"是指本书编写的所有案例全部来自中国企业,中国企业鲜活的营销实践将使读者倍感亲切,凸显了教材的"可读性"。"时代特色"是指本书编写的案例大都是近几年发生的"营销故事",比如说"格力直播带货""拼多多百亿补贴""互联网思维""大数据""5G""新基建"等,使本书的理论内容能够与时俱进,体现了教材的"前沿性"。

第四,本书有"见地"。以互联网思维看待行业发展,深挖国内上市科技型公司发展轨迹及成功的落脚点,用多维度信息碎片整合信息全貌,希望用更深邃的思考给读者提供更有价值的内容。"5G+大数据+人工智能"的时代已经来临,要用新思维迎接传统商业被颠覆的今天,打通营销管理底层逻辑,方可畅游商业市场。

本书由余来文、甄英鹏、黄绍忠、陈龙著,承担了项目策划、拟订大纲及各章节详细的写作思路、内容的审定、提出具体修改意见与执笔修订、定稿等工作。同时,张成博士,江西财经大学刘可和刘梦凡同学,华东交通大学吴佳明同学,伦敦大学学院黄思超同学,中山大学杨烨同学等参与了本教材相关章节的资料整理工作。具体人员分工为:第一章(甄英鹏、张成、余来文);第二章(刘梦凡、甄英鹏、黄绍忠);第三章(余来文、黄思超、陈龙);第四章(张成、陈龙);第五章(刘可、杨烨、余来文);第六章(刘可、黄绍忠);第七章(甄英鹏、黄思超、杨烨);第八章(刘可、甄英鹏、黄绍忠);第九章(吴佳明、余来文)。

本书作为新近出版的营销管理类教材,不言"弯道超车",能说占"一席之地"亦实属不易;而且在移动互联网、大数据、人工智能与数字经济飞速发展的时代,营销的形式不断改变,营销的本体不断包装,深挖营销管理方法论与时代结合越来越难。尽管如此,我们仍然对本教材有信心,完全可以经得起市场的检验与同行的判定。因为本书借鉴并吸收了中西方优秀营销管理教材的精华与成果,并在此基础上有较为明显的创新。更重要的是,这些创新反映在前期的授课实践中,得到了EMBA学员、MBA学员、工商管理类专业研究生和本科生及企业高管培训学员的广泛认可与一致好评。在这里,我们必须感谢本书参考文献的所有作者!没有你们的前期贡献,就不会有"站在巨人肩上的我们"。我们还必须感谢本书案例中的中国企业!没有你们的业界实践,我们的营销理论将成为"无本之末"。特别需要说明的是，本书在写作过程中，学习、借鉴、吸收和参考了国内外众多专家学者的研究成果及大量相关文献资料，并引用了一些书籍、报刊、网站的部分数据和资料内容，尽可能地在参考文献中列出，也有部分由于时间紧迫，未能与有关作者一一联系，敬请见谅，在此，对这些成果的作者深表谢意。

限于作者的学识水平，书中难免会有疏漏，敬请广大读者批评指正！如您希望与作者进行沟通、交流，扬长补短，发表您的意见，请与我们联系。

联系方式：eleven9995@sina.com；zhenyingpeng@163.com。

2020年10月10日

目录

第一章　市场、市场营销概念与发展 ... 1
　　第一节　市场、市场营销概述 ... 4
　　第二节　市场营销理念 ... 13
　　第三节　演进 ... 24
　　第四节　营销4A、4P和管理任务 ... 28

第二章　制订营销策略与计划 ... 37
　　第一节　公司营销策略 ... 40
　　第二节　业务单元策略 ... 65
　　第三节　营销计划、组织、执行与控制 ... 73
　　第四节　顾客价值 ... 78

第三章　市场营销调研、信息收集与实施 ... 85
　　第一节　信息收集 ... 89
　　第二节　需求预测 ... 101
　　第三节　调研范围 ... 109
　　第四节　调研过程 ... 116

第四章　消费者市场和企业市场 ... 131
　　第一节　消费者市场影响因素 ... 136
　　第二节　消费者市场购买决策 ... 145
　　第三节　消费者市场行为决策 ... 149

第四节　企业市场的购买参与 156
　　　第五节　企业市场的购买过程 161

第五章　品牌定位和品牌资产 171
　　　第一节　识别市场 176
　　　第二节　品牌定位的开展 190
　　　第三节　品牌资产的创建 205

第六章　产品战略与服务管理 225
　　　第一节　产品战略 228
　　　第二节　产品生命周期策略 240
　　　第三节　服务管理 249
　　　第四节　服务营销组合 255

第七章　定价方案 265
　　　第一节　理解定价 269
　　　第二节　制订价格 276
　　　第三节　调整价格 290
　　　第四节　应对价格变化 299

第八章　营销方式和渠道管理 313
　　　第一节　营销渠道分类 317
　　　第二节　营销渠道管理 333
　　　第三节　营销渠道应对策略 338
　　　第四节　营销方式 344

第九章　整合传播与管理 353
　　　第一节　整合传播 357

第二节　大众传播 ………………………………………… 361
第三节　数字化传播 ……………………………………… 373
第四节　人员传播 ………………………………………… 382
第五节　整合传播管理 …………………………………… 391

参考文献 ………………………………………………………… 398

第一章
市场、市场营销概念与发展

从商业历史来看，绝大多数公司的失败不在于没掌握高难度动作，而是基本功出了问题。基本功就是业务和管理的基本动作，把基本功扎实练好，就能产生巨大价值。如果把我们的业务不断进行动作拆解，就会发现最后都是由各项基本功组成的，最基础的工作往往是最难做的，谁能做好谁就可以走得很长很远。

——美团网CEO 王兴

【学习要点】

☆市场及市场营销的定义。

☆市场营销的主要理念。

☆市场营销1.0到4.0演变及能力展现。

☆市场营销基本营销组合及管理任务。

章首案例

天猫"双11"成功身后营销的逻辑

每年的天猫"双11",都会打破很多往年的记录,2019年的"双11"也不例外。其中最受关注的就是销售额GMV,总额高达2684亿元。破十亿、百亿、千亿的速度,一次次令人感到震惊。作为电商营销的领军平台,天猫以平台为载体,配合大数据的挖掘、分析和应用,为用户在最短时间内推荐最匹配用户需求的系列产品,并且做好营销的平台角色,用好商家的特色资源和产品。

一、天猫"双11"简介

"双11"购物狂欢节,是指每年11月11日的网络促销日,源于淘宝商城(天猫)2009年11月11日举办的网络促销活动,当时参与的商家数量和促销力度有限,但营业额远超预想的效果,于是11月11日成为天猫举办大规模促销活动的固定日期。"双11"已成为中国电子商务行业的年度盛事,并且逐渐影响国际电子商务行业。

消费热情倍涨的逻辑背后,是全球品牌商业力量的大爆发。有299个品牌成交额突破1亿元,同比上年增加了62个;有15个品牌单日成交突破10亿元,同比上年翻了一倍。有5万个新品牌首次参与,既有国际大牌,也有新锐品牌。这些数字说明了天猫正受到更多全球品牌的关注和信任,同时也有更多的品牌在天猫上得到了发展。这样的趋势,或许是天猫的未来所在。

二、大数据应用成为消费发展的利器

在2019天猫"双11"全球狂欢节启动发布会上,蒋凡曾多次提到一个关键词:新消费。新消费的内涵广泛,不仅包括销售方式的创新,而且更侧重于供给侧,包括新品、新品牌、国际品牌等。每个时代的消费都不相同。引起变化的要素有很多,比如产品、渠道、传播方式,而这个时代最核心的变化则是消费者自身。在新消费的趋势下,2019年天猫"双11"期间,已有超过10万款新品牌货品上线天猫,并且有不少新品牌迅速成长为细分类Top10,如Glamglow、完美日记、钟薛高、三顿半等品牌,都获得了全域、全网、全渠道的销售增长。这些新锐品牌,为什么发展这么迅猛?

第一,大量的新消费主力人群。天猫的新品消费增速高于大盘200%以上。2018年,天猫平台上有7500万重度新品消费人群,他们50%的消费额与新品相关,全年每人光在服饰以外的品类中就消费超过17单新品。此外,还有数据显示越来越多的人在天猫尝试体验新品牌和新产品。

第二,数据驱动的爆品制造机。用户的消费动机和需要的消费感受一直在变。根据有关的洞察报告显示,"Z世代"的消费动机可以概括为"为社交""为悦己""为人设"。很多时候,用户消费的并非商品,而是在消费一种产品的体验感受。所以产品的调研、研发、生产、营销,就不能像以前一样一成不变地往前走。互联网时代,这些价值链环节都要追求效率和精准度。在天猫大数据的帮助下,品牌方对用户画像、未来的消费趋势以及市场营销等方面有了进一步的方向了解,因此打磨产品价值链时事半功倍,变得更科学、更可控。

新消费要对产品供给侧做升级,因为从消费者层面理解,将会出现更多的细分人群、新奇特细分品类,新的品牌、新的供给可以满足消费者新的诉求。随着国潮的兴起,老品牌在国潮的带动下完成品牌的换新,新品牌更是迎来全新的机会。天猫要做的,就是发现、帮助有潜力的新品牌,并推动现有的新锐品牌放大势能。

三、新消费无处不在

追根溯源,在用户为王的今天,一个有用户、懂用户且知道如何运用优势的平台,尽管目标宏大,也始终有实现的根基。

营销无处不在,网络时代经济的爆发式发展,人们网络购物模式的日常化,使企业不得不将经营活动进行根本性的改变,由原来的公司主导转变为网络市场主导,这时候市场营销的作用也就日益凸显,重视营销、成功营销已经是企业生存和发展的核心要素,是企业生存的关键。

(资料来源:作者根据多方资料整理而成)

第一节 市场、市场营销概述

作为一个营销人,做营销工作的第一步是什么呢?是梳理科学有效的市场营销理念。成功营销的关键在于掌握什么是市场营销、如何进行市场营销以及在顾客至上的商品社会为顾客创造更多的价值,特别是大数据网络营销市场主导时代。顾客的满意度和忠诚度的高与低成了衡量营销是否成功的重要参考,而随着5G网络时代的来临,4.0的网络营销、短视频直播营销、自媒体营销、大数据营销、价值服务营销等新的营销方式应运而生,这些现代化的营销手段带来了更为广阔的市场。

一、市场的定义

传统意义上,"市场"是一个买家和卖家集聚买卖产品的地方。经济学家把"市场"定义为买卖双方就某一特定产品和品类(如粮食)进行交易的集合。广义的市场,不仅包括已经完成的各类商品及各种服务,而且指将生产的各种要素,包括人才、信息、资金、科技等,都纳入交换范围的商品流通活动。市场是商品经济的产物,哪里有社会分工和商品生产,哪里就有市场。在不同的历史时期、不同的场合,市场具有不同的含义，它是随着商品经济的发展而不断发生变化的。市场属于商品经济范畴，指商品流通和商品交换的场所，也是商品交换关系的总和，它是商品经济的产物。究竟什么是市场呢？市场是个有着多重含义的概念。我们可以从以下几种角度来认识"市场"的含义。

（1）从经济学角度来讲，市场是商品交换的场所，是指买卖双方购买和出售商品，进行交易活动的场所。所以企业需要考虑在哪个场所进行销售或者销往哪个地区的场所。但是商品交换不一定需要固定的时间和地点。

（2）市场是某一产品和服务的所有现实买主和潜在买主的总和。这里的市场，除了包括具有购买力和购买欲望的现实购买者外，还包括暂时没有购买力，或是暂时没有购买欲望的潜在购买者。这些潜在购买者，一旦其条件发生了变化，可以转化并形成现实有效的市场。明确自身市场广度、用户画像及构成等是企业市场营销策略的基本点。

（3）市场是买主、卖主力量的结合，是商品供求双方力量相互作用的总和。这里涉及市场的"力与反作用力"的关系，买方市场和卖方市场所处的阶段不同，需要企业在营销决策上有所不同。

（4）市场是指商品流通领域，反映的是商品流通的全局，是交换关系的总和。需要说明的是，任何一个市场上生产经营者的市场活动都会且必然会与其他生产经营者的市场活动发生关系，任何一个生产经营者都只能在整个市场上进行营销工作，企业的运作都与市场保持密切关系。

（5）从营销学的角度来讲，当代著名的市场营销大师菲利普·科特勒教授对市场的定义是，市场是对某种商品或劳务具有需求、支付能力和希望进行某种交易的人或组织。用公式表示就是"市场=人口+购买力+购买欲望"。市场的这三个因素是相互制约、缺一不可的，只有将三者紧密结合起来才能构成现实的市场，才能决定市场的规模和容量。

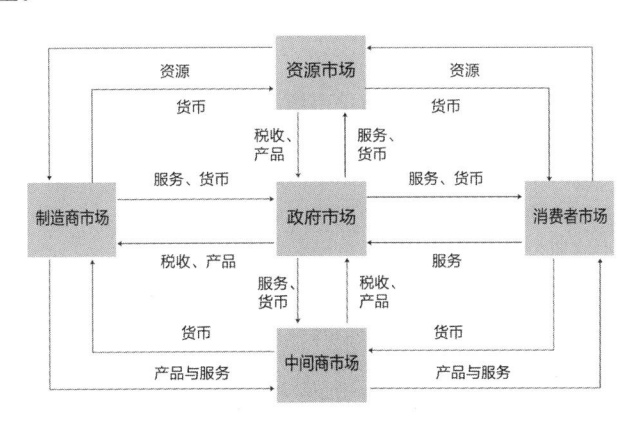

图1-1 五个基本市场以及联结流

如图1-1所显示五个基本的市场和它们的关系。制造商去资源市场（原材料市场、劳动力市场、资金市场）购买资源并将它们转化成产品和服务，然后把制成品卖给中间商，中间商卖给消费者，消费者出售他们的劳动力以获得购买产品和服务的资金，政府依靠税收收入从资源市场、制造商、中间商那里购买物资，并将这些产品和服务用于公共服务，全球经济都是通过交换连接的互动市场构成的。

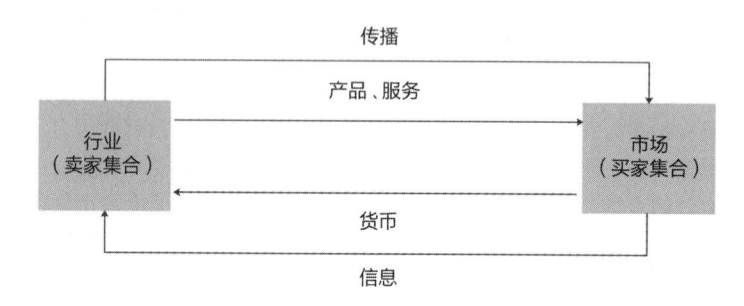

```
                    传播
              产品、服务
    ┌─────────┐ ─────────→ ┌─────────┐
    │  行业   │            │  市场   │
    │(卖家集合)│            │(买家集合)│
    └─────────┘ ←───────── └─────────┘
                  货币
                  信息
```

图1-2 营销系统简示

如图1-2所示，营销人通常把卖家称为行业，把买家、消费者、顾客称为市场，图中展示出卖家和买家是如何通过四个流进行联结，卖家把产品、服务和广告信息传播到市场，作为回报，他们获得货币和信息，信息包括顾客满意度和销售数据，内部循环体现产品、服务与货币的交换，外部循环显示了信息的交换。具体来说，市场由三要素构成：人员、购买力和购买愿望。只有当三要素同时具备时，企业才拥有市场，或者说拥有顾客，即"市场=顾客=人员+购买力+购买愿望"。市场的这三个因素是相互制约、缺一不可的，只有将三者紧密结合起来才能构成现实的市场，才能决定市场的规模和容量。

市场的分类：按照交易对象可以分为：商品市场、资金市场、技术市场、信息市场、服务市场、文化市场等。

按照竞争程度可以分为：不充分竞争市场、全竞争市场、垄断市场、寡头市场。

按照地理位置和空间位置可以分为：区域市场、农村市场、城镇市场、城市市场、国内市场、海外市场。

按照商品流通交易形式可以分为：现货市场、期货市场等。

按照市场主体地位可以分为：买方市场和卖方市场。

按照购买者需求目的可以分为：消费者市场和生产者市场。

市场现阶段有四种主要顾客市场：消费者市场、企业市场、全球市场和非营利组织市场。

市场、市场营销概念与发展专栏1：

胖东来的商超逆袭之路

一、胖东来力挫其他超市

对河南新乡人来说答案只有一个：去胖东来！新乡胖东来新年开业的第一天，新乡人戴着口罩，甚至面罩排起了上百米的长队。进入超市后，也满眼都是全副武装的工作人员和消费者。

造成这种盛况的原因是，胖东来发布了一个通知。2020年1月27日，胖东来超市宣布，在疫情期间所有蔬菜按进价销售，绝不加一分利润：白萝卜一斤只卖0.4元、冬瓜一斤0.9元、南瓜一斤0.9元等。

大年初一，胖东来捐资5000万元用于抗击新冠肺炎疫情的防治，与它同批捐助的全是阿里巴巴、腾讯、百度等企业巨头。此外，胖东来还宣布：凡参与本次抗击疫情，坚守岗位，造成牺牲的工作人员，只要公司存在，将给予至少200万元的补偿金。

胖东来始终没有开办河南以外的超市，却被马云多次称赞："引发了中国零售商的新思考，是中国企业的一面旗子。"这个被马云夸赞，被百姓追捧的胖东来，到底是何方神圣？

胖东来老板于东来只读过七年书，就辍学踏入社会，卖过冰棍、水果、电影票，干过建筑临时工。1995年3月，于东来下岗后跟着兄嫂批发烟酒，开了一间40平方米的烟酒小店，取名为"望月楼胖子店"。小店没什么特色，靠的就是货真价实，童叟无欺。

到1995年年底，他就靠这个小店还清了30万元的债，还赚了50多万元，1996—1998年，他又赚了360多万元。之前的烟酒小店发展成了许昌胖东来商贸集团，中国连锁协会会长郭戈平参观完胖东来说："这绝对是中国最好的店之一。"

二、胖东来为什么能这么火

因为他对客人真是变态级的好，有些服务好到能"吓坏"客人。只要进入胖东来，你所有的需求他们都会帮你想到——老年人专用款购物车，不仅购物车底下自带可供休息的板凳，还挂着一枚放大镜，方便老人查看商品的介绍和价格；如果觉得购物车上的放大镜用起来不方便，老年人经常买逛的调味料处也有放大镜；在冷冻食品货架边放置着贴心的防冻手套；有容易腐坏需要冷冻的食品，胖东来配有专门的取冰处；买了海鲜鱼类，胖东来配有加工间，免费杀鱼和清洗；欠费了或者没带手机，还有免费电话可以用；卫生间不仅有成年人使用的马桶，还有供儿童和婴儿使用的马桶等。

胖东来最厉害的是，不光对顾客好到"变态"，对员工也好到"变态"！于东来说过:"你给你员工吃草,你将迎来一群羊!你给你员工吃肉,你将迎来一群狼!"作为一个四线的城市,河南许昌当地的基本月工资在1500元左右,而胖东来的基层员工能拿到3000元左右。从2000年开始于东来就把公司股份分给员工,如今他自己只保留了10%的股份。年底有分红,哪怕是胖东来的一名保洁员,年收入也高达四五万元。胖东来和海底捞一样,表面看上去是服务好,实际上是强大的团队建设能力,特别是普通基层店员,如何激发他们的团队荣誉和客户意识,是天底下最难的事。

中国零售业有3000多年历史,它经历了一个货、场、人的阶段进化。以"货"为本的阶段,零售商家以产品为导向,核心竞争力是如何拿到货;以"场"为本的阶段,零售商关注的是如何吸引更多消费者;以"人"为本的阶段,是消费观念发生改变的买方经济时代,零售企业核心竞争力是服务。

(资料来源:作者根据多方资料整理而成)

二、市场营销定义

市场营销,源于英文"Marketing"一词,不同阶段、不同营销学者对它的定义有所不同,最简洁的定义是"有利可图地满足需求"。具有代表性的定义有:美国市场营销协会(AMA,2008)提供的较为正式定义是"创造、传播、传递和交换对顾客、客户、合作者和整个社会有价值的市场供应物的一种活动、制造和过程"。卢施和韦伯斯特(Lusch和Webster,2010)定义市场营销为"一种组织能力——引导企业感知、认识和获取并了解顾客和市场,同时提炼出一种价值主张,并在价值共创和企业整体价值提高的过程中将利益相关者整合为一体。"市场营销是销售产品的艺术,德鲁克(Peter Drucker,1973)描述,"我们可以假定,销售人员是硬需求,市场营销的目标就是让销售变得多余。市场营销目的就是更好地了解和理解顾客并让产品适配顾客并实现自我销售。理想情况下,市场营销应该让顾客产生购买欲,随后需要做的事就是提供足够的产品和服务"。2013年,AMA给市场营销下了更完整和全面的定义,即"市场营销是在创造、沟通、传播和交换产品中,为顾客、客户、合作伙伴以及整个社会带来价值的一系列活动、过程和体系"。这一定义对以往的认识有了明显的突破。从上述定义获知,营销包括以下四个含义内容:

第一,营销以满足需要、需求和欲望为最终目标。

第二,营销的核心概念是交换、交易,它是通过提供某种商品(产品或服务)作为回报,从对方那取得对价的过程。

第三,交换过程的顺利进行和最大化地创造价值,有赖于营销者创造产品和价值满足顾客需求的程度以及交换过程管理的水平。

第四,营销是一种积极的市场交易行为。在交易中主动积极的一方为营销者,而相对被动的一方则为被营销者,营销者采取积极有效的策略与手段来促进市场交易的实现。

三、营销的核心概念

市场营销作为一种复杂、持续、综合的社会与管理过程,需要运用下列营销的核心概念,只有准确把握和运用这些核心概念,才能深刻认识市场营销的本质。

(一)需要、欲望和需求

需要是人类对空气、食物、水、穿着和居所的基本需求,人们也会对休闲、教育和娱乐有强烈的需要,这属于共性需求。当这些需求都指向可以满足需要的特定目标时,需要就变成了欲望。如一个人饥饿的时候,有人需要一份面包,有人需要一碗面条,这就是欲望。我们的欲望是由社会决定的,是具有个性差异化特点的。需求是可以被购买能力满足的,是对特定产品的欲望,很多人都想要一辆奥迪(Audi)汽车,但只有少数人买得起。奥迪公司不仅需要弄清楚,有多少人想要他们的产品,还需要知道有多少人有购买能力。一般而言,欲望是无边界、无节制的,但需求是有限的,如果想要一辆奥迪汽车却没有支付能力,这个只能算欲望,而不是需求。

满足消费者的需要、欲望和需求,既是营销活动的出发点,也是营销活动的目标。需求既包括物质需求和生理需求,也包括精神需求和心理需求,具有多样化、层次化、个性化和发展性的特点。营销人员只能通过营销活动来影响和引导人们的需求,而不是基于主观臆断来创造需求。人的需要是有限的,而人的欲望是无限的,强烈的欲望可以刺激人们积极的购买行为。需求指人们想购买一种产品,并能支付得起。

营销者无须创造需要,只需要联通社会上的其他因素影响人们的欲望,找出商品可以从哪些方面或角度来满足消费者的需求。

(二)市场供应物——商品、服务、体验

消费者的需要和欲望通过市场供应物得到满足。市场供应物是提供给市场以满足需要、欲望和需求的商品、服务或体验的集合,一般用"商品"和"服务"这两个词来区分实体商品和无形商品。市场供应物不仅包括有形商品,还包括无形的服务,如教育、咨询、医疗、交通、维修等。人们在选择购买产品的同时,实际上也在满足着某种愿望和利益。

当购买者购买一个商品时,实际上是购买他们认为的该商品所提供的利益和价值。

（三）消费

消费是指使用物质资料以满足人们物质和文化生活需要的活动，是社会再生产过程的一个环节。现实生活中，消费是人们生存和恢复劳动力必不可少的条件，而人们劳动力的恢复，又是保证生产过程得以继续进行的前提。从经济学的一般规律来说，生产决定消费，它为消费提供对象，决定消费的方式，并引起人们新的消费需要；而消费又反过来影响生产，促进或阻碍生产的发展。消费在广泛意义上还包括属于生产本身的生产消费。影响消费行为主要有以下八种效应：

第一，收入效应。收入高则消费多，消费行为不仅仅只取决于当期收入，也取决于往期收入和期许收入，同时，当前消费决策一定程度影响期许收入。

第二，价格效应。正常购买的物品，遇到价格上涨，通常消费者会选择少买或者不买，价格与消费成反比增长；如果同时出现价格不变的替代品，消费者就会去消费替代品，那么替代品消费与原涨价物品的价格成正比增长。

第三，示范效应。消费水平高的地方或阶级，它们的消费方式会成为消费水平低的地方或阶级所模仿的目标。

第四，反冲效应。人们习惯把自己消费水平与亲戚朋友做横向对比，而很少跟自己的过往消费水平做纵向对比。

第五，刚性效应。俭入奢易，奢返俭难。

第六，惯性效应。过去养成的消费习惯和消费经验，会成为以后同等类型消费的参考对象。

第七，货币幻觉效应。货币收入与物价上涨水平一致时，为了避免后期物价上涨但货币收入减少风险，购买行为会因此增多，消费倾向会因此提高。

第八，目标诱惑效应。广告、包装、商标、销售方式以及商品的性能和质量，都能引起人们的消费行为，而人们增多的储存现金和获得的消费信贷更增进了商品对消费者的诱惑。

（四）效用、价值和满意

效用是指产品满足人们欲望的能力，效用可以包括形态效用（原材料加工成为成品）、所有权效用、时间效用、信息效用等。价值是消费者对产品满足其某种需要程度的评价，它可以用顾客所得到的满足与所付出的成本之间的比值来表示。消费者满意程度价值可以用公式来表示：满意水平=感知效用−价值期望。

（五）交换与交易

交换是通过提供某种东西作为回报从另一个人那里得到东西的行为。交换必须有五个条件：①交换必须至少有两个合作方；②每一方都被对方视为有价值的东西；③每一方都可以交流信息和传递货物；④每一方都可以自由地接受或拒绝另一方的供应品；⑤每一方认为与另一方进行交易是适当的。市场营销的本质是人们通过市场交换产品。

作为交换的基本单位，交易是交换双方之间的价值交换。换句话说，交易是由双方之间的价值交换组成的。交易通常包括货币交易和非货币交易。当人们决定以满足他们的需求和愿望的方式进行交易时，营销就存在了。任何产品都可以包含在营销交易中，个人或组织希望获得比生产成本更高的价值。交易是否真的发生取决于买卖双方能否找到合适的条款，这意味着交易后双方的境况都比之前好。

（六）付费媒体、自有媒体和免费媒体

数字媒体的大规模使用给了营销人员很多与消费者和顾客互动的新方式，我们可以将传播方式划分为三大类：付费媒体、自有媒体和免费媒体。付费媒体是指通过营销者支付费用后为其品牌或企业进行广告宣传的媒体，包括传统的电视、杂志、报纸和展示广告，付费搜索和赞助。自有媒体与付费媒体相对应，是营销者自身拥有的传播渠道，比如品牌手册、公司官网、博客、微博、手机APP等。免费媒体是消费者、新闻界和其他外部人员自愿以口口相传、"病毒式"营销的方式，如微信朋友圈、抖音快手短视频、微博等社交媒体转发评论，以及线下口头传播，用于传播品牌的信息流。随着科技的发展和移动互联网的普及，免费媒体里面的社交媒体越来越凸显地位作用，它将会成为B2C、C2C的互动平台，并为企业收集、分析消费者的消费行为数据提供支撑。

（七）营销渠道

营销人员通常通过三种营销渠道与目标市场接触。传播渠道，发出和接收来自目标客户的相关信息，包括报纸、杂志、广播、电视、邮件、电话、智能手机、广告牌、传单和互联网。除了这些，企业通过其零售店和官方网站以及其他媒体的形象来进行传播，在广告等独白渠道的基础之上，再增加对话渠道，如电子邮件、博客、短信和400客服中心等进行链接。分销渠道，帮助展示、出售或者传递产品和服务到买家或用户，分销渠道可以是直接渠道如互联网、邮件、移动电话；也可以是间接渠道，如经销商、批发商、零售商和中间商。为了能和潜在客户达成交易，营销人员也需要用到服务渠道资源，包括但不限于仓库资源、快递物流资源、银行资源、保险公司资源、售后服务维修和维护商资源等。为产品价值链规划一个传播、销售、运输和服务渠道的最佳组合，是营销人员目前面临的时代性挑战。

四、交易型关系和合作型关系

营销关系的核心在于价值付出和价值获取的交易过程。交易型关系是指双方把交易视为零和游戏，一方的利益获取往往意味着另一方的利益损失，交易条款等细节取决于双方的谈判条件。合作型关系强调的是密切的信息、社会、过程联系以及相互投入和对长期利益的预期，具体对比如表1-1所示。

表 1-1 交易型关系与合作型关系的比较

	交易型关系	合作型关系
目标	达成价值，顾客需求满足	创造顾客、顾客整合
顾客理解	匿名顾客、独立买方/卖方	熟悉的顾客、买卖双方相互依赖
任务与绩效目标	基于产品、价格评价、关注获取新客	基于问题解决能力评价，关注现有顾客价值提升
交易核心	关注产品、把销售视为增幅活动、面向大众的沟通	注重服务、把销售视为协定、与顾客的个人对话

五、市场营销的功能

市场营销主要有六个功能。

第一，交换功能。交换过程中所有权发生转移。

第二，物流功能。包括货物运输和储存。

第三，分类功能。对产品按照一定的规格、等级、层次、质量进行整理分类，形成交换标准化的过程。

第四，融资功能。利用商业信用方式，在市场营销过程中通常不必供货同时立即付清货款，而是有一定的信用赊销期限。

第五，风险功能。市场营销活动过程中，产品可能被损坏、丢失或者过时产品滞销，这时需要降价抛售。如果买家对产品质量不满，则需要履行包退、包换、包修等约定，这就是所需承担的市场风险。

第六，信息功能。市场营销过程中，卖家需要更了解市场情况，趋近买家需求，卖家也需要向买家提供新产品说明。

市场、市场营销概念与发展专栏2：

短视频火了

短视频可以说是近几年国内社会上最火的事物之一了，以抖音、快手、微视等为代表的短视频APP可以说火遍了大江南北。至2020年初，抖音APP的日活跃人数已经突破4亿，力压一众短视频高居热度及人气第一名，第二名的快手日活跃人数突破2亿。短视频已经成了中国最具现象级的庞大市场之一，也形成了一个新的文化。

无论男女老幼，无论是在吃早饭时、午休时，还是在放学和下班的时候，打开手机翻看各种短视频已经成了很多国人生活中的一部分，尤其对于年轻人来说更是如此，事实上，短视频已经占据了很多年轻人大量的生活时间。打开短视频→观看数小时→点份外卖→继续观看，这是很多人的日常生活的真实写照。短视频的诞生已经有了几年，但在2020年依旧是大红大热，是什么让短视频可以这么火？

第一，短视频最大的特点，顾名思义在于"短"一字。正是由于短视频平均时长两分钟的短时间，迎合了当代全世界日益繁忙的生活节奏。当代社会人们的学习和工作越来越忙，人们难以拥有足够的时间去进行更多的享乐。而短视频在极短的时间使得人们能够快速获得自己想要得到的信息，即使在难得的空闲之余也能放松解压。

第二，短视频包含了各种各样的内容。无论是新闻还是笑话，教程还是段子，都可以在短视频APP上找到相关内容。并且，大部分短视频APP都有大数据分类推荐检索功能，通过分析观众过去偏爱的内容推送与之相关的视频，使得短视频瞬间俘获了广大国人的芳心。

第三，随处随时都可以制作短视频是其火爆的另一大原因。短视频自带的美颜、录制、剪辑功能，让任何人只要有手机就可以轻易制作出短视频，通过短视频表达和分享自己的想法，大大降低了制作短视频的门槛。短视频给了很多长期被社会忽视、缺乏发展途径的人群一个媒介，使得短视频影响力蒸蒸日上。

（资料来源：作者根据多方资料整理而成）

第二节 市场营销理念

面对市场的市场营销工作和公司定位应该被什么样的理念引导？这就涉及市场营销哲学理论了，市场营销哲学的实质是如何处理卖方、买方和社会三者之间的利益关系。营销管理是为了实现各种既定的目标，创造、建立、保持和执行与目标市场之间的有利交换及联系，而设计对应可行的分析、计划、执行和控制。营销人员通过营销计划、营销执行和营销控制来贯彻需求情况不一的市场任务。市场营销管理作为有意识的活动，需要在一定的经营思想指导下进行，核心就是如何处理组织、顾客和社会之间的利益关系。从发展转变过程来说，企业和其他组织的经营思想基本经历了"企业利益导向（传统营销理念）→顾客利益导向（消费营销理念）→社会利益导向（价值营销理念）"的转变过程（见图1-3）。

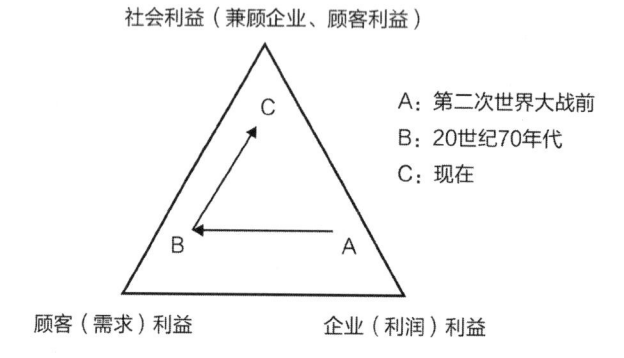

图1-3 经营思想转变过程

市场营销工作理念通常包括：生产理念、产品理念、推销理念、市场营销理念、关系营销理念、整合营销理念、绩效营销理念和数字化营销理念。从价值主张角度来说，市场营销理念应该是经历了四个阶段：创造使用价值阶段、消费营销理念阶段、价值营销理念阶段和共创营销理念阶段。

市场、市场营销概念与发展专栏3：

红豆居家魔鬼产品开发之路

近年来，国内传统服饰零售行业的日子并不好过，一边是传统服饰行业面临消费升级的转型压力，各传统零售企业关店不止；一边是互联网电商大举入侵，商品极度过剩。很多老品牌倒在了消费升级转型的节点上，幸存下来的也只能独自舔舐伤口。红豆居家真称得上是零售界的新星，在实体零售业一片沉寂的环境之下，短短5年时间，红豆居家扭转积压库存千万的颓势，创下了开店1800家的记录。

一、血亏千万的教训

2008年，实体经济陷入了一场集体焦虑。电商蓬勃发展，开始对传统线下门店造成冲击，市场发生着翻天覆地的变化，人们的认知也发生了巨大变化。在那之前，传统企业最喜欢干什么事？第一个借渠道，第二个打广告。过去是得渠道者得天下，只要把产品做出来就好，然后等着批发商们排着队拿着现金来买货，根本不愁卖不出去。但现在不一样了，服装生产三年都卖不掉，不再是你做出来找到人卖就可以了。踩了这个坑后，第一个认知发生转变：互联网时代的超级产品，成功要素不再是渠道，而是用户。

在2013年的时候红豆居家总嫌自己的货少，认为一个货可以做到一个亿，十个货就做十个亿，一味求多，产生了巨大的库存。巨大的库存，不仅仅蚕食着企业的现金流，同时也给品牌的扩张发展和渠道的开拓下沉造成了很大阻力。那时候，公司高管天天去门店给店员打鸡血，在大街上发传单，从早发到晚。高管尚且如此，红豆居家上下的困惑与煎熬，可想而知。但还是卖不出怎么办？开始搞起降价，一套内衣成本100块，卖500块，到了季后买一送一，两件三折，不亏本，还能多卖，但改变也不大。现在想想少就是多。因此，第二个认知改变：营销不等于降价，在极度过剩时代，消费者有了大量的选择空间，这时，就是考验产品的时候。而营销是等于把极致的产品做好之后，有了良好的用户体验，产生口碑扩散，这也是做爆品根本的出发点。正确的品牌营销不仅可以塑造企业品牌形象，还可以提升品牌影响力。

二、用户思维才是第一生死线

第一，让产品更极致。红豆居家充分挖掘调研消费者在使用中和购买中的种种"痛点"，研发出的第一个产品是颠覆居家行业的红豆绒内衣。

过去保暖内衣有一个痛点：保暖就不透气，因此红豆居家为研发一款既薄又暖的内衣，花了整整两年时间，仅仅是红豆绒内衣面料的研发，就遇到了柔软性、透气性、聚热性、吸湿性等十几个技术难关：在纯棉的面料表面，磨出均匀细密的短绒。磨毛的标准，必须要在每平方米布面上磨出100万根绒毛，绒毛长度控制在0.3~0.8mm。这样的细密短绒不仅柔软舒适，还具备优秀的导热功能，皮肤接触有速暖的感觉。

红豆绒上市后，一下解决了保暖、透气、舒适三大痛点，颠覆行业，成为引爆保暖内衣品类的超级爆品。

第二，价格砍一半。2013年，为了转型，红豆居家生产100万套红豆绒内衣，把价格从200多直接压到99元。但没想到的是，当时逼得太紧，供应商和内部员工集体造反了。供应商们集体写投诉信到集团，说："我们做服装这么多年，从没见过把吊牌价越降越低的。"内部的高管也想不通，为什么要这么狠，一件衣服少挣一半。所以他们背着把价格悄悄往上涨了30块，结果到了年底，库存又压得比山还高。在花了将近一年时间说服所有人后，红豆绒内衣卖疯了，单品销量破千万套。

第三，极致的新爆品干掉老爆品。变化莫测是这个时代的一大特点，用户的需求也是一直在变化的。一个企业要想经受住市场考验，就需要有优秀的产品，一个产品想要优秀，就需要不断迭代更新创新升级：1.0版、2.0版、3.0版。

在2014年成功推出秋冬新品"红豆绒"内衣获得市场认可后，发现摸着很舒服、很柔软的磨毛工艺，可以有更好的体验。2015年，红豆居家研发出具有划时代意义的革命性产品——红豆棉；2018年，红豆居家推出新品棉花糖；2019年升级为红豆绒棉花糖2.0。从红豆绒到红豆棉,再到红豆绒棉花糖2.0,红豆居家不断开发新产品,为产品增添活力,促进产品迭代。

三、一切脱离用户的创新都是伪创新

第一,创新不能脱离用户。红豆绒、红豆棉内衣作为红豆居家近年推出的创新产品,本着"以用户为中心"的原则和底线,每个环节都不断进行市场调研和产品升级:从产品命名的征集,到面料颜色的亮度,再到条纹的宽度,都通过微博、微信的选票而成,一系列流程都是由用户决定的,都是经过300多次的反复试穿改进来打造的。

第二,挖掘用户真实痛点。要想做好产品,一定要学会创建用户画像:他是属于什么类型的用户?会在什么场景下完成消费?

比如内衣起球这一痛点,红豆居家使用了抓剪烫技术,先把衣服上的毛抓起来,剪的一样平,然后烫一下,使其更稳定,这样就不会起球。

在挖掘用户真实痛点上,有两个方法:一是看数据,二是自体验。除了看数据,红豆居家特别强调要通过自体验挖掘用户真实痛点。自体验到什么程度?家里面摆着上百套睡衣,有的是只穿了一次就再也没穿的,只有自己不断地体验之后才能找出消费者为什么需要、这件衣服哪里要改。创新的结果就是带来更高满意度。

第三,强大技术实现超预期功能。在红豆绒掀起一场内衣革命后,红豆居家又推出了红豆棉居家服,采用优质精疏棉,通过特殊的除毛工艺,使布面光洁平滑,相比普通纯棉针织面料,红豆绵面料多一道特殊的生物酶处理,满足了春夏消费者对居家服滑爽舒适的面料要求。

之后的红豆绒棉花糖2.0的棉纱从40支升级到了60支,面料更密、更柔软、更坚实,让用户体验与众不同的柔软和舒适,由此发自内心的喜爱红豆居家产品。另一款爆品文胸,采用的是日本进口海绵——婴儿绵,手感极其柔软舒适

因此,很多人说,相较于内衣品牌,红豆更像一家技术公司,而这种对于技术的崇尚,归根结底还是回归到了红豆居家对于用户需求的把握和满足上。

(资料来源:作者根据多方资料整理而成)

一、传统营销理念阶段

创造使用价值阶段是一系列以企业为中心的理念,包括生产理念、产品理念和推销理念,属于市场营销的传统营销观念阶段。在这一阶段,市场营销被看作负责把产品传送给消费者的职能部门。在生产过程中,企业以创造形式使用价值,如生产商把原材料加工成产品;在促销或者分销过程中,企业创造地点使用价值,如消费者可以方便地在网上或者在商场里面零距离试用后购买自己想要的产品;在交换过程中,企业创造所有权使用价值,将产品传送给消费者。

（一）生产理念

生产理念是企业最古老的概念之一，盛行于19世纪末20世纪初的西方资本主义国家，当时处于工业化的初期，由于物资短缺，需求旺盛，许多产品供不应求，只要有产品、质量过关、价格合理，就不愁销路，当消费者或用户期求能够购得有用的产品，而并不计较该产品的具体特色或特性时，就会产生这种经营思想。在这一时期生产理念非常盛行，当时企业的口号是"我们生产什么就卖什么"。它认为消费者更喜欢和接受那些能被广泛获得且廉价的产品，企业管理者集中精力实现高生产效率、低成本、大规模分销来获得利润。这种理念并不意味着生产可以不问有无销路，因为任何自负盈亏的企业都不会不问销路；这只是意味着，只要有生产，必定有销路。这种导向在发展中国家和工业化初期国家是合理的。以中国为例，改革开放初期中国最大的电脑制造商联想和家用电器巨头海尔利用中国庞大且廉价的劳动力主导了市场，也就造就了早期价格竞争是市场竞争的主要形式。

生产理念也并非一无是处，毕竟生产理念的营销重点在于生产环节，在当今时代，生产理念通常比较适合于产业上游的标准化原材料和零配件，因为这些原材料和零配件有很明确的标准规格和品质指标，其顾客也是理性和专业的购买者，因此只要原材料与零配件符合规格和品质的要求，价格和供货的稳定性便成为顾客决策的关键因素。

（二）产品理念

产品观念的基本假设是，消费者通常青睐质量高、性能好且具有创新特色的商品，企业应当集中精力生产品质优良、功能多样、特色鲜明的产品。然而，管理者有时对他们自己的产品过于喜爱，以至于他们可能会信奉"产品好销量就好"的闭门造车谬论，他们认为"不怕不识货，就怕货比货""酒香不怕巷子深"，以为好产品自身就会吸引消费者来购买，正如跟很多新创企业所吸取的教训一样，一个新的或改进的产品并不一定就卖得很好，除非它被恰当的定价、包装、分销、宣传和销售。如果说生产理念强调的是"以量取胜"，那么产品理念则强调"以质取胜"，与生产理念相比，产品理念已经稍微有所进步。

20世纪30年代，随着经济发展，市场上开始出现同类型的产品竞争，生产理念的弊端逐步浮现，企业开始重视产品质量和创新点，"酒香不怕巷子深"就是这种理念的形象说明。实际上，产品理念是一种以产品的生产及其改进为中心、以提高现有产品的质量和功能为重点的市场营销理念，但是不一定看到市场需求的动态变化。产品理念是与生产理念并存的一种市场营销理念，同样表现为重生产、轻销售，重产品质量、轻顾客需求，具体表现为：过分迷恋自己的产品，重视自身资源配置，而忽视了市场中的机会和威胁。产品理念把市场看成生产的目标，而不是生产的初心，很容易就忽视了市场需求的多样动态性，过分重视产品而忽视顾客多样变化的需求，因此往往会忽略了外界和消费者的关注点，导致企业患上了丧失市场竞争力的"市场营销近视症"。所以，产品导向的"闭门造车"式市场营销理念会一定程度上限制企业的发展，甚至导致败北的终局。

（三）推销理念

推销理念产生于资本主义经济由"卖方市场"向"买方市场"的过渡阶段，盛行于20世纪30年代左右。该理念认为消费者在没有外力推动的情况下，通常有一种购买惰性或抗衡心理，不会主动购买足够的产品。企业管理的中心任务是不管产品是否符合消费者需求而积极推销甚至是促销，十分注重使用推销术和广告术，以诱导消费者购买产品，达成压倒竞争者、提高市场占有率、取得较为丰厚利润的目的，其具体表现是"我卖什么，就设法让人们买什么"。产品本身有价值，但未必是消费者认可的需求价值。推销理念在非刚性需求产品上表现的最明显，非刚性需求产品即产品购买者通常情况下并不会去购买的产品。当企业产能过剩，不得不去销售其所生产的且非市场所需的产品的时候，也会诉诸推销理念。基于硬性推销的营销是有风险的，他一厢情愿地假定，哄骗客户购买一件产品后，客户不仅不会退货、恶意攻击产品甚至向消费者协会投诉，而且还会再次购买。当市场上出现的产品种类较多，部分产品出现供过于求的局面，生产企业竞相采用人员推销和广告宣传的方式，来向消费者兜售商品，促进顾客对产品的理解，只劝说消费者购买产品。

与生产理念和产品理念相比，推销理念有了比较大的进步，因为管理层不仅仅关注企业内部，而且开始关注企业外部的沟通了，但是这种推销理念企业的口号只是简单变换成"我卖什么，就设法让人们买什么"，而且企业会出现盲目极力推销滞销产品、片面夸大使用价值和着重研究推销方法而不是分析市场状态等偏差性问题，实质上仍属于以产定销的企业经营哲学，其实对消费者的需求重视还是不够的，推销的效果也必然会逐步衰弱。

以上三种理念都是建立在以企业为中心的"以产定销"上，着眼点仍然是产品，而不是满足消费者真正需要的基础上，都只能归类为旧营销观念阶段。

二、消费营销理念阶段

消费营销理念阶段主要包括营销理念和关系营销理念，在这一阶段，以客户为导向，并提出将独特的核心价值观传递给用户。它认为企业能实现目标的关键是准确地确定目标市场的需求和欲望，并能做到比竞争对手更有效地、更快地、更好地转移目标市场。

(一)市场营销理念

市场营销理念作为一种以顾客为中心、先感应再响应的理念而出现,其经营口号是"顾客需要什么,我们就供应什么",是消费者主权论的体现,形成于20世纪50年代。当时新一轮科技革命兴起,产品技术开发备受重视,新产品种类不断增加,产品供应量迅速上升,许多产品供过于求,市场竞争进一步激化。市场营销理念的工作,不仅是为产品寻找合适的用户,还要为用户打造合适的产品,并且比竞争对手更有效、更有利、更快速地传送目标市场所期望满足的东西。以天猫(Tmall)为例,天猫自己并不为目标市场顾客生产产品,相反它提供给每个顾客按照他们对产品需求进行站内搜索、推荐和交易的平台。市场营销理念认为,实现组织目标的关键是比竞争者更有效地针对目标市场创造、传递和传播卓越的客户价值所在,整体而言就是"以顾客为中心,以市场为起点"的经营指导思想。市场营销理念的产生,是市场营销哲学一种质的飞跃和革命,它不仅改变了传统观念的逻辑思维方式,而且在经营策略和方法上也有很大突破。它要求企业营销管理贯彻"顾客至上"的原则,从而实现企业目标。在竞争日益激烈的情况下,随着市场营销理念导向的发展,企业逐渐认识到单纯的考虑顾客需求是不够的,还必须从市场角度、整个社会角度来考虑问题,必须进行市场调研,不仅要考虑顾客需求的满足,更要考虑竞争对手的经营策略以及相关方案的具体实施,最大限度地提高顾客满意程度,这个观念让企业管理者不仅关注企业内部,而且更关注外部消费者和竞争者,也就是说企业应该从顾客导向、竞争导向和跨职能的协调与整合这三个角度来理解市场导向。

当然了,当市场上存在清晰的需求或顾客知道自己的需求、欲望时,顾客导向的市场营销通常很奏效。但是,在很多情况下,顾客并不知道自己到底想要什么或可以要什么。这要求顾客导向的市场营销人员甚至需要比顾客自己更了解顾客的需求,并创造产品和服务满足现存的和潜在的需要。

推销理念与市场营销理念很多人容易产生混淆,它们的主要区别见表1-2。

表1-2 推销理念与市场营销理念的区别

理念	起点	手段	中心	目的
推销理念	卖方市场	刺激需求	现存产品	提高销量获利
市场营销理念	买方市场	满足需求	顾客需求	满足市场获利

（二）关系营销理念

关系营销理念起源于20世纪70年代，致力于与主要顾客建立互相尝试、创造满意且长期的稳定关系，以获得和维持企业的业务或经济回报，从而提高市场竞争力。关系营销的四大主要成员是消费者、供应商、服务对象、竞争对手等。营销人员必须在这些成员中创造财富并平衡好利益相关者的回报最大化。想要跟他们建立稳健、互动作用的关系，就需要理解他们的能力、资源需求、目标和期望，通过长期稳定的顾客关系来提高顾客忠诚度，致力于顾客关系管理，提高企业的市场竞争力。关系营销理念的提出推动了市场营销哲学的发展，突破了交易营销的思想局限，企业开始将市场上竞争制胜的焦点转向忠诚顾客的培养和关系资产的积累，企业不再单纯强调单笔交易的盈利性，而是旨在通过建立对双方都有利的长期稳定关系，实现双赢。

关系营销理念不仅需要执行客户关系管理（CRM），同时还要关注伙伴关系管理（PRM），企业深化它们与供应商、分销商之间的合作关系，把他们看作向顾客传递价值的合作伙伴从而各方受益。概括来说，我们可以将其理解为利益是纽带，信任是保证。

总而言之，与传统营销理念相比，以顾客需求为中心的消费营销理念是广义营销理念在发展过程中的一次质的飞跃。根本区别表现在以下四个方面（表1-3进行简述）：存在的意义条件不一样，前者是卖方市场，后者是买方市场；思考问题出发点不一样，前者是从卖方现有产品出发，后者是从买方市场角度出发；关注重点不一样，前者增加质量、数量来刺激需求，后者扩大规模、提高质量，以此满足需求；设定目标不一样，前者强调更快生产、降低成本，以此换取利润，后者强调满足市场需求，从而获取利润。

表1-3 传统营销理念与消费营销理念的对比

理念	出发点	聚焦点	方法	结果	视角
传统营销	行业	存在的商品	销售+推销	销售获得利润	由内而外
消费营销	市场	需求的商品	整合营销	满意获得利润	从外而内

三、价值营销理念阶段

价值营销理念阶段包括整合营销理念和绩效营销理念，在这一个阶段里面，市场的全球化使企业需要重新考虑如何在新的竞争环境中谋生存、促发展，市场营销人员应该更清晰地认识到参与合作来超越传统营销理念的重要性。这一阶段同时进一步放大顾客为导向，把顾客定义从单纯外部个体变成综合体，以各种营销活动的广度和互相依赖性有了清楚认识的情况下，对营销项目、过程与活动开发、设计和执行，也因此有了一个广阔、整合的视角。

（一）整合营销理念

整合营销是指营销人员设计营销活动，整合所有营销方案，为消费者提供服务、创造、沟通和传递价值——"整体大于各部分之和"。这两个核心要求：①多种营销活动能够创造、传播和传递价值；②营销人员在设计和执行任何营销活动时应考虑到其他活动。公司必须制定一个综合渠道战略，该战略应评估每个渠道选择对产品销售和品牌资产的直接影响，以及该渠道和其他渠道选择之间的互动对产品销售和品牌资产的间接影响。市场营销计划包括大量形式各异的营销活动，营销组合是用来描述各种营销活动的术语（见表1-4）。

第一，麦肯锡（Jerry McCarthy）1960年将这些工具分为四类并称之为"4P"：产品、价格、地点和促销，"4P"代表了营销者的观点，即营销工具可以用于影响买方。

第二，罗伯特·劳特朋（Robert F.Lauterborn）于1990年提出了与之相对应的"4C"理论：顾客问题解决、顾客成本、顾客便利和顾客沟通，"4C"理论进一步以顾客为导向、追求顾客满意度为目标，形成全面调整市场营销战略的发展趋势。

第三，唐·舒尔茨（Don E.Schultz）在"4C"理论的基础上提出的新营销理论"4R"：关联、反应、关系和回报，"4R"理论认为更高层次、更有效的新型关系搭建有利于企业与顾客之间的联系。

第四，进入20世纪90年代以来，高科技产业迅速崛起，高科技企业、高技术产品与服务不断涌现，移动互联网、5G通信工具、发达交通工具和先进的信息技术系统，使整个世界面貌焕然一新，全球化使人类世界成为"地球村"。原来那种企业和消费者之间信息不对称状态得到改善，沟通的渠道多元化，越来越多的跨国公司开始在全球范围进行资源整合。在这种背景下形成独具风格的"4V"营销理论。"4V"是指差异化、功能化、附加价值和共鸣，"4V"理论兼顾社会和消费者的利益，又兼顾资本家、企业与员工的利益，最重要的是可以培养和构建企业核心竞争力。

表1-4　营销组合

简称	内容			
4P	产品 Product	价格 Price	地点 Place	促销 Promotion
4C	顾客问题解决 Customer Solution	顾客成本 Customer Cost	顾客便利 Convenience	顾客沟通 Communication
4R	关联 Relevance	反应 Reaction	关系 Relationship	回报 Reward
4V	差异化 Variation	功能化 versatility	附加价值 value	共鸣 Vibration

（二）绩效营销理念

绩效营销要求企业人员了解营销活动和项目给企业和社会带来的财务和非财务回报。高级营销人员逐渐开始将销售收入作为单一的KPI，而是还需要分析市场份额、客户流失率、客户满意度、产品质量等指标。

一方面，需要通过培训来提高员工的服务水平，提高他们与客户相处的敏锐性和技巧。另一方面，要加强与员工的沟通，了解和满足员工的需求和需要，激励员工在工作中充分发挥潜能。

绩效营销的概念也可以理解为内部营销的概念，内部营销是全方位营销的一个组成部分，需要招聘、培训和激励那些想为客户服务好的称职员工。聪明的营销人员知道内部营销活动与公司外部的营销活动同等重要或更重要。只有当各部门通力合作，才能实现客户营销的成功，例如当设计部门和研发部门设计出适当的产品，符合市场需求的产品时，财务部门才能提供适当的资金，以便进行合理的策划，采购与生产部门在正确的时间范围内采购高性价比的物料并创造出良好的产品，会计部门要以正确的方式计算盈利能力，当高级行政部门批准并推动市场部的计划实施时，才有跨部门的合作可以真正凝聚力量，内部营销理念要求高层管理者之间的纵向一致性和跨部门的横向一致性，这样每个人都能理解和支持营销工作。

四、共创营销理念阶段

共创营销理念阶段强调以利益相关者为核心，主张同利益相关者共同创造价值，这里主要讲述数字化营销理念和服务营销理念，其他如体验营销理念、互动营销理念等不再叙述。

(一) 数字化营销理念

数字化营销的概念兴于千禧年前后,是指以数字化技术为基础,企业、合作伙伴以及顾客共同参与创造、沟通、传递和维系所有利益相关者价值的过程。不同于传统营销,数字化营销的核心要素是数字技术和数据信息。企业在数字化时代依靠"技术+数据"双重驱动,通过数据化平台为消费者提供产品和服务。学术界对数字化营销的研究现在认为分为五个阶段,如表1-5所示。

表1-5 数字化营销五个发展阶段

时间	数字化营销发展特征
2000—2004 年	个性化网络、搜索和决策支持工具以及智能搜索工具
2005—2010 年	在线口碑营销、用户内容生成雏形
2011—2014 年	借助大量涌现的社交媒体平台的智能营销
2015—2016 年	搜索广告、数据分析
2017年至今	数据化营销的碎片化问题以及消费者行为背后原因、决策等

数字化营销的特征通常表现为以下四点。

第一,大数据驱动商品生产。在数字化营销时代,用户可以参与产品开发的整个流程,同时,企业借助大数据能为客户定制个性化产品及服务,如阿里巴巴集团聚划算事业部,通过大数据等技术实力,帮助商家精准曝光和C2B、C2M的产品定制,同时为用户和商家创造价值。

第二,定价由标准化向动态化转移。不同于传统的标准化定价,数字化时代的营销定价以市场需求为依据。以充电桩为例,白天高峰期充电单价明显高于晚上,而凌晨充电单价最便宜,使用阶梯电价匹配快充和慢充区别对待,利于实现供需平衡。

第三,P2P渠道兴起。共享经济催生P2P渠道营销,即产品、服务的提供形式从B2B、B2C扩展到P2P,产品、服务的供给更加便捷。如途家短租、滴滴出行等,出现一批个体服务提供者,以共享民宿为例,服务提供者多数为闲置房源的房东,对比酒店标准流程化的服务,共享民宿具有选择多样化和个性化的特点,还有"家"一般的服务体验。

第四,多元化互动实现营销。得益于微博、微信、抖音短视频、直播等一系列社交媒体数字化营销方案，传统促销在这个时代下有了新的内涵。首先企业不再是单方面传递促销信息给顾客，而是顾客本身也可以通过数字化工具参与到企业的促销活动甚至促销定制诉求中；其次促销手段和渠道更加丰富，还可以利用虚拟现实技术为顾客营造立体化虚拟场景进行消费体验。

（二）服务营销理念

20世纪80年代末，服务作为一种营销组合要素，在企业充分认识和理解消费者需求的前提下，为充分满足消费者需求，在营销过程中所采取的一系列活动。服务是一种复杂的现象，市场营销学者一般从区别于有形的实物产品的角度来进行研究和界定服务的定义。

服务营销与普通商品营销的一个关键区别就在于，它是与消费者发生接触的过程，而且接触的次数可能不限于一次或几次。服务营销是一种通过关注顾客，进而提供个性化特征的服务，最终实现有利的交换的营销手段。

服务营销顾客关注八大原则如下：①获得新顾客比留住旧顾客花费更大；②不满意的顾客比满意的顾客拥有更多"影响力"；③打通沟通渠道，保持投诉回复满意；④顾客必须有充足的选择权力；⑤需要细心聆听并了解顾客需求；⑥站在顾客角度考虑问题；⑦你照顾不好你的顾客，你的顾客由别人去照顾；⑧顾客不总是对的，但是需要引导他们知道错的结果。

服务营销具备五大特征如下。

第一，不可感知性。看不见，摸不着。

第二，不可分离性。服务的产生与消费几乎同时进行，时间上不可分离。

第三，具有差异性。服务产品的构成与质量存在浮动变化。

第四，不可存储性。由于形态不可感知，所以没法提前备好留用。

第五，不可转移性。服务产生与消费不对任何实物/物权进行转移。

第三节　演进

一、营销1.0到4.0的演变

菲利普·科特勒（Philip Kotler）是当今世界的营销管理大师，他自1967年发表《营销管理》并影响全球以来，至今已经推出16版，被50多个国家用作市场营销课程的教科书，获得"营销圣经"的美誉。

"营销1.0"思维是以产品为基础的，试图通过理性逻辑证明自己的产品或服务优于竞争对手。

"营销2.0"思维是以消费者为基础的，试图吸引顾客的心灵，与他们建立起关系。

"营销3.0"思维是以价值为基础的，不仅关注顾客的欲望，也关注他们的焦虑，也就是要全面关注顾客的人性。不仅意味着照顾到顾客的福利，还要照顾到雇员、渠道合作伙伴以及投资者。

"营销4.0"的思维即企业本质上应是一个"社会企业"，而不是经济意义上的企业。企业寻求盈利，但企业的根本目的是为增进社会福利做出贡献。

当今市场营销的新思维是市场营销就是比竞争者更好地满足客户需求。市场营销就是创造、沟通与传送价值给顾客，经营和完善顾客关系，不断了解和挖掘顾客的需求和需要，并不断对产品及服务进行升级迭代和优化提高，更好地满足客户的需求和需要的过程。

当今社会消费者希望营销人员承认消费者的需求超出了单纯的消费主义，成功的市场营销是通过其人性或情感因素脱颖而出，而思维的第四次浪潮与价值驱动之和称之为"营销4.0"时代。"营销4.0"时代已经让我们超出了过去以产品为中心和以消费者为中心的模式，其三个中心趋势：用户参与和协同营销，体现出用户新能力；经营公司面对价值链升级全球化，体现出公司新张力；渠道变革以及竞争加剧导致渠道不得不接受变化来给消费者更多选择，体现出渠道新动力。整个营销1.0到4.0时代的演变，是随着数字化营销的深入而加剧变化的。

随着数字时代的到来，如上文提到，营销经历了传统到数字的转变过程，营销1.0时代的营销，涉及上述提到的生产理念、产品理念和推销理念，就是以产品为中心的营销。营销2.0时代以消费者为中心，企业不再只为消费者提供产品和服务，开始向消费者传递自身的文化产品的形象和价值等。营销3.0时代以价值为导向，企业的营销活动以价值驱动，企业更加关注消费者的价值期望和精神层面的问题，目的在于迎合消费者的心智，凸显企业的价值观。营销4.0时代是互联网发展的"现在时"，主要目的在于满足消费者对自我价值实现的需求，移动互联网、大数据、人工智能、AR、VR等技术的不断发展，为消费者接触产品、服务、企业以及围绕产品和服务衍生出的具有相同需求的消费群体提供了平台。越来越多的社交媒体涌现出来，企业用来宣传和推广的传播手段也越来越丰富，消费者与企业，都是因为有了这些活动产生了大量的消费者行为数据，企业要做的就是利用这些行为数据分析和预测数据背后消费者真正的诉求，在这个过程中企业营销活动的重点在于利用数字技术，搭建社群或者私域流量平台以吸引用户，实现企业和消费者之间的价值共创，以及消费者自身的价值需求。可以说，营销进入了真正意义的数字化时代。

在社会中，马斯洛需求中的生理、安全、爱和归属感、尊重的四层需求相对容易被满足，但是客户对于处于较高层次的自我实现形成了一个很大的诉求，营销4.0解决了这一问题。表1-6是营销1.0到营销4.0的演变与对比。

表1-6 营销时代演变与对比

	1.0时代	2.0时代	3.0时代	4.0时代
营销导向	产品导向	消费者导向	价值导向	共创导向
营销目的	销售产品	满足消费者需求	价值和精神追求	消费者自我价值实现
营销方针	产什么买什么	要什么卖什么	你要的我能给	个性化提供
营销形式	一对多	一对一	多对多	互相参与整合
理念阶段	传统营销	消费营销	价值营销	共创营销

二、营销4.0：用户新能力

随着通信技术的飞速发展，社交媒体成为一个爆发性的全球性现象。同时对于营销者而言，社交媒体蕴含着巨大的商业价值，是不可忽视的营销通道。

我们生活在一个拥有持续技术支持的社会——低成本网络、廉价电脑和移动智能手机、开源服务和系统，加上富有表达力和协作力的社交媒体，已经改变了营销人员的工作方式和与消费者互动的方式。现在的消费者更愿意从网上获取以往需要通过线下渠道才能获取的信息，这极大地减小了企业与消费者信息间的不对称性。在消费者的认知、信息搜索、学习、态度、爱好、购买决策和购后评价等层面，社交媒体有着巨大的影响。信息、传播和流动性的扩展使得消费者可以更好、更快地决策并与他人分享他们的喜好和观点，用户新能力包括以下几点。

第一，可以用网络作为强大的信息和购买的支持。用户可以在家里、办公室用电脑，或者是路上用手机随时随地比较产品价格与特色卖点，参考评论并在线下单，绕开当地实地店有限商品供应的同时节省大量价差。如果当地有实体店的大型品牌产品，还可以把实体店当作"样板间"，即在实体店比较商品，然后再网上下单。由于用户几乎可以追溯到任何公司信息，企业也开始意识到公司承诺和行动透明性变得很重要。

第二，可以用移动网络实现搜索、传播和购买。用户越来越多地在生活中使用智能手机和平板电脑搜索产品并进行购买，随着通信网络速度的加快建设，用户能在4G、5G网络加持下，用更加流畅和清晰的流量媒体方式进行查看对比商品，有利于商品分享与购买。

第三，利用社交媒体分享观点和表达忠诚。人际交往和用户生成的信息内容在微博、知乎、微信朋友圈、抖音等社交媒体上蓬勃发展，热门网站如旅游爱好者的驴妈妈网，自行车爱好者的骑乐网，将志同道合的消费者们集中在一起。

第四，可以主动跟企业公司进行互动。用户把他们最喜欢的公司看成是可以从中取得自己想要产品的车间，通过选择进入或者退出服务号接收者名单，用户可以接收到营销类、销售类或信息类的传播信息、折扣信息、服务信息等，关注企业公众号或者官方微博，实时了解企业最新信息和互动用户的观点，缩短交流时间周期。

第五，可以拒绝他们认为不合适的营销。现在有一些用户可能感受不到产品差异并缺乏品牌忠诚度，还有一些用户可能在价值搜索中变得对价值或者质量更加敏感，他们通常对广告表达"难以忍受"，所以他们很多时候会选择适当付费或者其他屏蔽方式跳过商业广告，如在线视频APP会员。

三、营销4.0：公司新张力

在全球化背景下，随着交通工具、运输能力、传播速度等日新月异地发展，世界已经变成一个更小的地方，用户可以去任何地方旅游、购买和售卖，也因此，全球化帮助公司应对和回应了自己的新张力。

第一，利用网络强化信息流。一个公司网站可以面向全世界消费者发布产品和服务信息，以及公司历史、公司理念、工作机会和其他用户可能感兴趣的信息。营销人员发现，公司网站和公司官方微博相连接，更容易让用户在线上品牌参与过程中直接进行互动、活动宣传甚至链接购买。

第二，更充分、更丰富地收集市场信息。营销人员可以通过互联网、微博投票、微信小程序等方式安排网络营销研究、分发调查问卷，并以其他方式收集主要数据。收集用户个人购买状况、购买偏好、个人特征及盈利性等。

第三，利用自媒体和移动营销更快速触达用户。基于智能手机定位功能的开放，营销人员可以以此定位为中心，在某一特定半径范围内给用户推送附近品牌店铺的优惠信息，基于社交媒体和口碑的营销更是如此，根据用户浏览习惯和购物习惯，推送用户感兴趣的商品信息，提高转化率和用户满意度。

第四，可以改善购买、招聘、培训和内外部传播。企业可以在线招聘员工，并且很多企业逐步为员工、渠道商提供互联网培训，包括现场直播培训或者网络录播培训。随着自媒体和短视频的日益火爆，企业也逐步不停地在转换投放推送的跑道上，追求提高与用户传播、互动的贴合性。

第五，可以节省成本。用户通过线上比较卖家价格，可以节省大量时间成本，而且公司可以提高精确性和服务质量的同时改善物流和运营，从而节约大量成本，特别是小型企业尤能发挥互联网优势。

四、营销4.0：竞争新动力

全球化造成国内外品牌的激烈竞争，自有品牌和超级品牌的崛起、放宽管制和私有化趋势的发展也加剧了竞争。

第一，自有品牌。品牌制造商被销售自有品牌的零售商进一步打击，越来越难以跟其他品牌进行区分。另外，基于商店的零售商面临多方面的竞争，如电子商务、直邮、电视购物等，作为回应，企业零售商正在为他们的零售店建立娱乐设施和休闲区域，例如咖啡厅、演示厅等，靠"体验"而不是产品组合来进行营销。

第二，超级品牌。很多强势品牌变成了超级品牌，并延伸至相关的产品类别中，包括两个以上的行业交叉新机会。以苹果（APPLE）和三星（SAMSUNG）为例，原来从MP3播放器到液晶电视再到智能手机、通信技术等，就是一个慢慢融合和延伸的过程。由于超级品牌足够强，销售直接由品牌自己进行自营销售，取消中间商环节。作为回应，中间商进行自我变革，成为企业与消费之间的分销商群体，特别是电商分销商，企业依赖众多的分销商形成销售"航空母舰作战群"，当拥有大量分销商资源时候，就比单纯购买点击流量花费少并且效果好。

第三，放宽管制和私有化。很多国家已经放宽对行业的管制以创造更多竞争和增长机会，特别是银行金融以及保险行业。而为了提高效率，也会逐步将国有企业转变成私人所有和管理的公司，市场化进一步实践，进一步推动竞争新动能。

第四节 营销4A、4P和管理任务

市场营销计划将市场营销战略转化为行动来建立客户关系，这往往要用到市场营销组合，即公司用于执行市场营销战略的一套营销工具，下面来简单说一下营销组合工具及管理任务，后文将会结合市场营销战略展开细述。

一、营销4A

心理学家杰格迪森·谢思（Jagdish Sheth）和拉詹德拉·西索迪亚（Rajendra Sisodia），两位提出言论的学者指出消费者的认知是通往成功更为可靠的路径，他们提出的以顾客为中心的营销管理框架，强调了他们所认为的最重要的顾客价值——可接受性（Acceptability）、支付能力（Affordability）、可达性（Accessibility）和知晓度（Awareness），他们称之为是"4A"。

第一，可接受性。可接受性是指企业提供的产品超出消费者期望的程度。学者们认为，可接受性支配着整个框架。同时，整个框架的设计是基于可接受性的。功能部件的设计旨在增强核心兴趣和提高产品可靠性。通过品牌形象、包装设计和定位，可以提高消费者的心理接受度。

第二，支付能力。支付能力是指目标市场的消费者能够并愿意购买产品的程度。它有两个维度，经济维度（支付能力）和心理维度（支付意愿）。可接受性和经济性决定了产品的价值定位，当一台电视机从6999元降到2999元，销售的需求就会急剧增加。

第三，可达性。可达性是消费者能够方便地获取产品的程度，它有两个维度：可得性和便利性。成功的公司可以满足这两个维度，著名快时尚服装零售商优衣库（Uniqlo），凭借出色的客户服务和退货政策，以及对库存、品牌、款式的即时信息管理跟踪体系，做到了可得性和便利性。

第四，知晓度。知晓度是指消费者对产品特性的了解程度，能够说服消费者购买，并提醒消费者再次购买。这两个维度是品牌意识和产品知识，谢思和西索迪亚认为意识是最值得期待的部分，因为大多数公司目前的发展都是低效的。例如，一个好的广告虽然可以吸引人，但口碑营销和联合营销是接触潜在消费者的更有效方式。

谢思和西索迪亚把4A框架构建在消费者在市场中所扮演的四个独特角色上——寻求者、购买者、支付者和使用者。而消费者扮演的第五个角色是——"传道者"（基于消费者通常会向别人推荐产品，并且他们在互联网和社交媒体平台上越来越重要的现状）。

二、营销"4P"

1960年美国密歇根大学的杰罗姆·麦肯锡教授在其《基础营销学》（第一版）中，第一次提出著名的营销组合经典模型"4P"营销理论（The Marketing Theoryof 4Ps），4P理论产生于20世纪60年代的美国，随着营销组合理论的提出而出现的，主要包括产品（Product）、价格（Price）、渠道（Place）和宣传（Promotion）：决定所提供产品和服务的准确类型，即产品策略；根据不同的目的以及影响因素制定产品或者服务的价格，即价格策略；选择将产品或者服务分配给消费者的方式方法，即分销策略；决定如何将产品或者服务的信息传递给消费者并影响他们的购买行为，即促销策略（见表1-7）。

然而，考虑到市场营销广度、复杂性和丰富性，可以以全新的理解来看待营销"4P"，其中包括人员（People）、流程（Processes）、方案（Programs）和绩效（Performance）（见表1-8）。

（一）人员

销售现状在一定程度上反映了内部营销和雇员对市场成功很关键的事实，市场的好坏由组织内部的人员决定，同时也反映出营销人员必须把消费者看成是真正意义上的"人",并更加广泛地去了解他们的生活的事实,而不是仅仅将他们看成是消费产品和服务的购买者。

表1-7 营销"4P"包含营销变量

4P 营销理论			
产品	价格	渠道	宣传
种类、质量、设计、特色、品牌名称、包装、大小、服务、担保、退货等	标价、折扣、返利、应付款账期、赊销条件	覆盖面、产品组合、地点、库存	广告、公关、促销、推销、直销

(二)流程

流程反映了营销管理过程中的创造力、纪律和结构。营销人员必须避免仅适用于某种单一情形的规划和决策,并确保最先进的营销观念和概念在所有方面发挥适当作用,包括创建互利共赢的长期合作关系及富有想象力地形成新洞见,并提出其突破性的产品、服务和营销活动。

(三)方案

方案反映了企业所有消费者导向的活动,它包括了旧的"4P",同时也包括了很多也许不那么符合市场营销旧观念的其他营销活动,无论他们是线上还是线下、传统还是非传统,这些活动都必须被很好整合来让整体大于部分之和,它们可以为企业完成多重目标。

(四)绩效

为了覆盖可能产生财务和非财务影响(盈利能力、品牌和顾客资产)以及超越公司本身的影响(社会责任、法律、道德和环境)的全部结果衡量指标,我们将绩效定义包含在全方位营销中。

如表1-8所示,营销理论发展至今,更多更新的观点诞生并受到业界的推崇,即"4Cs"理论,"4Cs"指顾客解决方案(Customer Solution)、顾客的成本

（Customer Cost）、顾客便利（Convenience）、顾客沟通（Communication）。这种观点认为，"4P"的概念是站在卖方而不是买方的角度来看市场的，如果从买方的角度看，"4Cs"比"4P"更有竞争力。企业通过开发产品满足顾客需求，顾客则是购买价值或解决问题的方案；企业通过制定产品价格实现盈利目标，顾客感兴趣的却不只是价格，而是包括取得、使用和处置某个产品的全部成本；企业通过分销把产品传递给顾客，顾客希望的是尽可能方便地获得产品；企业通过促销传递信息和说服顾客，顾客则希望得到双向的沟通和交流。因此，虽然企业仍然需要通过"4P"来满足顾客的需求，但营销人员最好能先站在"4Cs"的角度进行思考。

总而言之，新"4P"营销组合适用于公司内部所有管理纪律，并以"4Cs"的思维来思考，管理人员可以更加紧密地与公司其他人员保持一致。

表1-8 营销管理的演变

"4P"营销组合	新"4P"营销组合	"4Cs"营销组合
产品 Product	人员 People	顾客解决方案 Customer Solution
价格 Price	流程 Processes	顾客成本 Customer Cost
宣传 Promotion	方案 Programs	顾客便利 Convenience
渠道 Place	绩效 Performance	顾客沟通 Communication

市场、市场营销概念与发展专栏4：

"猫狗"大战进入"猫拼狗"大战的战略相持阶段

"猫狗"大战源于2017年"双11"活动里面两大电商平台京东和阿里巴巴针对商家做"二选一"的站队动作，从商业角度来看，其实就是电商平台结合自身和外部优势构筑自己的护城河，也就形成了两大电商阵营。

但是2019年的"6·18"开始，拼多多这个讲着五环外故事的电商新秀硬生生将两巨头多年之战变成了"猫拼狗"。拼多多年活跃买家数从3亿用户猛增为6亿，除了低线市场拉新外，必然也有从两巨头那里引出来的流量。

争夺市场的本质还是争夺用户流量，随着流量"天花板"频现，三、四线以及更为广阔的农村已成为各电商平台增长的主力市场，不论是阿里巴巴、京东还是拼多多，"6·18""双11"数据持续的飘红都离不开"小镇青年"的助力。

稍有不同的是，阿里巴巴、京东所努力的是让平台极力下沉，而原本就以"农村包围城市"战略起家的拼多多则是在做强、做大其下沉市场的同时，以其特有的"拼购"模式进一步侵蚀一、二线市场。

不管如何，有竞争总是好事。当传统的"猫狗大战"变成"猫拼狗"，最大的受益者还是广大消费者。这就是围绕消费者利益的市场营销的本质。

（资料来源：作者根据多方资料整理而成）

三、营销管理任务

图1-4总结了三大主要的市场力量、三个主要市场结果和帮助我们把握新营销现实的四大全方位营销基本支柱。

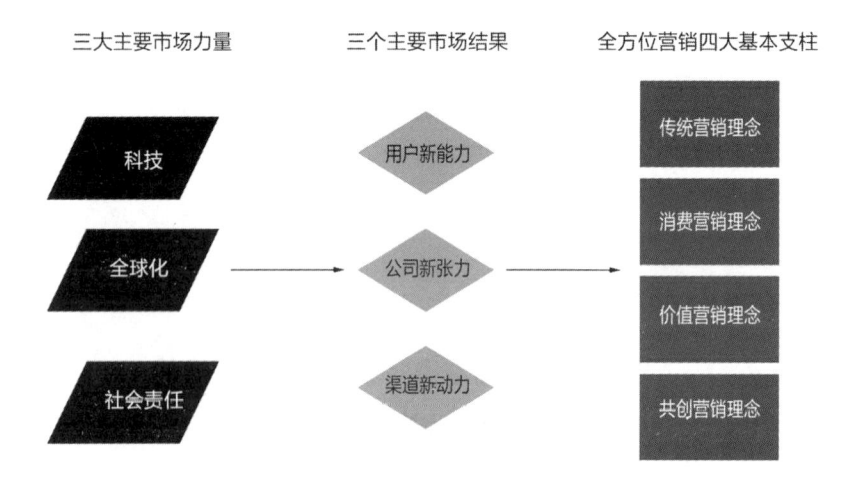

图1-4 营销新现实

市场、市场营销概念与发展专栏5：

美的集团家用空调事业部营销规划实现思路

一、制订营销策略与营销计划

美的集团家用空调事业部市场营销面临的第一个挑战就是在现有市场经验和核心竞争力下，识别潜在的长远机会，他们既可以设计性能更好的家用空调，又可以建立一条家用中央空调生产线，或者利用自身在压缩机上的核心竞争力设计热泵干衣机和空气能热水器，但是不论选择哪一个方向，都必须创建具体的营销计划，详细列出发展的营销战略和战术。

二、信息收集及实施营销调研

美的集团家用空调事业部需要一个可靠的营销信息系统来密切监控市场环境，以持续评估市场潜力和预测需求。在微观层面，包括影响家用空调生产和销售能力的所有参与者、供应商、中间商、顾客和竞争者。宏观层面包括影响销售和利润的人口、经济、自然、科技、政治、法律和社会文化力量。

三、分析消费者市场和企业市场

美的集团家用空调事业部必须思考如何为选定的目标市场最好地创造价值，并与顾客建立稳固的、可盈利的和长期的关系。如此做的话，需要了解消费者市场：谁购买家用空调？为什么买？他们寻求什么样的产品特征和价格？他们在哪里购物？同时，美的集团家用空调事业部也需要把家用空调卖给企业市场，包括大型的公司、专业企业、零售商、政府机构、学校等，这些市场都是由采购商或者集采机构来做决定，美的集团家用空调事业部既要充分了解组织购买者的购买流程，还需要有一支训练有素的销售团队来展示产品利益，另外需要考虑不断变化的全球机遇和挑战。

四、品牌定位及品牌资产

美的集团家用空调事业部并不会希望把产品营销给所有潜在用户，它必须将市场分成几个重要的细分市场，评估每一个细分市场，然后将自身能提供最好服务的市场作为目标。以家用空调为例，将消费者市场作为重点并建立一个定位战略，它应该将自己定位成一个"宝马（BMW）"高端级别的品牌，拥有优质的服务和强大的广告，可以溢价提供高品质家用空调；还是应该把自己定位成简单、低价的家用空调品牌，瞄准那些价格敏感的消费者；或者定位于两者之间。美的集团家用空调事业部管理者必须清楚知道消费者对这个品牌家用空调的看法的优势和劣势。

美的集团家用空调事业部在密切关注竞争者的同时必须考虑增长战略，预测竞争者的行动并指导如何快速果断地作出反应，也许竞争对手会发起一些出人意料的作战行动，这种情况下就必须预测他的竞争者会如何出击。

五、产品战略、服务管理和传播管理

营销计划的核心是产品——企业提供给市场的有形产品，包括产品质量，设计、特征和包装。美的集团家用空调事业部可以通过提供租赁、配送、维修和培训作为产品供应的一部分来赢取竞争优势。基于它的产品定位，美的集团家用空调事业部必须建立新产品开发、测试、发布方案作为其长期对外宣传及同步信息的一部分。一个关键的市场营销决策与价格有关。美的集团家用空调事业部必须确定批发价和零售价，折扣返利和赊销条款，它的产品价格应该与产品的感知价格充分匹配，不然消费者会转向竞争者的产品。

公司需要决定如何向目标市场传递其产品和服务中包含的价值。渠道活动包括从事的一些让目标顾客可以接触产品并购买产品的渠道活动。美的集团家用空调事业部必须确定、招募并连接各种营销服务商以更有效地向目标市场提供产品的服务，它必须了解各种零售商、批发商和传统零售企业以及电商分销商，以及他们如何做决策。

美的集团家用空调事业部也必须充分地向目标市场传播其产品和服务包含的价值，它需要将整合营销传播计划最大化地传播。美的集团家用空调事业部需要构建包括广告、销售促进、事件和公关的大规模传播计划，需要进军网络、社交媒体和移动互联网以随时随地接触潜在的合适消费者，美的集团家用空调事业部还需要进行个性化传播，以直销、分销等形式和数据库营销方式来招募、培训、激励销售人员。

（资料来源：作者根据多方资料整理而成）

章末案例

小仙炖燕窝增长220%的营销秘诀

一、小仙炖发展介绍

小仙炖创始人林小仙说，让鲜炖燕窝引领现代人的养生潮流，这是她的梦想。成立小仙炖鲜炖燕窝不到六年的时间，让林小仙离她的梦想越来越近，也让鲜炖燕窝被更多的主流人群选择，还圈粉了不少明星大咖。

小仙炖燕窝连续两年全国增速最快的燕窝品牌，在疫情期间，小仙炖2月销售的数据同比2019年的销售依然增长了220%。"3·8女王节"全网销售同比增长471%，获得全网滋补类目的第一。

从陈数到章子怡，小仙炖的圈粉力为何这么强？做燕窝的品牌不少，但能凭借一瓶小小的燕窝圈粉这么多人的，只有小仙炖。在公开场合，投资人陈数曾经多次表达自己对小仙炖的喜爱："吃燕窝十几年了，现在我只吃小仙炖鲜炖燕窝。第一次吃是在片场。发现它不仅方便，还比自己炖的好，就萌生了投资的想法。至今我已经吃了四年小仙炖，家里空瓶可以垒成一面墙。"

跟陈数有相同感受的还有章子怡。2017年，章子怡第一次吃到小仙炖，圈粉章子怡的精髓就在一个鲜字。在章子怡怀孕和产后，几乎每天都要吃一瓶小仙炖鲜炖燕窝。这瓶鲜炖燕窝与其他品牌燕窝最大的不同是，每周炖好冷鲜配送到家，零添加保质15天。比采用罐头食品生产工艺的即食燕窝更新鲜、更营养，并且兼具了便捷性。

娜扎、袁咏仪、景甜等一众明星也在小红书上分享自己的产品体验，说小仙炖是忙碌工作中保持状态的好伙伴。

投资人不会投自己不看好的产品。从曾经被认为是妈妈辈才会吃的滋补品，到现在成为年轻人的最爱，从中国火到国外，其实来源于燕窝行业一次品类的洗牌与升级。这次洗牌与升级，也让小仙炖找到了自己强悍打磨产品的三大秘密武器。

二、产品的颠覆升级：从"价格战"到"体验战"

在小仙炖之前，燕窝市场大多是即食燕窝的天下，而这种产品要做的是把燕窝的身价降低，成为大众快消产品，通过降低单价来提升消费频次。这显然不会给消费者带来很好的体验，而小仙炖率先从价格战的僵局中跳了出来，主打当天鲜炖、冷鲜配送、零添加、15天保质期的鲜炖燕窝。为了尽最大可能还原人工炖煮燕窝的品质，林小仙甚至研发出一款黑科技炖煮设备。

这款炖煮设备可以让燕窝在95℃低温下慢炖38分钟左右，既不会损伤燕窝蕴含的燕窝酸，也不会破坏活性蛋白等营养。对比即食燕窝，采用的是高温炖煮的罐头工艺，保质期长、部分产品有添加剂，不够新鲜、营养。为了研发出更好的鲜炖工艺，林小仙带领团队死磕技术，半年内消耗了36公斤燕窝原料，测试了218种温度和炖煮时长的组合，损耗了3300瓶鲜炖燕窝，最终确定了38分钟95℃低温炖煮的标准，不仅确保燕窝充分炖煮同时也不会流失营养。"低价总有市场，但是试了一圈之后她们还是回到小仙炖。"在消费升级的大环境里，商业竞争的核心优势正在从"价格"变成"体验"。

三、行业的强悍破局：从"缺乏信任"到"建立信任"

做燕窝产品比其他行业做产品更难，还有一个原因——在过去，燕窝市场是一个缺乏信任的市场。即便是想买燕窝的人，也常常被大量的谣言"劝退"。从四年前开始，小仙炖每一瓶燕窝，都拥有了一个属于自己的"身份证"。

燕窝的身份证，又叫溯源码，这是林小仙顶住团队的争议才保留下来的。一瓶一个专属独一无二的溯源码，扫描就可以获取产地、生产日期等信息。即使这么做让小仙炖不得不面临比一般燕窝原料进货价高出50%情况，但正是通过这个溯源码，让消费者知道小仙炖是在用心做产品。小仙炖也成为行业第一家使用原料溯源加产品溯源，全程可查询的鲜炖燕窝品牌。在食品安全与质量的追求上，小仙炖可谓不遗余力。

四、产品的变化：从"买得起"到"抢着买"

死磕鲜炖燕窝这一个品类所能带来的最大优势是两个字——聚焦。解决了"鲜炖"的问题，还要解决怎么把这碗鲜炖燕窝以最快速度送到人们手里。这并不是件容易的事儿，因为从出厂开始算起，就算在包装里加上冰袋，保质期也仅为15天。也就是说，从消费者下订单算起，到达消费者手中食用必须要快，最好当天下单、次日送达。小仙炖在用户体验做到了绝对超预期：使用顺丰全程冷鲜配送，用户能在48小时内吃到新鲜的燕窝。怎么做到的？为此，小仙炖鲜炖燕窝成为首个将C2M运营模式应用到燕窝行业实现规模化经营的品牌，实现了用户到工厂的直连，去除所有中间商加价环节，由用户需求驱动生产制造，用户订多少、工厂就生产多少，真正实现用户下单、当天鲜炖、冷鲜配送。

此外，为了提高用户食用周期，林小仙还推出了私人周期定制服务。燕窝这种补品，坚持吃很长时间才有效用，小仙女周期服务分为包月餐和包年餐，目的是提供根据用户身体状况定制的周期滋补计划，只要在购买后，小仙炖每周准时送货上门，一周3或7瓶地食用燕窝滋补品，让使用者更有规律、更科学地食用，并同样开行业先河，开发了自助服务小程序，用户可以修改发货时间和地址，很人性化。目前，小仙炖是唯一一个真正做到能够满足用户个性化周期服务需求的燕窝品牌。数据显示，购买月套餐以上的周期用户贡献了小仙炖总体销售额的82%。

（资料来源：作者根据多方资料整理而成）

本章小结

本章介绍了市场、市场营销、市场营销中的核心概念以及市场营销哲学的演进过程等内容。从市场营销哲学里学会如何妥善处理企业、顾客及社会三者利益关系，其发展经历了四个阶段，并实现从产品理念往消费者中心理念再到数字化营销理念的转变。

追溯营销的实质，我们应该探究两个问题：①为什么要进行交换？②交换是如何产生、完成和被避免的？市场属于商品经济的范畴，它以商品交换为内容，是企业营销活动的出发点和终点。营销是个人和集体通过创造，提供出售并同别人自由交换产品和价值，以获得其所欲之物的一种社会过程。顾客认知价值是指预期顾客评价一个供应品和认知值的所有价值与所有成本之差。顾客终身价值指的是每个购买者在未来可能为企业带来的收益总和，描述了基于顾客终身价值预期的未来利润产生的价值，通过预期收入减去用来吸引和服务顾客以及销售所花费的预期成本来计算。

第二章

制订营销策略与计划

谈到转型的力量，其实我觉得最根本还是靠技术的变革，外部的需求再加上技术变革本身，这样的碰撞就形成一些新的业态、新的产业。

——比亚迪董事局主席兼总裁　王传福

【学习要点】

☆策略规划和营销策略规划的地位
☆营销策略规划的常用方法和具体过程
☆营销计划的内涵和内容
☆营销组织的措施和营销控制的方法
☆顾客价值的基本概念与内容

章首案例

比亚迪的新能源帝国营销策略

一、企业简介

1994年前后，在中国有色金属研究总院担任高级工程师的王传福，从表哥吕向阳那"借"了250万决定下海，在深圳的一个旧车间里创办了比亚迪。最初，王传福从"大哥大"里的镍镉电池开始起家，当年它的对手都是索尼、三洋这样的世界品牌。2000年，比亚迪成为摩托罗拉的第一个中国锂电子电池供应商。之后几年，诺基亚、索尼爱立信和三星相继将比亚迪纳入供应链体系。没多久，比亚迪就成了当时世界上最大手机电池生产商。

二、新能源发展之路

2008年12月，比亚迪F3DM双模电动车在深圳正式上市，售价为14.98万元。同是这一年，股神巴菲特以18亿港元认购比亚迪10%的股份——迄今为止，比亚迪仍是巴菲特唯一持有并重仓的中国公司。对于新能源汽车的勇敢尝试，使得当时沃伦·巴菲特的黄金搭档，现任伯克希尔·哈撒韦公司的副主席查理·芒格给予了王传福极高的评价——他是"韦尔奇和爱迪生的结合体"。

在比亚迪进军汽车业的同一年，特斯拉在大洋彼岸的美国加州诞生。而特斯拉推出第一款纯电动汽车Roadster之后的两个月，比亚迪的第一款混合动力汽车F3DM也上市了。2012年6月，特斯拉首次开始交付ModelS。一年后的6月，比亚迪在深圳召开股东大会，会上王传福坦言，"如果家庭消费一旦起动，比亚迪分分钟就可以造出特斯拉。"多年之后，特斯拉CEO埃隆·马斯克对于记者引述王传福这番言论时，他表现出一副疑惑的模样，并且不屑地说道——"他说他分分钟可以造出特斯拉？好吧，我不认为比亚迪是我们的竞争对手。"

新能源汽车领域，能和特斯拉正面对决的传统车企当属比亚迪。在2019年之前，比亚迪已连续4年力压特斯拉，成为全球第一销量的新能源车企。但在2019年，由于"廉价"特斯拉Model3的销量攀升，特斯拉再度夺回"冠军宝座"。对于未来，简单的销量对比显然已经乏味无趣，比亚迪和特斯拉正步入一个新的十年之争——谁是"电池之王"？

"电池更像是比亚迪的本行，卖车就像是顺带的。"就在2020年3月底比亚迪在深圳发布了一款"刀片电池"，并演示了严苛的动力电池针刺测试。"刀片电池将重新定义新能源汽车的安全标准。"比亚迪创始人兼董事长王传福在发布会上表示，刀片电池将"自燃"从新能源汽车的字典里彻底抹掉。此外，他还宣布比亚迪的技术及产品将会对全球开放共享。王传福的一番话，释放了比亚迪将在营销层面变得更加开放的信号。事实上，"开放"已然成为比亚迪近年来的战略调整主题。

三、营销策略

但无论胜负如何，回顾王传福曾经的战果，我们不难发现他的三大营销策略。

第一，跳出"舒适区"，耐得住"寂寞"。从手机跨越到汽车，而且还是进入当时还不被寄予厚望的新能源汽车领域，是高瞻远瞩的冒险。在那个燃油车销量红利期，也只有比亚迪敢跳出"舒适区"。而在乘用车电动化受阻的情况下，比亚迪采用"曲线救国"的方式。将它自己最擅长的磷酸铁锂电池放进了大巴车，同时还持续出口海外。

第二，从原材料入手，解决"卡脖子"问题。"技术为王、创新为本"是比亚迪创立至今的发展理念。从手机电池到新能源车动力电池，再到整个电池产业链；从核心技术寥寥，到掌握芯片中的IGBT到SiCMOSFET等全球最稀缺的电动车核心技术。比亚迪2019年研发投入85.36亿元，同比增长36.22%，光研发人员储备超过3万人，累计申请专利超2.4万项，授权专利约1.6万项。

第三，以电池为支点，撬动自己的商业帝国。2018年的全球智能汽车前沿峰会上，王传福给出了这样的观点："智能汽车只有开放，才能真正创新。"两年时间后的今天，比亚迪的"开放"战略加快，正式宣布成立5家弗迪系公司：弗迪电池、弗迪视觉、弗迪科技、弗迪动力、弗迪模具，分别对应动力电池、车用照明、汽车电子、动力总成和汽车模具。这几乎涵盖了比亚迪在新能源汽车零部件的所有核心领域。

换而言之，搞了25年电池的王传福，把"刀片电池"当作支点，以此撬动以"弗迪系公司"为载体的新能源商业帝国。

（资料来源：作者根据多方资料整理而成）

第一节　公司营销策略

在当前的超强竞争时代，企业之间的竞争绝不仅仅局限于产品市场层面的竞争，而是呈现出明显的多层次立体竞争特性，其中，最重要的应属于策略层面的竞争。因此，营销策略得到了前所未有的重视。

加拿大麦吉尔大学教授明茨伯格（H.Mintzberg）借鉴市场营销"4P"并对公司策略指出公司策略是由五种规范的定义阐述的，即计划（Plan）、计策（Ploy）、模式（Pattern）、定位（Position）和观念（Perspective），这构成了企业战略的"5P"。

绝大多数大型公司一般有四个组织层级构成：集团公司层、部门层、业务单元层和产品层（见图2-1）。

首先，集团公司负责设计公司级策略计划，根据公司的目标和使命以指导整个公司发展方向及领域，它决定分配给每个部门的资源数量以及业务什么时候开始或者结束，决定公司组织模式、发展模式等。

其次，每个部门制订相应计划，针对集团公司多元化进入的每一个业务进行该单一业务上获取并保持竞争优势，将资源分配给该部门中的每个业务单元，指导各业务单元行动，主要解决的是如何在市场上与竞争者竞争的问题（如果只有一个单一业务的公司，集团公司层和部门层通常合并为一个层级）。

再次，每个业务单元也制订一个策略计划以确保该业务单元在未来有利可图，这些策略具体包含营销策略、生产策略、财务策略、人力资源策略等，将公司的人、财、物等因素有机结合起来，以组织特定活动来支持部门层策略，这个层级的营销策略，它一方面受集团公司层级总体策略的影响，另一方面它也会反过来影响集团公司总体策略。

最后，每个产品组再制订一个营销计划来管理具有策略意义的活动，增强细节与竞争，以达成自身的目标。

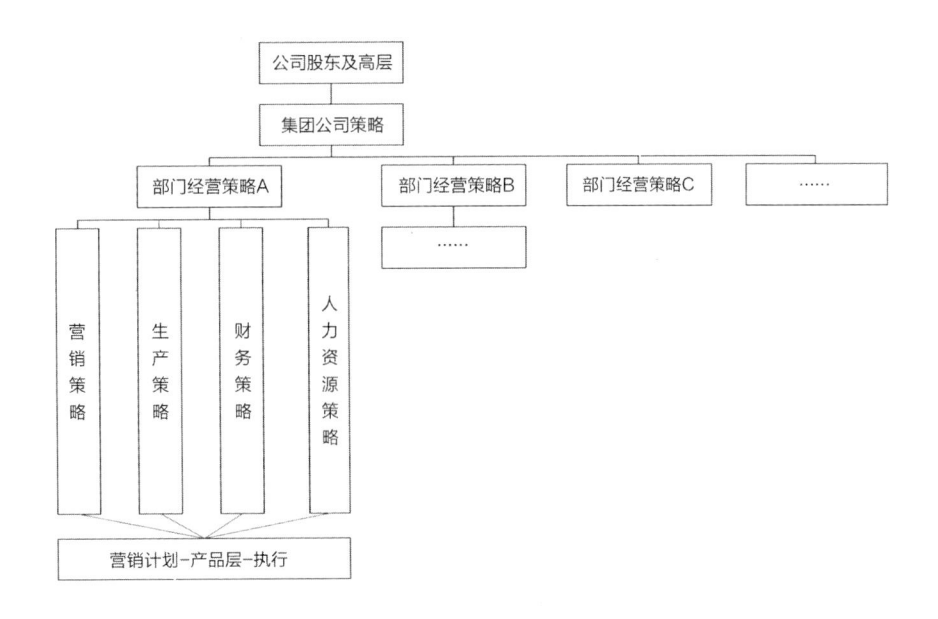

图2-1 公司策略组织层级结构

营销计划是指导和协调营销工作的核心工具，它主要从策略和战术两个层次进行操作，基于最佳的市场机会分析，策略营销计划主要是确立目标市场和公司的价值主张，战术营销计划制订特定的营销战术，包括产品特色、促销、销售规范、定价、销售渠道和服务。完整的计划、实施和控制过程如图2-2所示。

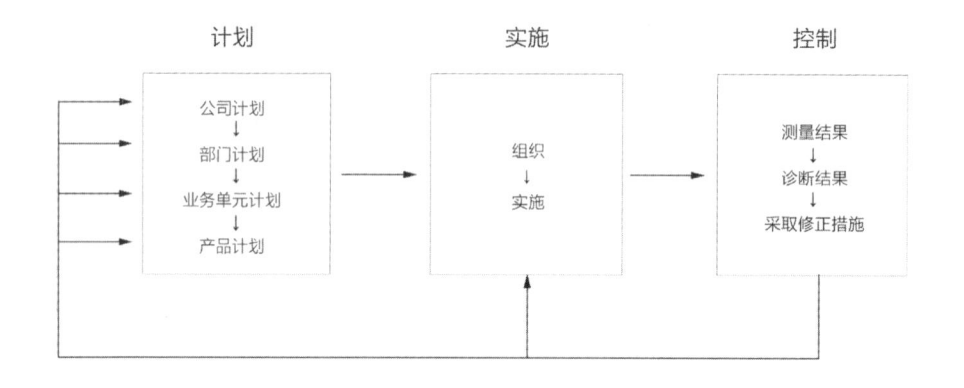

```
   计划              实施           控制
┌─────────┐     ┌─────────┐    ┌─────────────┐
│ 公司计划 │     │         │    │  测量结果   │
│    ↓    │     │  组织   │    │     ↓       │
│ 部门计划 │ →   │    ↓    │ →  │  诊断结果   │
│    ↓    │     │  实施   │    │     ↓       │
│业务单元计划│    │         │    │ 采取修正措施│
│    ↓    │     │         │    │             │
│ 产品计划 │     │         │    │             │
└─────────┘     └─────────┘    └─────────────┘
```

图2-2　营销策略计划、实施和控制过程

制订营销策略与计划专栏1：
....

东鹏特饮：解锁营销新玩法

当你"累了困了"最先想到的是谁？抢占场景，各品牌都在不遗余力。近日，东鹏特饮全新广告片霸屏湖南卫视、广东卫视、深圳卫视等多个电视台，及爱奇艺、优酷、Bilibili、抖音APP等视频网站。"累了困了喝东鹏特饮"，这句深入人心的广告语，借力全民熟知的歌曲焕然一新，再次抢占消费者市场。

一句朗朗上口的广告词，让人们记住了功能饮料东鹏特饮。随着社会的发展，年轻群体渐趋成为推动社会发展的重要力量，也成了消费的主力军和潮流的引导者。各大品牌纷纷通过分析年轻人的饮食习惯、消费行为制订"年轻化"的营销策略，作为年轻化饮料品牌代表的东鹏特饮同样大胆尝试，创新营销玩法，布局Bilibili、抖音APP等年轻化平台，不断吸粉年轻人。

一、公司简介

东鹏特饮是一款国产维生素功能饮料，是东鹏饮料（集团）股份有限公司旗下的饮料品牌。"东鹏"是华南地区一个著名的饮料品牌，是深圳的老品牌饮料企业。东鹏特饮富含牛磺酸、赖氨酸及多种B族维生素等营养成分，形成一套完整的抗疲劳体系，有助于缓解身体困乏。

东鹏饮料始创于1987年，是深圳市老字号饮料生产企业。东鹏饮料集团以深圳东鹏为营销计划中心，设立了广州、东莞、安徽等生产基地。东鹏饮料集技术开发、生产、销售于一身，拥有优秀的生产设备和技术开发队伍及一套完整的饮料销售、推广管理体系。公司现有八条利乐包生产线、两条瓶装饮料生产线、四条纯净水生产线及一条三片罐饮料生产线，年生产能力达18万吨。在消费者和食品经销、批发、零售商中享有较高影响力。

作为功能饮料民族品牌，东鹏特饮一直洞察年轻人的消费需求。同时，东鹏特饮还通过各大视频网站和年轻人"玩"在一起。东鹏特饮擅长整合营销各类媒介资源，将不同圈层的用户打通，在电视、综艺、短视频平台上频频露面。2020年东鹏特饮还大手笔通过刷屏魔性广告片，持续深化"累了困了喝东鹏特饮"的品牌内核。

二、营销策略，从建立品牌认知开始

第一，东鹏特饮新广告片。东鹏特饮的这支TVC从职场角度切入，创建开会时的困倦场景，丰富逗趣的动作表情和"老歌新唱"的醒脑神曲魔性入耳，放大视觉、听觉双感官，全方位感受来自东鹏特饮醒脑之歌的冲击波，无形间明晰产品功效，让消费者在累了、困了的情境下自然而然地与东鹏特饮直接建立品牌联系。当大家在会议室开会、在教室上课等每个"累了困了"的瞬间，画外音随着主旋律唱出大家"我累我累我累，我困我困我困"的心声，歌声与画面形影相随，形成了东鹏特饮独特的声音记忆符号。

此次东鹏特饮又请到中国第一位获誉广告界"奥斯卡"的最高荣誉"OneShow"奖的导演——李蔚然亲自操刀，希望通过高能量的表现手法来呈现人物累了困了的低能量状态，通过夸张反差的手法以及魔性的广告歌，打造出"看一遍就会唱"的东鹏特饮广告片。

李蔚然将原曲改造成激情四溢的摇滚版本，又通过画面调动扩大累了困了的画面张力，将原本慵懒缓慢的生活画面与激情四溢的超级歌曲进行碰撞，形成一种熟悉的新鲜感，大大释放了品牌广告的戏剧性。就这一首广告片，将东鹏特饮带进消费者心中，让其成为世界各国都能接受的声音符号。

第二，抖音APP造"势"，内容深度沟通。在"醒脑广告"的加持下，东鹏特饮趁热打铁在抖音APP平台开展了一场内容共创大赛，采用极富号召力的"累了困了醒醒吧"活动主题，横扫困倦强势来袭。东鹏特饮发起的共创大赛，鼓励参与者创作有趣的短视频作品，不设具体规则，最大化调动用户积极性。在内容营销趋于多样化的时代，东鹏特饮将创作话语权交还给消费者，通过内容构建出线上的"消费场景"，在功能需求之外传递情绪、态度和理念，与用户进行深度沟通，这正是短视频营销优于图文的关键所在。

内容创作者从人和场景出发，将产品和场景紧密挂钩，情侣组、父子档，或温情或搞怪，在各类情境下软性露出品牌内容，不刻意强调"累了困了就喝东鹏特饮"，给消费者"沉浸式"体验，无形间将品牌形象深植消费者心中。

2020年是东鹏特饮第二年在抖音APP平台举办内容共创大赛。抖音短视频已经逐渐成为年轻人获取社交及信息价值的重要载体。东鹏特饮此次通过抖音共创大赛，不断调动和鼓励勇于创作的自媒体人，在进行沟通互动的同时，也在输出"累了困了喝东鹏特饮"品牌内核。东鹏特饮鼓励和支持年轻一代持续奋斗和拼搏，并持续输出品牌正能量。

第三，布局Bilibili，创造更多消费场景。Bilibili作为"Z世代"的大本营，是东鹏特饮年轻化营销的重点。"Z世代"的年轻群体是与互联网共同成长的一代，他们开放、热情、愿意尝新。

2020年7月，东鹏特饮首次与Bilibili"原住民"打了声招呼，推出"Buff官带你上分"的高考应援活动，以年轻人喜闻乐见的"UP主"视频+活动互动的形式展现，吸引了海量Bilibili"原住民"关注东鹏特饮，并加入这次高考应援活动中。此外，2020年东鹏特饮还相继赞助了Bilibili两档综艺节目《欢天喜地好哥们》《破圈吧！变形兄弟》，进一步赋予品牌更年轻的活力，同时希望凭借"UP主"搭建起与他们背后粉丝的沟通桥梁，吸粉"Z世代"。

第四，东鹏特饮的品牌寄生。品牌不仅寄生在全球人民都熟悉的歌曲中，也植入了消费者的生活里，让品牌文化成为人类文化遗产，进而形成效能卓然的"醒脑广告"而非单纯填鸭式、念经式、轰炸式的"洗脑广告"。

"东鹏特饮送出去的是一首歌曲，但能把消费者脑子里对于这首歌曲几十年的集体潜意识给抓出来，这就是超级符号品牌寄生的力量。"正如华与华公司所分析的，醒脑广告不是强加洗脑，而是调动唤醒大众的集体潜意识和大众美好情绪，植入消费者的生活场景形成"播传"。即便投放量不大，但记忆点和关联性都十分明确、深刻，在今后累了困了的时候，全世界人民都会不自觉唱出这首东鹏特饮的广告歌。

可以说，作为醒脑广告，东鹏特饮这支广告片运用了文化母体和超级符号，本身就是传播资源，能实现自我复制，传播放大，带来的效益不只是传播的力量增强、销量的增长，同时也能一举奠定品牌地位。

东鹏特饮针对年轻群体的短视频传播不限于抖音APP、Bilibili。近年来，东鹏特饮不断创新营销玩法，活跃在年轻人圈子中，从在《重启之极海听雷》《安家》《天天向上》《青春万岁》《摇啊笑啊桥》等热门影剧综艺进行广告植入，再到中超联赛、世界杯、ICC、世界无人机锦标赛等体育赛事的赞助，东鹏特饮不断探索年轻人的精神诉求，大胆尝试将产品与有趣、好玩、年轻化融合，建立品牌与消费者之间独特的交流语言，同时通过年轻化的营销，用年轻人的话语体系走进年轻人，进而获得更多年轻人的青睐。

（资料来源：作者根据多方资料整理而成）

下面我们就一起循着"制订公司营销策略规划——业务单元策略规划——营销计划"的思路来进行本章的学习。

一、确定公司使命

公司在制订策略之前必须明确自身的公司使命，最少需要从以下几个方面来考虑。

第一，公司的文化背景和发展史。只有充分了解公司的文化背景和发展历程，才能充分发挥自身特长。

第二，公司所有者的爱好和价值观。每个公司所有者的独特个性特征、业务专长、文化背景等，都会给公司带来特定的管理风格，这些都会影响公司策略的制订与判断。

第三，外部环境的发展变化。公司处于市场的大环境里面，这些环境变化都会对公司产生重要影响，如何抓住市场环境带来的机遇并避开风险，是公司持续发展的关键，所以要考虑外部环境带来的影响。

第四，内部资源和能力匹配。每一家公司的资源和能力都有天花板，如何合理分配并让资源产出效益最大化，也将对公司发展产生影响。这里的资源和能力不仅仅指常规的公司内部的人、财、物，还包括人员素质、管理能力、品牌美誉、研发水平等。

一个公司存在的目的是完成某些目标、特性或性质，如制造汽车、提供贷款、提供住宿等，随着时间的推移和环境的变迁，公司的使命可能会发生变化，以应对新的机遇或者市场条件。为了确定公司使命，一个公司应该解决德鲁克提出的经典问题：我们的业务是什么？谁是该项业务的顾客，我们对顾客的价值是什么？我们的业务将是什么？我们的业务应该是什么？这些简单到随口就能说出来的问题是公司面临所有问题中永远最难解决的问题，成功的公司会不断地向自己提出这些问题并回答，而且能够让所有员工都认真、完整地理解和回答。

好的使命声明一般具有以下五个主要特征：①它们专注于几个有限的目标；②它们强调公司的重大政策和价值观；③它们定义了公司经营的主要竞争领域；④它们要有长远的眼光；⑤它们是精炼的、难忘的和有特定意义的。

市场营销的根本任务就是实现企业使命。因此，从本质上讲，营销使命就是公司使命。营销使命是公司使命的具体化，它往往使企业使命更加直接地体现出来，并为广大消费者所理解。

制订营销策略与计划专栏2：

波司登要做"服装业的华为"

一、建立伟大使命

"建设服装强国、品牌强国是波司登的梦想所在，（我们）将全力把波司登打造成中国服装业的华为。"2019年12月10日，波司登董事长高德康在一场公开活动上大方地秀出了"野心"。高德康没有细说"服装业的华为"具体意味着什么。但在2019年，波司登在国内着实享受到了与华为类似的"国货"消费红利。

益普索（Ipsos）做的一份波司登品牌健康度追踪报告称，目前波司登品牌无提示第一提及率达66%，净推荐值（NPS）达49%，品牌美誉度达8.69%，其在中国消费者中的认知度高达97%。用户喜欢一个品牌通常最直接的表现就是买它。在2019年天猫"双11"购物节中，波司登天猫旗舰店单店销售位居中国服装品牌第一名。据官方数据显示，这匹黑马在"双11"当天前7分钟销售额破亿元；78分钟销售额达4.14亿元；全网销售额突破8亿元；全渠道销售额破10亿元。

这背后，是曾经的"土味"羽绒服波司登向"国潮"品牌的转型。它不仅从设计上突出中国风、时尚感，营销上大打"民族"牌、"中国名片"，甚至还重新开展"国际化"，大喊"波司登温暖全世界"的使命。

二、21世纪的头一个十年，波司登迎来第一个高光时刻

2014年，波司登从华联控股脱身，这个由家族到国有再回到家族的公司在创始人高德康的引领下重新上路。"我现在压力大了，胆子也大了，风险意识也加强了，我喜欢这样的挑战。"高德康认为，脱离国企的波司登更能发挥出民营企业的优势。事实也证明了高德康的判断。自2005年开始，随着多年暖冬的结束，羽绒服行业迎来爆发。波司登羽绒服成为香饽饽，仓库卖空的现象不时出现，这让波司登的业绩节节攀升。2006年，全球1/3的羽绒服产自波司登；2007年，波司登在港股上市，成为中国羽绒服第一股；2012年，其营收达到93.3亿元，净利润达到10.8亿元。但高德康一直清晰地意识到，羽绒服是季节性产品，受季节影响强，行业风险大，这也是导致波司登股价低迷的原因之一。不甘于受产品单一的制约，2010年开始，波司登提出了"四季化、国际化、多品牌化"的转型战略方针。高德康承诺，"未来3~5年，将旗下非羽绒服业务占整体销量的比例提升至30%"，成为一个"综合性服装品牌"。因此，波司登开始收购一大批国内外品牌，并向男装、女装、童装等领域强势扩张。

但事实证明，不管是四季化、国际化、多品牌化都没有取得真正的成功，反而分散了波司登在羽绒服方面的精力，拖累了业务。2013年开始，波司登的净利率连续三年断崖式下跌，从2013年的17.2%一路跌至2015年的2.1%。

转型战略的失败给波司登带来了惨烈的教训，也让高德康进行了反思。他总结，之所以失败是因为规划没有做好，在人才和团队上也没有做到位。反思之后，2017年之后，波司登开始了第二次转型。这一次，高德康提出了"聚焦主航道、聚焦主品牌、收缩多元化"新战略，其他四季化男装、女装、童装产品逐渐削减，主要发展品牌羽绒服业务，先聚焦国内市场。"波司登品牌过去有很深的沉淀，但我们认为波司登现在有的只是高知名度"，波司登高级副总裁芮劲松认为，"过去这些年，大家觉得好像这个品牌没什么声音"。在重新聚焦羽绒服业务后，50后的高德康和他60后的妻子——波司登执行董事兼执行总裁梅冬开始频频为品牌活动站台。

三、重新出发

在高德康的力推下，波司登在2018年有了新的面貌。在渠道上，2018年，波司登关闭了低效店铺近700家，同时也新增了常规门店800多家，此外还新装修了1200多家门店，所有的店铺都做了全新的升级，无论是商品陈列还是橱窗设计都有很大的变化，完全凸显了专业羽绒服的概念。他们在产品上也开始提升时尚度。波司登副总裁王晨华曾表示，他们不仅与美国、法国、意大利的设计师合作推出了许多时尚款式；还做了一些跨界合作，如推出星战系列、漫威系列、迪士尼系列等。波司登还升级了供应链，在智能制造、智能配送上发力。2016年波司登与阿里云合作打造"零售云平台"，通过这一云平台，波司登将原本分散在各地仓库、门店的库存数据，以及和线下割裂开的线上库存数据全部都"聚拢"在了一起，通过重构和打通，完全融合成一体，从而解决了库存问题。波司登的转型努力在2019年开始显现出来。2019年"双12"，波司登全天线上销售额突破4.4亿元，天猫旗舰店单店销售蝉联中国服装品牌第一名。

（资料来源：作者根据多方资料整理而成）

二、建立策略业务单元

很少有一家公司只会经营一项业务，对于任何一家企业来说，一项业务应该被看成是一个顾客的生产与营销闭环过程，企业可以通过顾客群体、顾客需求和自身技术储备来确定其业务领域。对于一家经营着多项业务的公司来说，它会为每一项业务建立自己的策略，这个针对具体一项业务的策略便是策略业务。一个策略业务单元一般具有以下四个特征。

第一，它是一项独立的业务或者是由一系列相关的业务组成的集合体，但是在制订工作计划的时候独立于公司的其他业务；

第二，相对于其他业务，它有其自身的竞争者；

第三，有自己独立的管理层，他们负责本战略业务单元战略计划的制订和利润业绩；

第四，有共同的性质和要求，毕竟每个行业里面的基本性质和标准要求是相通的。

制订营销策略与计划专栏3：

美的集团的事业部发展之路

美的集团将产品业务分成九个策略业务单元（Strategic Business Units，SBUs），此类业务通常具有独立于公司其他业务的性质和特点，因此它们能够与其他业务进行区分，同时这些业务又在本质上从属于企业发展的根本策略。美的集团原来生产小家电产品，后来又开发了大家电产品和房地产业务，实际上即使生产家电也分大家电和小家电，显然每项业务都有自己的特性，面对的细分市场也各不相同，因此界定公司的业务领域，只是在大范围上阐明了企业经营的总体框架，在实践中还有必要按照业务性质和经营领域对各项业务进行划分——划分成若干个策略业务单元，其中策略业务单元是值得公司专门为其制订经营策略的最小经营管理单元，可以是一个公司的一个部门，或者是一个部门中的某类产品，甚至是某类产品中的某种产品，也可以包含多个部门和多类产品，更可以是一个独立的已经具有一定竞争能力和市场形象的品牌。如美的集团家用空调SBU可以包括家用空调产品、家用中央空调产品的大家电产品和除湿机加湿器移动空调品类的小家电产品，而美的集团家用空调SBU除了有美的品牌的大家电产品和小家电产品，还有华凌品牌、小天鹅品牌以及COLMO品牌的大家电产品和小家电产品，再逐个分析、评价它们的经营效益和成长机会，并做出或发展、或维持、或缩减、或淘汰的判断。

（资料来源：作者根据多方资料整理而成）

在为不同的SBU设计相应的营销策略时，企业应依据这些SBU的吸引力和发展前景，在人力、财力、物力、投资等资源配置方面给予重点关注。

三、规划业务投资组合

由于企业在许多地区经营多种产品，各种产品就可能有不同的市场份额、市场发展潜力以及在各个地区市场的现时和将来的盈利能力，产品在各地区市场所处的生命周期阶段也可能是不一致的，而企业的人力、物力、财力等资源又是有限的，所以在确定了战略业务单位后，最高管理层及总体战略中心则需要考虑怎样在这些战略业务单位中分配资源才是最有效益和最有竞争优势的。这些不一致性使企业面临一个如何制订广泛性策略的问题，为了整合公司的竞争优势从而获得长期稳定的发展，企业需要对各个策略业务单位的特点和发展前景进行评估、分类，做出或发展、或维持、或缩减、或淘汰的判断及依据，将资源按照策略任务在各个策略业务单位之间进行规划和投资组合。SBU的选择在理论上应当与企业的使命和目标相一致。但在特定情形下，两者之间并非完全一致。这主要是由企业外部的经济环境和行业条件决定的。因此，制订策略计划时，必须要制订业务投资组合。

在实践中，由于我国企业大多类似的工作都是来源于经验判断，而缺乏科学的具体依据分析，所以还是常用波士顿矩阵或通用电气公司矩阵的分类评价方法来解决上述问题。

（一）波士顿矩阵

波士顿矩阵（BCG Matrix），又称波士顿咨询集团法，是由美国著名的管理咨询公司波士顿咨询集团首创提出的，运用"市场增长率——相对市场占有率矩阵"（见图2-3）来评价和划分企业所有策略业务单元的模型。

从图2-3中可以看出，波士顿矩阵的横坐标表示相对市场占有率，即各个策略业务单元的市场占有率与该市场上的最大竞争者的市场占有率之比。"×10"表示该公司策略业务单元是市场的领导者，并且其销售额是占据市场第二位置企业的销售额的10倍；"×0.1"则表示该策略业务单元的销售额仅占市场领导者销售额的10%。纵坐标表示企业在一定时期内（通常为1年，也可以是半年或者1个季度）销售额增长的百分比即市场增长率，通常用10%来划分高增长率与低增长率的分界线。波士顿矩阵中的圆圈表示企业的策略业务单元，企业有多少个策略业务单元就有多少个圆圈，圆圈的位置表示各单元在市场增长率及相对占有率方面的现状，而圆圈的面积则表示各策略业务单元销售额的多少。这种方法的核心思想在于把公司有限的资源有效地分配到合理的业务结构中，该方法认为市场吸引力与公司经营实力是决定产品结构的两个基本因素，市场增长率是反映市场吸引力的最主要的指标，是决定公司业务结构的外在因素。相对市场占有率是反映公司经营实力的最主要的指标，是决定公司业务结构的内在因素。

一般来说，市场占有率越高，这个单元的盈利能力就越强，利润水平似乎与市场占有率同向增长；另外，市场增长率越高，业务单元的资源需要量也越大，产品运用和创造的现金数量就非常巨大，它要继续发展和巩固市场地位，能为公司提供最好的利润增长和投资机会。

第一类：相对市场占有率高、市场增长率也高的产品。这类产品处于迅速成长阶段（可形象地称之为"明星类"产品），为支持其发展需要投入大量资金。因此，这是占用资金较多的产品。

第二类：相对市场占有率高、市场增长率低的产品。这类产品由于高市场份额，所以利润和现金产生量应当较高，而较低的业务增长率则意味着对现金的需求量较低，从而余留大量现金（可形象地称之为"现金牛类"产品），公司可用这些现金支持其他需要现金的产品。

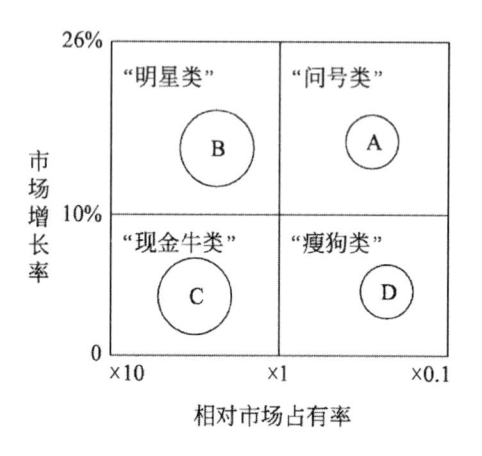

```
市          26%
场              "明星类"        "问号类"
增
长                   B              A
率          10%
                "现金牛类"       "瘦狗类"

                     C              D
             0
                 ×10          ×1         ×0.1
                      相对市场占有率
```

图2-3 波士顿矩阵

第三类：相对市场占有率低、市场增长率高的产品。多数策略业务单元最初都属这类业务开始，背景特点基本都是过往市场需求发展迅速而自身投资少导致业务市场份额小，且业务本身没有明显优势，需要加大投入的时候会担心投入的效果和预期是否满足而犹豫（可形象地称之为"问号类"产品）。现实中如果为提高这类产品的市场占有率，在增长率高的时候，企业需要扩大生产，加强推销，因而需要大量现金，要靠"现金牛类"产品或贷款来支持，而又由于其市场占有率所限，现金产生量较低。

第四类：相对市场占有率低、市场增长率也低的产品。低市场占有率通常意味着较低的利润，而由于其市场的业务增长率也较低，故为提高其市场份额而进行投入通常是不被允许的（可形象地称之为"瘦狗类"产品）。不幸的是，为维持其现有竞争地位所需要的现金往往超出它所创造的现金量。因此，"瘦狗"类产品常常成为现金陷阱。

制订公司策略时，首要目标是保持"现金牛类"产品在市场中的竞争地位，但要注意抵抗经常产生的对"现金牛类"产品过多地进行再投资的诱惑。"现金牛类"产品创造的现金应当最优先地用于保持或巩固那些资金不能自足的"明星类"业务在市场中的竞争地位，剩下的现金余额可用于支持一部分经过挑选的"问号类"产品的发展。大多数企业都会发现，它们没有足够的资金可供它们所有的"问号类"业务获取市场份额之用，因此，那些不被支持的"问号类"业务会逐渐被市场淘汰。

（二）通用电气公司矩阵

通用电气公司（GE）矩阵是美国通用电气公司在"市场增长率—相对市场份额"矩阵的基础上，通过加入其他因素发展成"多因素业务经营组合矩阵"（见图2-4）来对企业战略业务单位进行分类和评价的方法。

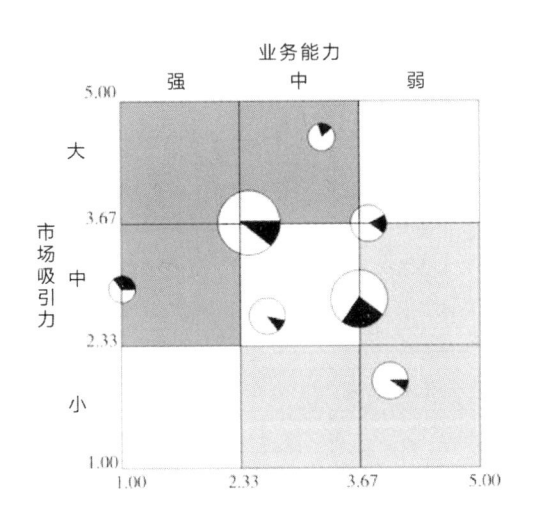

图2-4　通用电气公司矩阵

通用电气公司矩阵法认为企业在分析和评定其战略业务单位的时候，主要根据两个综合指标变量，市场吸引力（Marketattr activeness）和业务能力（Businessattr activeness）来综合评价公司的策略业务单元。纵坐标表示市场吸引力的大、中、小，横坐标则表示业务能力的强、中、弱。圆圈的位置代表策略业务单元的市场吸引力和业务优势状况。这两个变量的数值则是通过对影响这两个变量的每个因素分5等级打分（1是最低，5是最高，如1=毫无吸引力，2=一点吸引力，3=中等吸引力，4=有吸引力，5=很强吸引力；或者1=完全竞争劣势，2=竞争劣势，3=与对手持平，4=竞争优势，5=完全竞争优势），然后给出权数计算加权值加权累计得出；以每项业务在两个变量上的分值为圆心，以该业务所在市场上的销售规模为直径，对应圆圈的大小代表每个策略业务单元所在行业市场的大小，在圆圈中以相同比例标出的阴影部分则表示该策略业务单元的市场占比，以此画出通用电气公司矩阵图。公司可以根据每个策略业务单元在矩阵中的不同位置，来确定事宜的策略。

在实际应用中，可以采用头脑风暴、小组访谈、调查问卷等方式确定具体应该考虑的因素，关键点在于不能遗漏重点因素，也要适当放弃部分轻微的周边因素，相关因素和相应权数及计算表如表2-1所示。

表2-1 相关因素和相应权益及计算表（表内数据仅供表达参考）

	评价因素	权数	打分值（1~5）	值
市场吸引力	整体市场大小	0.20	4	0.80
	市场年增长率	0.20	5	1.00
	历史毛利率	0.15	4	0.60
	竞争强度	0.15	2	0.30
	技术要求	0.15	3	0.30
	能源要求	0.05	3	0.15
	环境要求	0.05	2	0.10
	社会/政治/法律	0.05	1	0.05
	合计	1		3.30
业务能力	市场占比	0.10	4	0.40
	占比成长趋势	0.15	5	0.75
	产品质量	0.10	4	0.40
	品牌影响力	0.10	3	0.30
	分销能力	0.05	3	0.15
	促销能力	0.05	3	0.15
	生产能力	0.05	4	0.20
	生产效率	0.05	2	0.10
	单位成本	0.15	5	0.75
	研发能力	0.05	2	0.10
	物流配送能力	0.10	3	0.30
	管理人员绩效	0.05	4	0.20
	合计	1.00		3.8

一般来说，通用电气公司矩阵分为九个象限和三个区域来区别分析：第一，朝阳业务区域。从右上角到左下角的三个象限组成对角线，在对角线左上角的三个象限里的市场吸引力和业务能力处于较高水平，是公司最强的经营业务。对于此类业务，

公司应该采取发展战略，增加投资和扩张，甚至放弃短期利益，抢占和提高市场占有率。

第二，稳定业务区域。处在对角线上的三个象限的业务，其市场吸引力和业务能力均处于中等水平。对于这类业务，企业可以采用维持或者收割策略，即市场吸引力小、业务能力强的象限才去简单维稳策略。市场吸引力中等、业务能力中等的象限集中力量能转化细分市场以图成朝阳业务区域。市场吸引力大、业务能力弱的象限可以尝试实施并购策略，但是最好能别掉到日落业务区域。

第三，日落业务区域。处于对角线右下角的三个象限，其市场吸引力和业务能力都处于较低水平。对于此类业务，企业一般都采取收割或者放弃策略，避免拖后腿。

在确定了策略业务单元在矩阵中的位置后，公司即可针对不同位置的业务单元采取不同的策略。具体针对什么样的业务采取什么样的战略可以参考图2-5。

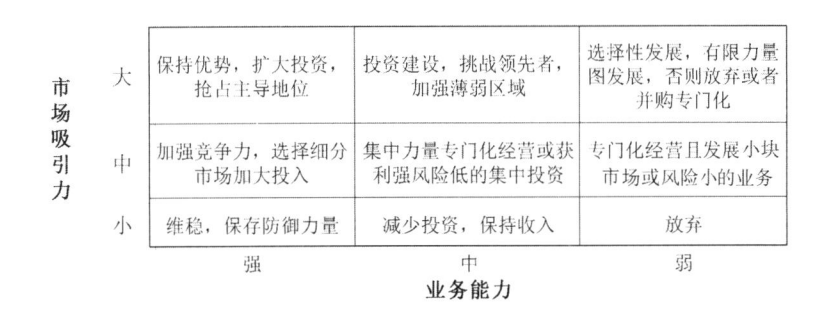

市场吸引力	强	中	弱
大	保持优势，扩大投资，抢占主导地位	投资建设，挑战领先者，加强薄弱区域	选择性发展，有限力量图发展，否则放弃或者并购专门化
中	加强竞争力，选择细分市场加大投入	集中力量专门化经营或获利强风险低的集中投资	专门化经营且发展小块市场或风险小的业务
小	维稳，保存防御力量	减少投资，保持收入	放弃

业务能力

图2-5 通用电气公司矩阵优势业务组合

业务组合分析主要有三种基本用途。

首先，公司可以评价其业务组合是否均衡；

其次，业务组合为策略市场计划的制订提供了基本框架；

最后，每一个策略业务单元都应有一个适合其业务组合位置的明确目标。

四、规划增长机会

在对当前的业务进行了评价分析之后，便可知道当前公司总销额和总利润，如果当前公司预期总销额和总利润会长期低于公司主管部门希望达成的水平时候，会考虑淘汰、更新部分业务和发展新业务，这种调整业务性的总体策略还涉及公司未来发展的问题，而公司的实际情况往往会和目标有差距，我们通常将这种差距叫作策略增长缺口或策略计划差距（见图2-6）。

通过寻找后，公司可以通过三种途径来弥补这个增长缺口，这三种途径分别是：

第一，识别当前业务中成长机会的密集型增长机会。
第二，建立或收购与当前业务相关联业务的一体化增长机会。
第三，添加与当前业务不相关但有吸引力业务的多样化增长机会。

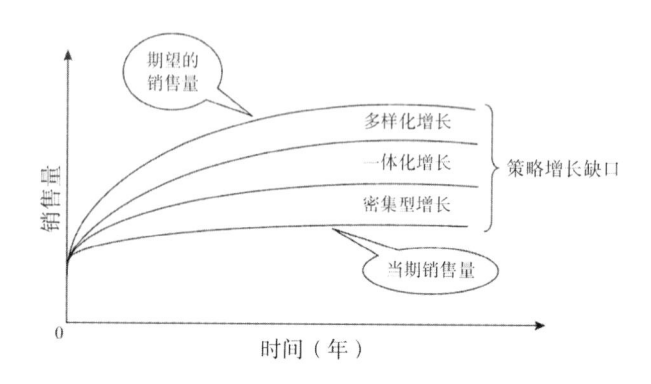

图2-6　策略增长缺口图

（一）密集型增长机会

密集型增长机会，是指一个特定市场的全部潜力尚未达到极限时存在的增长机会。这就意味着公司仍可以在现有的业务领域、生产条件、经营范围内求得发展。

公司在面对密集型增长机会决策时，需要考虑某业务自身是否存在可改进的、可成长的潜在空间，如果有，可以采用密集型增长策略，利用这一策略获得业务增长有三种具体方式（见图2-7）。

	现有产品	新产品
现有市场	市场渗透策略	产品开发策略
新市场	市场开发策略	（多样化策略）

图2-7　安索夫产品/市场矩阵（Ansoff Matrix）

第一，市场渗透策略。这种密集型增长策略是指通过采取更加积极有效的、更富进取精神的市场营销措施，努力在现有市场上扩大现有产品的销售量或市场份额，从而实现公司业务增长。

第二，市场开发策略。这种密集型增长策略是指通过努力开拓新市场来扩大现有产品销售量，从而实现公司业务增长。

第三，产品开发策略。这种密集型增长策略是指通过向现有市场提供多种改进迭代升级产品或者新产品，以满足市场上不断变化和不同顾客的需要，从而扩大销售，实现公司业务的增长。

（二）一体化增长机会

除了根据公司自身业务进行改善优化外，公司还可以通过建立或并购与目前公司业务相关联业务来弥补策略增长缺口，最终增加销售额和利润，这种途径叫作一体化增长机会，是指一个公司把自己的营销活动伸展到产、供、销不同环节而使自身得到发展的市场机会。公司一体化增长策略也有三种具体形式（见图2-8）。

第一，后向一体化增长策略。这是一种以销、产、供为序实现一体化经营而获得增长的策略。

第二，前向一体化增长策略。与上一形式正好相反，这是一种以供、产、销为序实现一体化经营使公司得到发展的策略。

第三，横向一体化（水平一体化）增长策略。这是指一家公司通过接办或并购它的竞争对手（一般是同行业里面的中小型公司），或者与同类公司合资经营，或者运用自身力量扩大生产经营规模和实力，实现规模化生产，最终提高公司市场占有率，来寻求增长的机会。

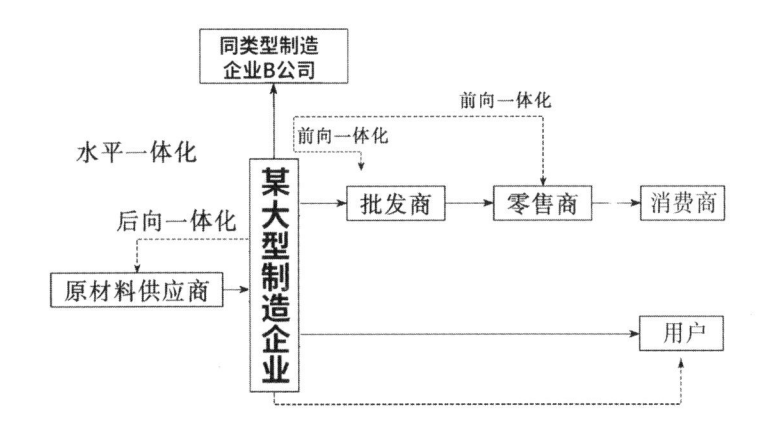

图2-8 一体化增长机会

（三）多样化增长机会

多样化增长机会存在于一家公司例行的经营领域之外有选择地增加产品种类，也就是公司跨行业经营所能得到的市场发展机会。所谓多样化增长机会，是指公司利用经营领域业务范围之外的市场机会，发现了在行业中具有很大的吸引力，并且企业本身具备成功的组合产品业务能力时，新增与现有产品业务有一定联系或毫无联系的此类组合产品业务，实行跨行业的多样化经营，以实现企业业务增长的策略。公司多样化增长策略主要有三种形式（见图2-9）。

第一，同心多样化增长策略。即利用现有物质技术力量开发新产品，增加产品的门类和品种，犹如从同一圆心向外扩大业务范围，以寻求新的市场、新的增长。

第二，横向多样化增长策略，又称水平多样化增长策略。即公司针对现有市场（顾客）的其他需要，增添新的物质技术力量开发新产品，以扩大业务经营范围，寻求新的增长。这就意味着公司向现有产品的顾客再提供他们所需要的其他产品。

第三，集团多样化增长策略。即企业通过投资或并购等形式，把经营范围扩展到多个新兴部门或其他部门，组成混合型集团公司，开展与现有技术、现有产品、现有市场均无联系的多样化经营活动，以寻求新的增长机会。

	现有产品	新产品
现有市场		同心多样化
新市场	横向多样化	集团多样化

图2-9 多样化增长策略

五、STP分析

营销实践工作在经历了大众化营销阶段、多元化营销阶段后，已进入目标市场营销阶段。从大规模销售向目标市场营销转变，是一种必然趋势。毕竟，公司要在竞争激烈的市场上取胜，首先需要以消费者为中心，而消费者人数众多、分布广泛，他们的需求差异也极大。因此，几乎没有一个公司能完全满足消费者的差异化全部需求，不仅仅是因为资源限制，更多是考虑追求效率，所以每个公司都必须对整个市场进行细分，从中选择最佳的细分市场，然后基于目标营销的要求制订相应营销策略，在比竞争对手更有效地为目标市场服务的同时获取收益，取得竞争优势。目标市场营销能帮助公司更好识别市场营销机会，通过调整优化产品价格、销售渠道和营销活动，从而为每个有效目标市场提供对口畅销且最有可能使之满意的产品。

与消费者建立联系的过程包括市场细分（Segmentation）、目标市场选择（Targeting）和市场定位（Positioning）三个步骤，称这三步骤为STP营销。

（一）市场细分

任何一种产品的市场都是由不同类型的消费者及其不同的需求偏好构成，营销人员必须依据消费者商品需求、欲望、购买行为、购买习惯的不同而对市场进行区分，确定市场细分标准，从而勾勒出每个细分市场的特征。市场细分是一个分类的过程，但它并不是市场分类和产品分类，而是顾客分类。

（二）目标市场选择

每个市场都可以细分，但并不是每个细分市场都值得企业去经营。企业选择的目标市场应当是评估每个细分市场的发展潜力，根据公司自身资源情况，选择让自己能够最大限度地创造顾客价值，并使自己有利可图，且可以长期存在的细分市场。

（三）市场定位

企业在决定进入细分市场之后，还需决定自己在这些细分市场上占据什么位置。营销人员需要对细分市场定位进行营销策划，以使本企业的产品、营销组合与竞争对手形成差异，并在目标市场上使公司形成与众不同的最大策略优势。

1.市场细分作用

第一，市场细分有利于公司分析和发掘最好的新市场机会，确定市场营销策略，合理运用公司资源，调整经营思想、方针、生产技术等，提高公司竞争力和市场占有率。公司通过市场营销研究和市场细分，从而快速响应，迅速改变营销策略，制定相应对策来适应市场需求的变化。

第二，市场细分还可以使公司用最少的经营费用取得最大的经营效益。

第三，市场细分有利于满足潜在客户的需要。

2.市场细分类型

消费者的需要、动机以及购买行为因素的多元性，是市场细分的内在依据。根据消费者对产品各种属性的偏好程度、差异性与类似性常呈现不同的形态，基本上可以分为以下三类（见图2-10）。

第一，同质型偏好的市场。对于这类市场，公司可提供基本相似的产品和服务，以满足偏好接近的所有消费者的需求。

第二，分散型偏好的市场。对于这类市场，公司需要适应众多消费者某些方面的需要，力求满足尽可能多的消费者的需求。

第三，群组型偏好的市场。市场上不同偏好的消费者会形成若干个集群。

同质型偏好　　　　　分散型偏好　　　　　群组型偏好

图2-10　市场细分类型

3.市场细分原则

有效的市场细分，必须便于公司认识市场、发掘新的市场机会，并具有一定的实用价值。要做到这一点，在进行市场细分时应注意遵循以下原则。

第一，可衡量。细分的市场必须有明显的特征，各细分市场要有明显的区别。

第二，可接受。细分出的市场必须使公司和消费者都能接受。

第三，足效。细分出的子市场的规模必须足以使公司盈利。

第四，稳定。细分市场必须在一定时间内保持相对稳定，以便公司制订较长期的营销战略，从而有效地开拓目标市场，获得预期利润。若市场变化过快，则公司经营风险亦随之增大。

4.消费者市场的细分

公司不可能用一种产品满足所有消费者的需求，也难以做到为每位消费者量身定制产品。产生消费者需求差异的原因有很多，通常情况下，公司需要分析产生这些需求差异的因素来进行市场细分，然后从中选择目标市场，而细分消费者市场所依据的变量标准可概括为以下几类。

第一，地理细分。指公司根据消费者所在的地理位置、地形气候、城乡环境、交通条件等变数来细分市场，具体变量包括国家、地区、城市、乡村、不同气候带等，消费者对某些产品的需求因地区的不同而存在很大的差异，一些城市、区域消费者市场趋向区域化，即喜欢从当地供应商购买商品，远处的供应商在价格和服务都没有优势。地理细分往往是进行市场细分的第一步。

第二，人口细分。公司按照"人口变数"（如年龄、性别、家庭人数、家庭生命周期、收入、职业、受教育程度、宗教、种族）来细分消费者市场。

第三，心理细分。按照消费者的生活方式、个性等心理变数来细分消费者市场，往往人口因素相同的消费者中，对同一产品的爱好和态度截然不同。

第四，行为细分。公司按照消费者购买或使用某种产品的时机、消费者所追求的利益、使用者情况、消费者对某种产品的使用频率、消费者对品牌（或店铺）的忠诚程度、消费者待购阶段和消费者对产品的态度等行为变数来细分消费者市场。

第五，受益细分。消费者往往因为各有不同的购买动机、追求不同的利益，所以购买不同的产品和品牌。

第六，顾客细分。在产品市场上，不同类型的顾客对同一种产品的市场营销组合往往有不一样的要求。例如，同样都是一件衣服，有些顾客重视的是产品质量、性能乃至服务，价格反而不是他们重点考虑的要素，但是有些顾客追求的往往是价格低廉，甚至明知质量差也愿意购买。

5.产业市场的细分

产业市场亦可称为工业品市场或组织市场。该市场的购买者取得货物和劳务的目的是生产其他产品和劳务，以便出售和供给他人。也就是说，购买者购买货物和劳务的目的不在于个人消费，而在于加工盈利。

第一，细分产业市场较为常见的是使用"最终用户"这个变数。

第二，"顾客规模"是细分产业市场的另一个常用变数。

第三，"用户位置"是细分产业市场的制约变数，毕竟产业用户分布往往受一个国家的资源分布、地形气候和经济布局的影响。

6.衡量市场细分有效性

公司发展的成功与否，关键在于公司营销策略的成败，而STP分析是营销策略的首要步骤，公司进行市场细分的目的是通过对顾客需求差异予以定位，来取得较大的经济效益。所以STP分析首要需要分析市场细分的有效性，为后续策略实施提供保障，具体衡量标准通常有以下五点。

第一，可测量性，即细分市场的规模、购买力及其他特征是可以测量和识别的。

第二，可进入性，即公司能有效地集中力量进入并满足目标市场难易程度。

第三，可盈利性，即目标市场的容量及盈利性值得公司进行开发的程度。

第四，可差异性，即设计出能够吸引并满足目标顾客群的有效方案。

第五，可稳定性，即细分后的市场有相对应的时间稳定性。

（四）目标市场选择

目标市场，也叫目标消费者群体，事实上就是公司的产品和服务的销售对象群市场，是在市场细分的基础上，公司满足潜在或现实销售对象群需求而开拓的特定市场。一个公司只有选好了自己的销售对象群，才能把自身的特长充分发挥出来；只有确定了自己的服务对象群，才能有的放矢地制订经营服务策略。

1.目标市场选择的基本限制因素

第一，本公司的产品与当地销售的产品是否有一定的差异（如果全无差异，则拓销的可能性不大），并考虑这些差异是否有利于销售，最好一定要有尚未满足的现实需求与潜在需求，最好是具有可观的潜在需求量和相应的购买力，其销售规模能使企业有利可图。

第二，公司是否能保证稳定的供货水平和产品质量。在根据公司已有人财物和管理水平前提下能否具备竞争优势，是否具备适度规模增长和发展特征。

第三，公司产品需作哪些修改，这些修改在工艺上、产品成本方面能否被接受，有没有替代品的可能性？

第四，公司是否能提供覆盖该地区的必要的售后服务，并且在成本上是否可以接受。

第五，运输成本是否过高。

第六，该地区的政策法规限制。

2.目标市场选择的步骤

公司打开市场，应当根据产品普及的客观规律选择目标市场。在对各地市场做比较分析时，应当考虑三类不同性质的因素：一是各地市场本身的状况，二是公司市场的整体布局，三是公司域外经营的能力。

3.进入目标市场的方式

公司进入目标市场时，主要有五种进入方式可以选择（见图2-11）。

第一，产品—市场集中化。具体内容无论是从市场（顾客）角度或是从产品角度，公司的目标市场都是集中于一个细分市场。

第二，产品专业化。这是指公司向各类顾客市场同时供应某一种产品。当然，由于面对着不同的顾客群，产品在档次、质量或款式等方面会有所不同。

第三，市场专业化。这是指公司向同一顾客群开发供应各种所需的产品。

第四，选择性专业化。这是指公司决定有选择地进入几个不同的细分市场，为不同的顾客群提供不同性能的同类产品。

第五，全面进入。即公司决定全方位进入各个细分市场，为所有顾客群提供他们所需要的性能不同的系列产品。

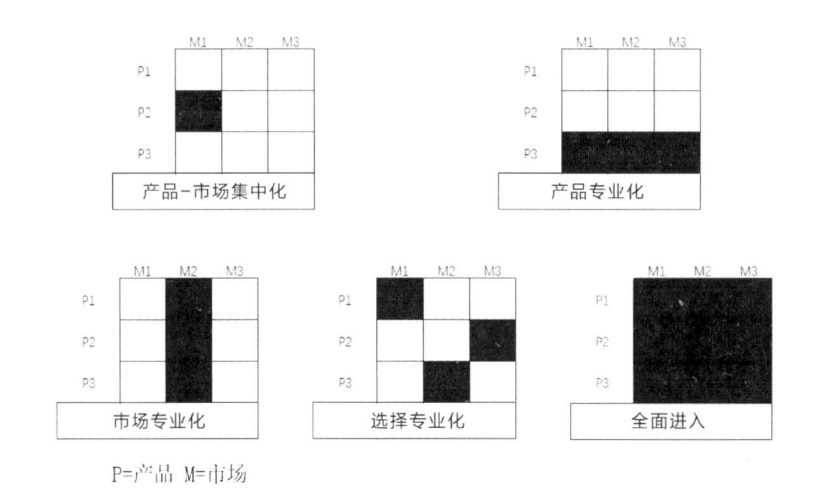

图2-11 目标市场选择的五种方式

在运用上述五种方式时，公司一般总是首先进入最有吸引力的细分市场，待条件和机会成熟时，再有计划地逐步扩大目标市场范围，进入其他细分市场。另外，进入目标市场的策略有以下几种。

第一，无差别营销策略。即公司以一种产品、一种市场营销组合，试图在整个市场上吸引尽可能多的消费者的策略。无差别营销策略会使公司成为本行业中的低成本生产厂商。如果某公司提供有"标准"质量的产品和服务，降低了生产、运输、库存和销售成本，这样它的成本明显低于行业平均值，那么它就会赢得较高的利润。成本优势的来源各不相同，并取决于行业结构。规模经济、专利技术、优惠的原材料、比竞争者更快的反应等，都可以成为成本优势的来源。

第二，差别营销策略。即公司推出多种产品、采用不同的市场营销组合，以满足若干个细分市场不同需求的策略。这个策略针对消费者的不同需求来组织生产，希望通过每个细分市场获得良好的销售成绩，以树立公司的整体形象，带动所有产品的销售。差别营销的重点——差异化大致可归纳为产品差异化、服务差异化、人员差异化和形象差异化四个方向。

第三，集中营销策略。即公司集中力量推出一种或少数几种产品和市场营销组合手段，对一个或少数几个子市场量身定做、实施高度专业化生产和销售来加以满足的策略。

集中营销策略有两种形式，即成本集中和差异化集中。成本集中策略指导下的公司寻求其目标市场上的成本优势；而差异化集中策略指导下的公司则追求其目标市场上的差异优势。但集中营销策略的这两种形式都以公司的目标市场与产业内其他细分市场的差异为基础。

目标市场的策略对比如表2-2所示。

表2-2 目标市场策略对比

项目	无差别营销策略	差别营销策略	集中营销策略
产品	单一产品	多样化产品	少数性质相类似产品
市场	整个市场	全部或若干个市场	少数细分市场
营销组合	统一营销组合	差异化营销组合	专业营销组合
获利性	获利性好	获利性弱	获利性较好
风险性	风险高	风险小	风险较高

最后，选择目标市场进入策略的要素。①公司资源。公司资源的多少是营销者首先应考虑的主要因素。②产品特点。策略的有效性取决于产品本身的差异程度。③市场特点。如果消费者对产品的市场需求、爱好、兴趣、需求、购买行为比较接近，每次购买的数量也大致相同，对销售方式也无特别要求，就可以采用无差别营销策略。反之，若市场需求的差别很大，就应采用差别营销或集中营销策略。④产品生命周期。产品生命周期是产品从投入市场到退出市场的全过程。⑤竞争对手的营销策略。市场竞争是一个互相博弈和制衡的过程，营销策略也需要因应市场竞争对手变化而变化。⑥市场供求状况。如果市场上该商品供不应求，公司总在提高供给，消费者只求数量满足，不讲究商品的质量和花色品种，公司就可采取无差别营销策略，这样公司既能很快满足市场需求，也可降低成本，获得较大利润；如果市场供过于求，消费者对商品选择性强，公司就必须刺激需求，实行差别营销或集中营销策略。

（五）市场定位的概念

市场定位，又称为营销定位，就是根据竞争者现在产品在市场上所处的位置，针对消费者或用户对该公司所能提供的产品或服务的某种特性或属性的重视程度，强有力地塑造出本公司与众不同、给人印象鲜明的个性或形象，并把这种个性或形象生动地传递给消费者，从而使本公司产品在市场上确定适当的位置。在市场定位实践中有以下两个问题需要考虑。

第一，公司必须根据市场变化，经常更新自己的公司定位，并不断宣传，使消费者知晓和记住。在市场趋于成熟后，如果公司不能及时构思新的市场定位，就会陷入困境。所以市场定位不是一劳永逸的事，而是一项经常性的工作。

第二，公司对于市场定位要有全局性的考虑，包括单个产品定位问题、多个产品定位问题及全部产品定位问题。

（六）市场定位的影响因素

第一，产品属性。
第二，产品性价比。
第三，产品功能。
第四，使用者。
第五，产品类别。
第六，竞争者。

（七）市场定位中消费者的思考模式

消费者的心理是营销的最终战场。定位，不是去琢磨产品，而是要对顾客的想法下功夫。消费者在市场活动中的思考模式会有以下五种表现。

第一，消费者只能接受有限的信息。
第二，消费者讨厌复杂，喜欢简单。
第三，消费者缺乏安全感。
第四，消费者对品牌的印象不会轻易改变。
第五，消费者的想法容易失去焦点。

（八）市场定位的目的

定位是将公司置于某一选定的细分市场内的一个次细分市场之中。因此，追求优质定位的公司将会定位于广阔市场中的"优质顾客细分市场"。有关这个问题，我们可进一步将细分市场与细分市场内的小环境加以区别。解决定位问题的好处是公司借此可解决市场营销组合问题。市场营销组合，即产品、价格、渠道和促销的组合，从本质上讲是制订定位策略的具体战术。已经采用优质定位的公司懂得必须生产出优质产品，以高价销售，通过高级经销商分销，并且通过高销售量报刊作广告。这是树立持久而令人信服的优质形象的有效办法。

（九）市场定位的步骤

第一，明确公司的竞争优势。公司可通过集中若干竞争优势将自己与其他竞争者区分开来。

第二，选择公司作为市场定位的相对竞争优势。假设一家公司通过价值链分析，发现了若干潜在的竞争优势。有些优势过于微小，开发成本太高，或者与公司的形象极不一致，应弃之不用。

第三，塑造和传达公司的竞争优势。公司必须采取具体步骤建立自己的竞争优势，并进行广告宣传。公司必须通过一言一行表明自己选择的市场定位，并在顾客心中留下深刻印象。

（十）市场定位的策略

第一，领导者定位策略。人们总是容易记住第一名，对第二名则不容易记住。

第二，比附定位策略。公开称自己是业内第二，既提醒消费者记忆，又可给消费者以诚实的印象，从而增加信任感。

第三，高层级定位策略。公司在市场中不能取得第一名和某种有价值的属性时，可采取这一策略突出自己。这实质仍是在利用业内第一的影响力，具体做法是公司宣传自己是处在"第一集团"之中的。

第四，避强定位策略。这是一种避开强有力的竞争对手的市场定位策略。

第五，挑战者定位策略。这是一种与在市场上占据支配地位的公司（亦即最强的竞争对手）"对着干"的定位策略。

第六，重新定位策略。通常是指对销路少、市场反应差的产品进行二次定位。

（十一）市场定位的方法

第一，产品特色定位。产品特色定位是指公司在具体产品特色上的定位。

第二，顾客利益定位。顾客所能获得的利益、解决问题的方法及需求满足的程度，能使顾客感受到公司的市场定位。

第三，使用者定位。公司常常试图把其产品指引给适当的使用者即某个细分市场，以便根据该市场的看法塑造恰当的形象。

第四，使用场合定位。公司把其产品使用在不同的场合，开发不同的功能，形成不同的细分市场。

（十二）竞争定位

在面对多种竞争优势并存的情况下，公司要运用一定的方法评估选择，准确地选出对公司最适合的竞争优势加以开发。选择时可将本公司同竞争者在各项目（如技术、成本、质量、服务等）加以比较，选出最适合本公司的优势项目。例如，不含阿司匹林的某种感冒药片，不含铅的某种汽油等，都是新类型的老产品，定位时应突出与同类产品的不同特点。

（十三）市场定位的技巧

第一，名字要好听。
第二，产品的类别必须清楚且易于了解。
第三，定位研究要抓住重点，不要被研究资料淹没，更不能因为研究资料就轻易放弃自己对市场的直觉与认识。
第四，善于运用公关策略。公关通常能发挥比一般广告更大的定位效果。
第五，重新定位时必须有适当的推动者，委婉地逐步改变定位。

第二节 业务单元策略

一、SWOT分析

SWOT分析是基于内外部竞争环境和竞争条件下的态势分析，就是将与研究对象密切相关的各种主要内部优势、劣势和外部的机会、威胁等，通过调查列举出来，并依照矩阵形式排列，然后用系统分析的思想，把各种因素相互匹配起来加以分析，从中得出一系列相应的结论，而结论通常带有一定的决策性。公司通过对外部环境进行评价得出自己"可能做的"面临的外部机会和威胁；通过对自身能力的评估也就是对内部环境的分析，公司能清楚了解自己"能够做的"相对于竞争者的优势和劣势，发现存在的问题，找出解决的办法，并明确以后的发展方向，为领导者和管理者做决策和规划提供依据。

企业通常会将其自身面临的机会和威胁及优劣势状况用一个四象限表格列出来（见图2-12），S（Strength，优势）、W（Weakness，劣势）是内部因素，O（Opportunity，机会）、T（Threat，威胁）是外部因素。然后将优势和劣势相比较，机会和威胁相比较，最后得出分析的结果（见图2-13）。矩阵的右边表示企业的机会和优势，左边表示劣势和威胁，圆圈代表企业，圆圈在矩阵中的位置则表示企业目前的状况，如果圆圈更多地落在优势和机会这边，那么企业的营销活动最终获得成功的机会也会更大。

第一，成长型战略（SO）。对公司来说是最理想的状况，公司能够利用它的内在优势并把握良机。可采用的成长型战略包括开发市场、增加产量等。

第二，扭转型战略（WO）。处于这种局面的公司，虽然面临良好的外部机会，却受到内部劣势的限制。采用扭转型战略可以设法清除内部不利的条件或者在公司内发展弱势领域或者从外部获得该领域所需要的能力（如技术或具有所需技能的人力资源），以尽快形成利用环境机会的能力。

第三，防御型战略（WT）。处于这种局面的公司，内部存在劣势，外部面临巨大威胁，公司要设法降低劣势和避免外来的威胁。例如，通过联合等形式取长补短。

第四，多经营战略（ST）。公司利用自身的内部优势去避免或减轻环境中的威胁，其目的是将组织优势扩大到最大程度，将威胁降到最低程度。例如，公司可利用技术的、财务的、管理的和营销的优势来克服新产品的劣势。

需要指出的是，在任何一种组合内可能会发现有多种因素，它们之间形成多种错综复杂的组合，而这些组合又成为公司进行战略选择的基础。

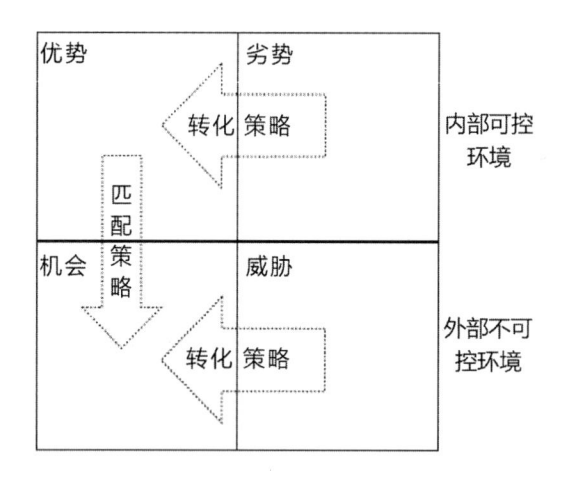

图2-12　SWOT分析及策略转化

SWOT分析有助于一个策略业务单元识别这四项内容中能够对本业务单元产生重大影响且关乎策略的因素。进行SWOT分析的目的是将分析结果应用于具体行动，以帮助策略业务单元实现成长并取得成功。这种分析的最终目的是识别战略业务单元的决定性影响因素，然后确立关键优势，弥补明显劣势，进而避开灾难性威胁，把握市场中的有利时机。

```
             机会
              ↑
   Ⅱ扭转型战略(WO) │ Ⅰ成长型战略(SO)
                  │
   劣势 ←─────────┼─────────→ 优势
                  │
   Ⅲ防御型战略(WT) │ Ⅳ多经营战略(ST)
              ↓
             威胁
```

图2-13 代表公司与策略类型

二、制订目标与策略

在公司总体策略规划和经营策略的基础上，进行一系列STP分析、SWOT分析之后，下一步任务就是制订与环境变化相适应并适合本公司业务单元的市场营销策略。公司市场营销策略既是公司总体策略的一个重要组成部分，也是实现公司总体策略的重要保证。市场营销策略的制订与实施，在确保公司发展适应外部环境变化方面起着重要作用。

公司的市场营销策略的制订过程是在已确定的业务经营范围内，由公司的市场营销部门按照公司总体策略中已经规定的任务目标、产品投资组合特点和增长策略模式，从外部环境出发分析、评价各种产品业务增长的市场机会，结合公司的资源状况，综合考虑各项因素后，选择目标市场、实施市场定位、制订竞争策略、确定市场营销组合、制订市场营销计划的完整过程。

（一）制订有价值主张的目标

在商品多样化的今天，消费者有了更多选择的空间，且消费理念也变得越来越成熟。公司想要在竞争激烈的市场上取胜，首先需要以消费者为中心，故消费价值逐渐成为公司竞争力的核心，消费者人数众多，他们的需要千差万别，消费价值主张的需求也是各有差异。因此，每个公司都必须对整个市场进行细分，从中选择最佳的细分市场，然后制订战略，在比竞争对手更好地满足消费者的需要，便有更多的可能获得成功，在比竞争对手更有效地为目标市场服务便有更多的可能获得收益。与消费者建立价值主张联系的过程包括市场细分、目标市场选择和市场定位三个阶段，也就是前文提及STP分析过程。

通过广泛的市场营销研究，公司收集了许多消费者信息并通过分析这些信息将具有相似特性、需要和消费行为的消费者归为一类。在进行市场细分后，公司便需要选择目标市场，在现今竞争如此激烈的市场里，公司要想比竞争者对消费者更具有吸引力，就必须确定本公司提供的产品和服务中的哪些因素是与其竞争者不同但却是消费者需要的，最终制订出符合市场营销策略的目标。

常见的目标有：盈利、销售增长、提高市场占有率、分散风险、创新等。

（二）制订市场营销策略

公司竞争策略的制订既要适应消费者的需要，又要与竞争对手的策略相适应。公司在制订竞争策略时首先要对竞争对手进行详尽分析。公司必须要了解：谁是自己的竞争对手？它们的目标和战略是什么？它们有哪些优势和劣势？针对公司采用的竞争战略，它们可能做出怎样的反应？

公司采取何种竞争战略，取决于公司在产业中所处的位势。如果公司在产业中占据最高的市场份额，居于领导者地位，可以采用市场领导者策略，具体方法有扩大总需求、保持市场占有率和扩大市场份额。如果企业在产业中处于第二梯队，既可以采用挑战者策略，也可以采用追随者策略。挑战者策略的核心是对竞争对手主动出击，以夺取更大的市场份额，具体方法有确定策略目标竞争对手、选择进攻策略和营销策略。挑战者可以攻击市场领导者，也可以攻击其他规模相当的公司或小一些的本地公司及区域性公司。追随者策略的核心是通过追随竞争对手提供的产品、价格和营销方案来寻求稳定的市场份额和利润，具体方法有仿制、紧跟、模仿和改变。

如果公司是一些更小的公司或者是缺乏既定定位的大公司，则可以采用市场利基者策略，即专攻主要竞争者所忽略或不屑的狭小市场。市场利基者通过专门化的市场、顾客、产品、服务或营销组合，避免与大型主要竞争对手正面交锋，并通过创新明智的补缺定位获得不亚于竞争对手的盈利水平，具体方法有创造市场、扩大市场和保护市场。

美国学家迈克尔·波特（Michael E.Porter，1980）通过对行业竞争力的分析，提出了三种一般性的竞争策略，即成本领先策略、差异化策略和聚焦策略。

第一，成本领先策略，即公司通过追求行业中生产经营总成本最低的方式来构建竞争优势。公司要想采用这种策略，必须具有良好的融资渠道，从而保证资本持续不断地投入来应对前期设备、市场等投入带来的短期亏损；公司的产品还要便于制造，工艺过程简化且先进，生产效率高，能实现规模经济效益；严格控制较低生产成本和分销成本；劳动管理高效；市场容量足够大，支撑公司销量增长；有良好的组织结构和责任体系等。

制订营销策略与计划专栏4：

华为科技有限公司：拓展国际市场领军人物

当今社会，电子科技不断向前发展，这使得电子通信设备也随之迅速发展。现在整个行业都在不断革新，全球的市场竞争日益激励，中国本土手机厂商想要赢得中国市场，同时向着世界市场扩张，目前遇到了很多的问题以及难点，而华为能在国内外众多知名企业的竞争中脱颖而出，这与华为的英明战略决策密不可分。本文用PEST分析、波特五力模型对外部环境进行分析，再对企业内部情况进行分析，探索分析华为迅速发展壮大的内在原因。

一、公司PEST分析

第一，政治因素（P）。国内政治环境稳定，社会主义市场经济的道德建设不断完善，2011年我国宏观经济政策的基本取向是积极稳妥、审慎灵活，实施积极的财政政策和稳健的货币政策。扶持电信行业产业发展的政策不断出台，政府坚持采购自主研发的产品保护国内市场，法律也不断完善。中国与其他国家的外交关系密切，根据国务院对软件企业的鼓励，新的信息化应用，云计算、物联网、移动3G、三网融合等新技术、新应用将是软件企业的发展重点方向；中国加入WTO后进出口的限制越来越少，国际组织的发展及法规行业规范的制定减少企业国际化中的障碍，加上各个国家为促进经济发展制定了鼓励外国投资和合作的政策和法律。

第二，经济因素（E）。金融危机后，全球经济逐渐缓和、人民币持续升值，将提高华为的海外销售成本，从而降低净利润收入。国内地区间的收入差异比较大，东部明显较其他地区高，中国国民生产总值持续稳定地高速度增长。中国就业率较为稳定，且最低工资持续上涨，人民收入也提高了。社会整体经济转型还未结束，通信市场容量增长劳动力及资本输出门槛降低，流动性增强，居民的可支配收入水平持续稳定地以较高速度增长，经济的快速发展以及国民对电信产品和服务的需求增长极大地拉动了电信产业发展。

第三，社会因素（S）。中国庞大的人口基数为电信业提供了巨大的市场，人们对电子产品的喜爱促进这个市场蓬勃发展，加之人们对售后服务的要求越来越高，人们的生活方式趋向于个性化、休闲化。随着经济的发展，互联网及移动互联网的快速普及，推动无线网络服务，特别是手机终端业务需求的快速增长，人们的购买越来越理性化，喜欢性价比高的产品，且注重产品性能，以及是否高效环保。

第四，技术因素（T）。经过一段时间的技术积累，加上国内外一大批电信人才的培养，使得电信行业有了一定的技术基础和人才基础。华为的研发实力在国内同类厂商中首屈一指；华为能在高端市场上站住脚靠的是自主研发了全球尖端核心技术。华为是"世界少数几家能提供下一代交换系统的厂家"，是中国申请专利最多的企业，市场领先度与跨国公司基本达到一致，80%以上主要产品采用前沿技术，其出品的通信产品大多是基于自己研发的独立产权产品，能够全面迎合顾客的需求。

二、内部情况分析

第一，有形资源。作为全球抢先的信息和通信解决方案供应商，华为在政府、工业和企业范畴具有资源、事务和品牌方面的天然优势。作为一个研制出资远远跨越苹果的全球科技巨头，华为在全球布置了五个专注于云核算的研制中心，每年在IT事务上出资不低于5亿美元。

第二，无形资源。专利是华为的一项无形资源，华为全年共递交1737件PCT专利申请，据世界知识产权组织统计，专利申请公司（人）排名榜上排名第一；LTE专利数占全球10%以上。华为并未满足于现状，继续加深技术方面的探索和研究，使数字化和智能化能完成更好的转型。

第三，人力资源。截至2018年9月，华为拥有超过188000名员工，其中约76000人从事研发工作。在全球拥有21个研发机构，华为人力资源体系最成功的地方有三点：一是人力资源储备，二是人员长期激励，三是强势的优秀企业文化的建立和贯彻。

三、启示

第一，建立符合社会主义市场经济规律的经营机制，是企业发展的关键。华为的成功与邯钢的成功密不可分。华为是民营企业，邯钢是国有企业。但是，无论是民营机制还是国有机制，建立既适合企业自身发展又符合市场规律的运行机制，对于转变面向市场的经济运行机制，建立现代企业制度至关重要。

第二，保持技术树常青是企业立于不败之地的法宝。自成立以来，华为就毫不犹豫地投入研发。持续、大规模的科研投入使华为始终保持着技术领先优势，从而引领了今天的快速发展。华为人认为，科研开发和技术改造是一种风险投资，但只要投资正确、准确，最终效果就会明显。我们的企业也应该有这样的风险投资意识，不断加强企业的科研开发和技术改造，建立企业的技术创新机制，走集约化、可持续发展的道路。

第三，人才资本是企业可持续发展的源泉。人才是企业的第一资源，人才资本是企业价值创造的主要因素。只有学会管理人，才能更好地利用人，充分发挥人的主动性和创造性。华为的用工机制及其"人力资本增值目标优先于金融资本增值目标"的实践值得我们学习和借鉴。

第四，培育企业文化是企业发展的动力。华为依靠企业文化凝聚了千余名优秀员工的意志，形成合力，成为华为发展的强大动力。华为的企业文化包括远大抱负的牵引原则、实事求是的科学原则、艰苦奋斗的工作原则、官兵团结协作的原则。这些企业文化造就了一个成功的华为。

（资料来源：作者根据多方资料整理而成）

第二，差异化策略，即公司通过追求其产品在质量、技术、设计、工艺、款式、品牌、价格、服务和创新能力等方面与竞争对手的差异并构筑特定进入障碍来构建竞争优势。由于产品差异化的存在，顾客对产品的价格敏感程度有所淡化，培养顾客忠诚，公司通过提供更高价值的产品也能获得可观的经济效益和高边际收益。公司要想获得差异化策略的成功，必须在技术研发、营销、服务等方面具有强大的实力。

制订营销策略与计划专栏5：

拼多多的差异化策略

便宜实惠是所有人都喜爱的，是零售行业通行的法则，难的是如何做到既便宜又实惠。如果没有模式创新，仅仅采用低价倾销是不可持续的。拼多多能做到便宜实惠确实具有创新性。

表面上看起来，淘宝和拼多多都是电商平台，但是两者的商业逻辑其实差别很大。淘宝有丰富的商品选择和品牌商家，使得阿里巴巴在搜索场景占有明显优势。而阿里巴巴的收入主要来自广告费和天猫的佣金，更愿意给用户推荐客单价高、利润率高的品牌商品。

拼多多的商业逻辑就是"薄利多销"。拼多多将海量的流量汇集到有限的商品里，打造爆款，让商家实现"薄利多销"。这种模式特别适合于高频、低价的日用百货和农产品类。因此，我们可以看到拼多多尽管GMV远低于其他平台，但是其重点推荐的商品销量往往特别大。

从经营策略来看，拼多多当前采取的阶段性亏损策略、严格商家治理和注重供应链改造等都证明了其采用长期思维来看待发展，聚焦于创造长期的价值。拼多多采取差异化的竞争战略，迫使阿里巴巴在组织层面遭遇到两难：首先投入与拼多多竞争的资源是有限的；其次，阿里巴巴既聚焦中高端市场，又与拼多多在高性价比战场上血拼，在同一组织内部维持两种不同业务流程的难度也很大。

（资料来源：作者根据多方资料整理而成）

第三，聚焦策略，即公司通过把目标和资源聚焦在某个特定、相对狭小的领域，在局部市场通过成本领先或者差异化方式来建立先导竞争优势。由于是服务特定领域做精做专，所以往往是众多小企业的策略选择方案。

制订营销策略与计划专栏6：

泡泡玛特：潮流玩具如何孵化IP

泡泡玛特，成立于2010年。发展近十年来，围绕艺术家挖掘、IP孵化运营、消费者触达以及潮玩文化推广与培育四个领域，泡泡玛特旨在用"创造潮流，传递美好"的品牌文化构建了覆盖潮流玩具全产业链的综合运营平台。

一、公司简介

公司成立于2010年，泡泡玛特与超过350位艺术家保持紧密关系，并通过授权或合作安排与其中25位来自全球的艺术家开展合作。Molly和伊利、美心月饼、IPSA等多个消费品牌合作推出了印有Molly形象的产品，和潮牌STAYREAL一起推出了春夏联名服饰系列。PUCKY也在2018年圣诞节和喜茶推出了形象杯套和福袋。综艺节目《明日之子》第二季曾与泡泡玛特合作，上线"Molly明日之子限定款"。泡泡玛特无疑是国内潮玩行业的开创和领航者。曾经日本扭蛋盒蛋的国内售价仅仅是10~50元区间，而泡泡玛特仅靠Molly，单品能卖到399元。泡泡玛特带动了国内盲盒市场如火如荼地发展，每年举办的潮玩展势头直逼线下Cosplay展。根据剁椒娱投拿到的一份2020年年初老股转让募资计划，计划显示，泡泡玛特老股转让估值为25亿美金，上市后预估市值为40~50亿美金。这个数字已经超过了Bilibili上市时的32亿美金市值。但前面招股书公布之后，却引来了业内的质疑，在潮鞋的泡沫破灭之后，潮玩的泡沫还能传递多久？这是泡泡玛特目前面临的最大风险。

二、IP商业价值不断凸显

第一，跨界联名不断。近期，泡泡玛特跨界联名又有新动作，与国际知名美妆品牌YSL合作，推出Space Molly周年限定礼盒，泡泡玛特为此次合作独家设计定制了追梦时光限定Molly公仔。这款联名产品开售后，泡泡玛特天猫旗舰店3分钟内便显示售罄。

据泡泡玛特招股书，泡泡玛特与各行各业的知名公司合作，探索多样化的变现机会，通过授权自有IP和再授权独家IP给合作方，拓宽变现渠道。2017年至2018年，泡泡玛特的无形资产由260万元大幅增长至1760万元，主要就是由于IP授权增加等因素。

第二，IP变现，不只是影视动漫。如果说潮玩艺术家绘制的手稿、绘本是IP的内容生产环节，泡泡玛特做的就是实物衍生品的开发和销售，手办、公仔，以及数据线、徽章、毛绒玩具，走的是零售和衍生品变现的路径。

泡泡玛特要想成为中国的迪士尼，其本意应该是成为和迪士尼一样孵化超级IP的平台型公司。这个目标并非一定要通过制作动画片、大电影来实现，泡泡玛特选择从零售和衍生品方向切入，为超级IP的诞生提供了另外一种可能。

三、"泡泡玛特式"的爆红

国内ACGN（动画、漫画、游戏、小说）领域的IP大多依然停留在内容层面，衍生品的商业模式滞后。这也是国内迟迟没有出现超级IP的原因之一，好的IP不仅需要自身具备实力，更需要平台持续不断地运营与推广。

强大的IP孵化能力和庞大的粉丝群体，让泡泡玛特IP的商业价值逐渐凸显。业内人士分析，未来泡泡玛特的IP有望发挥更大的商业价值，这主要是因为以下几点。

第一，泡泡玛特的粉丝基数庞大，目前已经有超过400万个的会员，粉丝黏性非常好，对IP的认可度非常高。

第二，粉丝年龄大多在15~35岁之间，非常年轻，外部品牌与IP的合作，可以快速吸引年轻消费群体的注意，同时有利于品牌保持年轻化。

第三，泡泡玛特的消费者以高学历、高收入的女性白领群体为主，这部分优质消费群体和外部品牌的结合，会产生非常好的商业转化效果。

第四，泡泡玛特的IP形象在艺术、审美、创意上都具备竞争力，能够快速占领消费者心智，成为消费者和品牌之间牢固的情感纽带。

四、小结

数据显示，目前全球潮流玩具市场规模已经超过了千亿美元，而中国的潮流玩具市场还在起步阶段。依托潮玩的特质与对市场的把握，泡泡玛特正在成长为一个超级IP。"给我们五年时间，希望会是国内最有可能成为迪士尼属性的公司。"在王宁的规划中，泡泡玛特未来会像迪士尼一样成为规模庞大的IP运营企业，以多种形式切入大众生活。

大获成功的IP不需要多么复杂的价值观，只有回归本心、顺应人性的价值观才会触及人心。泡泡玛特的IP传递的价值观，就是保持一颗童心，在快节奏的高压生活中寻求片刻的安宁与快乐。

（资料来源：作者根据多方资料整理而成）

第三节　营销计划、组织、执行与控制

一、营销计划

（一）市场营销计划的分类

第一，从时间上可以分为短期计划和长期计划。市场营销的短期计划是指公司在

一定的时期内（通常为一年）制订的营销目标，以及为实现目标所作的具体的业务方案。市场营销的长期计划是指公司在现代市场营销观念的指导下，预见未来经营目标，并为实现其目标制订的带有战略眼光的长远计划。长期计划针对的是一个较长的时期，五年、十年、二十年、三十年，通常以五年为一个实施阶段。

第二，从指导思想可分为以本地为中心的计划和全球倾向计划。以本地为中心的计划是把跨区营销看作是次要的，是一个满足本地市场的需求后处理"剩余"产品的场所。

第三，从内容上可以分为特殊地外市场计划、产品计划和职能计划。

（二）市场营销计划的作用

市场营销计划在保证公司把握机会、应对挑战、避免市场经营中的失误等方面具有重要作用。具体表现在以下四点。

第一，计划具有超前性，对公司未来发展目标及各行动方案的规划，可以增强公司及各职能部门的远见卓识。

第二，计划具有连续性，可持续地为公司指明跨区营销的战略和方向，并提出长远的参考建议，促进公司的经营活动。

第三，计划具有目标性，可以促进公司各方面关系的协调，这种协调以实现目标为核心。

第四，计划具有预防性，面对突如其来的事件，可以依计划妥善处置或防患于未然。

（三）市场营销计划的内容

不同公司的营销计划其详略程度不同，特别是产品线计划和品牌计划。一般来说，多数市场营销计划应包含以下8个方面的内容。

第一，计划概要。在计划书的开头要对本计划的主要营销目标和措施做简要概括，目的是让高层管理者一目了然。

第二，营销现状分析。描述目标市场和公司的地位，包括市场、产品偏好、竞争和分销以及宏观环境特征等信息。

第三，SWOT分析。评估本公司产品可能面对的主要威胁和机会，帮助管理层预期对公司或战略可能产生影响的重要的正面或负面的发展动态。除此之外，计划书中还要对本公司的优势和劣势做出充分客观的评估分析。

第四，营销目标。陈述公司在计划期要实现的营销目标，并说明实现这一目标的行动方案。营销目标通常包括销售量、市场份额、利润及其他相关指标。

第五，营销策略。概述业务单位的目标市场、产品定位、市场营销组合策略及新产品开发和营销调研方面怎样向目标顾客传递价值的计划,制订营销策略的人员应该与组织中的其他人员协商一致,如与采购、制造、销售、财务和人力资源等部门磋商来保证整个公司为营销活动提供适当的支持,使计划顺利进行。

第六,行动方案。清楚地说明营销策略如何转化为特定的行动计划,体现了公司将怎样通过一步步实际的行动最终达成业务目标。

第七,财务预算。根据行动方案编制预算方案,本质上就是陈述计划的损益状况。

第八,评价控制。规定一套可评价、可监控进展的控制系统,基本做法是将计划规定的目标和预算按季、月甚至更小的时间单位进行分解成小目标,以便主管部门能够评估实施结果并发现问题,通常这部分内容还包括公司在遇到突发事件时将采取的应对方案。

二、营销组织

(一)市场营销组织的演变过程

理想的现代市场营销组织是经过长期演进的过程而逐步形成的。这个过程大体可以分为以下几个阶段。

第一阶段:设立简单的营销部门。
第二阶段:设立有附加功能的营销部门。
第三阶段:设立独立的营销部门。
第四阶段:设立现代营销部门。
第五阶段:设立现代营销公司。

(二)市场营销组织机构设计

1.有效的市场营销组织的特征
作为市场营销组织,要想有效地发挥作用必须具备以下几个特征。
第一,具有灵活性。
第二,能够完成市场营销的目标。
第三,做好协调工作。为适应日益变化的市场环境,公司只有创新才有生路。
第四,按时完成任务。
第五,将市场营销信息及时准确地反馈给公司决策者和有关人员。

2.影响市场营销组织结构设计的因素

研究市场营销组织结构的目的就是将公司总部与彼此独立的数个独立子公司之间的关系协调一致，降低成本，提高效益，避免不利因素，最终实现公司的总目标。由于公司无论是进行多地营销，还是进行个别地区、个别市场营销，在设计营销组织结构的时候，都要考虑下面的因素。

第一，域外子公司的位置及特点。

第二，公司的管理水平和质量。

第三，公司的规模。

第四，产品线的宽度和多样化。

第五，重要地区经济集团的出现。

第六，生产技术的复杂性及专业化水平。

等等。

3.市场营销组织结构形式

虽然各个公司都将依据自身特殊情况来设计组织结构，但通常采用的市场营销组织结构可以归纳为以下几种。

第一，地际部组织结构。在地际部组织结构形式下，公司活动分成两个单位，开展地内业务和地际业务的各职能部门具有同等重要的地位。

第二，区域型组织结构。全球性的区域组织结构可以解决地际部组织结构存在的不适应公司多样化发展和业务扩大及子公司数目增加的问题。

第三，产品型组织结构。产品型组织结构是指公司按照产品大类或者品牌大类设立公司组织机构，每一组织机构只负责本部机构产品的全球营销活动。

第四，职能型组织结构。职能型组织结构，就是按照部门职能构造全球性组织机构部门分工。

第五，矩阵型组织结构。矩阵型组织结构是近期出现的一种现代组织形式，它具有交叉负责、交叉结构和双重命令系统，部门经理有两个上司，旨在应付复杂的地际业务环境。多数矩阵型组织机构有产品管理与区域管理两个部门。

三、营销执行

计划好策略只是市场营销成功的开始。优秀的营销策略如果得不到正确的执行，就没有什么作用。市场营销执行是指为实现策略营销目标而把营销计划转变为营销行动的过程。

计划制订完成之后，就是具体的执行。如何才能有效地实施市场营销策略计划？实践证明只有当公司的各种因素相互适应和相互匹配的时候，策略的实施才能取得成功。这里介绍麦金西7S模型。该模型提出了策略实施成功所应该包含的7个匹配因素。

第一，策略——指获得超过竞争对手的持续优势的一组具有紧密联系的系列活动。

第二，结构——指组织结构及其相应职能。它代表了指令的传递和接受者，以及任务的分工和整合。

第三，体制——表明了工作职责和流程，包括信息系统、资本预算系统、制造过程、质量控制系统、绩效度量系统等。

第四，风格——管理人员日常工作中的活动方式。

第五，人员——公司中所有人员的分布状况和工作协调能力。

第六，价值——指公司保持团结和谐的指导性观念、价值和愿望，通常由公司文化体现。

第七，技能——指公司作为一个整体所具有的能力。通常这种能力也是公司的声望所在。麦金西7S模型表明，当这些因素相互适应和匹配的时候，公司的战略才能顺利实施，而其中有某个因素不协调时，战略的实施都不可能成功。

四、营销控制

公司的市场营销业务内容庞杂，组织结构涉及职能、产品、区域等方方面面。因此，市场营销控制的作用就显而易见地表现出来。通过市场营销的控制，可保证公司各分支机构之间实现总目标与分目标的一致，协调公司总部的整体战略和子公司的营销计划，在强化集权的同时又充分调动各分支机构的主动性、积极性和创造性。

建立一套可操作的评价和控制系统是营销计划的最后一个部分。公司的最高管理者不会让没有评价效果的计划付诸实施。通常上一级的管理者会要求营销执行人员把长期目标分解成短期目标，然后通过这些短期目标来评价计划的执行情况。评价控制系统更重要的作用还在于它能让公司了解到制订的营销计划是否符合当前的外部环境以及是否充分利用了内部资源，如果没有，公司则需要及时调整营销目标或者计划的其他部分，以适应环境的变化。通常这部分内容还包括公司在遇到突发事件时将采取的应对方案。

在实施策略的过程中，策略业务单元要让营销方案朝着预期的方向发展，公司需要不断地跟踪计划的实施情况和结果，包括比较营销方案的运行结果与书面计划目标，识别偏差和采取相应措施，纠正负向偏差，导向正向偏差，并不断监控环境因素的变化状况。如果执行过程中出现了偏差，需要及时对计划进行改进和调整。同时，一旦环境出现了重大的变化，公司就要根据新的环境和企业自身条件进行战略评价，并根据评价结果修正策略，修改相应的计划及实施步骤。策略业务单元营销方案的最终目标是"填补"原计划目标与新增长目标之间的"计划缺口"。如果偏差识别结果显示实际绩效未达预期效果时应采取纠正措施；如果实际结果优于计划目标时应充分积极导向这种良好态势。

第四节 顾客价值

现代管理学认为，管理的目标是让顾客、公司和员工三方面都满意，而营销职能的任务是让顾客满意。顾客在今天的市场营销中占据着中心的地位，是顾客价值在驱动着市场，谁能超越竞争对手，为顾客创造更多的价值，让更多的顾客对企业满意和忠诚，谁就能在激烈的角逐中获胜。价值是个性化的，因人而异，不同顾客对同一产品或服务所感知到的价值并不相同，因此，如何服务于顾客，如何让顾客满意，如何留住顾客，就成了公司思考营销策略的核心，这也是本节讨论顾客价值、顾客满意和顾客忠诚的原因。

一、顾客价值

（一）顾客价值

美国消费者满意指数（ACSI）模型（见图2-14）显示：顾客满意并在此基础上形成顾客忠诚的决定性因素之一是顾客感知价值。由此可见，顾客感知价值是建立和维持公司与顾客长期关系、获取长期财务绩效、构筑持久竞争优势的关键要素。

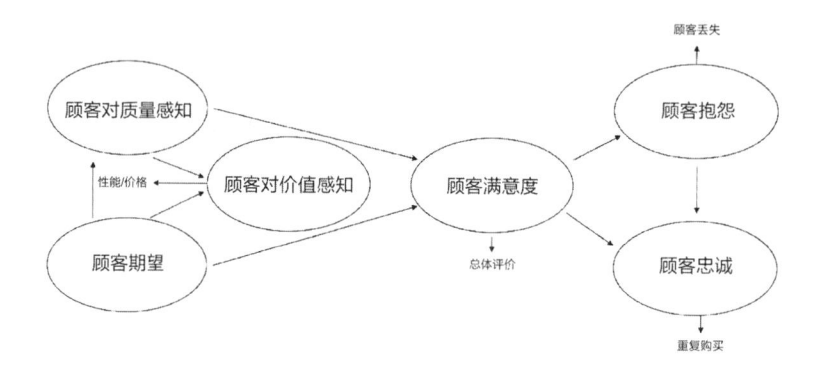

图2-14 ACSI模型结构

探究顾客价值须从以下三个方面入手。

第一，顾客价值构成。所谓顾客价值，是指顾客能够从所购商品或者服务中获得的利益总和，包括商品价值、服务价值、人员价值和形象价值。

第二，顾客让渡价值。在购买决策过程中，顾客不仅会考虑顾客价值的大小，还会考虑相关成本，即为获得顾客价值所付出的总顾客成本，包括货币成本、时间成本、体力成本和精力成本。顾客价值与总顾客成本间的差，就是公司让渡给顾客的实际价值，称为顾客让渡价值（见图2-15）。公司一般应该考虑在市场竞争过程中如何为顾客提供更大的让渡价值。

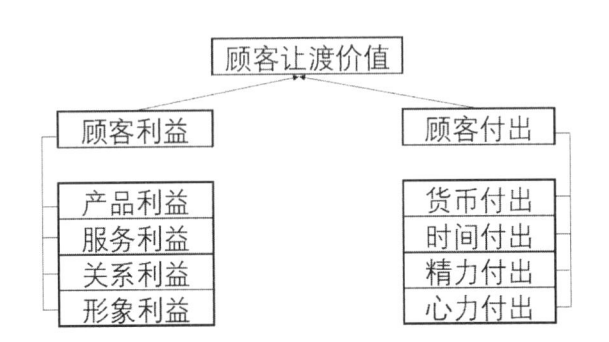

```
                    ┌─────────────┐
                    │ 顾客让渡价值 │
                    └──────┬──────┘
              ┌────────────┴────────────┐
        ┌──────────┐              ┌──────────┐
        │ 顾客利益 │              │ 顾客付出 │
        └──────────┘              └──────────┘
        ┌──────────┐              ┌──────────┐
        │ 产品利益 │              │ 货币付出 │
        ├──────────┤              ├──────────┤
        │ 服务利益 │              │ 时间付出 │
        ├──────────┤              ├──────────┤
        │ 关系利益 │              │ 精力付出 │
        ├──────────┤              ├──────────┤
        │ 形象利益 │              │ 心力付出 │
        └──────────┘              └──────────┘
```

图2-15　顾客让渡价值

第三，顾客价值、顾客让渡价值与市场营销的关系。市场营销强调要以内外协同一致的方式比竞争者更好地满足顾客需求。由此，我们可以推导出顾客价值、顾客让渡价值与市场营销的关系：市场营销活动的开展，起始于对顾客价值的探究；市场营销活动的成败，取决于是否能够为顾客提供更多的顾客让渡价值。

（二）创造顾客价值

公司市值的增加、业务的成长和其他一些绩效衡量尺度只不过是公司在为客户创造价值的过程中所产生的副产品。客户在采购时也会首先判断他能从中获得多大价值——或者说是他们的需求和期望被满足的程度，然后再据此进行采购决策。提高顾客满意度，为顾客创造价值，可以说是绝大多数现代企业的经营导向，世界上著名的企业在此方面做出的努力足以看出他们对为顾客创造价值的重视程度。以营利为目的的企业为什么要这么做？因为顾客是最重要的人。

公司应该设计一个价值定位来为它的客户创造出一流的价值。在今天的商业社会中取得成功的关键因素只有两个：一是能够理解在顾客的心目中价值由哪些因素构成；二是能够持续地比竞争者提供更高的价值。一般来说，创造顾客价值可遵循以下三种策略。

第一，创造顾客价值的低成本价格策略。公司在保持产品质量和服务质量不变的前提下降低成本，例如交易成本、广告促销成本、获新客成本时，只要客户能够持续认可他们在产品和服务中所包含的价值，降低"失败成本"就能成功。

第二，通过提升产品质量和服务质量来创造顾客价值。在很多行业中，发展的一个重要趋势是公司通过延伸产品和服务的利益来为客户提供更大的价值，与此同时企业用于保持顾客的成本将会降低，剩余的利润如果用于继续提高顾客的满意度，就会形成一个良性循环系统，以此来使公司远离价格竞争，获取更大的利润。

第三，价值创新。竞争会使所有的产品和服务随着时间而逐渐沦为普通商品。单纯地压低价格或提高产品质量并不足以使公司与竞争者区别开来。要想获得持续的竞争优势，需要对产品利益、服务利益和价格进行创新的组合，深层次挖掘顾客真实需求，把握机遇，根据需求组织生产，才能在市场竞争中处于有利竞争态势。

二、顾客满意

顾客满意，是指公司产品和服务在顾客感知的需求被满足的效果与其期望值比较之后所形成的感受状态，可以理解为是顾客对其要求已被满足的程度。顾客满意作为顾客的一种心理感受，其感性特征明显，它是顾客在接受企业提供的产品或服务之后形成一种满足的情绪或主观感受，因此同样的产品对于不同的顾客而言，可能带来不同甚至是截然相反的满意度感受。顾客驱动型公司应该不断追求使其顾客产生高度满意的状态，原因在于以下四点。

第一，高度满意的顾客有重复购买的欲望，这种欲望可以通过消费同一产品或者服务得到满足，也可以通过消费同一公司提供的其他产品或服务得到满足，这无疑都会使该公司获得更多的顾客。

第二，高度满意的顾客不容易被竞争者的产品或者服务所吸引，无形中提高了公司的市场竞争力，减少了顾客流失率，而公司为获取新顾客付出的成本往往是保住老顾客成本的数倍。

第三，高度满意的顾客通常愿意向其他消费者传播其消费感受，无形中成为公司最为有力的传播载体。

第四，满意的顾客对产品价格的敏感度下降，能够接受较高的价格，使公司的产品定价空间放大。

三、顾客忠诚

（一）顾客忠诚的定义

对于顾客忠诚，不同学者给出了不同的定义。一些学者认为，只有当重复购买行为伴随着较高的态度取向时才产生真正的顾客忠诚。另有学者认为，顾客忠诚是不受能引致转换行为的外部环境变化和营销活动影响，在未来持续购买所偏爱的产品或服务的内在倾向和义务。顾客忠诚应当是一种长期的行为，它分为两个维度：再次购买意图和称赞的态度。发展、保持、维护顾客忠诚度将会使公司在市场策略中获得竞争优势。

（二）促进顾客忠诚的途径

要让顾客真正忠诚，关键在于防止顾客的转换行为。研究表明，设立转换障碍和提供增值服务可以有效防止顾客的转换行为。

（三）设立转换障碍

防止顾客的转换，通常可以利用人际关系、可见的转换成本和竞争替代者的吸引三种转换障碍。

1.人际关系

建立顾客与为他们服务的员工之间强大的个人亲密关系，提高转换的伦理成本。

2.可见的转换成本

关于信息经济的研究证明，当信息成本提高时，搜索信息的范围就会变小。当顾客转换服务提供者时将要付出行为和心理上的双重成本，这些成本会削弱转换倾向。消费者行为经济模型一般假定：消费者在做一个特殊决定时，会十分注重成本与收益之间的关系。可见的转换成本减少时，可见的转换收益将超过可见的转换成本，因此，当转换成本较低时，不满意的顾客将更倾向于转换，满意的顾客更容易转换。

第一，关联成本。关联成本指由于失去现在已有的服务提供者而造成的经济损失及额外损失的可能性，它包括失去服务成本和不确定成本。

第二，学习成本。学习成本指转换服务提供者所花费的时间和精力，以及对替换者信息的搜集和评估。学习成本具体包括提前转换的搜寻和估计成本，转换后的行为和认识成本，以及策略成本。

第三，沉没成本。沉没成本指转换服务提供者而带来的心理上的而非经济上的，对已进行投资或花费无法补偿的感知。

（四）竞争替代者的吸引

竞争替代者的吸引是指顾客对市场中可信赖的竞争替代者能力的感知，当顾客觉得市场中没有其他可信赖的竞争替代者，转换行为所带来的收益相对较低或者一个公司提供的商品或服务与其他的公司完全不同时，他们就会保持忠诚。以往的研究表明，如果没有做好核心服务，将会增加转换的感知收益，因而顾客就会降低忠诚度。但当市场上缺少竞争替代者时，即使核心服务不符合标准，这种影响也会大大减小。

章末案例

拼多多的免费砍价

拼多多是社交裂变营销方式的集大成者，在拼多多的首页面上，有多种让消费者"占便宜"的方式，像"多多赚大钱""天天领现金""砍价免费拿"等都是借助消费者贪便宜的心理，利用社交裂变来发展平台用户。这其中用户最喜欢的，也是平台最高效的营销方式就是"天天领现金"和"砍价免费拿"。

"天天领现金"和"砍价免费"拿的套路基本是一样的，以"砍价免费拿"为例，基本流程是，A在站内看到可以免费获得的商品，一顿操作之后，免费拿的进度条显示到达90%以上，再想砍价就需要到微信邀请好友帮忙，这时A将砍价链接发给B帮忙，B砍价后，发现有占便宜的新大陆，于是也加入砍价免费拿阵营，这样，用户越来越多。在实际砍价流程中，A一般至少将砍价链接发给几十甚至一百多人，这接到链接的一百多人，有一部分会创建新的砍价链接，再次发给一百多人，这样波涛汹涌，以致无穷。拼多多的"砍价免费拿"的逻辑是引导用户替自己做广告，用户将砍价链接发给别人，如果对方不砍价，至少看到了信息，就帮拼多多做了一次免费广告，如果对方帮忙砍价，则需要下载和注册APP，那就帮平台发展了一个用户。有些用户对拼多多的砍价营销的情感是：从反感到帮忙，到自己试一试，到最后免费拿商品，觉得"真香"。拼多多砍价链接为何如此有效？

一、免费的魅力

任何一个理性的人都知道天下没有免费的午餐，但实际的情况是，在面对利益问题时，大部分人都是不理性的。"免费"二字是营销中最容易吸引注意力的文案，大部分人看到"免费"二字，都会两眼放光，恨不得立刻就把免费的东西拿到手。关于"免费"营销的套路，可能一本书都说不完。一句"有机会免费获得"，可以让点击转化率提升好几倍，一次"免费抽奖，抽不到不要钱"的活动就可以吸引大批人群。拼多多的"砍价免费拿"首先就吸引了你的注意力。

二、"游戏式电商"设计

在《游戏改变世界》一书中，作者提出了游戏的四大要素：目标、规则、反馈、自愿参与。拼多多站内的很多活动，都很有游戏的性质，堪称"游戏式电商"的典范。"砍价免费拿"的活动在这四大要素方面都做得非常好，自愿参与就不说了。

首先是目标明确，并且这个目标让你觉得比较容易实现。砍价活动的进度条一般不是从0开始，一旦你进入活动，开始了砍价环节，基本不用动用社交关系，进度条就能走到90%多，这就会让用户信心大增，觉得实现这个目标轻而易举。笔者测试了一个"砍价免费拿"活动，在没有邀请好友砍价（分享群聊其实可以只跳转，不真分享），只在站内操作的情况下就离完成只剩下1.87%。这一点很重要，如果进度条只是从1%到2%再到3%这样走，恐怕大部分人在一开始就放弃了。

其次规则当然是清晰的，邀请越多人砍价，就离免费拿越近。

最后一点，砍价的反馈机制做得非常好，每邀请一个人帮忙砍价，进度条就走一点，尤其是在后期，"仅差""即将砍成"几个字让你心潮澎湃，推动着你邀请更多人参加。同时砍价还有时间限制，通常是24小时，时间越近，越接近砍成，你就越加快速度去邀请好友。

三、极高的沉没成本

拼多多的砍价有一个很"坑爹"的设计，就是越砍到最后，每砍一次的额度越低，通常在超过99%还没到100%的阶段，邀请一个人砍的数额只有0.01元，这意味着达到100%可能需要100甚至更多的人来帮忙砍。这就像打游戏，越往后打越难过关。

不少用户到了这个阶段，处于非常鸡肋的境地，继续邀请好友砍吧，进度很慢；放弃吧，又不甘心过去一段时间的努力。这时，沉没成本开始发挥作用，一旦你在这个阶段放弃了，意味着你前面的努力全部白费，所以大部分人还是硬着头皮继续邀请好友砍价。在这里，拼多多将大部分人"损失厌恶"利用得非常到位，这个在用户看来"坑爹"的设计，正是拼多多刻意为之的。

免费的噱头、游戏式电商的设计，让拼多多的砍价营销异常成功，也让它借助微信的社交关系迅猛发展。

四、砍价——拼多多最高效的营销手段

第一，砍价营销的ROI非常高。随着移动互联网应用竞争越来越激烈，一般一个APP的获客成本早已在100元以上，广告、地推、线上线下活动等方式的效率也越来越低。拼多多的砍价营销则是一种高ROI营销，它的高ROI体现在多细节的设置上。

如果A用户邀请B用户砍价，B用户帮砍需要下载并注册，B一旦帮砍，则成为平台用户。A通常会将砍价链接发给自己的亲戚和好友，几乎一次砍价，就能发展身边的几十个好友，虽然高端用户总是对这种营销方式怨气十足，但它在下沉市场的裂变威力非常大。

在砍价营销方式上，新用户比老用户砍得多，老用户到后期基本每次只能砍0.01元，而新用户则能砍1元甚至更多。所以拼多多的砍价营销基本上单个获客成本都在几块钱甚至更少，这个费用在推广成本越来越高的今天，几乎不可能完成。

第二，提高活跃度。拼多多的活跃用户已超过6亿个，这跟它善用微信脱不开关系。一般的平台，一个用户如果注册后，长时间没有使用，那么他使用的概率会越来越低，直至卸载。

拼多多的砍价营销借助社交关系，将这个不利因素降到了最低。A用户一旦参与砍价活动邀请B用户帮砍价，则许久不用拼多多的B用户可能被重新唤醒，并进入平台再次消费。如果A用户将砍价链接发给100个好友，则可能让其中的几十个"僵尸"用户再次回归平台。

在这个时代，不少APP为了提高用户活跃度无所不用其极，比如在PC登录某网站时，必须用手机APP扫描，表面的原因是安全，其实更主要的原因是为了提高一下活跃度。

83

拼多多砍价活动是提升平台活跃度的重要活动，在作者看来，拼多多在不把微信用户挖干净之前，是不会停止这个活动的。

第三，从下沉市场攻入一、二线市场。拼多多早年被视为五环外用户居多，但一直难以攻入一、二线城市，砍价营销是其攻入一、二线城市的有力武器。

"砍价免费拿"这看似只是拼多多站内无数活动中的一个，是拼多多无数市场营销中的一种，但这个营销活动却具有重要的战略价值。

在用户端，砍价活动靠着微信关系以极高的ROI获取新用户，并借此提升用户活跃度，不断推升市值上涨。

在市场端，砍价活动让拼多多的用户跨区发展，从下沉市场不费吹灰之力就攻入一、二线市场，实现所谓破圈。

所以拼多多的"砍价免费拿"不是一个营销战术问题，而是一个营销战略问题，这个战略将一直持续。

（资料来源：作者根据多方资料整理而成）

本章小结

在竞争日益加剧的市场上，公司必须提前做好公司策略和市场营销策略规划，并提炼独特的顾客价值主张。本章在介绍公司策略规划步骤基础上，阐明市场营销策略规划在公司策略规划中的重要性，介绍STP分析、波士顿矩阵和通用电气公司矩阵分析以及SWOT分析在业务组合决策中的作用。在此基础上，介绍基于价值的公司策略和市场营销计划、组织、执行和控制的步骤与过程，最终，围绕消费者价值主张的价值、满意和忠诚，为后面信息调研做铺垫。

第三章

市场营销调研、信息收集与实施

"营销"这两个字强调既要追求结果，也要注重过程，既要"销"，更要"营"。

——阿里巴巴集团创始人　马云

【学习要点】

☆了解信息系统的基本概念与构成

☆如何评估企业营销需求

☆掌握营销预测的程序及方法

☆理解营销调研的范围

☆熟悉营销调研方式与方法

章首案例

淘宝的"千人千面"搜索系统

淘宝的搜索引擎最初是按照销量进行排序，如今已转变为口碑为王的排序方式，即针对每个用户的搜索进行精准的推送。这种排序方式可以展示更匹配用户需求的产品，提升用户的购买体验。随着市场消费者需求日益多样化，淘宝更多地使用个性化的推送方式，根据用户的基本信息、历史浏览记录和购买记录等进行匹配，使得搜索得到的内容以及首页推送的内容更符合用户的特定需求。通俗讲：购买低价产品的顾客和购买高价产品的顾客，将被赋予不同的用户标签。购买低价产品的顾客对于价格的敏感度更高，而购买高价产品的顾客则可能对于产品的质量更加看重，所以在搜索同一关键词时，这两类用户的搜索结果是不一样的，这样可以帮助顾客更精准地寻找自己想要的商品。

一、公司介绍

淘宝网是中国最大的网购零售平台之一，由阿里巴巴集团在2003年5月创立，拥有近5亿的注册用户数，每天有超过6000万人的固定访客，同时每天的在线商品数已经超过了8亿件，平均每分钟售出4.8万件商品。网购这一购物方式已经深入到了千家万户之中，数据显示中国网购的交易额已超万亿元，是世界上网购交易额最高的国家。

作为国内拥有最大用户量的C2C平台，淘宝同时衍生出了如团购、分销和拍卖等多种新型的电子商务模式，形成了高覆盖的电商综合体。淘宝搜索主要服务于淘宝网站内的用户及商家，高用户量也对其搜索引擎提出了巨大的挑战。

截至2011年年底，淘宝网单日交易额峰值达到43.8亿元，创造270.8万个直接且充分的就业机会。疫情下的2020年，助力了带货直播产业的发展，根据人民大学的数据测算显示，淘宝直播光在过去的一年就带动就业机会超过173万个，催生了从主播到助播，再到直播运营等新型的就业岗位。

二、淘宝推荐机制"千人千面"

千人千面本质上就是当不同的淘宝用户打开淘宝页面时，网站所显示的商品都不同，这还包括用户搜索某个关键词所显示的商品排序都是不同的。这种商品展示的差异化源于淘宝网通过分析不同用户过往的搜索记录以及购买行为的差异。比如若用户曾经在淘宝上搜索过衬衫，并且添加多件衬衫至购物车，下一次该用户打开淘宝的时候，会发现系统不管在首页、猜你喜欢还是在后台推送都会自动向该用户推荐与衬衫相关的衣服。淘宝的搜索页面会根据每个人过往的搜索信息，推荐不同的商品，所以每个人在自己的主页面看到推荐的商品都是不一样的，淘宝的系统会结合用户的消费习惯与感兴趣类别等进行分析，将最符合用户需求的、用户最希望看到的商品展示给他们。

这种展示的方法是淘宝根据用户的基本信息，以及近期在淘宝上的行为产生的数据而推出的一种算法，通过给用户打上一系列暂时的标签，标签越多，数据分析就越精准，如通过对价格的敏感度、感兴趣的物品等分标签。当淘宝对一个用户掌握足够多的标签之后，千人千面的好处才会慢慢体现出来。

经常买低价衣服的用户，在搜索其他类目时，系统会推荐更物美价廉、性价比更高的宝贝。对于经常购买奢侈品的用户，在其搜索手机壳的时候，系统推荐的宝贝也不会是10元以下的手机壳，所以在算法结果页也会少量出现不同价位的产品，针对不同的消费人群推荐符合他们需求的产品，随着数据的增多，算法分析会细化到用户的年龄、性别和季节因素等，这就是千人千面的算法思维。

经过千人千面的精准商品匹配，提高了购买效率和节省用户时间。所以千人千面才不会是你买了手机，还给你推荐手机那么简单。除了对用户进行标签细分推荐，用户与店铺之间的联系，比如深度浏览、浏览的时间长度、曾经购买过的店铺，都会优先展示在猜你喜欢和搜索结果页面。这种算法每天都在为买家和店铺之间搭建桥梁，降低了卖家的营销成本，也减少了买家的选品时间。

三、千人千面的背后原理

第一，标签匹配原理。首先千人千面是通过标签进行匹配的，是买家标签和商品标签的对应。如果买家在搜索或在其他的千人千面位置进行浏览的时候，系统会根据这个买家自身的特征标签给他推送适合他的宝贝，推送的原理是宝贝本身的标签与买家标签的一一对应。比如这个买家所具备的像年龄、性别、职业、女性风格、女装风格、女装偏好、价格偏好、消费能力等方面的标签。如果这个买家的标签跟你匹配到的这个宝贝标签能匹配上（比如你的宝贝就是适合某种年龄、某种性别、某种兴趣爱好或者某种女性风格等），在用户进行搜索时，适应这种人群的宝贝就能够匹配到并有机会展现给用户；反之如果你的产品标签跟买家标签并不匹配，商品就很难得到展现。

第二，逐渐减弱原理。当我们搜完之后再去看搜索结果的综合排序其实也是千人千面，在越靠前的位置，千人千面表现得越明显，在越往后的位置，千人千面表现得则越相近，大家看到的结果可能就差不多了。所以我们在研究千人千面的时候都是研究前几页。

四、标签的信息收集

第一，买家标签。买家标签分为行为标签和特征标签，其中行为标签包括类目行为和关键词行为，特征标签包括静态特征和消费行为特征。近期的买家标签对整个搜索结果影响较大，远期的买家行为影响相对来说会弱很多，所以买家标签也是相对容易改变的。

行为标签是依据用户在浏览、收藏、购买和评价的过程中所留下的痕迹，以及平台分析买家在使用平台时的各种行为所生成的标签。而特征标签是依据用户在注册时填写的性别、年龄、身高、体重等信息形成的标签。买家在注册时会填写各种个人资料，这时系统会根据资料给予一个初始基本标签，但是这个标签并不能完整地定位用户需求。随着买家在平台上做出一系列行为，这个标签逐渐清晰。因为买家的行为是真实的,所以买家标签最终的形成取决于其在平台上的每个行为。

第二,宝贝标签。宝贝标签的形成过程分为宝贝特征和买家行为两种。

刚开始上架的时候,宝贝所在的类目、价格属性会给这个宝贝形成一个初始的特征,生成一个初始标签,随着买家行为的产生,买家自身的标签会打到这个宝贝上,这个宝贝就拥有了新的标签。所以最终什么人买了你的宝贝,你的产品就会有什么样的标签,并随之吸引对应人群来。

第三,店铺标签。动销近30天的商品二级、三级类目。比如一个店铺卖衣服,节日期间开始售卖代金券,这个时间段如果代金券的销量比礼品还要多,最后你会发现店铺被标记为卖礼券的店铺了,这时你的店铺标签就乱了。所以盲目扩张二级、三级类目很容易影响店铺的标签。

第四,账号标签。如果你是淘宝用户,长时间没有在淘宝上买东西了,你突然购买了一个8.8元包邮的产品,未来一段时间内,千人千面会给你推荐类似等级的促销产品或者活动。无论是什么等级的号,只要超过一个月没买东西就会被定义为初级,而当用户重新购买产品时,账户的等级又会被改变,因此账号的标签是由一段时间内其总体的购买行为决定的。

第五,人群标签。顾名思义就是人群的共同特性,掌握人群标签就等于掌握人群。当你仔细研究淘宝时会发现,当你搜索一个关键词时,官方会迅速找到相似宝贝并推荐给你,推荐的宝贝恰好是你所喜欢的。这是因为官方不是随便推荐给你的,而是根据你身上的标签所决定的。

例如,如果你经常搜索健身餐,官方就不会推荐给你垃圾食品。此外,官方还会根据你的消费水平,推荐浏览客单价相似的宝贝给你。当一个消费者经常买那些特价、客单价低的物品,淘宝就不会向他们推荐客单价高的宝贝,这也是个性化的一种体现。

(资料来源:作者根据多方资料整理而成)

第一节　信息收集

信息收集(Information Gathering)被定义为通过不同方式收集感兴趣的信息的一个过程。在市场竞争激烈的大环境下,公司为了在满足其利益的最大化,同时避免因营销手段不当造成的一些潜在危险,往往将构建营销信息系统作为每一个公司营销计划的基石,而信息收集则是整个信息管理的第一步。

信息通常被分为两类:原始信息和加工信息。原始信息是直接从当前经济活动中获取的数据、概念、定义和解释,属于未加工信息,也称一手数据。加工信息则是通过对原始信息进行分析、融合和改编的信息，也称二手数据。此类信息更具时代性，更贴合当前企业所需要的资讯。两类信息均对企业的营销管理有着积极的帮助。

在营销领域，营销信息系统、营销调研和营销市场预测被看作掌握产业经营环境、洞悉市场动态及了解市场供需情况的三大支柱工具。

当下随着网络的快速发展，企业收集信息的渠道越来越多，例如从宏观市场政府的公开渠道收集信息，从企业内部销售状况收集信息，从客户端的反馈收集信息等。与此同时，如此大的信息量也加大了企业评估信息实用度的难度，换而言之，选择正确的信息收集方式成为更多企业面临的挑战。

一、信息系统的构成

营销信息系统（Marketing Information System，MIS）通常由四个子系统组成：企业内部报告系统、市场营销情报系统、市场营销调研系统和市场营销分析系统。它是由人员、电脑及软件共同构成的一套系统。

一套成熟的营销信息系统拥有科学的采集方法与管理方式。信息系统会收集行业相关信息，及时从中进行筛选出准确且有用的信息进行分析，为企业决策者在制订和执行营销计划时提供相关依据。在信息传播速度急剧提升且信息收集途径日益增多的背景下，每一家企业都需要更好地完善信息系统的建设、规范信息来源，以应对竞争激烈的市场。

第一，信息系统的运行机制。如图3-1所示，可将"人员""电脑"和"软件"当成营销信息系统的管理者，他们负责串联不同影响营销的因素并整合市场信营销管理：新媒体、新零售与新营销信息，同时营销信息系统作为营销环境和决策者（营销人员）之间的媒介，起到传递各方所需信息的作用。营销信息系统的主要工作如图3-1所示。

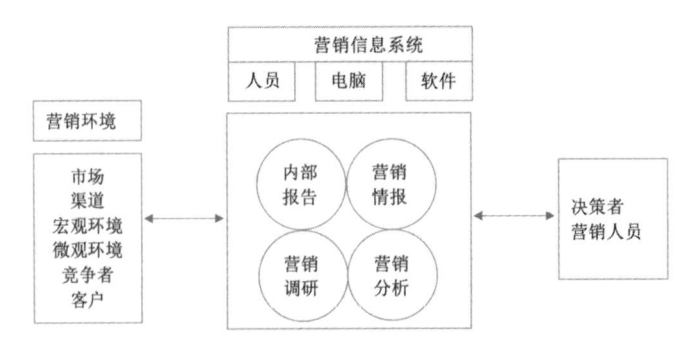

图3-1 营销信息系统的主要工作

首先，从营销环境、内部报告、营销情报、营销调研和营销分析等渠道中收集信息并对信息进行处理、分类。这部分工作讲究及时性和准确性，需要管理人员及时将营销人员所需信息进行汇总，然后加工生产出有价值的信息资料传递给营销决策者。

其次，确定数据流向，由上图可知不同的信息在系统中不断交汇，部分数据会最终被企业所利用并制订相应的计划反馈回给市场，这会对营销环境造成一定的影响。

最后，信息的传递，这也是营销信息系统最重要的工作。这个步骤需提供给决策者他们认为他们需要的、他们真正需要的以及可行的信息。

第二，评估信息需求。营销信息系统需要能为营销决策者提供他们所需要的信息，营销决策者在面对庞大的数据信息时并没办法有效地根据这些信息做出决定。而营销信息系统存在的意义就在于能够通过与决策者的沟通和市场各类因素的评估，达到根据不同的需求，准确、快速地分拣出符合决策者需要的信息的目的。

首先，需要了解接收信息的对象是谁，根据接收信息的对象，可以初步确定需要收集信息的类型。

其次，营销信息系统在确定了向谁提供消息和提供什么样的消息后，需要明确信息需求的范围以及准确程度。

最后，营销信息系统也需要考虑信息获取的成本与其作用是否相匹配。通常如内部资料这类可以直接获得的二手资料相对较为便宜，但信息量非常多。企业需要分析每一次信息收集的投入与其所产出的利润之间的比例，把控投入成本，提高信息系统工作人员寻找信息的积极性。

市场营销调研、信息收集与实施专栏1：
....

京东系列之信息流：信息系统是电商公司的核心纽带

一、信息系统巨大作用

电子商务公司的核心在于信息系统，作为线上线下的关键连接点，具有巨大的作用。京东的信息系统相当于智能后勤体系，都围绕信息系统工作。京东的信息系统涵盖以下三个主要内容。

第一，管理人员。中国作为人情社会，人际关系错综复杂，对于人员的调度十分棘手。然而数据化时代，信息系统可以自动派遣人员，将工作简易化，减少冗杂事项。这不仅能够第一时间掌握全部配送人员的资料，同时也能在配送人员处于危险状态时自动报警，降低事故风险。最重要的是，它能够根据配送地点，事先规划配送路线；进行包裹分派时，能够同次配送，提高工作效率。

第二，管理资金。京东的信息系统连接所有用户，网上订单能有效地提高速度，细化落实每一分钱，在固定时间根据当日数据显示报告，其中也涵盖对于上游供应商的结算资金。

第三，管理物资。京东的信息系统将资金、固定资产以及全部商品紧密连接。不得不说，这是一项极其庞大的工程，所有商品的具体位置，细化到每一层、每一格，都通过信息系统进行管理备案。

首先，京东内部的一切都由信息系统运作，通过信息系统有效管理其运营体系。例如多数商品的定价，信息系统会根据大数据资料，结合市场销量、产品属性、价值和综合竞争力制订价格，形成优先价格。不仅如此，每隔半个小时，系统都会进行一次实时的数据获取，依据竞争对手的网站同种商品的价格，进行数据抓取、比对，最终结合成本价、优先价格、竞争对手的价格，以及季节等多重因素制订出最终的价格。通过多维度的定价因素，制订最适宜的售价，最大限度地提高产品的销量，推动企业的发展。

其次，信息系统控制的内容还包括采购。对于生产企业或是贸易企业，其关键点在于供应链环节。货物量以及原料种类的筛选、配比度、适宜度都是决定着产品质量和生产发展的关键要素。这对于人工而言是一项极大的挑战，而对于信息系统却是一件极其简单的事。人在此时成为执行者，制订要求、进行谈判、并制订最合适的价格。只需对系统进行操作提示，反馈信息，最后通过系统向供货商下单，就可以形成完善的采购链条。

通过信息系统采购商品不仅能够提高工作效率，更能降低人为干预，减少潜在的冗杂环节。然而在面对新货采购时，需要借助人员经验，15天之后，再由信息系统接管。

二、信息系统迎战表现

因为这套信息系统，京东突破100亿元的规模，即使面对三四十亿元的交易额，也能轻松面对。当然，它依旧还有很大的成长空间，问题的核心在于供应链。很多企业不敢开放信息系统，甚至没有信息系统。这会产生极大弊端，导致与供货商交易时产生数据误差，降低生产效率。例如，当你询问商品数量时，供货商查询后告诉你剩余400件。这时你定下400件，可过一会他也许就会通知你400件中的200件早已被预定。这就体现了人工的对于实时数据准确性的难以掌握。供应商以及其上游产业链需要缓冲期，更需要具备企业开放思想，共享系统，建设系统。只有这样，企业才能抓住时代风口，紧跟时代浪潮。

以下是基于信息系统中京东的走向所制订的以技术为驱动力的三个方向。

第一，以技术为驱动的电商业务。通过自营电商和平台电商混合的方式继续开展电商业务，提供质优价廉的商品，提高了客户体验和整个供应链效率。

第二，以技术为驱动的开放服务业务。入驻商家提供产品销售渠道，搭建完善的物流体系，与商家积极协作，落实各项售后服务等。

第三，以技术为驱动的数据金融服务。结合原有基础，以金融方式衍生更多产品，扩大京东白条的市场，不断完善、发展相关金融服务。

（资料来源：作者根据多方资料整理而成）

二、内部报告

内部报告系统（Internal Information System）是企业内部运转过程中所产出的数据信息资料库，来源于财务会计出纳、生产、销售和行政等企业内部部门，信息包括且不仅限于订单、销量、生产状况、企业资金管理、客户收付款信用等一系列反映企业当前经营状况的信息。这些信息对于营销决策者来说是制订营销决策最基本的依据，反应了企业的基本信息。根据这些信息，营销决策者可以识别目前企业所面临的问题、了解市场所存在的潜在危机和机遇。

内部报告系统主要集中关注以下三个方面的市场信息（见图3-2）。

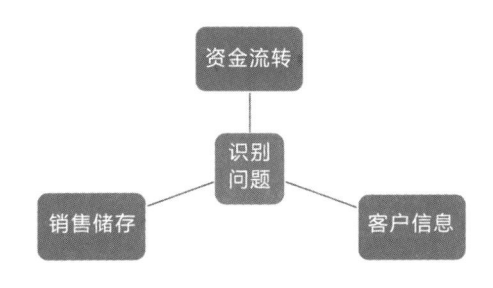

图3-2 内部报告系统的主要关注点

第一，企业内部现金流动状况，即在特定的时间内，为了达成营销交易等经济活动所发生的资金流入、流出情况。

第二，销售存储信息管理，即提供当下销售存储状况和市场竞争信息，销售信息，即向营销决策者提供关于当期的企业销售状况，包括预计销售额、营销成绩和营销销售的成本、营销亏损、市场价格等，主要是为了将销售目标与实际销售状况进行对比分析。存储状况则同时也报告了企业内部的库存情况，包括产品库存量、运输的金钱成本和时间成本以及每期的出入货量。

第三，客户信息管理主要关注客户的体验及购物行为模式，通常由客户服务部门提供，有时也会结合销售部门提供的消费者的交易数据进行分析。

首先，内部报告所包含的信息都有公司内部产出，它能定时定期为企业提供市场的瞬时信息和动态信息。营销人员或企业决策者可根据报告对企业日常的营销计划进行管理与控制。但是此类信息通常分散于企业的不同部门，需要一套规范的系统来整合。

其次，内部信息收集的目的是加强企业对营销活动的把控，针对内部报告所关注的三个方面，企业内部可以把信息记录的流程简化为三个步骤：一是企业收到订单，运营部门记录客户信息，包含客户的购物体验等；二是交货，销售人员将发货渠道以及库存情况记录下来；三是由财务部门记录客户的收付情况及企业内部资金情况，将整个流程中三个步骤所产生的信息记录下来，选取所需信息再加以分析，这就是内部报告系统的职责所在，即为营销决策者提供公司内部运营情况最直观的介绍。信息记录流程如图3-3所示。

下订单记录 → 发货及记录库存 → 财务流转记录

图3-3　信息记录流程

最后，对于现代企业来说，营销人员在面对大量数据时经常束手无策，企业内部每天都会生成大量的信息，最大的困难并不在于收集这些信息，而是在于如何在庞大的数据库中寻找真正对企业有价值且能够帮助营销决策者发现市场机会和识别问题的信息。在这一方面，大数据技术的问世为营销人员处理市场信息提供了强有力的支持。大数据是指使用电脑软件工具对大量数据信息进行管理、整合和处理，优化信息收集的流程，其具有四个特征（4V）：Volume，数量巨大；Velocity，实时和动态的，不断流动和变化；Variety，多源的；Value，商业价值高。大数据的应用对于在移动互联时代获得及时的市场与消费者洞察具有巨大的潜在价值。

在营销的过程中，企业内部各部门需要一个系统性的信息收集步骤。首先要辨别哪些为需要的信息，然后寻找搜集信息的渠道，再进行信息的收集，最后分析信息与所需信息的差别。营销信息系统的主要工作就是分辨出能够提升客户洞察力及企业自身竞争力的信息，然后将信息进行加工最后提炼出来。

信息收集的流程如图3-4所示。

辨别信息 → 寻找来源 → 收集信息 → 分析信息

图3-4　信息收集的流程

三、营销情报

市场营销情报是指对关于客户、竞争者和市场发展等外部环境发展趋势变化的信息进行收集，此类信息大部分都可从市面上的公开信息系统查找到。内部报告系统通常反映的是企业内部营销等活动所得到的结果数据，而营销情报则是实时记录市场上正在发生的数据信息，帮助企业了解外部环境的动态变化。情报系统可以通过如公开数据库、网络新闻等渠道得到信息，通过将此类信息进行规范地整理和分析，以此来了解消费者环境、追踪竞争者的动态及反应、预测市场的变化，以及帮助企业了解市场上可能存在的危机并及时做好准备，由此来规划、改善和提升营销方案。

信息的完整性对于营销情报系统有着至关重要的作用，从根本上说，更广更全的信息可使企业做出更为精准的决策，同时也提升了营销计划的效率。这表明情报的搜寻渠道需要覆盖得更加全面，搜寻情报的手段包括关注当下网络热点、观察消费者。营销情报的来源渠道基本上由营销人员与消费者、经销商与零售商、网络、消费者评论和公开资料数据库四个部分组成。

第一，营销人员与消费者。企业需要鼓励和训练营销人员等直接对话或接触消费者并收集消费者的购物体验、使用体验等相关的信息。

第二，零售商与经销商。有些企业甚至会派出情报人员混入市场中，试图了解客户对产品的看法以及兴趣，使企业能够更好地把握公众的焦点与方向。

第三，网络。追踪、了解竞争对手的反应与动态，通过提前获取竞争对手的信息，以便决策者可对营销计划做出调整。

第四，消费者评论和公开资料数据库。我们经常能在网络销售平台上看到评论区。消费者在购买同类产品时，通常倾向于参考已经购买过此类产品的人的意见。

营销情报系统整理报告了消费者、竞争者和市场的信息，通过这些信息，企业可以针对消费者的消费习惯及需求对产品进行提升和定价；对竞争者未来的行为进行提前预判并做出针对性的调整；对市场发展趋势做出反应，提前预警可能发生的危机和制订营销方案。

四、分析宏观环境

市场宏观环境指企业在生产营销过程中所面临的外部不可控因素，此类因素会对市场造成积极或消极影响，包含人口环境、经济环境、政治法律环境、自然资源、社会环境及科技环境（见图3-5）。企业的一举一动都与市场环境有着不可分割的关系，两者相互影响。对于企业来说，需要及时分析和研究市场环境的发展趋势，发现并抓住市场机遇，且预防在不同市场可能面对到的潜在危机。

（一）人口环境

1.人口总量与人口密度

一个市场的人口总量代表着这个地区潜在消费者的数量，同时也决定了市场规模与潜力，对营销规划起决定性的作用。

2.人口结构和人口分布

首先,人口结构是指市场在不同时间节点、不同年龄段的人口数量,通常来说,我们将人口分成六个年龄段:学龄前儿童、学龄儿童、青少年、25~40岁的年轻人、40~65岁的中年人和65岁以上的老年人。由于不同年龄段消费者的收入、受教育程度等不同,因此他们的需求和消费观念也不同。这说明企业需要细化年龄层,正确定位他们推广的人群,根据年龄段及其价值观选择不同的营销模式。此外,地区之间也存在人口密集程度的差异,人口流量大的地方,市场的需求就越大,需求的样式也更丰富。

图3-5 对市场造成影响的社会力量

其次,除了人口结构,每个地区还存在不同民族或种族的居民。他们对于商品拥有不同的需求,并且收入水平和消费习惯也存在差别,企业需要针对具体的人群制订特定的营销计划。

最后,各个国家的退休年龄及适婚年龄也不尽相同。人口中年轻人占总人口的比例在一定程度上反映了当地社会的消费能力和生产成本。因此,在人口老龄化严重的地区,有可能存在国民经济衰退的现象。居民成分里老年人占比过大会造成当地生产效率降低,从而导致企业在当地运营成本的上升。

3.性别结构

男女的消费习惯和方式并不一致,对商品的需求和选择也有所不同。通常来说,男性购买行为远比女性少,且购买动机不如女性强,所以男性购物更多是需求型购买,具有被动性;而女性购买动机强烈且会横向对比商品,冲动消费居多。

4.地理分布

不同地区的经济情况和消费者偏好等情况互不相同,消费者的需求点及需求弹性均存在差异。企业需了解每个地区消费者的生活习性及消费特点,设计出具有针对性的营销策略来满足当地消费者的需求。

随着城市的现代化,大量乡镇人口进入大城市工作,人口迁移逐渐成为人口环境变化的重要原因之一。人口的迁移通常与地区经济的发展有关。人口增多为当地市场创造更大需求的同时也增大了市场营销的难度,人口的流动性使消费者的行为变得难以预测。

(二)经济环境

经济环境泛指营销活动中的外部经济因素,可以帮助企业了解消费者购买力及潜在的经济危机。它包含了三个方面:国家国内生产总值、国民收支模式及水平和消费信贷。

1.国家国内生产总值

国家国内生产总值(GDP)是一种以市场价值测量一个国家或地区在一定时间内所生产出全部产品的价格,它被广泛应用于衡量一个国家的经济状况。若某个地区的经济增长率提高,则说明该地区国民收入提高、生产效率提高且人力成本低,故其国内需求以及货币汇率有上升的趋势。通过GDP可以了解市场的经济水平和经济发展的阶段。此外,这还是一个衡量消费者购买力的指标。

2.国民收支模式及水平

收入水平可以分为可支配收入与可自由支配收入两种。

可支配收入(Disposable Income)是指个人或家庭在扣除所得税与需缴纳的社会保障后的收入。可自由支配收入(Discretionary Income)指在可支配收入的基础上扣除日常生活的消费(如衣、食、住、行)后的收入。

企业可根据市场消费者的收入水平推断估计消费者将如何分配他们的收入,通过可支配收入了解消费者的购买力,推出适合市场的产品及营销策略。

3.消费信贷

消费信贷作为一个刺激经济发展、鼓励消费的手段是近年来一种新的金融产物,是银行为满足个人消费需求提供的一种贷款服务。它的主要作用是通过刺激消费来扩大内部需求。通常企业可以通过国家银行利率判断市场的走向。低利率借贷成本低,可以达到鼓励消费的结果。

消费信贷可以帮助消费者提高其的购买能力，现代市场中有很大一部分消费是由信贷来完成的。

（三）储蓄倾向

国民的储蓄属于市场的潜在购买力，对于经济生活有着举足轻重的影响。储蓄倾向反应及影响了市场的需求水平。在收入一定的情况下，消费者的储蓄倾向越高，代表着市场的潜在购买力和潜在需求就会上升，但这也会影响当下的经济情况。在经济学中，储蓄等于投资，而投资代表着未来的生产力。

（四）政治与法律环境

企业在运营的过程中会受制于市场当地的政治、法律及一些社会组织的影响。这也是企业在每个市场下被强制要求遵守的准则。同时不同地区对产品的要求可能有着细微的区别，这需要企业实时关注这些变化。政治与法律无时无刻不关系着社会活动，它们为企业活动的顺利运行提供了行为准则。政治环境一般指当地政治局势及政策。政治局势的稳定与否代表着国民购买力的强弱。在国家政治不稳定或国际关系出现危机时，国民通常会控制消费的欲望，以备不时之需。

此外，不同的国家之间存在不同贸易合作关系，国家层面经济的关系对于跨国企业的发展有着促进或抑制的作用。

（五）自然资源环境

自然环境包含了自然资源、地理环境等因素，这些因素也会给企业的营销活动带来影响。

第一，自然资源。自然资源包含可再生资源与不可再生资源。可再生资源是类似树木、粮食等有限但可持续再生的资源。不可再生资源是类似石油、煤炭等矿物质，这些资源对当下社会有着不可替代的作用，但是贮藏量有限，且不能被重新生产出来。

然后从长期看来，自然资源的短缺是不可避免的，某些资源在近期已经开始出现供不应求的现象。随着人类对资源的过度开采，自然资源因短缺而出现的成本升高的现象屡见不鲜，这对于企业营销部门来说简直就是困境。营销人员需要寻找新的方法更合理地使用有限的资源，提高资源的利用率。从另一个角度来看，这对企业营销来说也是机遇，更快地寻找代替品，开发新技术，也为企业提供了新的营销机会。

第二，自然环境。随着市场工业化的发展，环境污染程度越来越严重。在社会舆论和政府的干预下，政府出台了一系列针对环境污染现象的政策，如限制排放、控制污染。此外，政府还要求企业采购价格高昂的防污染设备以减轻环境污染问题，这大大提高了企业营销的运营成本，但也为企业开发新的技术能源提供了动力。

第三，地理环境。地理环境指一个国家或地区的气候环境及地形地貌，这是企业进入一个市场前必须要考虑的因素之一。不同的产品在不同的气候环境下发挥着不同的作用，企业所生产的产品能否适用于当地气候环境或是企业所提供的服务能否适应市场的需求，都是企业需要解决的问题。

（六）社会文化环境

社会文化环境是一个特定的社会在经过历史的洗礼后形成的主流价值观与意识形态。人在社会成长的过程中的思想、价值观、宗教信仰甚至审美习惯都会被环境所影响。根据营销学的理论，这些文化因素会对消费者的消费观产生影响（见图3-6）。所以这也是在不同文化的市场中，客户对产品的接受度和欢迎程度存在区别的原因。因此当营销人员进入一个新的社会环境时，应多多关注当地的文化习俗。

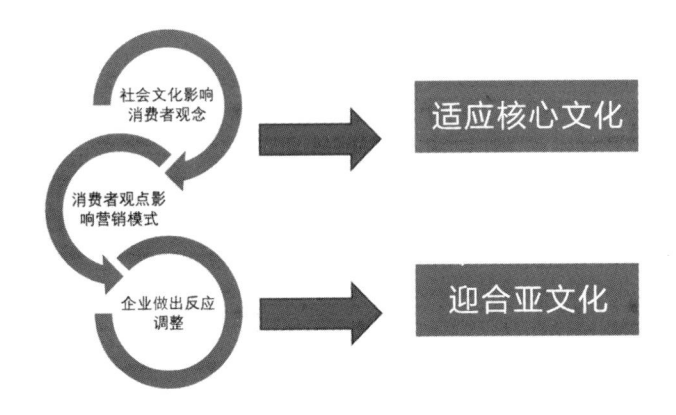

图3-6 传递关系

第一，语言及文化传统。文化传统是社会文化中根基最稳固的一个部分，它是在社会的历史发展过程中形成的一种生活习惯。当企业进入到新的市场时，第一个需要适应的就是当地的文化传统，其对企业营销的影响是长期存在并且持续稳定的。而语言作为文化的表现形式，也是营销的工具之一。如何运用当地社会的语言推动营销也需要仔细考虑。

第二，宗教信仰。当地社会的宗教信仰也会对人民的生活方式和购物决策产生一定的影响，特别是在某些以宗教作为国法的国家中。企业营销时需要谨慎遵守当地的宗教信仰，确定营销商品并不与宗教信仰产生冲突，切记不可触犯宗教的禁忌，以免造成不必要的损失。宗教信仰的存在也代表着当地社会人民的精神寄托，因此企业要保持好与其的良好关系，避免发生矛盾。

第三，价值观。价值观是指人们对于不同的事物或社会动态的不同观点与看法。价值观的差异不单单体现在国家层面上，不同地区甚至不同家庭内部都可能存在不同的价值观。价值观也代表着大众对于事物的不同意见，影响着消费者的购物方式及需求。当然，生活在同一社会下的人们的价值观一般较为相近，企业可根据当地社会的价值观来判断、预测和分析消费者的购物行为。

（七）科技环境

自从20世纪进入信息技术时代以来，科技正以肉眼可见的速度迅速发展。伴随着科技的进步，人们对新事物的接受度和适应性也越来越强。这对社会整体的发展和经济的增长有着重大的影响。科技环境因素也是所有市场因素中对营销管理冲击力最大、作用最快的因素。科学技术的更迭对企业营销活动的影响主要表现在以下几个方面。

第一，新的营销模式。随着互联网的发展，新媒体营销成为当下最受欢迎的营销模式。其依附于移动端使得营销可以覆盖到大部分消费者，企业营销团队可以利用网络进行广告推广、市场调研及营销。

第二，新的管理模式。科学技术的革新也改善了企业原有的管理模式，促使企业的管理更加高效。互联网的普及衍生出更多的通信工具与数据分析工具，企业通过各类通信软件不仅可以实时保持各管理阶层的沟通，保证信息传递的及时性，而且对于企业发展的规划以及突发情况的应对也更加得心应手。

第三，改变消费者的购物习惯。在人均一部智能手机的时代，消费者购买东西、购买服务的第一想法都是网购。各种各样的商品信息都能在移动端或PC端浏览，这无形间改变了消费者的购物习惯。在网络上，信息的透明度、传播速度都得到提高，移动端支付也为消费者购物提供了便利。这些科学技术上的革新，无疑降低了交易成本，为消费者创造了更快、更便捷的购物环境。

第四，带来机会的同时也冲击了旧有产业。各类新的营销模式的快速发展，为消费者的购物提供了便利，也带来了更多的商机与产业。新能源汽车这一产业的衍生就是技术革新的成果。由于电动汽车具有价格实惠且环保的优势，很多汽车企业也开始投入到了电动车的研发之中，使得未来电动车产业的发展前景不可估量。但电动车的发展也冲击了传统的燃油车的销量，逼迫汽车企业跟上时代发展的步伐。

第二节　需求预测

一、营销需求预测的含义

营销需求预测是指在一定时间、一定的市场营销环境及一定的市场营销支出下预测市场的需求。企业通过市场调查，利用一定的科学方法对未来市场的供需趋势和各种营销市场宏观因素的变化进行预测。通过市场预测，企业对市场宏观环境下的各种不确定因素进行分析，从而更好地了解市场未来的发展趋势。营销需求预测的目的一般是降低由外部因素和市场不确定性造成的需求波动，为企业营销决策提供相关的依据。

（一）了解市场的规模

从宏观的角度讲，假设现在有A、B和C三个市场，企业在考虑进入哪一个市场时，首先需要判断这三个市场消费者的潜在需求量。潜在需求量指企业在一定的营销推广支持下，消费者的需求和潜在销售量的多少。企业以此为根据判断是否进入市场或者是进入哪个市场。而市场规模反映了市场的潜在需求，企业需要按照市场预测制订相应的营销策略，更高效地分配营销资源。

（二）营销预测的基本原理

第一，连贯性。过去的市场历史资料总能为我们提供有用的信息，市场的时间轴是一个连续的过程。如果我们能把现在市场上发生的事情和过去的串联在一起，就能大概推导出未来市场的发展变化。

第二，相关性。当我们对比市场需求和各项外部宏观因素时，我们会发现市场的变化与这些因素都是相互影响的。例如当可自由支配收入提升时，市场对奢侈品的需求就上升。利用这个特性，我们可以尝试用外部因素分析它们对市场变化的影响。

第三，类推性。市场预测具有类推性，通过观察，我们发现市场的变化之间存在着因果关系，市场预测可以根据这些经验，观察市场环境并类推出企业营销需要面对的情况或是将要发生的情况。

第四，概率性。市场运转存在不确定性与必然性。营销人员可以通过对营销过程中的不确定性进行分析，揭露内部的必然结果。

（三）需求预测的主要范围

第一，市场需求预测。市场需求是指在某个市场下的消费者对某一产品在一定时间和一定的营销成本输出下的总需求量。这是市场预测最重要的步骤。市场需求可以告诉我们该市场的当下规模如何，为企业是否选择进入该市场提供了参考。

第二，市场潜力预测。市场潜力预测指的是在一定资本输出下的市场需求。市场潜力预测可以告诉我们某个市场下的消费者对某一产品在一定时间内的最大需求量。这里的营销成本为正无穷，也就是说当市场到达最大需求量时，提高市场营销的投入并不会提高需求量。

第三，企业需求预测。企业需求指的是在市场总需求下，企业所能占到的市场份额的多少。简单来说就是市场总需求×企业市场占有率=企业需求。由于市场总需求在短期内是不变的，所以企业只能通过提高市场占有率来扩大企业需求。因此营销的策略和投入在多个竞争者的环境下显得极为重要。

第四，企业预测。企业预测指由市场预测所制订的营销计划结合市场营销环境得到的预期销售数据，其中包括销售配额和销售预算。

销售配额指为产品大类、企业部门和销售代表确定的销售目标，是一种企业根据不同区域的销售能力和主观心理判断为当地销售部门制订激励政策的手段。通常企业会通过企业预测和各方面市场因素来制订销售配额。销售配额一般都会比企业所预测的最高销售额高，以此来刺激销售团队突破自己。

销售预算是对销售规模的保守估计，主要包括预计生产成本、营销推广成本和存货成本等涉及营销活动的总成本。企业管理者会根据销售预算制订从生产、管理到现金流运转的一系列决策。销售预算需要同时考虑企业的预测和风险控制，所以一般会略低于公司预测值。

市场营销调研、信息收集与实施专栏2：

上汽通用五菱：需求导向"创业"

2020年年初对于国内外车商来说注定是不平凡的一年。一场突如其来的新冠肺炎疫情打乱了所有车商的节奏，主机厂停工停产，经销商库存积压，整个一季度的销量更是惨不忍睹。而在这个时候，有一部分企业却在悄悄转型。早在今年的疫情期间，一盒盒印着"人民需要什么，五菱就造什么"的医用口罩就送达疫区，成为刷屏的全民口号，瞬间五菱汽车的国民口碑达到了顶峰。

一、公司介绍

2002年11月18日正式挂牌成立的上汽通用五菱汽车股份有限公司（英文缩写SGMW），是由上海汽车集团股份有限公司、美国通用汽车公司、广西汽车集团有限公司（原柳州五菱汽车有限责任公司）三方共同组建的大型中外合资汽车公司，其前身可以追溯到1958年成立的柳州动力机械厂。公司目前在国内拥有柳州河西总部、柳州宝骏基地、青岛分公司和重庆分公司四大制造基地，形成南北联动、东西呼应的发展格局。

二、高奢螺蛳粉和跨界口罩制造

2020年3月，很多人在微博上看到了一张印有五菱牌包装的螺蛳粉，早期五菱的营销人员并没有对该信息进行否认，各界也开始构想五菱牌螺蛳粉到底是什么样子的。7月3日，五菱汽车官方宣布，正式推出五菱螺蛳粉，并首先推出88份限量款礼盒装螺蛳粉。

五菱宏光原厂地柳州的特产螺蛳粉在疫情期间在多个电商平台卖断货，甚至在一段时间出现了"一粉难求"的情况。五菱成功的秘诀就是善于倾听消费者的需求，在国人都喜欢螺蛳粉，但是螺蛳粉却供不应求的大背景下，推出了五菱牌的螺蛳粉。如今更是推出了五菱牌螺蛳粉的线莲版本，不仅采用高贵的祖母绿作为主色调，还贴心地为用餐者准备了全套餐具。

除了生产螺蛳粉之外，在疫情的早期，上汽通用五菱洞察到国内口罩市场出现供不应求的情况，率先利用企业规模优势改造生产车间，制造口罩。在短短74小时之内，攻克了各种技术难关，自主研发出了口罩机，从而实现了百万级别的口罩日产量。可以说五菱抓住了口罩的风口，弥补了汽车制造厂商在疫情期间的损失，同时极大程度地缓解了当时国内口罩短缺的情况。这背后不只是为了更高的利润，而是五菱清晰地洞察到了市场需求所在。2月13日，五菱官微宣布第一批口罩已批量出货，并在口罩包装上高调地打上了"人民需要什么，五菱就造什么"这句口号。一时间引得一片叫好声，刷爆全网。

三、抓住需求，传递价值

作为一家主业为汽车生产制造的企业，五菱这半年的一系列举动虽然都看似"不务正业"，但每一次却都能够做到"有的放矢"。从营销的角度上讲，五菱每一次的精彩跨界背后，都抓住了品牌营销的本质——精准洞察用户需求，深度传递品牌价值。

无论是口罩，还是螺蛳粉，五菱给消费者传递的信息就是——人民需要什么，五菱就造什么，这不只是一句简单的品牌口号，而是五菱在表达品牌可以满足消费者一切需求的服务态度。最重要的是，凭借着一次次让人意想不到的跨界，五菱汽车除了改变了消费者对其的刻板印象外，深度诠释"人民需要什么，我们就造什么"的品牌理念外，还使得企业的品牌形象变得更加年轻化和多样化，从而为品牌的发展带来更多的可能性和想象空间。这也是一般营销手段所远不能及的。

（资料来源：作者根据多方资料整理而成）

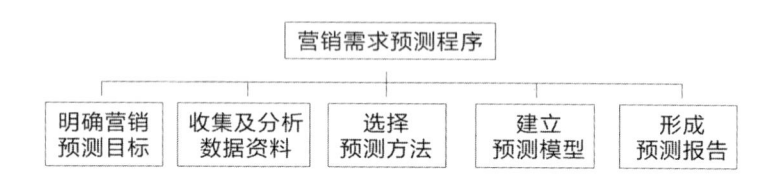

二、营销需求预测的程序

营销需求预测的程序一般分为五步（见图3-7）：明确营销预测目标、收集及分析数据资料、选择预测方法、建立预测模型、形成预测报告。

图3-7 营销需求预测的程序

（一）明确营销预测目标

在进行营销需求预测前，需要明确预测的目标是什么，了解并研究这个目标后，我们所希望达成的日的是什么。目标是指需要研究的对象或需要的数据是什么。因为不同的研究对象所使用的预测方法和所需资料都不同，所以目标也就不同。市场预测又分为不同层次：商品层次，对不同商品的需求预测；空间层次，对不同市场的市场需求总量的预测，可以分为国家层面或地区层面等；时间层次，对于市场的短期、中期和长期的预测；需求特性层次，对潜在消费者的预测。市场预测需细化到我们的目标处在哪一个层次，然后将不同层次的预测综合起来，来对市场营销计划做出调整。有时候预测目标可能属于一个总体目标，可将其逐层分解成几个小目标，细化且清晰地进行下一步分析。

（二）收集及分析数据资料

收集数据资料是市场预测工作中的重要一步，系统化且全面性的收集与预测目标有关的数据资料可以大大提高预测的效率。数据资料的全面性和准确性直接决定了预测结果的误差空间。在收集数据资料的过程中，我们也需要了解资料的来源，在发现异常数据资料时，需要通过其他历史材料验证、核对资料的准确性。若准确，可以对照同时期的外部环境因素记录在资料中。收集资料时需要注意资料的实用性，减少收集资料过程中的资源浪费，并对收集到的资料进行加工处理，去除不必要的资料。

历史资料和现实资料是市场预测的基础。营销人员会根据实际预测的目标将资料分为两大类：一类为预测某个特定目标的历史和现实资料，另一类是影响预测目标的历史和现实资料。

在收集资料的过程中，我们同样需要考虑到数据资料的实用性。资料需要简洁且方便分析使用。收集完资料后可对资料进行整理、加工和分析，包括分析与预测目标相互影响的因素、市场预期供需关系等，从而有利于我们选择正确的方法和模型。

（三）选择预测方法

在分析判断材料的过程中，通过对过往数据资料的横向对比找出市场规律，也为我们选择预测方法提供了依据。一般来说，我们可以根据数据资料的完整度以及时效性选择预测方法。市场预测的方法可以分为两大类：定性预测和定量预测。定性预测适用于对时间要求高、资料匮乏且准确性要求不高的情况，而定量预测适用于时间要求较为宽松、资料完整且准确性要求高的情况。

当代大部分企业的营销人员会同时采用定性预测和定量预测的方法。结合不同的预测方法，对比及检验预测结果，往往可以为营销人员提供更准确的预测数据。

（四）建立预测模型

建立模型已成为市场需求预测不可或缺的一个环节。因为企业通常会结合定性预测和定量预测得出最终的预测结果，而其中的定量预测会运用数学工具模型对收集到的数据进行分析，从而得出预测结果。模型会给出预测目标与我们输入的市场因素之间的函数关系。

假设Y为市场总需求，X是市场总人口数，如果建立的是线性回归模型，模型会给出一个形如$Y = a \times X + 0.5 \times b \times X$的函数方程式，在这里a表示有百分之多少的人肯定会购买某个产品，而b则表示百分之多少的人有五成的概率会购买某个产品。通过这个模型，我们可以根据市场总人口的数量变化及不同需求程度的消费者的比例来确定某个产品市场需求，通常来说，数据库越庞大，输入的变量越多，我们得到的模型就越准确。

在实际模型的建立和选择过程中，营销人员会考量根据模型得出的结果与预测的目标是否相符，同时对比各种模型所产出的数据的误差，以便及时对模型进行改进。

（五）营销需求预测报告

营销需求报告概括了整体预测的过程，包含以下四个步骤的执行过程。它们分别是介绍预测的对象、使用的数据资料、预测方法、最终预测结果以及影响因素的分析。与第四步相呼应的是，若我们采用了多种预测方法，则需要对比他们所生成的预测结果，考虑可能出现的误差。对预测的初步结果的判断首先看其是否符合常理，然后结合与历史数据的对比、专家的检验，验证其背后的逻辑，并对最终结果进行论证，从而解释说明预测的结果和误差。

三、营销需求预测的方法

（一）定性预测法

定性预测法指预测者借助其本人或专家的行业经验、知识，综合现有信息数据进行分析判断，从而预测市场未来的发展趋势。定性预测法的优点是简单迅速且经济，较为灵活。这种方法适用于缺乏充足的历史数据或者资料无法量化的情况，其更加注重市场发展在性质上面的预测。定性预测法具体可以分为以下几种方法。

第一，集合意见法。集合意见法是企业根据市场预测的目标，通过询问内部人员的方式来预估市场未来的变化的方法。企业会要求销售人员对下个季度的销量做出预估，而由于销售人员对于市场的了解程度不同，有些人可能更为看好未来的市场，有些人则可能并不看好。所有的预估都是根据销售人员的个人经验和对市场的了解。同时企业会对不同层级和对市场了解程度不同的销售人员预估数值进行分析，相加起来得出最终市场预测，具体方法如表3-1所示。

假设某企业的销售部门有总经理、财务和副经理三位员工，他们会分别给出最高销售预估，最可能下手预估和最低销售预估概率分别为0.3、0.4、0.3。根据他们的职位，企业给他们的权重分别是：0.6、0.2、0.2。

表3-1　产品销量预测表

预估人员	最高销售	最可能销售	最低销售	预估值
总经理	100	50	10	53
财务	90	60	15	55.5
副经理	110	70	20	67
权重	0.3	0.4	0.3	

总经理的预估值计算方法：$100 \times 0.3 + 50 \times 0.4 + 10 \times 0.3 = 53$，按照同样的计算方法我们得到财务和副经理的预测值为：55.5和67。

再因为他们的职位和对市场的了解程度不同，我们按照上述的权重计

算：53×0.6+55.5×0.2+67×0.2=56.3

所以最终他们的市场预测为56.3。

集合意见法的优点在于销售人员是对消费者最了解的人群，他们的预测普遍较为准确，同时也可以提升他们完成当季销售目标的信心。但由于人为主观因素总会存在偏差，因此这一方法通常会结合其他预测方法一起使用。

第二，专家意见法（德尔菲法）。德尔菲法为通过反复结合行业数位专家评估后得出结论的方法，其本质是一种反馈匿名函询法。简单来说，专家们提出自己的意见并给出预估，预测的组织者收集统计信息再匿名反馈给专家们，专家们通过分析反馈意见再次给出预估，反复进行，最终得到市场预测。实施过程中共有专家和组织者两组人参与。具体流程如下。

第一步为市场预测组织者挑选适合的专家，并准备相关的辅助资料。专家的选择是德尔菲法的重中之重。专家需要选择对行业有着深刻了解且身处预测目标行业内的业内人士。专家的人数则可以根据项目的复杂程度选择，一般建议10人以上。

第二步为制订问题，问题可涉及他们对预测目标未来发展趋势的预估，针对问题专家给出他们的意见。制订的问题需要简单易懂，并且与辅助资料一同发放给专家们，所有的回答必须以书面的形式提交，在回答期间专家之间不可以有任何交流。

第三步由预测组织者统计收集所有专家的回答，制成意见表并且以匿名的形式将所有专家的回答发放给各专家，要求专家们根据其他人的意见提出建议，同时对自己的预估进行进一步解释或者修改。

第四步基本上是重复第三步的内容，组织者再次收集专家修改过的回答和建议，制成表格再次发放给各位专家要求他们提出建议。

通过反复的征询，重复第三步和第四步的内容，直至各专家对市场的预测基本一致，此时的这个预测值则为市场预测。

第三，消费者意向调查法。意向调查法是通过调研的方式获取消费者在未来某一时间段对某个商品的需求，以此预测此商品在新的地区的销售额。这类调查的信息来源均为消费者，因而信息较为准确可靠。比如调查者可以询问调研对象在接下来的一年是否会购买某件商品，并给出五个选项：会购买（100%）、可能会购买（75%）、不确定（50%）、不太可能会购买（25%）和不会购买（0%），括号内为购买此商品的可能性。

假设有500名消费者参加调研，我们所收集的信息如下（见表3-2）。

表3-2 消费者意向调查统计

	会购买	可能会购买	不确定	不太可能购买	不会购买
人数	100	80	74	90	154

通过计算：100×1+80×0.75+74×0.5+90×0.25+154×0=219.5，我们得出市场需求的期望值为219.5。

（二）定量预测法

定量预测法是指使用历史数据以及影响市场预测目标的因素构成预测需求的数学模型。一般来说该方法适用于能够收集到充足的历史数据资料且对预测结果误差有严格限定的预测，其优势在于避免了因主观意识导致的误差。主要步骤为结合历史数据中不同的变量，研究变量与预测目标之间的规律性，建造数学模型，求出最拟合的数据曲线。定量预测法对数据的质量要求非常高。常用的预测方法有以下几种。

第一，简单算术平均法。简单算术平均法是简单地通过收集往期预测目标的数据，将观察期内的数据相加，再除以观察期时长而得到下一期的目标预测值。其数学模型为

$$Y_{i+1} = \frac{\sum_{i=1}^{n} Y_i}{n}$$

式中，Y_{i+1}为简单移动平均数在i+1期时候的预测值；
Y_i为i期的观察数据；
n为资料期数。

观察期的长短直接决定了得到的预测值的质量，通常来说观察期越长且数据库越多，得到的预测值就越精确。当数据呈现出较为明显且无规律的波动时，少量数据会对预测值造成影响。而当数据波动变化较小时，所用的数据量少一些也无妨。

第二，加权算术平均法。加权算术平均法是通过收集预测目标的历史数据，分析历史上每年对未来预测的影响力，根据影响力的不同，赋予每年数值不同的权数，对未来影响越大的年份所得到的权数会越大。其数学模型为

$$Y_{i+1} = \frac{\sum_{i=1}^{n} W_i Y_i}{\sum_{i=1}^{n} W_i}$$

式中，Y_{i+1}为加权移动平均数在i+1期时候的预测值；
W_i为i期的权重，$0 \leq W_i \leq 1$；
Y_i为i期的观察数据；
n为资料期数。

数学模型是用各个时期的数据乘以当期影响力的权数的总和除以总体权数和，就

得到加权移动平均数。此方法适用于预测销售量有明显上升或下降的商品。加权算术法的重点在于每个时期数据的权重不同,权重的确定基本上是由营销人员的个人经验决定。通常来说,离当下日期越近的数据对预测值的影响就越大,故其权重也会更大一些。

第三,简单移动平均法。简单移动平均法是使用最近几期的实际数据来预测未来某个产品的发展变化的方法,如市场需求和产量等。其适用于短期内产品销量浮动不大,没有特殊的外在因素影响的预测。简单移动平均法的数学模型为

$$Y_i = \frac{X_{i-1} + X_{i-2} + \cdots + X_{i-n}}{n}$$

式中,Y_i 为移动平均值;
X_i 为 i 期的观察数据;
n 为移动期数;
i 为资料期数。

我们可以通过调整来改变我们需要的移动期数,每向前移动一期,就会删除最开始一期的数据。若要保持跨越的期数不变,则保证不变即可。此方法背后的逻辑就是去除掉时间序列上的不规则运动,以此发现整体市场需求的长期趋势。

第三节　调研范围

一、营销调研的重要性

市场调研(Marketing Research)指的是针对特定的企业营销问题,进行系统性的计划、收集和整理信息,再对信息进行加工、分析,最后得出相关信息的数据报告以解决营销问题。

在本章第一节中我们所提到的营销信息系统,可以为企业提供影响营销计划的各种因素,并整合市场的基本信息和企业内部数据。这些信息被称为二手资料,即这些信息已经存在,但是企业需要对其进行收集、归纳并总结。但是当面对某些特定的问题时,例如在电冰箱推广时消费者会更注重电冰箱的哪方面的性能,广告宣传应该体现产品哪方面的特点,面对这些问题时,营销信息系统并不能完整地为企业提供所需的信息。这时企业需要对市场进行特定的研究,以得到能为营销决策提供帮助的客户信息。二手资料在用于某个特定的营销目的的时候,由于收集二手数据的方法及目的并不一定符合当下的营销目的,信息材料可能缺乏准确度和时效性,所以会存在一定的局限性。因此,营销调研显得十分重要。

第一，营销调研所得到的信息更具体、更有针对性且有明确的目的。

第二，随着科技的发展，信息流通速度不断加快，企业与竞争对手甚至消费者之间的信息差慢慢减小。

第三，在当下的市场环境中，随着产品的更新换代越来越快，企业需要更快地了解信息。

市场营销调研、信息收集与实施专栏3：

小红书：无法被复制的社区壁垒

近年来，基于电子商务平台的壮大以及中国"互联网+"的发展战略，一个从社区起家的电商平台——小红书忽然问世，从最开始，注重于在社区里分享海外购物经验，到后来，除了美妆、个护，小红书上出现了关于运动、旅游、家居、旅行、酒店、餐馆的信息分享，触及了消费经验和生活方式的方方面面。而现如今，社区已经成为小红书的壁垒，也基本上是其他平台无法复制的地方。该平台的宗旨在于让好生活触手可及，在社区平台共享用户创造内容，刺激消费者的消费愿望，从而将线下消费的意愿进行有效的转变，刺激消费者线上购买行为。不仅如此，通过平台分享也无形中为消费者提供产品推介服务，因此小红书能够有效地刺激消费者的消费欲望。小红书体现出一种新的市场营销策略，因此取得了较为显著的成效。

一、小红书简介

小红书是一个生活方式平台和消费决策入口，创始人为毛文超和瞿芳。截至2019年7月，小红书用户数已超过3亿。截至2019年10月，小红书月活跃用户数已经过亿，其中70%新增用户是90后。在小红书社区，用户通过文字、图片、视频笔记的分享，记录了这个时代年轻人的正能量和美好生活，小红书通过机器学习对海量信息和人进行精准、高效匹配。小红书旗下设有电商业务，2017年12月24日，小红书电商被《人民日报》评为代表中国消费科技产业的"中国品牌奖"。2019年6月11日，小红书入选"2019福布斯中国最具创新力企业榜"。

二、小红书营销策略

第一，个性化推荐策略：为用户量身定制。UGC是小红书所采用的一种方向模式，通过网络社区，消费者能够实现快速的信息识别，包括产品的相关信息，收藏的经典文章，以及消费者的消费喜好等。

第二，口碑营销策略：能够直接聆听消费者真实的声音。在小红书上，来自用户的数千万条真实消费体验，汇成全球最大的消费类口碑库，也让小红书成了品牌方看重的"智库"。没有任何方法比真实用户口碑更能提高转化率，真实的口碑是连接品牌和消费者最坚实的纽带，就如用户在淘宝上买东西前一定会去看用户评论。

小红书有一个真实用户口碑分享的社区，整个社区就是一个巨大的用户口碑库，这使小红书成为连接中国消费者和优秀品牌的纽带。通过小红书，中国消费者了解到了国外的好品牌。比如，Tatcha在美国口碑很好，在中国却默默无闻，用户在社区分享消费体验后，它渐渐受到中国消费者的关注和青睐。现在，小红书成为Tatcha在中国的唯一合作方。

第三，目标定位策略：精准捕捉目标用户。市场目标对市场营销行为具有导向作用，小红书市场营销利用目标定位策略，小红书的女性用户占比远远大于男性用户，女性用户是主力，用户年龄主要分布在85后、90后年轻人群，其中24~35岁占比最多，占近六成。这一类消费者往往比较注重生活质量，品位较高，具有很强的消费愿望，并且对新产品的消费需求强烈，消费视野与一般的消费群体相比较为开阔，而且年轻女性希望在分享个人生活方式记录的同时能够彰显个性，获得关注，而恰好小红书分享社区满足了这部分人的需求，小红书为用户提供文字、图片、视频笔记等分享自己的生活方式，提供美妆、美食、旅行等各种类型话题专题讨论，满足用户获得关注的社交需求。

与此同时，小红书还为没有明确购买目标的用户提供优质、丰富的内容服务，为用户提供筛选比较的渠道，对于商品值不值得买，适不适合自己，小红书优质的内容解决了用户的购物顾虑，帮助用户做购物决策，养成用户消费需求，以内容连接商品的电商模式，解决用户需求的同时也实现了内容的变现。

三、启示

第一，懂得如何获取流量。小红书非常明白如何去烧钱，不像很多企业只是一味地烧钱，从来不考虑客户来的精准不精准。然而小红书似乎避免了这一切，小红书在户外广告、电视节目上面大量烧钱投放广告。然后在百度竞价拉新客户，在常规的推广营销策略中，不得不说小红书采用了"狂轰滥炸"的营销模式，但是这种手段只能保证小红书用户的日常拉新用户，不能够给小红书在月活带来裂变的效果。

第二，自来水营销+UGC分享提升平台活跃度。打江山容易守江山却非常的难，用在网络营销中来讲就是吸引流量非常容易，但是提升平台的活跃度却很难。这也是为什么很多人运营社群做营销，但社群活跃度低，导致无法成功变现，然而一个成功的电商必须要考虑到这一切，小红书在选择上面选择了女性平台，女性天生爱分享、爱炫耀，大家彼此在平台上面乐于分享，自来水模式的营销，从而促使小红书的活跃度非常的高，活跃度越高，意味着这个平台的商业价值就越高，这也是小红书能够成功的重要一环。

第三，平台留住用户才是重中之重。小红书的产品营销策略是站在用户的思维基础上面来操作的，一般的营销平台一般直接标明自己的产品售价是多少钱，而小红书则站在用户的角度上面去分析问题，能帮你省多少钱，而不是用户帮我挣多少钱。这样角度的变换使得小红书的营销不再是冷血的商人，而是热心的形象。

除此之外小红书还设置有保税仓：保税仓相比于海淘而言所节省的时间要多得

多，之前在海淘购买产品需要花费12天的时间，但是在小红书上面两天左右就可以到货了，这样无疑增强了用户的体验度，所以这也是用户在小红书留存率高的至关重要的影响因素之一。

（资料来源：作者根据多方资料整理而成）

二、如何实施营销调研

在一些大型的企业中，通常会有专门的调研部门针对特定的问题进行调研。调研部门配合营销人员通过营销调研发现、寻找营销规划中存在的问题。而小公司通常会雇佣外部专业的调研机构配合内部营销部门进行调查，或者直接购买行业报告来解决营销问题。

营销调研在市场营销决策中占据了重要的地位，企业对于营销调研的依赖性越来越强，也无形中拉动了对调研人员的需求。对于专业的营销调研人才的需求存在于社会各类公司中，最常见的莫过于企业的市场营销部门，此外还包括专业的管理咨询公司、市场研究公司和一些政府部门。

第一，在营销调研部门或管理咨询公司中，每一个调研环节都由不同职能的工作人员负责。营销调研最基础的职位是作业督导，主要负责调研现场的工作分配、实地考察和数据收集编辑等工作。此工种所需要的专业知识较少，因此通常由大学本科毕业生负责。分析员主要负责数据分析和编写调研报告，为整个调研过程中的主心骨，是调研成果最大的决定性因素之一。分析员通常需要有一定的统计学知识，熟知并且能够将各类数学模型应用到实际的市场营销中，同时也需要具备扎实的市场营销学知识。营销调研需要有一位计划协调调研整体工作流程的人员，通常由项目经理或项目助理担任，其主要职责是负责协调调研中的各项工作，包括调研计划的编制、与客户沟通和为其他工作人员提供帮助，保证营销调研的顺利展开。

第二，从事营销调研的工作者需要具备不同方面的知识和能力，以面对不同调研目标及需求。

一是市场营销学，包括市场研究、产品开发、定价、促销、服务等一系列经营活动。营销调研的最终目的是做出企业营销的各项决策，所以调研人员必须对营销决策的逻辑、主要的任务及市场环境因素的影响有所了解。这些知识对于营销调研来说是不可或缺的。

二是消费者行为学，调研的目标最终是为了服务于消费者。因此将调研结果与消费者的习性相结合，才能制订出更贴合消费者的营销决策。

三是将定性、定量分析法应用于各类营销调研活动之中。无论是定性分析还是定量分析都涉及了多种数学方法，调研人员需要熟知这些方法，对得到的数据信息进行分析处理，以提供准确的解决方法。

四是良好的语言沟通能力和书面表达能力，这代表着调研人员传递信息的能力。所有的调研结果最终都需要由调研工作者以语言和书面的方式告知营销决策者。

五是创造性思维能力，这是调研人员在具备各方面专业知识的基础上所需要的额外能力。大部分人都能通过信息的收集和调研获取市场信息，所以通过调研得到的信息发散思维，得到独家的市场洞察才是最关键的。在面临营销决策和遇到营销问题时，创造性思维可以帮助企业使用独特的解决方法。

第三，职业道德，是指研究人员在调研过程中需要遵守的普世价值观和行业道德标准，是根据不同的市场环境和行业，制订出合乎道德准则的调研方式。遵守职业道德不仅仅是在法律层面上的要求，更多的是企业自身的道德底线，这对于企业形象的树立以及良好的公司内部文化的打造有着非常大的帮助。简单来讲，在获取信息的渠道和过程中不可以存在欺骗消费者的行为，否则会导致调研结果出现误差。

另外调查工作者要注重对调研对象个人隐私的保护，在一些敏感性问题上可采用匿名调查的方式；同时需要保证他们的知情权，包括调研目的及调研所可能达成的成果等。在获取消费者信息的过程中，需要尊重消费者的意愿，不可以滥用消费者数据。

最后在商业道德上，企业获取市场或竞争对手信息的手段需要遵守职业道德操守。在对竞争对手进行调研时，需要尊重对手的劳动成果，不可以随意窃取其他企业的内部保密信息，这将有助于促进市场竞争的良性发展。

市场营销调研、信息收集与实施专栏4：
....

商业智能洞察平台：快决测

智能商业洞察平台快决测正式宣布近日完成数千万元Pre-A轮融资，该轮融资由赛意产业基金独家投资。快决测创始人李韶辉表示，本轮融资将全部投入到智能商业洞察中台的研发中，通过SaaS或混合部署的模式深度嵌入品牌类企业的市场研究业务流程，助力企业搭建全面在线化、智能化、实时化、数字化的市场研究平台。

一、创业新公司

快决测于2017年3月成立，成立之初为筷子科技旗下项目，后分拆独立运营。创始人李韶辉表示，筷子科技定位广告创意技术及服务提供商，相当于一个内容创意管理平台。在服务客户的过程中，团队发现了客户对于内容测试、市场研究有进一步的需求，因而选择进入这一领域，提供快决测相关服务。

二、新时代的市场调研

李韶辉创立的快决测是一家市场研究和商业决策技术服务商。公司能够依据各地消费者喜好匹配出相应的互动式调查问卷，并依托网络平台找到真实的受访者，实时反馈数据信息。在市场竞争日益激烈的环境下，市场调研能够帮助企业更了解市场发展情况、消费者的购买习惯甚至竞争对手的动态，因而得到了商家的普遍认可。而在科技迅速发展的情况下，企业对于市场研究的要求也越来越高。一款新品从立项到上市至少需要两年时间，大部分时间都花在了对消费者的调研、产品包装等方面。李韶辉有一条信念，只有充分了解消费者和品牌，才能保证产品上市时就一炮打响。同时李韶辉还通过建立数据分析平台，加速调研的进展。

数据是营销决策的根本所在，市场调研就是为了能获得更多真实有效的数据。为了应对市场变化，李韶辉招募了30多位开发工程师。在耗时三个月后，公司产品上线。快决测的产品有四大部分：分别是ezTest易测（定量分析全系列产品）、ezTalk易谈（一个主持人同时和超过100个受访者进行实时在线座谈会）、vTalk（智能视频在线群组畅聊）和ezContent（仿真体验研究系统）。

产品上线当月，快决测就拿下了宝洁的招标，负责宝洁大中华区所有品类品牌健康调研；三个月后，快决测再次搞定联合利华。随后一年时间内，快决测负责了宝洁超过100个项目，并成为联合利华的全球调研合作伙伴，为其在15个国家服务了超40个项目。

曾经还有一家知名出海创投公司找到快决测。该公司希望在印度市场对电商平台进行投资，因此想要了解印度电商消费者的行为特征信息，以及他们对某电商平台的体验评价。

在接到这个项目后，快决测将相关信息上传至后台，系统自动贴合印度消费者的习惯偏好并出具一份2.0问卷交互方案。李韶辉介绍，"这是受微信创始人张小龙的影响——在移动端改进用户体验，我们的问卷不是一道道文字题，而是尽可能图形化、交互式。"

问卷制订完成后，快决测会利用AI技术找人。依托全球各大网络平台，快决测通过智能手机触达真实的受访者，用清晰有趣的互动方式让他们乐意接受访问。在用户回答问卷的同时，快决测实时收集消费者的答案和行为数据，并通过数据可视化的自动配置系统导出，使数据重点清晰地显示，从而更好地辅助管理层决策。

只用了五天，快决测就为这家创投公司出具了一份符合对方需求的市场调研报告。对比传统的调研活动，这无疑是光速。

三、了解粉丝需求爆点

某知名服装企业每月都需要进行新品选品，选出具有市场潜力的新款式进行批量生产。但由于消费者偏好变化多端，市场潮流又受众多因素影响，多批新品都未出现预期的爆款。该企业为迎合市场的更新换代不断推出新品，这在本质上并没有错误，可如何快速高质地推出符合消费者偏好的新品成为关键。该企业的判断失误说明其调研活动并不完整，没能深刻反映客户洞察。

因此，这一服装品牌希望通过与粉丝深入交流寻求突破点。可是消费者过于分散，不同年龄段的粉丝也有着不同的需求，这对品牌方如何精准的定位粉丝以及通过何种方式实现与他们的最有效沟通提出了考验。为了能快速实现选品沟通需求，他们找到了快决测。

快决测为其制订了一套新品选品的智能商业洞察中台，将粉丝调研深度嵌入到选品的流程中，并构建起目标用户的标签系统。这一中台实现了让粉丝参与选品，使得企业选品流程变得智能化、实时化、数据化和自动化。品牌方每次只需要在系统上传选品素材，即可自动生成选品测试内容并推送给目标用户。在一天内即可完成上千目标样本的回收。在应用智能商业洞察中台后，该企业2019年全年完成70个项目，选品成功率从10%提升至23%。

（资料来源：作者根据多方资料整理而成）

三、需要克服哪些困难障碍

营销人员在调研时可能会遇到一系列困难，因此在调研前，就需要提前对这些问题和困难进行准备。这些问题可以被大致分为成本（是否调研）、信息收集以及如何调研和利用调研结果。

(一) 成本问题

当企业面对一个特定问题的决策时，市场调研是解决问题最直接的方法。可是进行营销调研也代表着营销活动费用的提升。营销调研的成本是否低于营销决策所带来的利润，或者说企业是否有足够的经费支撑起调研活动，这都是营销人员在调研活动之前需要考虑的问题。

(二)信息收集

信息收集的准确性是决定调研结果的关键因素。在公开二手数据的搜集中，来源于政府官方渠道的信息的准确性一般更高。当企业对特定的问题有数据信息需求时，往往需要花费大量的人力、物力去收集。在数据收集时，必须保证采样的公平性和广泛性，收集数据的人群需要贴合调研对象，这样产出的数据才能对营销决策起到帮助。同时企业收集数据时也需要面临道德问题和法律问题。有些消费者在使用某个企业的服务或产品时，会担心个人隐私泄漏。因此，企业在信息的获取方式上需要注意法律的界限，遵守法律法规和职业道德，树立良好的企业形象。

（三）切勿滥用调研结果

有些企业可能会出现以调研为借口推广他们自己品牌的现象。

此外，调研结果普遍存在误差。营销人员在利用调研结果制订营销决策时，需要牢记从理性的角度看待调研结果，结合自己的经验制订计划。

第四节　调研过程

市场调研主要包括四个步骤：界定问题及调研目标、编制调研计划、收集信息和分析信息、展示调研成果和制订营销决策。营销人员会根据当下企业面临的特定问题，确定需要调研的目标和对象。

一、界定问题、决策方案和调研内容

（一）营销调研需要确定问题所在

界定问题的类型与企业希望通过调研达成的目标是整个调研活动中最难的一步，其主导了整个调研过程。问题的界定需要准确且具体，所以营销人员要能够指出当前企业营销活动中最急需解决的问题。问题的准确性还可以帮助调研人员了解调研的内容，准确定位需要收集和过滤的信息，发掘真正有用的信息。

只有这样得出来的调研结果才能反映真实的市场营销状况。

界定问题和确定调研目标是整个调研计划的第一步，而调研目标可以分为三种（见图3-8）：探索性调研、描述性调研和因果调研。

图3-8　调研的目标

第一，探索性调研。这是当企业不知道当下的营销困境是由什么问题所引起，或是问题的范围并不明确时所使用的调研方式。比如当企业刚进入市场时，发现其市场占有率偏低，但却不知道实际问题是什么。这时可以使用探索性调研来确定导致该问题的原因，从而探究解决方案。企业通过搜集二手资料进行数据分析发现问题的原因，然后再提出假设做进一步的调研。

第二，描述性调研。描述性调研是调研人员通过搜集营销市场信息对目前客观存在的各项影响市场营销的因素及事实进行详细描述。客观性和生动性是描述性调研的首要原则。

第三，因果调研。通过描述性调研，我们已经了解了某些因素和市场营销之间可能存在的关联，因果调研为进一步分析这些因素和市场营销到底是否存在着因果关系提供了可能。

在现代营销调研之中，三种调研目标通常会存在于一个调研项目中。因为这三类调研目标之间存在连续性。首先企业需要先寻找问题，然后了解问题"是什么"，最后再探究"为什么"会出现这个问题，特别是在企业准备进入一个新的市场的时候，三者缺一不可。

（二）准确的调研结果需要有完整的信息数据作为支撑

调研内容的覆盖面更广、更精准对于整个调研过程有着积极的作用。调研内容主要包括：市场需求调研、消费者调研、产品调研、竞争者调研，调研人员可根据调研目的及问题决定调研覆盖的内容，如图3-9所示。

图3-9 调研的主要内容

第一，市场需求。市场需求包括人口及其市场规模。通过公开的信息如人口普查等资料可以了解市场的人口数量及结构，以此推断市场的潜在购买力。人口数量的多少为企业是否进入这个市场提供了参考依据。

第二，消费者调研。消费者调研主要集中在研究消费者购买的决策过程中。根据调研目的不同，企业可以分别研究影响消费者购买某个产品的因素。这类调研主要可以通过发放问卷的方式了解消费者的需求，制订特定的营销计划。

第三，产品调研。这类调研可以帮助企业了解自身品牌在市场的定位和形象、自身产品的价格弹性以及各经销商对产品的评价。这有助于营销人员更好地定位销售人群，了解产品的卖点。

第四，竞争者调研。竞争者调研通常包含三个问题：市场的竞争者是谁、他们的销售策略和产品是什么以及他们的产品优缺点有什么。

二、编制调研计划

在调研开始之前，调研人员首先需要制订调研计划，也就是拟订营销调研的工作安排，包括调研内容、问题、目的和调研的时间地点等。

在实际调研中，信息的来源途径有两种：一手资料和二手资料。一手资料为通过亲身调查得到的最原始的资料。由于需要花费大量的人力和物力获取，信息会更贴近于现实的状况。在某些情况下，它并不一定比二手资料实用。二手资料为目前现存的资料，只需要调研人员对其进行加工分析就可以得到。这类信息属于经济实用型信息且更容易获取。大部分的调研工作都会使用到二手资料。但是二手资料内容繁多，只有选择正确且贴合调研目的的二手资料才能够提高整体调研的效率。

总之，一手资料的优点是原始且贴近真实状况，二手资料的优点是能够展现客观事实。在市场调研中，有时光靠二手资料并不能支撑起整个调研活动，必须同时使用两类资料。因此，调研人员会根据自身需求与调查方向获取一手资料。所幸的是，在互联网高速发展的年代，网上调查问卷的出现大大降低了一手资料的收集成本。

三、收集信息和分析信息

当确定好调研目标和计划后，便可以开始执行调研的第一步：收集信息。调研人员收集、加工和分析所收集来的信息数据，同时确保信息收集手段的科学性和准确性。企业既可以通过营销信息系统收集信息数据，也可以雇用第三方公司协助收集一手资料。在信息收集的过程中，需要将不同的数据进行归类，同时将重要发现或异常值提取出来，为后续的数据分析提供便利。调研人员还需要时刻检查资料的完整性和真实性，除非有足够的证据证明数据存在误差或者错误，否则不可以为了得到更好的参数或结果肆意篡改、删除数据。确保信息的质量是得到准确调研结果的前提条件。

（一）收集方法

当二手资料信息不足以支撑调研所需时，企业通常有三种收集一手资料的方法，它们分别是观察法、实验法和调查法。

1.观察法

观察法是指通过观察当下正在进行的营销活动来解决某一特定的调研问题。该方法主要用于寻找消费者的行为模式和消费者平时不会轻易或愿意透露的信息。这些信息通常无法通过问卷调查等调研方式得到。在某些特定的情况下，这可能是唯一获取信息的办法。观察法能够客观地反映表层问题，为企业提供新的市场洞察，也是一项探究消费者潜在需求和隐形购买行为的方式。

2.实验法

实验法即使用特定的营销模式刺激消费者。通过不同程度的刺激性营销模式，测试消费者的反应。要注意的是，在这个过程中调查人员需要控制其他因素的变化以减少实验误差，并假设消费者行为上的改变都是由于营销计划变化造成的。

3.调查法

调查法主要通过传统方式如电话、个人访谈和网络问卷等调查消费者的想法及偏好。调查法通常可以简单且经济实惠地收集数据并得到普遍客观真实的信息，因此也是目前企业使用最多的收集数据的方式。

现代信息收集的主要方式有三种（见图3-10）：个人访谈、电话访谈和网络问卷。

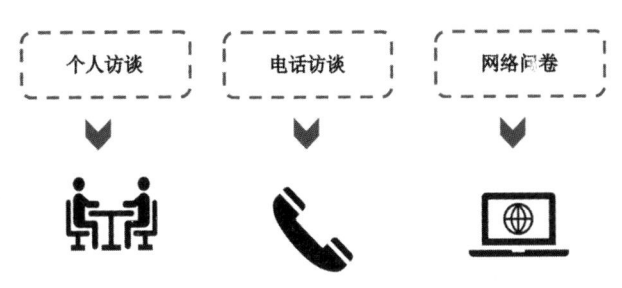

图3-10 现代信息收集的主要方式

一是个人访谈。个人访谈为采访者与受访者面对面进行问答环节，通过个人访谈收集到的信息均为一手资料，所以也会更贴合现实状况。

二是电话访谈。电话访谈为在一定范围人群中提取一部分作为样本，通过在特定时间段拨打样本人群的电话进行信息收集。当我们可以证明样本的选择完全公平时，该访谈的样本就具有代表性。

三是网络问卷。网络问卷为当下最受欢迎且使用度最高的信息收集方式。通常企业会利用邮箱和网页弹窗向消费者发放问卷。同时，企业也会利用信息技术的方式通过观察消费者的消费模式，浏览记录来设置相对应的推荐类别。

（二）分析方法

不同的数据处理方式或者使用不同的分析方法有可能得出完全相反的结论，这是因为使用的工具不同或因果关系的倒置。所以调研人员在使用不同数据模型时需要对数据进行探索性研究，也就是检查数据的完整性及特征，了解数据的趋势，选择正确且合适的模型。数据的分析处理方式类似营销预测，可被归类为两种：定性分析和定量分析。

1.定性分析

主要针对通过营销定性调研得到的数据，这类信息通常没有一个标准的工作流程方法和规律。因此在进行定性分析时首先需要定义所收集数据的概念，将信息数据分类定性，考究每一类信息之间存在的关系。然后通过理解和分析各类信息的本质，找出它们之间的关联，从而推断出不同信息之间的逻辑。在实际操作中，定性分析通常用于数据收集处理和分析中。

2.定量分析

主要针对量化数据或将信息转化成量化数据进行分析，这类数据一般有着标准的工作流程，可以套用现有的统计模型进行分析。量化分析可以更直观地向营销人员展示分析的结果，同时信息数据的处理汇总过程相较于定性分析更为简单。定量分析最终的结果会配合营销人员的知识以及经验进行输出，既保证了分析结果的科学性，也提高了准确性。

（三）调查问卷

无论是定性分析还是定量分析都离不开调查问卷的编写，其作为市场信息的转换工具，通常由五个部分所组成：说明词、所需收集的资料、被调查者资料分类、电子编码和作业证明记载。

说明词指问卷的编写者需要在问卷开头介绍此次调查的目的，使受访者对问卷的内容有一个大致的了解并且为即将回答的问题做好准备。

所需收集的资料构成了问卷的正文内容，即受访者需要回答的问卷问题。对受访者的回答加以分析便能得到调查结果，因此调查结果的准确性和能否达成调查目的都是由这部分内容决定的。

被调查者的资料分类指的是我们根据受访者的个人特征如年龄、收入、性别和教育水平等对受访者进行分类。考察受访者的个人特征信息有助于提高整个调查的真实性，并且这些特征可以在最终的调研结果中展示出来，增强结果的可信度。同时，当样本数量够大时，这些也属于调研信息的一部分。

电子编码是指赋予每份问卷一个编码，现代调研中大部分问卷都会由计算机进行分析，依靠计算机编码对问卷进行整理、排版和分析。

作业证明记载是对应每份问卷记录下受访者的基本信息和调查的完成度，如受访者姓名及住址等。在数据分析的过程中如果发现特殊的数据或回答并不明确时，通过作业证明记载可以及时的回访和修改。当然如果问卷属于匿名填写，只需记载问卷的完成情况就可以。

（四）问卷设计

问卷的设计是调研成败的关键，一般来说问卷由经验丰富的调研人员纂写。

问卷通常可以根据以下步骤进行设计如图3-11所示。

确定收集信息类型 → 确定问题类型 → 问题编写简洁严谨 → 测试问卷实用性

图3-11　问卷设计的步骤

首先，调研人员需要确定所收集的信息类型。这里我们将信息分为两类，一类是客观存在的事实，如受访者的姓名、年龄和受教育水平等这类对于每个人来说都有标准答案的问题；另一类是受访者的主观感受，如受访者对某个事件的感受或其对某个产品的喜爱程度等问题，这类问题不同的人会有不同的感受。

其次，确定问题的类型是什么。主要的问题类型有两种：封闭性问题，指选择题，调查人员会提出问题并给出选项供受访者回答，选项的选择可以是单项选择或者是多项选择。这种问题类型便于调查人员分析整理答案。开放性问题，指问答题，调查人员会提出一个涉及面较广的问题，供受访者自行发挥回答。这种问题类型可以反映受访者的真实想法，但在网络调查时部分受访者可能会因为过于麻烦而直接跳过这个部分。

再次，在编写问题的时候，调查人员也需要注意问题的措辞、形式和顺序，避免引起歧义。措辞需要严谨且简洁，使受访者能直观地理解问题的意思。顺序上需要注意问题前后的逻辑顺序，使受访者能更轻松快速地回答。复杂的问题可在旁边备注解释，如"你对某种产品的喜爱程度是多少"，选项为了记录方便提供了1、2、3、4、5，受访者有可能对于排序感到困惑，到底是1表示非常喜爱还是非常不喜爱，这里就涉及问题的形式，调查人员需要在问题中备注。

最后，在问卷制作完成后，调查人员可以先组织小范围的调研，以测试问卷可能存在的问题，再加以修改。

市场营销调研、信息收集与实施专栏5：

vivo与天猫的合作：手机也能成为时尚单品

vivo创立于2011年，由于找准音乐手机的市场定位以及广泛铺设线下渠道，vivo发展势头迅猛，很快成为手机市场一线品牌。vivo作为一个专注于智能手机领域的手机品牌，致力于和追求乐趣、充满活力、年轻时尚的群体一起打造拥有卓越外观、专业级音质、极致影像、愉悦体验的智能产品。此外，vivo还将追求极致、持续创造惊喜作为坚定的目标。

一、电商平台之于商家

在电商平台强势崛起和手机市场竞争日益激烈的大背景下，vivo不断调整自己的渠道策略。2012年，vivo试水电商渠道，经过七年的探索，vivo终于找到了一条适合自己的电商发展道路。在这背后，天猫发挥了重要作用。

电商平台大数据不仅仅可以指导品牌营销，还能驱动品牌新品从研发到上市的全流程，进一步推动品牌方数字化转型。天猫利用平台自身的数据优势，整合平台内消费者的数据流量，分析对比购买行为与品牌产品的内在逻辑关系，从而了解消费者的购买驱动力。与此同时，天猫同商家共享数据分析的结果，深入参与到企业数字化转型的不同发展阶段中，助力成熟品牌方打造新品，推动中小商家打造品牌，帮助下沉市场孵化出新品牌。

二、数据驱动vivo新产品的定位

2019年1月7日，在天猫新品盛典发布会上，vivo线上销售领域总经理冯宇飞分享了在天猫发布新品的成功经验。

冯宇飞说，和天猫合作是vivo一个新的改变机会。2018年9月，vivo发布了vivo X23旗舰新品，上市之初，原本大家只是计划投放电视广告、开个发布会就结束了，但因为受到天猫团队的启发，发现可以有不一样的玩法。

通过天猫大数据，冯宇飞团队发现，现在的消费者买手机不像过去只是买一个功能性的产品。手机成为生活必需品的同时也已经成为一个表达个性的工具。

基于这些洞察，vivo和天猫开展了深度的调研，发现有65%的消费者愿意为了有时尚语言而去购买时尚单品，其中又有更多人觉得，买这些是为了取悦自己。

"我们大胆地想，手机能不能当成一个时尚单品去发布？我们先把产品功能做好后，基于X23，挖掘了'光感美学'的新概念，让这款新品成了一个时尚旗舰。"冯宇飞说道。vivo不仅挖掘了"光感美学"的新概念，还将手机发布会搬上了纽约时尚周，邀请到知名模特刘雯走秀、演绎。那次营销合作取得了巨大成功，vivo在一线以及女性的消费者中地位提升明显。

三、未来展望

这次合作取得的巨大成功也为接下来产品的发展方向做了铺垫。冯宇飞说，希望未来每一款新品的发布，从人群的洞察、产品的定义、上市的推广以及实际的销售层面，都继续全面深入地和天猫合作。

对于拥有大量消费者数据的天猫来说，无疑已经掌握了消费者的心思。作为一家B2C平台，不能仅仅只作为一个串联消费者和商家的平台，如何帮助商家实现共赢，才是电商平台未来的新方向。

在未来，消费数据指导商家营销、商品定制的模式将越来越成熟。在研发新品牌、打造品牌新形象和创造爆款新品上，我们将更多看到电商平台的身影。国内B2C电商平台积累的消费大数据正在成功输出，消费数据将成为赋能品牌方、制造方的生产、营销的重要资产。随着大数据技术的成熟化，以消费者驱动为导向的产品生产、品牌建立将成为主流，企业将通过了解消费者需求来推出新品。

从生产到需求，从产品到品牌，制造企业所要面临的营销壁垒如今有望被一举击破。

（资料来源：作者根据多方资料整理而成）

四、展示调研成果

营销调研报告的质量和内容决定了调研对营销的影响程度，用简洁规范的文字介绍整个调研过程，总结调研成果是展示调研结果的关键。需要注意的是调研报告并不是一份数据报告或统计结果，而是将调研过程中我们发现的有用的信息和影响营销管理的因素发现提取出来，用可读性强的文字及图表展现给决策者（见图3-12）。

营销人员更关心的是通过这次调研活动，得到了什么信息，从而为营销决策提供帮助，而不是需要数据报告或者数学公式。同时从阅读的角度讲，需要运用简洁、易懂且准确的方式告知决策者调研的结论，包含论证的过程和使用方法，解释调研目的及其他因素之间的逻辑关系和因果关系，使决策者更好地理解结论的前因后果。

营销调研报告的结构通常为：题目、目录、摘要、正文和附录（见图3-13）。

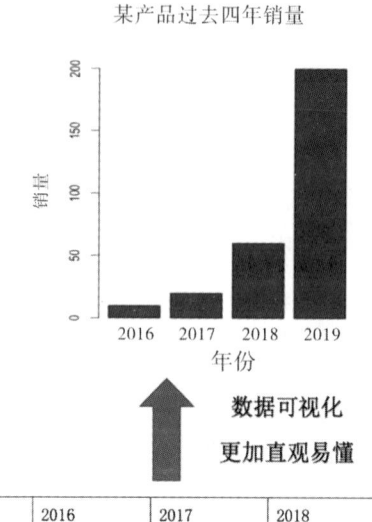

图3-12　数据可视化

图3-13　营销调研报告的结构

（一）题目

题目为调研报告的标题，需要点明报告中的调研对象，并用简明扼要的文字语言介绍报告的主题，同时还必须准确概括报告的主要内容。

（二）目录

目录是调研报告的大纲。当报告内容较多的时候，可以把报告分为几大主要章节，在每一章节使用一个章节标题概括章节内容。如果报告中出现过多的图片和表格时，可将它们都放在附录里并在目录中备注，方便阅读者翻阅和了解报告的内容架构。

（三）摘要

摘要是营销调研报告中的内容提要，是将报告中的重点不加修改的摘抄下来。其中包含了调研的目的和意义、调研原因和调研对象，解释了调研中的发现与各类背景信息。此外还需要介绍调研所使用到的方法，说明调研结果，例如数据处理的方法、得到了什么新的方向或找到了什么对营销决策有帮助的信息。

（四）正文

正文为调研报告的主体内容。正文必须详细说明并解释调研目的及预期能达成的结果，介绍调研的过程安排及所需条件，数据收集的方法等。正文还需要解释论证调研中的发现以及如何运用调研得到的数据产出结果，逐步分析结论是使用什么数据信息和调研方法得到的。

（五）附录

附录包含了论证过程中可能出现的图片和表格、调研中关键信息的记录、统计模型方法及参考文献，属于对正文报告的补充说明。

五、制订营销决策

市场营销决策是对市场营销活动决定和策划的过程，包括对营销活动的构思和设计。通过科学的方法研究和考量市场变化、分析消费者和竞争者的动态，利用营销信息系统和市场调研得到的信息与结论相结合，做出对企业最有利的决定。市场营销决策是市场营销的最终问题，它必须建立在扎实的市场调研和市场预测的基础上，三者相辅相成是营销模式成功的保证。营销决策包含三大类决策，分别是市场战略决策、目标人群决策和销售决策。营销人员需要通过市场分析得到清晰的答案。

（一）市场战略决策

营销人员在制订这个决策前，首先需要确定企业的长期目标是什么：提高市场占有率？提高企业创新能力？还是提高销售增长率？通过企业的战略发展方向来制订决策。营销人员可以将宏观环境信息和企业内部状况结合起来并做出判断，制订发展战略，做出影响战略导向的决策。市场营销战略有开拓型和创新型两种，企业需根据自身状况与市场趋势决定发展方向。

（二）目标人群决策

随着市场的高度开放，消费者需求变得更加多样性。但是显然企业无法满足所有人的需要，因此可以根据消费行为和需求特点将消费者细分为不同的消费团体，选择目标消费团体并制订针对的营销计划。

（三）销售决策

首先，企业需要选择其销售渠道的策略，根据产品性质的不同有两种不同的策略。

第一，普遍性策略指的是企业尽可能地将自身产品投放到所有可能有出手渠道的中间商中，这可以使大众更快地认识到产品品牌，快速提高市场份额。第二，专营性策略指的是企业选择有限数量的门店出售商品，这多适用于奢侈品或高价产品的销售。这种排他性的销售方式可以提高门店忠诚度并更好地区分企业自身产品与其他同类产品，对于中间商来说其门店也拥有了独家性。

其次，企业需要根据产品的特性及目标市场条件来决定营销策略。如果产品属于流通性强且固定需求量比较大的产品如日用品或其他生活资料，企业可以采取"广撒网"的方式，将产品发放给尽可能多的经销商，并且在一定程度上让利给经销商，使自身的产品覆盖到更多的市场；如果产品属于需要专业人员来介绍的高科技产品或者奢侈品，则需要由具有一定门槛性的企业专营。

最后，企业可通过各类营销信息，决定最佳销售渠道，也就是销量高且经济实惠的渠道。这需要企业综合考量自身产品的潜在需求量、地理环境、经济环境等决定，这些信息都可以从市场营销预测和市场调研中获取。

章末案例

疫情下的美团外卖

根据国家统计局公布的统计数据，2018年我国餐饮收入达到42716亿元，首次超过40000亿元，同比增长9.5%，餐饮收入占我国社会消费品零售总额的比重持续提高，由上年的10.8%升至11.2%。而2020新春伊始，一场突如其来的新冠肺炎疫情，让全国餐饮业始料不及，整个行业遭受到前所未有的打击。原本从年夜饭开始，初一到十五各大酒楼基本已被订满，但受疫情影响，预订座位大部分被取消，很多商家由于囤积了过多不能长期存放的蔬菜、海鲜，被迫做起了"卖菜"的生意。举国上下居家隔离，各类聚餐、婚宴等活动全部取消，大量餐饮门店被迫关停，餐饮企业经营惨淡，大量人员待岗闲置，再加上房租和人力等固定成本居高不下，餐饮业面临巨大的资金压力。

面对这突如其来的危机，很多餐饮店为了坚持下去，都推出在线订餐及外卖服务，各大知名酒店甚至连一线城市的夜店也都开启了线上外卖模式。

如今，网络订餐已成为大多数人的日常选择，这也让外卖行业迅猛发展。回顾近几年来的市场发展趋势，中国外卖需求量日渐增大，疫情对于外卖行业无非是锦上添花。

一、美团的发展

美团网的全称是"北京三快在线科技有限公司"，是于2011年5月6日成立的团购网站。美团网注册于北京市海淀区，以有"吃喝玩乐全都有"和"美团一次美一次"为服务宗旨。美团外卖是美团网旗下的网上订餐平台，于2013年11月正式上线，总部位于北京。

2014年美团全年交易额突破460亿元，较2013年增长180%以上，市场份额占比超过60%，较2013年的53%增长了7个百分点。2015年1月18日，美团网CEO王兴表示，美团已经完成7亿美元融资，估值达到70亿美元。10月8日，大众点评与美团网宣布合并，美团CEO王兴和大众点评CEO张涛将会同时担任联席CEO和联席董事长。

截至目前，美团外卖用户数已达2.5亿个，合作商户数超过200万个，活跃配送骑手超过50万名，覆盖城市超过1300个，日完成订单达到2100万单。2017年，美团外卖总交易额达到1710亿元。根据美团外卖发布2018新年味报告，美团的春节订单暴增171%。2019年6月27日，美团旗下即时配送品牌美团配送与铁塔能源签署战略合作协议，双方拟在外卖配送电动车换电服务、智慧城市建设等业务领域推动深层合作。

据中国互联网监测权威机构和数据平台DCCI互联网数据中心发布的《网络外卖服务市场发展研究报告》显示，目前，全国超八成用户通过网络外卖平台使用网络外卖服务。在外卖市场上，美团外卖市场份额达到64.1%，饿了么和饿了么星选市场份额分别占25%和8.7%。

从市场份额占比来看，美团外卖的市场份额是饿了么和饿了么星选的一倍之多，而外卖市场逐渐呈现三足鼎立的态势。

二、美团研究院与全民健康生活促进研究院

美团研究院是美团点评设立的社会科学研究机构，旨在依托美团点评发展服务业的实践探索和海量的数据，围绕国民经济、产业经济、社会发展和改革开放中的前沿问题，构建开放合作的研究平台，深入开展学术研究、政策研究和专题研究，输出高质量研究成果，为我国改革和发展提供借鉴。美团研究院的发展愿景是成为中国一流企业智库。在过去的五年间，美团研究院相继发布了关于旅游、餐饮、外卖及与国民生活息息相关的消费业行业报告，为美团从外卖向其他生活领域的拓展铺设好道路。

2020年前，餐饮健康还不是餐饮界普遍关注的问题。可是这场疫情的到来使得餐饮健康成为所有消费者最关心的话题。而美团外卖早在2019年春天就开始推动外卖向健康方向发展的探索和尝试，启动了"良食计划"。美团希望通过多样化的饮食选择、科学化的配餐建议、产品化的用户引导、数据化的消费档案、系统化的供给迭代，分阶段、分步骤地逐步提升外卖行业全产业链条的健康度。

2020年6月22日，美团外卖联合人民日报社《健康时报》宣布共同成立全民健康生活促进研究院。作为外卖行业的首个研究促进健康生活方式的机构，全民健康生活促进研究院首批邀请健康相关领域近20名国内权威的专家学者加入，将在营养健康、食品安全、心理健康、急救教育、用药安全等方面开展深度探索与实践，共同推进外卖配送服务向着更健康、更科学、可持续的方向发展。与此同时，作为生活服务电商平台，美团一端连接着消费端4.5亿个消费者，一端连接着供给端620万个活跃商家，同时还有399万名活跃骑手，平台大数据极大地帮助美团洞察消费者、商家及骑手群体在健康方面的发展阶段、痛点及趋势。

在疫情期间，随着各地隔离政策的出台，美团借助其覆盖2800个县级以上城市的平台优势，将防疫物资、新鲜蔬菜、必备的药品30分钟送到居民的家里，发挥了重要的作用。

三、疫情下的新机遇

疫情之下，餐饮业先是遭遇春节消费的大幅下降，之后由于隔离政策又不得不暂停营业。暂停营业的同时，店铺租金成本居高不下，企业面临资金短缺等问题，中国餐饮业深陷危局。

针对这些问题，美团研究院在2020年2月初对3.2万个餐饮商户进行调查，形成《新冠肺炎疫情对中国餐饮行业的影响》报告。报告显示，疫情对商户的影响主要体现在：现金流承压、信心受损、影响就业等方面。

火锅、香锅、烤鱼、地方菜等聚集型强的社交场景的品类纷纷"躺枪"。相比个体店，餐饮连锁店由于旗下商户多、波及范围广、房租和人力成本等固定成本总量压力更大、中后台更重等原因受的冲击更大。二月中旬，我们经常能在网上看到类似"海底捞日亏8000万元""西贝撑不过两个月"等新闻。

在这个艰难的大背景下，餐饮业面临着改革。毫无疑问，餐饮业改革的同时意味着新的发展机遇的出现。线上餐饮外卖通过无接触服务彰显了极大的价值，迎来了发展机遇。以美团为代表的生活服务电商平台率先推出"无接触配送"和"智能取餐柜"等新服务，未来电商平台还将推出更多无接触场景，推进餐饮的标准化。在疫情期间，为了解决库存积压的问题，全聚德、眉州东坡等众多餐饮企业还开启外卖服务与半成品食品的出售。未来，餐饮行业将逐步把零售环节打通，尝试提供半成品零售，向服务+零售行业转型。

与此同时，食品卫生和顾客的堂食体验成为餐饮行业最重要的挑战，分餐制、智能化将成为未来的新趋势。为实现这一目标，食材的追踪溯源、厨房加工透明化等一系列流程都需要记录下来。为降低人员成本，餐饮门店还将逐步智能化。

此外，为解决特殊时期的返工工作餐安全问题，新型"工作餐直供"成为餐饮经营的新尝试。从2月10日开始，美团联合北京、上海、深圳三地政府、协会等机构发起"放心工作餐直供"行动，开启多人团餐预订、企事业机构食堂直供服务。针对生产抗疫产品的单位，开通"绿色通道"，派专人对接，帮助匹配餐饮商家，协助解决抗疫人员用餐问题。同时，在2月26日，为了帮扶行业发展，提升消费者信心，美团面向餐饮等生活服务业商户启动扶持复工的"春风行动"。截至3月23日，"安心伙伴联盟"商户数近70万个。全国优质安心餐厅订单量涨幅超61%，安心玩景区对比非认证景区流量增长超284%，安心住酒店商家前后对比非签约商家入住涨幅超76%，本地生活安心服务商户比非安心服务商家日均订单量超200%。

美团平台在疫情期间推出的"3+N"项安心消费服务保障措施，采取了为顾客提供全面消毒、全员测温、佩戴口罩等防护措施，受到很多商户和消费者的好评。作为配备人员行程防疫登记及大数据追溯的系统，安心码可实现"一店一码"，帮助商户建立起人—码—地点的数据关系，实现高效精准的安全防护，在极大程度上保障商户的经营安全。为了帮商户做好顾客和手艺人的时间管理，避免排队、扎堆，美团到店综合业务向美业、休闲娱乐等商户提供"安心订"服务，商户只需开通线上预约、预订功能，就能智能管理门店客流，为每一位顾客提供"VIP服务"。

为了切实推动本地生活到店综合商户的复工复产，调研报告还从政策层面为行业提出了三个方面的建议：一是建议各地政府在做好疫情防控工作的同时有力、安全、有序地推动本地生活到店综合商户复工复产，及时协调解决商户恢复经营中的困难和问题，减少或取消复工审批手续、加强复工指引并提供防疫物资支持；二是通过发放电子消费券等方式，加大对本地生活到店综合商户的帮扶力度，提升市场消费信心；三是顺应服务消费发展趋势，营造便利、放心的消费环境，如推动商户实施"安心"标准，助力商户提升数字化经营能力和安全服务水平，促进生活服务领域消费加快复苏。

四、外卖行业趋势

首先，外卖平台会更加多元化，越来越多的零售业巨头开启"互联网+"模式，关注点从"到店"服务转向"到家"服务。其次，二、三线城市会出现以城市为单位的外卖平台，大大降低了运营费用，缓解商户的平台佣金压力。最后，疫情的暴发使外卖行业得到了更多的关注,也迎来了更多的市场机遇,相信在未来,外卖必将更好地走进千家万户。

(资料来源:作者根据多方资料整理而成。)

本章小结

在信息高度透明、科技快速发展的时代下,企业与消费者之间的信息壁垒逐渐被打破。如何通过收集、利用信息在竞争激烈的市场里先人一步已经成为企业必须学会运用的技能。营销信息系统与市场环境及营销人员相辅相成。一方面,营销信息系统可以帮助营销决策者了解市场的动态变化和营销人员的信息需求以实现信息的及时反馈;另一方面,系统还可以对信息进行加工分析,以用于进一步的研究,为市场预测和市场调研提供所需的信息。当下的企业营销活动已经离不开市场调研与市场预测,它们的重要性在于可以反映更深层次的市场信息,为营销人员的决策提供更具针对性的依据。

第四章

消费者市场和企业市场

生活中，人们一直乐此不疲地希望搭上顺风车，但如果不知道自己要去哪里，只是一味地随大流，那么无论从哪个方向吹来的风，对你而言都不会是顺风。

——大疆创新科技有限公司创始人　汪滔

【学习要点】

☆ 影响消费者市场的因素及应用
☆ 消费者市场购买决策流程及应用
☆ 马斯洛及弗洛伊德理论对消费者市场的指导意义
☆ 企业市场与消费者市场的区别
☆ 企业市场购买流程及应用

章首案例

自媒体爆炸下的新消费——直播带货

"所有女生！所有女生！听我的，一定要买到它！321！来！好了！没了"四个小时，3000万人围观，他热情饱满，激情四射，小到辣椒酱，大到沙发，几十万的商品上架3秒统统抢空——这是李佳琦"双11"直播带货中的一幕。

一、李佳琦其人

"天不怕，地不怕，就怕佳琦OMG[1]！"这是粉丝们对李佳琦最多的评价，也是一种高度肯定。他的口头禅"OMG""Amazing""我的妈呀"等都成为时尚用语，被很多网友模仿、翻拍。

李佳琦，男，出生于1992年，美妆主播，外号"口红一哥"，湖南岳阳人。

2015年大学毕业后，李佳琦顺利当上了江西省南昌市的一名欧莱雅BA（化妆品专柜美容顾问），从事美妆导购工作，底薪每月3000元，做起了"她经济"。于是，李佳琦从一个彩妆师开始了自己的职业生涯。

凭借着勤奋、出众的口才和天生的颜值，李佳琦的专柜工作深受消费者喜爱，于是他负责的专柜销售业绩非常突出，得到了企业认可和重视。2016年年底，网红机构美ONE提出"BA网红化"，欧莱雅集团与美ONE一拍即合，举办了"BA网红化"的淘宝直播项目比赛，当时要选出200名彩妆师，并将他们孵化成为网红。作为BA中销冠的李佳琦获得了参赛资格，凭借着"只要你付出了，就会有回报"的人生信条，业务能力极其突出的他从200人中脱颖而出。

"上播头天晚上睡觉也睡不好，一直在做梦我第二天给他们讲什么内容。"李佳琦梦里都在准备首播，可以看得出来第一次直播给他带来非常大的压力，精神一度非常紧张。直播和传统的销售形式不同，它是以互联网为平台，用网络直播的方式呈现，因此直播和新闻媒体有很多工作是相同或相似的，都要参与"采、编、播"。和其他人一样，初做直播，李佳琦的起点不可能高，他要像工作在媒体第一线的主持人一样，"采、编、播"一体，独立完成，对于一个非专业人士，面对全新的挑战，工作的难度和辛苦程度可想而知。

2016年年初入直播行业，李佳琦的事业并不顺利，刚开始直播间也就几百个粉丝，最多的时候也就几千人，人气很差，更不要说有业绩。和很多刚开始直播的人一样，只有自己的助力、朋友"帮忙"刷礼物或发弹幕，可以用业绩惨淡来形容。

李佳琦也产生过放弃的念头，尤其是突然大病一场，暴瘦十斤的时候，人生经历了十分艰难的时刻，精神一度萎靡不振，但是，他很快就做出了调整，告诉自己：再坚持两天看看吧，或许会有不同呢？于是就坚持了下来。

---

[1] OMG：英文"Oh my god"或"Oh my gosh"的缩写，意思是我的天哪。

苦尽甘来，在他的不懈努力及在抖音快速普及的大背景下，直播带货迅速蹿红，于是李佳琦的坚持得到了回报，粉丝慢慢过万、几万、十几万、几十万，再到后来的几何式爆发增长。

他曾高烧一周仍然坚持工作；他曾在直播中两个小时试涂口红380多支，擦破嘴唇。李佳琦的每场直播平均都要超过6个小时，往往都是从晚上7点直播到次日的凌晨1点，十分辛苦。不停地说话让他患上了慢性支气管炎，他在直播的时候总会随身携带着治疗药物，被他称为"救命药"，以备不时之需。

快速的成功并没有让李佳琦觉得高枕无忧，粉丝量的快速蹿升也没有让李佳琦放松下来，甚至一度产生慌恐。由于李佳琦的成功实在过于快速，恍如做梦，在大多数人看来几乎是一夜成名。有一段时间，他时常会做噩梦，梦见没有人再看他的直播了，他的东西再也卖不出去了，可见李佳琦成功后承受着巨大的精神压力。

李佳琦从来不敢怠懈每天高强度的工作，因为他知道："淘宝现在的主播大约有6000多人，平均一天下来的直播场次大概有10000多场。只要你休息了，你的粉丝很有可能就被其他的9999场直播吸引走了，他就再也不来看你了。"李佳琦的担忧不无道理，就2020年上半年来看，上半年电商直播超过1000万场，比较活跃的主播就超过了40万个，上架商品超过2000万种，观看人次高达500亿，直播带货市场的繁荣程度和竞争激烈程度双双冲高，一不留神或稍有懈怠都有掉队的危险。

李佳琦在工作的同时还要顶着各种网络攻击。在传统的观念里，口红是女人的事情，与男人无关。一个男人每天擦脂抹粉""喋喋不休"成何体统？因此，李佳琦从事的工作并不被一些网友所理解和接受。于是攻击、谩骂时常有之，一大波网络暴力扑面而来。

任何的成功都不会一帆风顺，李佳琦也不例外。在争议中成长，在谩骂里成熟，这或许是成功的一部分。在成功之前，有些人送给你的可能是质疑和嘲讽，尤其是在非传统领域，因为，你的行为往往大家不能理解和接受。在你成功成为公众人物之后，人们会对你有更高的要求。作为公众人物，你的言行举止要拿到聚光灯下放大，接受所有人监督。这是人之常情，虽不被提倡，但也无法避免。所以，公众人物唯一能做的，就是严格要求自己，避免犯任何错误。经历过这么多之后，李佳琦早已适应，面对这些也只是微微一笑，坦然处之。

二、李佳琦传奇记录

2018年9月成功挑战30秒涂口红最多的人，成为涂口红的世界纪录保持者，被称为"口红一哥"。

2018年"双11"与马云PK卖口红，马云带货10支，李佳琦带货1000支，一举"KO"马云。

1分钟售罄15000支唇膏。

一次直播试色380支口红。

一年完成389场销售直播。2018年3月8日女王节，李佳琦5个半小时在淘宝直播卖出23000单，完成353万元成交额，是名副其实的"带货王"。

两个月抖音涨粉1400万+，获赞9630万+。截至2020年7月22日，拥有粉丝4366.6万（2017年起），抖音排行第八。2019年赚了近2亿元，超过2018年2307家A股上市公司的净利润，比近七成A股上市公司净利润还要高。"淘布斯"上的唯一一位男性美妆达人。2017年12月29日李佳琦被江苏师范大学聘为大学老师。2019年10月17日，李佳琦入选2019福布斯中国30岁以下精英榜。2020年6月23日，李佳琦作为第一批特殊人才被引进落户上海。

三、直播带货的启示

第一，2020年中国智能手机保有量达到7.8亿部，智能手机快速普及。智能手机的快速普及为自媒体的发展奠定了坚实的物质技术基础，技术的革新带来的是消费者沟通交流方式的改变，于是，自媒体得以快速发展。

第二，不同于传统销售方式，直播带货是一种全新的营销。直播带货不同于2010年前后比较火爆的电视购物销售方式，电视购物是一种单一的信息传播，话语权在销售端，消费者只是信息的接收方，没有话语权。直播带货是一种双向的、交互式的信息传播方式，消费者可以实时地参与到销售过程中，对消费需求的表达和商家销售行为的要求都可以得到及时传递，甚至，消费者对销售行为的成败可以产生决定性影响。

第三，近些年消费娱乐化倾向快速推进，集娱乐性、趣味性、亲和性、观感、信息传播能力为一体，形成了立体交互式的信息传播方式，视频直播营销被推到前排，造就了李佳琦、李子柒、薇娅、张大奕、烈儿宝贝等一众网络直播达人。

第四，直播带货起步较晚，但市场前景广阔。2019年快速兴起，被称为直播带货元年。直播电商在过去3年内实现了电视购物10倍以上的行业规模。2019年总规模达到4338亿元，未来几年将成为市场发展的蓝海。

第五，时势造英雄。"李佳琦们"的成功得益于抓住了消费者市场发展的脉络，找到了消费者市场发展的真谛。消费者在哪里，我们就去哪里；消费者需要什么，我们就生产什么；消费者喜欢什么，我们只管迎合，这是营销工作应该和必须坚持的真理。

第六，自媒体时代，个人的天赋和努力对于成功尤为重要。自媒体时代，每个人都是一个信息源，对于消费者和满足消费者需求的企业都是如此。企业的销售行为和消费者的消费行为都会在互联网进行及时的记录和晾晒。信息的烙印痕迹清晰，可追索性强。作为直播带货的主播，他的行为即代表着企业，代表着商品，同时也代表着自己，个人的一言一行都对销售起到关键影响。直播带货行为本质上是粉丝经济、熟人经济，消费者对主播的态度和认知一定程度上就是消费者对产品的态度和认知，因此，直播带货对主播的要求非常高。

（资料来源：作者根据多方资料整理而成）

第一节　消费者市场影响因素

消费者市场提供的产品是终端消费品，是不需要生产再加工的，可供消费者直接使用或消费的商品。消费者市场购买和使用的对象是终端消费者个人，因此，影响消费者购买的因素跟消费者本人的属性有很大关系。影响消费者市场需求的因素很多，可以概括为三大类，分别是文化因素、社会因素及个人因素，如图4-1所示。由于消费者市场提供的是终端产品，它会直接或者间接影响企业市场的购买和生产行为，是企业市场的风向标和指挥棒，因此消费者市场在整个市场结构中占据重要地位。

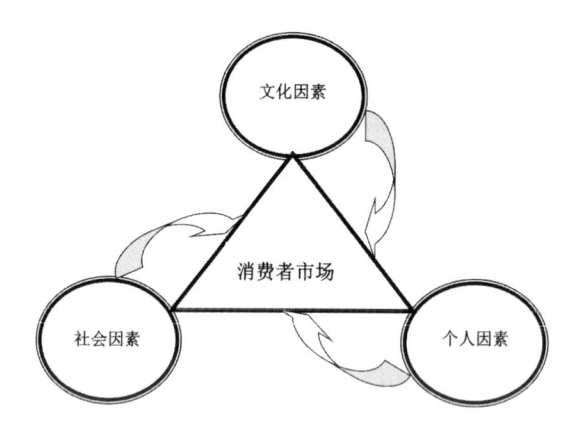

图4-1　消费者市场的影响因素

一、文化因素

文化背景不同，消费的观念、行为及态度也大不相同。接下来我们借助物态文化、制度文化、行为文化、心态文化以及次文化的分类，对消费者市场带来的影响进行分析。

第一，物态文化对消费的影响。物态可以简单地理解为物质，物态文化可以简单地理解为消费者对物质的依赖，可以从两个方面进行分析：一是消费者是基于特定物质条件下的消费，这是达成消费的客观前提；二是消费者对物质消费的驾驭能力，这是达成消费的主观前提，消费的购买能力决定了消费者的购买选项。

第二，制度文化对消费的影响。制度，也称作建制，泛指以规则或运作模式，规范个体行动的一种社会结构，要求大家共同遵守办事规程或行动准则，也指在一定历史条件下形成的法令、礼俗等规范或一定的规律。

生活制度是指个人根据自己的职业、年龄、性别及健康状况所养成的生活规律，科学的生活制度包括按时起居、合理膳食、适量运动、合理分配工作、社交和学习等。

　　社会制度是反映并维护一定社会形态或社会结构的所有制度的总称，包括经济、政治、法律、文化、教育等，是生产力和生产关系相互作用的结果，国家性质不同，社会制度也就不同，社会制度是国家意志的综合体现。

　　第三，行为文化对消费的影响。行为文化是人们在日常生产、生活中所表现出来的特定行为方式和行为结果的积淀，是人们的所作所为的具体表现，体现着人们的价值观念取向，受制度的约束和导向，可以通过语言、仪表、肢体、行为等多种方式表达，是一个人精神面貌的综合呈现，表达着一个人的素质和修养。

　　第四，心态文化对消费的影响。心态文化属于高级文化，由人类社会实践和意识活动中经过长期孕育而形成的属于精神层面的需求，是指一定的生产方式和生活方式孕育出的心理特征、心理素质，主要表现为价值取向、审美观念、思维观念等人类精神活动模式。心态文化是由人类在社会实践和意识活动中长期孕育出来的，是文化的核心部分，也称精神文化、社会意识。

　　第五，次文化对消费的影响。亚文化又称集体文化或副文化，指与主文化相对应的非主流的、局部的文化现象，指在主文化或综合文化的背景下，属于某一区域或某个集体所特有的观念和生活方式，一种亚文化不仅包含着与主文化相通的价值与观念，也有属于自己的独特的价值与观念。次文化是心态文化的一种特殊体现，这里之所以单独拿出来介绍，主要是因为次文化消费的特殊性，即需求的个性化。

消费者市场和企业市场专栏1：

字节跳动公司的平等文化观

　　北京字节跳动科技有限公司成立于2012年，是研究人工智能连接移动互联网场景的科技公司，旗下有今日头条、抖音、西瓜、火山、飞书、懂车帝等多种产品。目前，字节跳动已经在全球27个国家和地区建立了240个办公室，拥有超过6万名员工，全系产品MAU超过15亿元，覆盖150个国家和地区，75种语种。据消息称，字节跳动2019年全年营收超过1400亿元，较上年增长近280%。

　　全球化是字节跳动最核心的发展战略方向。2015年8月，字节跳动开启全球化布局。2019年12月，TikTok在App Store和Google Play上的累计下载量超过了15亿，已经连续两年位于全球热门移动应用（非游戏）全年下载量榜单前五名。

　　一个优秀的企业必然具备优秀的企业文化，消费者接受一家公司和一个产品，根本上也是对企业文化的认同。作为一个快速发展并赢得消费者认可的公司，字节跳动的文化魅力得以彰显，企业文化为其提供了源源不断的动力和保障。

　　在字节跳动公司，企业文化被称作"字节范"。"字节范"的精髓就是平等。

　　平等首先体现在话语权的平等。张一鸣看到企业文化与雇主品牌部提交的"在公司内部'反杠精'"的漫画，找到企业文化与雇主品牌负责人徐敏，要求改掉，理由是不能对任何一个提不同意见的同事做恶意推测，会伤害内部的自由表达的氛围。直呼其名，不公开职级，反向上管理，确保信息的充分、无障碍传递。

在字节跳动公司，只要业务上需要，员工可以随时打电话和加微信寻求支持。员工间可以对彼此业绩和"字节范"考评打分。员工有权利给其他员工打电话，包括管理层。

头条圈是字节跳动公司的内部论坛，是企业员工内部交流的重要平台。头条圈曾一度出现很多匿名的吐槽和情绪宣泄，这与反馈、收集内部有价值信息的初衷相违背。管理层很是头疼，在一次例会后专门花近一个小时时间，讨论是否推行头条圈实名制。"结果这个环节成了当天例会上争论最激烈的环节"，最终，100多人投票表决并达成共识，"没有障碍地让信息传递，也是另外一种坦诚"。

在字节跳动，只要关乎信息流动，就没有小事。让各类信息在内部更高效、透明的流动，从而创造一个高效、透明的信息环境，是字节跳动作为一个组织运行的底层价值。张一鸣认为信息流动的效率是构建一切效率的基础。提高信息传播效率的方式是信息传播的扁平化，字节跳动公司把信息的扁平化传播做到了极致。比如，字节跳动的员工可以在内部查到任何一个同事的重点工作。新入职的员工可以在WIKI上查看公司所有历史资料。每个员工都有权查看产品数据。张一鸣举办双月一次的"CEO面对面"活动，在公司食堂现场答疑，倾听大家声音，迄今已经举办20多次。

张一鸣认为："技术并不总能保证产品（公司）竞争力，但是好团队可以。"

"追求极致、务实敢为、开放谦逊、坦诚清晰、始终创业"是字节跳动的企业文化精髓，2020年3月11日，在公司成立八周年之际，字节跳动在原有文化基础上，新增了"多元兼容"的内涵。据字节跳动官方解释，"多元兼容"的出发点是对人的关注和重视。"它的落脚点首先是人。理解尊重不同人之间的差异，重视这种多元的可贵，超越自己的固有视角和思维模式；随后是，有意识地打造这样有多元化人才的团队，欢迎不同背景的人，激发潜力；最后是，需要为多元人才创造人人都能参与、集思广益的友好工作环境，海纳百川，鼓励提出不同的想法来挑战自己。"为了弘扬这种包容并蓄的企业文化，字节跳动在保障平等方面做了很多优秀的工作。抖音产品就是典型的平民文化，是字节跳动公司去中心化的典型代表，是企业内部文化的外部显现。

（资料来源：作者根据多方资料整理而成）

二、社会因素

社会由不同的家庭、组织、团体和阶层构成，这些社会单元的消费行为都有自己的特点和规律，换句话说，消费者的购买行为会受到社会因素的影响。

（一）家庭因素

家庭购买行为是消费者消费的最重要的构成单元，很多购买行为都会以家庭的方式实现或者受到家庭观念的影响。它的购买行为主要取决于家庭的生命周期、家庭结构和各家庭成员在家庭中的角色。

家庭生命周期：通常情况下，单身家庭成员消费多以娱乐休闲为主；二人世界多以置办固定资产和添置家庭用品为主；拥有子女的三口或四口之家则要把更多支出放在孩子的教育、玩具和智力开发等开支上；拥有成年子女的家庭则要在帮助子女更好地融入社会上加大开支；老年人则要为自己的养老进行投入。

家庭结构：目前家庭结构构成中有单身主义者、丁克家庭、三口或四口之家，以及三代或四代同堂。单身和丁克家庭更倾向于享乐型消费，三口或四口之家则需要为子女的成长付出大量成本，而三代或四代同堂的家庭在为子女的成长消费埋单的同时还要为双方父母或者更多老人的赡养提供消费。

家庭角色：每个人在家庭中都扮演着不同的角色，不同的家庭身份对消费的支配能力及行为均不相同。首先是夫妻层面。妻子一般对生活性支出和子女教育支出更有主导权，而丈夫则对不动产、汽车等大宗商品的购置，以及投资型支出更有主导权。其次是子女层面。子女多考虑自己的学习、娱乐需求，对家庭其他支出不参考意见。最后是老人层面。老人在家庭支出的支配性最弱，一般只关注柴米油盐等生活性支出，对大笔采购、投资理财、儿孙教育等支出几乎不发表意见。

（二）社会群体、团体和组织因素

此类人可以是一个松散的群体也可以是某一个组织，或者是具有某种共同特征和爱好的一类人，如教师、学生、企业员工、教徒、歌迷、影迷、收藏爱好者、每一个地区集中居住的人群等。在同一个群体内，消费行为会相互影响和干扰。同一圈子内，意见领袖就是最典型的消费影响行为，他可以有效带动群体内的其他人的消费行为。

消费者市场和企业市场专栏2：

意见领袖消费的带动作用

2019年，麦肯锡发布的奢侈品研究报告中称，中国的80后、90后已成为奢侈品消费的主力，占据近80%的销售额，他们的购买决策很大程度上受到关键意见领袖的影响。

2020年，直播带货TOP10分别为：薇娅、李佳琦、辛有志、罗永浩、张沫凡、林允、平荣、李湘、徐冬冬、正善牛肉哥。一场直播带货多达3000人围观，他们是当之无愧的消费者的意见领袖。

福布斯中国最新发布的50位意见领袖榜梳理出了美妆、时尚、母婴、生活方式和电竞五个特定垂直领域的真正关键意见人物。

10位美妆意见领袖（按拼音顺序排序）：Monica（IAMINRED口红控）、呗呗兔、陈芮笋、董子初Benny、李佳琦、雷韵祺（MK凉凉）、潘雨润、小蛮蛮小、小猪姐姐、张梦玥（张沫凡MOMO）。

10位时尚意见领袖（按拼音顺序排序）：程艳（石榴婆报告）、方夷敏（黎贝卡的异想世界）、梁韬（包先生Mr.Bags）、薇娅、徐峰立、徐妍（深夜徐老师、深夜发媸）、叶嗣（gogoboi）、张大奕、张馨文（爆胎草莓粥）、张馨心（原西门大嫂）。

10位母婴意见领袖（按拼音顺序排序）：鲍秀兰（鲍秀兰诊室）、初洋（丁香妈妈）、崔玉涛、郭俞杉（晴天妈妈）、金赞（辣妈帮）、李丹阳（年糕妈妈）、罗娟（六妈罗罗）、孙静（小小包麻麻）、王凯（凯叔讲故事）、悦妈粥悦悦。

10位生活方式意见领袖（按拼音顺序排序）：顾中一、姜轩（日食记姜老刀）、李子柒、田志伟（环球旅行）、汪梦云、汪诗原（樊森的酒店Lab）、王刚（美食作家王刚）、英国报姐、张昕宇梁红夫妇、周晓慧（办公室小野）。

10位电竞意见领袖（按拼音顺序排序）：高振宁（Ning）、简自豪（UZI）、刘谋（PDD）、明凯（ClearLove）、任怡旭（旭旭宝宝）、苏汉伟（Xiye）、王柳羿（Baolan）、徐志雷（BurNIng）、禹景曦（若风）、张翔玲（小苍）。

（资料来源：作者根据多方资料整理而成）

（三）社会阶层因素

在开始介绍社会阶层与消费者市场之间的关系之前，我们先明白两个概念，阶级和阶层。

首先说阶级。阶级是原始社会末期，由于生产力的发展，出现了剩余产品和生产资料私有制才产生的。其中占有生产资料，自己不劳动，剥削别人劳动成果的是剥削阶级；没有或只有很少生产资料，自己劳动，劳动成果被剥夺的是被剥削阶级。

其次是阶层。阶层是指出身于同一阶级的人，由于某种相同的特征而形成的社会集团，如以脑力劳动为主的是知识分子阶层，同一阶级里因社会经济地位不同而分成的层次。

阶层和阶级的共同点体现的是人与人之间的差距和不平等现象。不同点是，阶级是一个政治概念，主要是以生产资料占有程度为划分标准，体现的是人与人之间的等级关系，阶级之间是对抗性关系。

（四）阶层的划分

由于消费者市场消费总体以家庭为单位，所以，阶层的划分也是以家庭为单位进行。为了便于研究，我们把消费者阶层分为以下五个层级（见图4-2）：低收入者及贫困家庭、小康家庭、中产家庭、富裕家庭、超级富裕家庭。

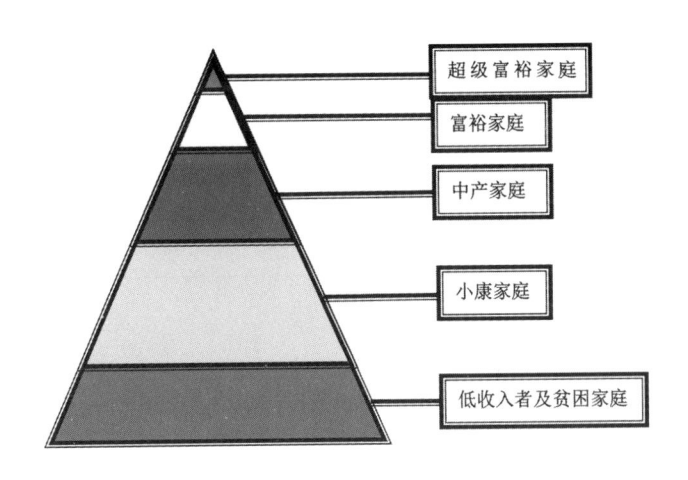

图4-2 当前中国阶层划分

（五）阶层研究的意义

首先，在中国的现阶段，阶级已经被消灭，阶层则依然存在，甚至一不小心还有进一步拉大的风险。现阶段我国社会主要矛盾是人民群众日益增长的美好生活需要和不平衡、不充分发展之间的矛盾，消除贫困，"在实现小康路上一个也不能掉队"；

同时，构建合理的社会结构，适时做大中产阶层，让中产阶层成为社会的主要群体；培养积极向上的竞争环境，鼓励大家自我实现，培养更多的富裕和超级富裕群体，形成你追我赶的良性局面。构建合理的社会结构，实现社会的稳定繁荣和长治久安，中国人均GDP及增速如表4-1所示。

表4-1 中国人均GDP及增速

年份	人均GDP / 美元	人均GDP增速 / %
2011	5447	9.0
2012	6338	7.3
2013	7081	7.2
2014	7684	6.8
2015	8070	6.1
2016	8126	6.4
2017	8836	6.3
2018	9510	7.6
2019	10121	6.4

（数据来源：中国统计局）

其次，同一阶层的人有类似或相同的意识和行为，阶层的研究可以更好地满足消费者需求。

最后，很早就有学者发出警告，21世纪中国的社会阶层流动已经呈现出同代交流性减弱、代际遗传性加强的趋势，"拼爹""官二代""富二代""贫二代"和"蚁族"等都是阶层固化具体表现。

（六）信息的搜集和处理差别

阶层不同获取信息的渠道也会不同，基层人员获取信息的途径一般比较单一，多从朋友、亲戚、邻居和同事等身边人及信息繁杂的自媒体获得，所谓的"道听途说"

的信息鱼龙混杂、质量较差，基层人员对误导和欺骗性信息缺乏甄别力。随着阶层的提升，获取信息的渠道也随之提升，他们获取信息的渠道就会上升为机构、专家、学者及业内人士等，信息的质量和可靠性显著提高。此部分客户对信息较为敏感，通常能做出理性且合理的判断。

（七）消费方式差别

阶层较低的人消费主要集中在生活性消费，多为生活和工作的必需品，实用性为第一原则；阶层较高的人消费多集中在娱乐、休闲、社交、投资和学习等，寻求刺激、提高生活品位和开心为首要原则。

（八）购买方式差别

阶层较低的人在购买和消费方式上，通常体现在一个"逛"字，逛街、逛网店等，即有一个复杂的甄选和比较过程。阶层较高的人群，购买的目的和目标均比较明确，只去特定的商家消费，一般不在消费和购买过程上花费太多时间。

三、个人因素

消费者购买行为首先是一个个体行为，虽然会受到外界各种因素的影响，但最终的决策和实施还是要通过消费个体来完成。因此，个人因素依然是购买完成的第一因素。消费者的购买行为受消费个体性别、所处生命周期阶段、职业、经济状况、性格、爱好及价值观念影响，同时，消费者的购买行为也与其个人的购买动机、购买心理、个人认知和生活态度等主观因素有关。

（一）消费者的年龄与性别

由于消费者的购买消费行为因年龄及性别不同，会表现出不同的特点。首先，消费者的购买行为会随着年龄的增长而变化，在生命周期的不同阶段，需要相应的商品。比如在幼年期，需要婴儿食品、用品及玩具等商品，购买行为没有参与权，只是使用者；在青壮年时期，需要安家置业、社会交往、投资理财等商品，购买的主动性较强；而到了老年，则更多购买保健品、延年益寿产品及生活保障性商品，可以参与购买意见。其次，由于性别不同，购买行为也有很大差异。男性消费者对汽车、体育赛事和烟酒更感兴趣，而女性消费者则喜欢购买时装、首饰和化妆品等。

（二）消费者的经济状况

消费者的经济状况是指消费者现有收入情况、资产情况、支配资金的能力，以及收入预期的总称。消费者的消费欲望、消费档次和消费水平都和消费者经济状况相关，对消费行为起决定作用。经济状况越好，消费意愿越强烈，消费行为越大胆，反之降低。

凯恩斯消费函数理论是凯恩斯（1936）在《就业利息和货币通论》一书中提出——总消费是总收入的函数。这一思想用线性函数形式表示为：$C_t=a+b\times Y_t$。式中C表示总消费，Y表示总收入，下标t表示时期；a、b为参数。参数b称为边际消费倾向，其值介于0~1之间。由于凯恩斯消费函数仅以收入来解释消费，不考虑其他因素，被称为绝对收入假说，预测消费时误差较大。

此外，消费者收入影响消费者的消费结构。19世纪杰出的德国统计学家Engel发现：随着消费者收入的提高，食物支出在全部消费支出中的比重会不断减少，这一规律被称为恩格尔定律。而食物支出占全部消费支出的比例被称为恩格尔系数。当商品价格不变时，总支出与食品支出的关系等同于总支出（X）与食品消费量（Q）之间的关系，故按照恩格尔定律，X与Q服从于幂函数关系。恩格尔定律说明，食物开支占总消费数量比重越大，恩格尔系数越高，生活水平越低；反之，食物占比重越小，恩格尔系数越低，生活水平就越高。整个社会经济发展水平越高，用于食物消费部分支出的比重就越小。从恩格尔定律不难理解，随着消费者的收入增加，消费者生活必需品的比重必然下降，从而影响消费结构。

（三）消费者的职业和地位

首先，行业不同、职业不同，相关从业者的消费表现也各不相同，甚至消费倾向区别也很大。比如，目前公认的金融、地产和新兴产业等行业是消费能力较强的行业；娱乐行业穿着较为时尚、前卫和另类等。其次，消费者职业不同，也会导致对商品的需求和爱好不同。最后，出于对地位的认同和表达，不同地位消费者购买行为也会不相同。企业高管或身份、地位较高的人，将会购买与其身份、地位相匹配的商品。

（四）消费者的性格与观念

性格是个性心理特征中的核心部分，它是一个人稳定的态度系统和相应习惯的行为风格的心理特征。人与人的个性差别首先表现在性格上。性格是在社会生活实践过程中逐步形成的。由于所处的客观环境不一样，先天的素质不同，每个人形成了各种各样的性格。观念是一个汉语词语，是某者对事物的主观与客观认识的系统化之集合体,出自唐魏静《序》,指客观事物在人脑里留下的概括形象。一定程度上性格决定了观念,有什么样的性格就会形成什么样的事物判断标准。

(五)消费者动机和认知

动机是指引发人从事某种行为的力量和念头,是指由特定需要引起的、欲满足各种需要的特殊心理状态和意愿。认知是指人们获得知识或应用知识的过程,或信息加工的过程,这是人的最基本的心理过程。它包括感觉、知觉、记忆、思维、想象和语言等。人脑接受外界输入的信息,经过头脑的加工处理,转换成内在的心理活动,进而支配人的行为。

消费者购买动机包括内因和外因两种,即自身的需要和外部环境的刺激两类,动机是消费者购买的原始动力。天冷了,需要御寒,买一件羽绒服;看到别人有了一款很漂亮的羽绒服,自己也想拥有一件,这都是购买动机。而认知的程度是消费者购买动机强化的过程,认知越深刻,购买行为就越果断。比如,再不买羽绒服明天寒流来袭将无法出门工作,这个冬天就会冻伤;我并不比她生活条件差,她买了新羽绒服,我要买更好、更贵的,这些都是认知深化过程。商家要从每个消费者的购买动机入手,强化消费者认知,快速促成交易。

第二节 消费者市场购买决策

消费者购买决策过程就是一个完整的解决购买问题的过程,把购买过程中所涉及的问题一一解决,最终完成购买。首先是发现需求问题,即为什么要买?针对需求搜集满足需求的相关产品,即哪些可以买?对多个产品的购买方案进行对比评估,即买哪一个更好?选择最优的方案实施购买,即怎么卖?最后是对商品的使用情况进行评估,即买对了吗?任何商品的购买过程都包含在此购买决策过程中,由于个别商品的特殊性及购买人的个性,某一个过程可能会简化,消费者购买决策流程如图4-3所示。本节将针对上述问题展开讨论。

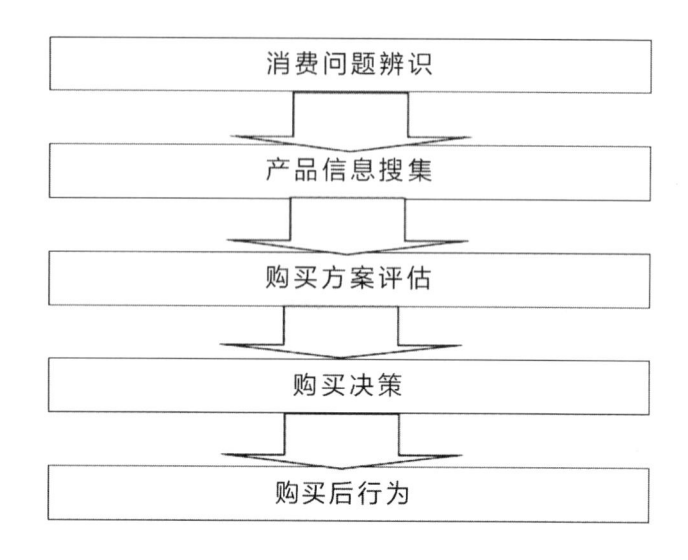

```
消费问题辨识
    ↓
产品信息搜集
    ↓
购买方案评估
    ↓
购买决策
    ↓
购买后行为
```

图4-3 消费者购买决策流程

一、消费问题辨识

认定需求是购买决策过程的第一步，是决策过程的起点。引起需求的方式有很多，概括起来有三种，消费者主动发现需求、外界刺激促使消费者发现需求及内外部环境共同作用形成的需求。

消费者主动发现的需求是比较常见的需求发现方式，尤其是集中在生活必需品方面，消费者问题的辨别比较简单易懂。此类的需求通常是消费者自动自发，企业销售的诉求点不要聚焦在消费者需求的发现上，而应该放在消费者对品质的依赖、对价格的认可上，即突出性价比。

外界刺激发现的需求，通常不是消费者生活的必需品，更多是精神层面的需求。比如看到同事新买了一款功能很强大的手机，自己也要买一部。外界刺激产生的需求，通常不是消费者缺少产品功能上的满足，而是因为精神上的需求。消费者对此部分需求的强烈程度不亚于必需品的需求程度。企业在广告宣传时，一定要抓住消费者这种精神上的需求集中"轰炸"。

消费者内外部因素共同刺激产生的需求也是一种常见的需求发现方式。通常情况下，需求的产生需要内外部共同的刺激作用。比如消费者发现自己需要一部性能很好用的电脑，这可以选择的品牌很多，这个时候突然发现同事在使用的华为MateBook X Pro2020功能和外观都是自己喜爱的类型，于是计划购买，这就是内外部因素共同作用产生需求的结果。

消费问题辨识是需求的起点。在产品同质化率高，可替代性强，消费者选择空间大的今天，聪明的企业，要有"没有需求创造需求"的勇气，在消费者辨识问题阶段就下足功夫，把销售前置，及早把消费者圈入怀中，培养准客户，在竞争中抢占先机。

二、产品信息搜集

信息搜集是一个主动行为，是一个去繁就简，去伪存真的过程，尤其是在信息大爆炸的今天，各类信息充斥耳目，消费者得到的信息可能是重复的，也可能是虚假的，一不小心就会被误导。因此，消费者需要对信息进行认真分析、评估并高效地做出选择。消费者获取信息的渠道如图4-4所示。

个人来源	家庭、邻居、朋友、同事、同学等获取
媒体来源	纸媒、常规网媒、网络自媒体、视频媒体等获取
商业来源	厂家、经销商、店面、推销人员、展销会、广告等获取
公共来原	大众传播、各类公共社会活动、消费者评价机构等获取
自我来源	基于使用、检查和处理产品等获取

图4-4 消费者获取信息的渠道

此外，消费者获取信息一定要认真辨别真伪性，首先是获取渠道的正确性，其次是获取内容的客观性。通过手机连接互联网是消费者获取外界信息的一个重要渠道，大部分消费者在购买或了解产品信息时，都会把手机查询作为第一选择。

消费者需要获取商品信息，企业需要传播商品信息，因此，企业在制订信息传播方案时就需要充分考虑消费者的因素。

首先是了解消费者的生活习惯及规律，让消费者以最方便的方式获取信息，让消费者"变懒"，做到信息唾手可得，比如抖音、快手等视频软件，深受中低收入者和四五线城市的消费者喜爱，因此，平价的商品充斥整个平台。

其次是准确的商品传达信息，把产品的核心卖点以最精准的方式转达，让商品和消费者的需求最大限度地产生共振，如拼多多，以绝对的低价打动消费者，"1元秒杀""3.9元起""3件9.9包邮"等，价格低的扣人心弦，甚至让消费者无理由拒绝。

最后，不同消费者对信息的认知不同，需要考虑信息的差异性传播，这个不难理解，中低端消费者主要诉求是平价、中高端消费者主要诉求是满足个性及尊重，而高端消费者主要诉求则是"我喜欢",和价值、价格均没有关系。因此,企业在向消费者推送商品信息时,一定要考虑不同消费群体对商品的诉求及获取信息途径的差异,做到精准投放。

三、购买方案评估

购买方案评估就是从众多可以实施的购买方案中选取最适合自己的方案,它包括产品、价格及实现方便程度等因素。前面我们分析了消费者获取信息的渠道,在消费者获得众多信息中,为了完成购买,消费者会在心中形成一个最佳的购买方案,形成最佳方案的过程,就是购买方案评估的过程。

此外,消费者的购买方案制订和评估因人而异,细心的人可能形成纸质方案,进行推敲,而通常情况下,方案制订和评估只是自己大脑的思考过程,并未形成文字,至多也只是与家人或朋友的讨论过程。

四、购买决策

消费者在完成确定需求、搜集整理信息并对购买方案进行评估后,就已经形成了完整的购买意愿,购买决策就是把购买意愿落地实施的最后环节,即与商家的交易过程。此环节重点是关注购买方案的贯彻程度,方案的贯彻执行程度越高,说明购买方案思维越缜密、制订越合理。由于事情是随时发生变化的,消费者需要根据掌握的最新购买信息,时刻思考自己制订方案的科学性和合理性,并随时修正,确保方案的最终实施,以下因素会影响到消费者的购买决策。

第一,商家的因素会改变消费者的购买决策。比如商家的广告宣传、打折促销等对消费者决策带来的冲击。消费者在与商家购买协商过程中,鉴于商家的趋利心理,商家往往会极力推荐利润更高的商品,力争说服消费者改变购买决定。

第二,外部环境的变化也会改变消费者的购买决策。比如新冠肺炎疫情的突如其来造成大家出行的不变,很多消费者选择网购,国家统计局发布数据显示,2020年上半年,全国网上零售额51501亿元,同比增长7.3%,而同期全社会消费品零售总额172256亿元,同比下降11.4%。在整体零售额萎缩的情况下,网络购物却保持上升势头,一反一正,很能说明问题。

第三,还有一些极端的行为会改变消费者购买决策,甚至放弃购买决策。比如,亲戚朋友的赠予、消费者生活时空的切换、消费者收入状况的变化等,都会改变消费者的购买决策。

五、购买后行为

消费者在购买及使用商品后都会对商品产生直观认识。其思考模型主要有产品实际使用效果与购买时心理预期；购买过程中商家的服务舒适程度；决定是否再次购买和推荐他人购买。

购买决策完成后，对于消费者来说是购后，对于企业来说是售后，此阶段是消费者使用产品并反馈使用效果的过程，消费者良好的反馈会为企业带来美誉度和销售额的提高，差评则可能造成企业的名誉和销售受损，近年来，因为客户差评造成的案件持续上升，足见售后的重要性。

在信用体系内容越来越丰富和信用制度越来越健全的今天，企业的任何不良销售行为都可能被记录。因此，企业对售后的重视程度越来越高，很多企业建立了由集团直观的投诉体系，专人负责倾听消费者心声。

售后阶段，企业要做好商品使用过程中的配套服务工作，让消费者感觉物超所值。此外，企业需加强对消费者购买商品的体验感和购买过程的体验感信息的搜集，以便提升产品和服务。在两者都能得到消费者满意的前提下，大胆的鼓励消费者再次购买和推荐购买，毕竟口碑是最省钱也是最有说服力的广告。

第三节　消费者市场行为决策

所有的购买行为都是由需求引起的，需求引发动机，然后才付诸实施。为了更好地理解需求产生的原因，要从根源上了解需求。我们引用马斯洛和弗洛伊德两位心理学者的相关理论，加以解释。弗洛伊德和马斯洛都是著名心理学家，有人说弗洛伊德为我们提供了心理学病态的一半，而马斯洛则将健康的那一半补充完整。足见两者的贡献，同时也体现出两者研究方向的不同。从学派上讲，弗洛伊德是精神分析，马斯洛则是人本主义。弗洛伊德认为行动基于潜意识，潜意识是人行为活动的源动力，不被控制，而马斯洛的人本主义则强调个体的能力，个体能够自我完善。

一、马斯洛理论

亚伯拉罕·哈罗德·马斯洛（1908年4月1日—1970年6月8日），美国社会心理学家、比较心理学家、人本主义心理学的主要创建者之一、第三代心理学的开创者。《纽约时报》曾这样评论："马斯洛心理学是人类了解自己过程中的一块里程碑"。马斯洛主要著作有《动机和人格》（1954）、《存在心理学探索》（1962）、《科学心理学》（1967）、《人性能达到的境界》（1970）等。马斯洛在心理学方面提出人本心理学方法论、人性本质观、需求层次论、自我实现、超个人心理学等观点和学说。下面我们重点介绍马斯洛的重要理论贡献。

马斯洛需求理论最早载于1954年出版的《动机与个性》一书，它将动机分为生理需求、安全需求、爱与归属的需求、尊重需求、自我实现需求5个层次（见图4-5）。1970年新版书《人性能达到的境界》中，在原有理论的基础上，又将需求层次发展为7个，即生理需求、安全需求、隶属与爱的需求、自尊需求、知的需求、美的需求、自我实现需求（见图4-6）。马斯洛需求理论中所涉及的"动机"一词和我们今天所说的动机一词有很大不同，今天我们所指动机更多是指"目的"，是结果，希望实现什么。而马斯洛需求理论中的动机则是指人性本质中的善根，是指"出发点"，是缘起，说的是怎么来的问题。

第一层次需求	生理需求	呼吸、水、食物、睡眠、健康等
第二层次需求	安全需求	人身安全、健康保障、资源所有、财产所有、道德保障、工作职位保障、家庭安全等
第三层次需求	爱与归属的需求	友情、爱情等
第四层次需求	尊重需求	自我尊重、信心、成就、尊重和被尊重等
第五层次需求	自我实现需求	道德、创造力、自觉性、问题解决能力、公正度、接受现实能力等

图4-5　马斯洛需求理论五分法

第一层次需求	生理需求	指维持生存及延续种族的需求
第二层次需求	安全需求	指希望受到保护与免于遭受威胁从而获得安全的需求
第三层次需求	隶属与爱的需求	关注、鼓励及支持等的需求
第四层次需求	自尊需求	指获取并维护个人自尊心的一切需求
第五层次需求	知的需求	指对己、对人、对事物变化有所理解的需求
第六层次需求	美的需求	指对美好事物欣赏并希望周遭事物有秩序、有结构、顺自然、循真理等心理需求
第七层次需求	自我实现需求	指精神上臻于真善美合一的人生境界需求，亦即个人所有需求或理想全部实现的需求

图4-6　马斯洛需求理论七分法

马斯洛需求理论有以下6点。

第一，各层需求之间是前后顺序关系，有高低之分，生理需求是最低需求，自我实现需求是最高级别的需求。

第二，需求的实现也是按从低到高的顺序进行的，通常情况下，只有低一层需求获得满足之后，高一层的需求才会产生。

第三，七层次的需求可分为两大类，前四层称为基本需求，后三层称为成长需求。基本需求是由生理上或心理上欠缺而产生，故又称匮乏性需求；较高层次的需求是发展出来的需求，是在基本需求满足的基础上进一步升华。

第四，高层次需求较为主观，当一个人高层次需求得到满足时，其越自信，成就感越强，越接近自我实现的目标。

第五，如何自我实现。根据马斯洛需求理论，个人人格充分发展的最高境界是自我实现，而自我实现是人性的终极目的，也就是个人潜力得到了充分发展。马斯洛认为，能够完成自我实现的人不足1/10，这是因为受到主观和客观两方面的制约。其中，自我实现有两个误区需要警惕：一是一定出人头地，不能看到别人比自己强，盲目攀比。二是把拥有财富多寡作为衡量自我实现的重要标准，盲目的攀比不是自我实现的真正含义。

消费者市场和企业市场专栏3：

自我实现的践行——最美逆行者

2020年有一个使用频率很高的词：逆行者。

逆私情，行公益。每个人都有自己的小家，在关键时候舍小家顾大家，抛弃小家的"私"，行国家或集体利益的"公"，这一类事件我们称之为逆行，做这一类事情的人，我们尊称他们为逆行者。

2020年年初，新冠肺炎疫情暴发，给国家和人民带来重大损失。紧要关头，一大批逆行者奋勇而出。

84岁高龄的钟南山，没有选择颐养天年，而是第一时间前往防疫一线，了解最新情况。也正是因为钟南山此次的武汉之行，才让国人提高警觉，意识到这是一种传染性极强的病毒，让大家加强做好防护措施，将感染人数降到了最低。

作为支援武汉新冠肺炎疫情医护人员的一员，肖思孟抵达武汉第三天，便主动剃光了自己留了多年的长发，作为一个女孩子，她的新发型让我们感动地落泪。我们知道这是为了便于防护，降低感染概率，但是最为一个爱美的女孩，眼看着多年的长发就这样消失不见，内心又怎么可能没有波澜呢？

武汉金银潭医院是这次新冠肺炎疫情防控中众人皆知的标志性地点，战斗最先从这里打响。金银潭医院院长张定宇自己患上了渐冻症，双腿已经开始萎缩。但他站立的地方是最坚实的阵地。豪迈地说出："我必须跑得更快，才能跑赢时间才能从病毒手里抢回更多病人。"

快递小哥汪勇，以自己接触了疑似患者，需要在仓库隔离几天名义，瞒着妻子昼夜参与抗疫。一天最多接送近30个医护人员往返金银潭医院，累到腿抖个不停。他招募一批志愿者跟着他一起接送医护人员，后来他们联系上了摩拜单车、滴滴、青桔单车等平台，一起帮助前线的医护人员们。有一次，医护人员需要一批防护鞋套，整个武汉市都断货了，汪勇连夜开车到距离武汉55公里的鄂州葛店，运回2000双防护鞋套。汪勇还帮忙解决了医院医护人员的就餐问题，对驰援武汉的医护人员照顾有加。

抗疫期间，护士与年幼女儿隔空拥抱的场景感人至深。护士刘海燕，是一名共产党员，在河南省扶沟县人民医院工作。刘海燕的丈夫程晓申是扶沟县人民法院的一名干警，两人有一个可爱的女儿。在这个特殊时期，由于两人均需坚守一线，无法照顾女儿。孩子的一声："妈！"震碎多少人的心！

广大普通百姓万众一心，听从号召，严格约束自己，认真执行"不出门添乱就是作贡献"的要求，最大限度地避免了新冠肺炎疫情蔓延和传播。他们都做了自己该做的事情，也是实现自我价值的一种方式。

抗疫期间，这样的感人故事不胜枚举。他们都是普通的人，都是父母的子女，都是夫妻的爱人，都是子女的靠山。他们为了国家利益，从大局出发，毅然决然选择做一个逆行者，一个奉献者，这就是人生价值的体现，就是自我实现的体现。

（资料来源：作者根据多方资料整理而成）

第六，如何自我超越。自我超越可以看作是自我实现后的需求的再次升华。由于不满足于人本主义只关注个体自我及其实现，再加上受到东方智慧的影响，马斯洛在20世纪60年代中后期开始和苏蒂奇等人本心理学家讨论超越人本的问题。他们叫此为"第四势力"或超个人心理学。马斯洛理论在企业管理中的应用如表4-2所示，马斯洛理论在消费市场的应用如表4-3所示，马斯洛理论的贡献及局限如图4-7所示。

表4-2 马斯洛理论在企业管理中的应用

需求层次	主要诉求点	应用策略
生理需要	最低级别需求，以生存为第一原则	尽可能地增加工资、改善劳动条件、提高福利待遇，在同类型工作中获取优越感

续表

需求层次	主要诉求点	应用策略
安全需要	仅次于生理需求，必须确保的需求	强调职业保障、福利待遇，保障员工不致失业，提供医疗保险、失业保险和退休福利，可以让员工踏实地工作
社交需要	初级的心理需求，给员工适当自由空间和交往时间	提供员工间交往机会，鼓励员工寻找及建立和谐的人际关系，定期组织团建。给员工适当的个人时间参加社会活动
尊重需要	较高层次需求，需要认可和尊重	做到赏罚分明，提供公平竞争的工作环境。对成绩给予肯定、奖励和表扬
自我实现需要	最高层次需求，需要塑造共同价值观	强调价值观的趋同，为员工提供更广阔的展示平台并赋予更多权利，必要时给予股权激励，向合伙人转化

表4-3 马斯洛理论在消费市场的应用

需求层次	市场特点	需求满足策略
生理需要	最低需求层次市场	消费者只要求产品具有一般功能即可
安全需要	有"安全"要求的市场	消费者开始关注产品对身体的影响
社交需要	满足消费者社交中的需要	帮助消费者提高交际形象
尊重需要	满足消费者个性化需求	产品需要有特点和象征意义
自我实现需要	满足对产品有自己判断标准的市场	消费者有自己心仪的品牌且难以改变，对价格不敏感，重点是做好售前、售中和售后服务

贡献	1. 马斯洛认为人的需要由一个从低级向高级发展的过程，这符合人类需要发展的一般规律 2. 马斯洛的需要层次论来源于其人本主义心理学，认为人的需求不同于动物本能，人的行为是受意识支配的，人的行为是有目的性和创造性的，第一次把人和动物进行区割研究 3. 马斯洛的需要层次理论把人的需求层次进行划分，对社会的治理、企业的管理和消费者市场的分析都有积极意义
局限	1. 马斯洛是离开社会条件、离开人类历史发展及人的社会实践来考察人的需要及其结构的，即人的本质是超越社会历史的，抽象的"自然人" 2. 人的动机是行为的原因，而需要层次理论只强调人的动机是由人的需求决定 3. 需求归类有重叠现象 4. 层次划分过于绝对，有些社会事实实现顺序不尽相同 5. 需要满足的标准和程度是模糊的

图4-7 马斯洛理论的贡献及局限

经济学上，越是低端的市场竞争越激烈且利润越低，靠走量赚取利润。因为消费者对"增值服务"不苛求，只在意产品自身功能和价格。反之，需求层次高的市场消费者对价格敏感度降低，且需求层次越高价格敏感度越低。所谓"消费者愿意支付的价格约等于消费者获得的满意度"说的就是这个道理。这里纠正一个概念，通常认为价格越低廉性价比就越高，事实不是如此。性价比是一个综合概念，不只是产品自身的功能，还有从产品中获取的增值服务和优越感，这和马斯洛需求理论相一致。

二、弗洛伊德理论

西格蒙德·弗洛伊德（Sigmund Freud，1856年5月6日—1939年9月23日），出生于奥地利摩拉维亚的弗莱堡市，是精神病医生、心理学家、精神分析学派的创始人，其理论的框架和研究方式深深影响了后来的心理学发展。1899年出版《梦的解析》，被认为是精神分析心理学的正式形成。1919年成立国际精神分析学会，标志着精神分析学派最终形成。1930年，弗洛伊德被授予歌德奖，被称为无意识领域的哥白尼或达尔文。弗洛伊德理论的贡献与局限如图4-8所示

贡献	1. 创立精神分域理论 2. 创立人格结构理论 3. 创立性心理发展理论
局限	1. 本能论，夸大了本能的作用 2. 放大了潜意识支配作用，贬低了主观和后天的能动性 3. 泛性论，把机械的生理行为心理化 4. 研究方法的局限：受时间、样本和个人因素的影响

图4-8　弗洛伊德理论的贡献与局限

弗洛伊德的贡献主要体现在以下三个方面：首先，弗洛伊德是第一个对无意识心理现象与规律进行全面系统研究的人，他对无意识的研究加深了人类认识自身的深度，他把人看作是一个能量系统，潜意识中的本能冲动是人类行为的根本动力。其次，弗洛伊德是心理学史上第一个对人格进行全面而深刻研究的心理学家，他的"人格三结构"理论是第一个完整的人格理论，"人格三结构"理论的提出标志着西方人格心理学的开始，为人类心理学研究的发展奠定了基础，传统心理学重视认知与行为，忽视情感与欲望，忽视动机的研究，弗洛伊德则重视动机、情绪、需要和人格的研究。最后，弗洛伊德开辟了一条心理治疗途径。弗洛伊德的精神分析突出了心理治疗的价值，临床实践中创立了一套治疗神经症的方法和理论。

（一）弗洛伊德理论在销售中的应用

马克·吐温曾说："我这一生不曾工作过，我的幽默和伟大的著作都来自求助潜意识心智无穷尽的宝藏。"人的潜意识无穷无尽，广阔无边，充分的开发消费者的潜意识，满足消费者的潜意识，市场前景将非常广阔。

（二）本我、自我和超我的消费者市场应用

满足本我。满足消费者本我需求，主要是满足消费者生理层面的需求，是最低层次的需求，也是最基础的需求。本我的需求在不同的阶层有着不同的含义，如贫困和

低收入阶层，本我的需求更主要是吃饱、穿暖、有房住。小康阶层的本我需求则要求吃得好、穿得好、有自己的房子住。中产阶层则要求吃得优、穿得优、住得优。而富裕阶层和超富裕阶层则希望吃得绝对安全且优质、穿得绝对安全且优质、住得绝对安全且舒适。因此，企业在满足不同本我阶层时，不能简单地一概而论，要根据阶层的划分针对性满足。

发现自我。"自我"在消费者层面主要体现的是需求的个性化。

第四节　企业市场的购买参与

企业市场也叫组织市场，是指为组织生产、转售、转租或者为了组织消费而构成的市场，由于产业市场、经销商市场和政府购买之间有很强的相似性，我们这里仅以企业市场为例加以说明，其他部分不再展开论述。

生产者市场也叫产业市场，是指购买的目的是组织再生产所形成的市场。中间商市场是指为了转售、转租所形成的市场，中间商市场主要包括代理商、批发商、零售商和经销商。政府市场是指政府采购而形成的市场，通常政府的购买行为通过政府的平台公司来完成，因此，此部分购买也并入到企业市场来阐述。

消费者市场和企业市场有着显著差别，本节重点介绍企业市场的特点及影响企业市场购买的因素和行为。

一、与消费者市场的比较

（一）消费者市场

消费者市场具有鲜明的特征，具体体现在以下几个方面。
（1）规模性：消费群体的规模庞大和消费品种类、数量及消费总量的规模庞大。
（2）多样性：指需求的多样性和产品的多样性。
（3）分散性：消费者群体的分散性和消费交易行为的分散性。
（4）频繁性：成交随时发生，成交次数频繁或零星。
（5）多变性：消费者需求的多变性和购买决策、交易行为的多变性。
（6）替代性：消费者市场产品种类繁多，产品可替代性强。
（7）非专业性：消费者多为非专业购买行为。
（8）引导性：容易受到广告宣传的引导。

（二）企业市场

企业市场具有以下特征。
（1）大额性：企业市场单笔交易一般涉及金额较大。
（2）复杂性：由于参与者较多，谈判组织复杂并涉及复杂性技术谈判。
（3）组织性：购买行为通常以团队或组织的形式出现。
（4）居间性：企业市场的需求是由该企业的客户需求引起，是中间环节。
（5）专业性：购买行为多为分管采购的专业人员或专业团队负责。
（6）趋利性：以专业标准为购买标准，很难受个人情感因素影响。
（7）持久性：一般一个交易行为需要多轮谈判才能完成，时间持久。
（8）长期性：建立稳固的购销关系后一般会长期合作。

（三）消费者市场与企业市场的区别

（1）购买主体不同。企业市场购买的主体是企业自身，而消费者市场购买主体是以个人或家庭为单位的终端消费者。

（2）购买目的不同。企业市场购买目的是开展生产经营活动且有盈利；消费者市场的购买目的是用于生活消费。企业市场是组织再生产的中间环节，是生产性消费，直接或间接受到消费者市场需求的影响；消费者市场则位于再生产循环的终点。

（3）购买规模不同。企业市场一般是一次性大批量购买；而消费者市场则是零星的分散性购买，两者的购买体量差距巨大。

（4）购买途径不同。企业购买者通常都是与厂家、总经销、代理商或者专业市场完成购买行为；消费者市场购买一般在门市店、商场和网店完成。

（5）价格敏感性不同。消费者市场对价格较为敏感，商品价格的稍微上扬都可能来带市场的流失；而企业市场对价格敏感度相对较低，只要组织生产所形成的产品有销路，企业并不担心价格的上涨，企业市场更多是根据原材料购买价格来组织销售，最终的价格负担会向下游转移。

（6）市场范围不同。企业市场较为集中，且数量较少，通常需要跨区域完成；而消费者市场比较分散，散落在消费者居住的每个社区和街道，随时随地都可以进行消费。

（7）购买体系不同。企业市场购买体系较为复杂，有决策团队，有执行落实团队，有支付团队，有交付验收团队等，是一个完整的、高度配合的复杂流程；而消费者市场则没有这些分工，通常一个人且在较短时间一次性完成。

（8）推广策略不同。由于企业市场多为技术性较强的产品且面对的是专业性较强的购买人员，因此，企业市场多需要人员推销，且推销员需要具备较强的专业技术知识，此外企业市场的广告主要诉求在技术方面；消费者市场更强调大众媒体宣传，且消费者市场多为形象广告，属于精神层面的诉求。

（9）购买弹性不同。企业市场购买弹性较小，很少出现波动；消费者市场购买弹性较大，受到干扰的因素较多，经常会出现短期性波动。

（10）参与购买人员的专业性不同。企业市场参与人员多为企业的分管领导、专业负责部门及人员、外聘专家顾问等；而消费者市场多凭购买者过往经验或者在亲友建议下完成购买行为。

二、影响购买的因素

（一）环境因素

环境因素是影响企业市场购买的最重要的因素，由于涉及面广，影响因素较多，不确定和不可控因素也较多，我们从以下八个方面加以分析。

第一，政策与法律。国家的政策、法律或地方性法规对购买市场的影响可以分为鼓励和限制两个方面。

我们发现，全球一体化趋势已经深入人心，国与国之间的经贸往来非常频繁，国际贸易额持续增加，尤其以制造业大国著称的中国，原材料的进口及产品的出口数额都非常巨大，中国是很多国家或地区的第一大贸易伙伴。同时我们也要看到，贸易保护主义抬头，个别国家不合时宜的推行单边主义、贸易保护，国际秩序重构趋势愈发明显。因此，企业面临的政治、政策、法律因素不再局限于国内，也有国际，甚至还会涉及第三方国家。一些跨国企业在与某国进行交易中不仅要遵守所在国法律，有时还要遵守其他关联国家的法律。

第二，经济前景。企业所有经济活动都是以实现最终的销售和盈利为目的的，而经济的前景是企业发展的大环境，经济环境预期向好时，企业就可以采取进取的态势，加大生产力度，加大原材料库存。企业前景看淡时，企业就要采取收缩的态势，放慢生产速度，减少库存积压，减少原材料储备。例如，房地产行业在叫嚷着"活下去"的时候，大量的拿地、囤货就是一种非理智的企业行为。

第三，供求关系。供求关系是影响企业采购的最直接因素，如前文所说，企业组织生产的目的是实现销售，当企业生产的产品供不应求时，企业就会组织加大生产，需要采购大量的生产设备和生产材料；企业所生产的产品滞销时，企业就需要压缩生产规模，待产品的销路恢复时，企业才会重新组织购买组织生产所需资料。

第四，技术因素。技术对购买的影响是双重的，首先，技术的进步会带来新的购买，新技术和新产品的上市必然会对原有的产品带来冲击，如成本冲击、功能冲击、外观冲击、亲和性冲击等。出于竞争考虑，企业为了保持在竞争中的优势，势必要采取技术跟进。其次，新的技术也会带来企业购买行为的保守，如更新换代较快的电子类产品或人工智能产品，其更新速度快，且周期短，企业在采购时就需要考虑产品的迭代效应，避免因产品的更新换代造成原材料浪费、产品滞销或降价。再次，企业在推出新技术时还要考虑新技术带来的成本因素，有些新技术的引进一次性成本很高，回收周期较长，企业在采用新技术时，需要充分考虑市场因素和企业的自身承受能力。最后，新产品的接受和推广需要一定的时间，在采用新技术时，既不能太保守，更不能太冒进，造成不必要的损失。

消费者市场和企业市场专栏4：

中微半导体设备公司5nm刻蚀机的诞生

手机的核心是芯片，芯片生产的核心技术是刻蚀机。现代信息技术和人工智能，都是以芯片为基础。刻蚀机作为制造芯片的工具，相当于农民手中的镰刀，工人手中的机床。此技术主要被西方所垄断，首屈一指的是荷兰ASML公司，它是全球率先能够提供高精密EUV光刻机的厂商，几乎垄断了高端刻蚀机市场。落后就会陷入被动，于是出现了高度依赖进口的局面，在进口市场卡脖子时，企业就会"断炊"，直至破产。

在高倍的电子扫描镜下，将芯片放大一万倍，它的结构就像是密密麻麻的立交桥和高速公路，而这些高速公路，只有头发丝的万分之一那么宽。刻蚀机就是在指甲盖大小的芯片上建这些"立交桥和高速公路"。刻蚀机的相当于头发丝直径（约为0.1毫米）二万分之一大小，如果用这么细小的笔尖写字，可以在一粒大米上，写出10亿个中文字。

2020年4月，上海传来好消息，中微半导体设备公司，在CEO尹志尧带领下，自主研发的5nm刻蚀机宣布诞生，并获得台积电的认可，将于2021年投入生产，日后将为华为、苹果和高通等厂商生产5nm制程工艺芯片。5nm是刻蚀机目前行业的领先水平，当所有的巨头还在为10nm，7nm技术大肆进军的时候，中国中微正式宣布掌握5nm技术，在最艰难的时刻，及时实现可弯道超车。

这次技术突破，打破了西方对刻蚀机市场的封锁，将有可能彻底改变芯片市场的格局，意义重大、深远。

（资料来源：作者根据多方资料整理而成）

第五，市场竞争。企业市场购买的最终目的和唯一目的就是组织生产、实现销售并在销售中获取可观的利润。因此，在企业市场，企业需研究市场竞争，尽可能地在市场的竞争中获取优质的生产材料和生产设备，压缩成本，保障企业生产的有序进行，如考虑季节性因素的采购、考虑商家的阶段性促销采购、考虑交通运输的紧急性采购、考虑竞争的买断性垄断采购。

第六，卖方市场销售政策因素。卖方为了促进销售也会采取一些销售策略，这也会对企业的购买行为带来影响。

第七，资金成本。现金流是影响企业的一个重要因素，在当下，很多企业追求现金流的流速，让现金流跑起来，提高资金的周转次数，降低资金的使用成本。

第八，产品特性。产品的特性不同也会影响企业的购买行为。

（二）组织因素

由于各个企业的发展定位、经营目标、采购政策、业务程序、规章制度等不同，造成企业的购买行为不同。

首先是企业发展定位，有的企业需要提高市场占有率，做大企业，有的企业则希望维持现在的市场份额，还有一些企业不看好自己在本行业的发展希望停产或转产，这三类情况下企业的购买行为自然不会相同。

其次，企业的购买是一个复杂的组织行为，参与人员众多，可能涉及企业主、主管和分管领导及购买执行团队。从参与部门来看，有负责招采的部门、有法务、财务、技术、生产、销售甚至涉及审计等部门，每个企业的组织机构不同，购买的行为也不会相同。

最后，规章制度涉及授权体系，不同层级的人员有不同的购买权限。规章制度还涉及考察、谈判、招投标政策等，这些规章制度企业也各不相同。此外，一些大型企业都有自己的战略资源库，供应商完成入库审查后才有合作的机会。

（三）人际因素

企业的购买行为还会受到各类人际关系的干扰。购买的参与人员的个人人际关系，购买的参与人员在企业内职位、影响力和话语权，都会影响企业的购买行为。此外，企业一些长期的购买习惯也含有人际关系因素。

（四）个人因素

由于购买参与人员的年龄、阅历、经验、性格、职位及对风险的认知和责任的担当等，都会影响企业的购买行为。企业的购买过程也是人与人的谈判过程。参与人员的高超的谈判技巧，可以起到控制谈判节奏、把握谈判走势，甚至起到不战而屈人之兵的作用，因此，谈判被称作一门高超的艺术，参与谈判的人被称作谈判专家或谈判艺术家。

第五节　企业市场的购买过程

和消费者市场不同,企业市场的购买通常需要涉及大额的资金、复杂的技术和多人员协同参与,并且需要满足、遵守企业的各种购买制度和体系,因此,企业市场的购买过程比消费者市场的购买行为要复杂很多,本节将对企业市场的购买过程做详细解读。

一、问题识别

消费者的问题识别是以自身使用为目的,而企业的问题识别则是以企业的盈利为目的,两者的目的明显不同。

和消费者市场一样,问题识别阶段处于企业购买行为的最前端,是发现需求阶段。当公司中有人或组织在某个特定时期开始思考某个问题或某种需求需要通过购买某一商品或服务才能得到解决时,就宣告企业的购买过程开始了。

发现需求的因素有很多,总的来说,可以划分为内部因素和外部因素。其中,内部因素包括企业组织生产需要的设备、材料或耗材的日常储备,企业推出新产品需要采购新的设备或生产材料企业对生产设备的维修、保养和更换,企业供应关系的主动优化等。外部因素包括企业发现自己的产品和竞品存在差距,需要更新产品所触发的生产设备和资料的购买行为;企业通过互联网、展销会、推介会等信息搜集,发现更符合企业利益的设备、材料所触发的购买行为;供应商的各类广告、人员推销,帮助企业认识到需求,所触发的购买行为等。

不同于消费者市场,企业问题的识别存在一个重大的漏洞,通常情况下不容易被发现,而等到发现的时候,市场机会早已经错失或者后续花费惨重的代价弥补,甚至无法弥补。这一类问题主要集中在战略决策层面,需要决策者对市场有超强的敏感性、果敢的决策能力和优秀的领导能力。

二、需求确定

确定需求是企业购买行为的第二步,在整个企业购买过程中最为关键,是要解决企业作为或不作为的问题。确定需求是一个复杂论证过程,企业的任何决定都具有风险性,因此,需求确定的过程就是一个风险评估过程。

企业需求确定的第一步是项目的立项,是一个非常艰难的过程。企业是否要淘汰旧产品,上线新产品;企业是否要扩大再生产,增加生产线和原材料储备;企业是否淘汰新设备,上线新设备;企业是否要淘汰传统供应商,建立新的供应渠道;企业是否占用资金,加大库存等。通常情况下,这类决策都涉及公司发展战略,属于重大决

161

策，因此，企业在确定需求的时候需要召开高级别的会议，对市场前景、竞争关系、利润汇报进行综合评估，需要企业的决策层组织市场、技术、采购、生产、财务等部门共同参与，进行大量的市场调研和论证后方可实施。

需求决定的第二步是编制购买产品的技术标准和规范，把需求具象化，如确定购买产品的规格、型号、能耗、材质等技术参数及采购数量等。

需求决定的第三步是编制预算，根据企业购买的产品规格和数量，编制对应的预算，并思考资金的来源和使用。

需求决定的第四步是编制招采计划书，根据产品技术规范和资金安排采购计划。此部分工作主要由招标采购部门主导，技术、生产和财务部门配合，完成的关键是采购部门对供应方市场的掌握程度。

三、寻找商家

此部分工作主要由招采部门主导。问题的识别、需求的确定都是企业的内部工作，还没有和供应方市场有实质性接触，寻找商家是企业开始尝试与供应商接触，是企业的主动行为。寻找商家的途径很多，但如何用最正确的方式找到最恰当的供应商，就需要招采部门对大量的市场信息进行搜集、整理、分析和反复论证。目前搜集信息的第一选择是借助网络查询，互联网的发达为供销双方提供了方便且高效的交流平台，企业在寻找供应方时，通常都会借助互联网初步查询一番。此外，互联网在带来方便的同时，也存在信息来源广泛、鱼龙混杂的现象，需要企业参与采购的人员认真辨认。企业搜集信息的第二种渠道是借助关系，如供应商关系库，借助企业内部、外部人员推荐等，此类信息来源相对准确，成本也较低。企业获取商家信息的其他方式还有通过专业咨询机构、通过供应商广告等，借助专业咨询机构的商家寻找方式一般是涉及技术性较强或跨国贸易，而通过商家的广告寻找也是一种便捷高效的信息获取方式。

四、提案征集

此阶段是企业购买者与产品提供者进入实质性接触阶段，此阶段可以分为先后两部分。第一部分是购买企业根据制订的招采方案和搜集到的供应商信息向供应商提出购买邀请，邀请可以是口头通知，也可以是书面通知。大宗商品的购买、技术性强的商品购买和规范性较强的公司通常采用后者，如有必要，有时还要面对面进行对招采要求交底。第二部分是供应商在充分获取购买方的邀约信息后，根据购买方要求在规定时间递交产品供应提案。

提案征集阶段最重要的工作有三点：第一，购买方要确保产品购买要求信息准确无误地传递给供应商；第二，产品供应商要充分完整的了解购买方的产品购买要求。

第三，研究和制订科学可行的技术和商务方案，以便获取购买企业的信任和在竞争对手中脱颖而出。

在企业的购买决策中，技术方案是获取购买企业信赖的敲门砖，也是打动企业最终购买的根本动因，没有技术的支撑，商务方案就无从谈起。商务方案主要是制订报价策略，是赢取竞争的重要一环。

五、最终选择

在前期的准备工作充分完成后，接下来到了供应商选择的阶段，此阶段是整个企业市场购买行为的核心。供销双方是否进行了充分的技术交流，艰苦的价格谈判，是购买行为成功与否的关键所在。

如果我们把提案征集阶段比喻成"海选赛"阶段，那么这个阶段是"晋级赛"阶段，并直至选出第一名为止。此阶段，购买方相对主动，购买企业只要组织所有参与部门，根据供应商的技术和商务条款，使用招采计划中提前设定好的分值，进行认真打分即可。此阶段，供应商压力巨大，需要使出浑身解数，研究企业购买方的需求，研究竞争对手的谈判策略，可以说既要有形式也要有内容。

购买完成后，供应商的售后服务工作是关键所在，它既是购买行为的自然延续，如购买企业在产品的使用过程中涉及技术交底、缺陷反馈及使用过程中的应急处理，可能是下一次购买行为的开始，很多优质的供应商会成为采购方的长期战略伙伴，即赚取了口碑，也赚取了实惠。因此，聪明或负责任的供应商一般会重视售后，尤其是在自媒体发达，话语权向购买方倾斜的今天，做好售后服务尤为重要，可能一起不恰当的投诉处理都可能会给企业带来巨大的危机和损失，目前很多企业售后服务工作的分管领导职位都很高，有的甚至由总裁亲自担任。售后服务工作的重点是服务"态度"，好的服务态度一定是专业、及时、高效和贴心的。

章末案例
....

DJI无人机用科技创新满足消费需求

一、企业简介

深圳市大疆创新科技有限公司（以下简称DJI），2006年由香港科技大学毕业生汪滔等人创立，是全球领先的无人飞行器控制系统及无人机解决方案的研发和生产商，客户遍布全球100多个国家和地区。经营范围是航空电子设备、自动控制设备、无人驾驶航空器、无线电数据传输系统、电子元器件、计算机软件的生产及其应用的技术开发、批发、进出口及相关配套业务，软件技术信息咨询，教育信息咨询等。主要应用有消费级无人机系统、手持影像系统与机器人教育。产品适用于影视、农业、房地产、新闻、消防、救援、能源、遥感测绘、野生动物保护、军事等领域。公开资料显示，2015—2017年的营收分别为59.8亿元、97.8亿元、175.7亿元，增速维持在60%以上。预计2022年DJI营收可达1700亿元，稳居世界无人机头把交椅。

2015年2月，美国权威商业杂志《快公司》评选出2015年十大消费类电子产品创新型公司，大疆创新科技有限公司是唯一一家中国本土企业，在谷歌、特斯拉之后位列第三。

满足消费需求最好的方式就是不断的创新。以科技为基础和手段的创新是最高端的创新。在中国科技快速崛起，美国进行无掩饰堵截打压的今天，企业坚持自主创新尤为重要。攀登科技的制高点，把科技的话语权牢牢握在自己手里。世界知识产权组织（WIPO）公布的2018年全球国际专利申请（PCT）排名情况，华为技术以5405项高居榜首，DJI排名全球第29，总量排名跃升56位，申请总数达9128项。

作为全球著名的无人机飞行平台和影像系统自主研发的制造商，DJI始终以领先的技术和尖端的产品为发展核心。从最早的商用飞行控制系统起步，逐步地研发推出了ACE系列直升机飞控系统、多旋翼飞控系统、筋斗云系列专业级飞行平台S1000、S900、多旋翼一体机Phantom、Ronin三轴手持云台系统等产品。不仅填补了国内外多项技术空白，并成为全球同行业中领军企业。2019年10月，DJI发布"御"Mavic Mini航拍小飞机，拥有可折叠设计、249克机身重量、1200万像素、30分钟的单块电池续航时间等设计。

二、DJI主要提供的产品类型

DJI主要提供的产品类型如表4-4所示。

表4-4　DJI主要提供的产品类型

产品类别	产品系列
消费级	精灵Phantom	Phantom；PhantomFC40；Phantom2；Phantom2Vision；Phantom2Vision+；Phantom34K；Phantom3Standard；Phantom3Advancad；Phantom3Pro；Phantom3SE；Phantom4；Phantom4Pro；Phantom4Advancad；Phantom4Pro+
	御Mavic	MavicPro；MavicPro 铂金版；MavicAIR；Mavic2变焦版；Mavic2 专业版；MavicMINI 航拍小飞机；MavicAir2

续表

产品类别	产品系列	
消费级	灵眸 Osmo	Osmo；Osmo+；Osmo手机云台； Osmo 手机云台2； Osmo 口袋云台相机 OsmoACTION 灵眸运动相机； OsmoMOBILE手机云台 3
	机甲大师 RoboMaster	RoboMasterS1；RoboMasterEP
专业级	悟 Inspire	Inspire1；Inspire1Pro/RAW；Inspire2
	灵眸 Osmo	灵眸 OsmoPro/RAW
	禅思 Zenmuse；	ZenmuseX5；ZenmuseX4S；ZenmuseX5R； ZenmuseX7；ZenmuseX5R
	如影 Ronin	Ronin；Ronin-M；Ronin-MX；Ronin2；Ronin-S；SC 单手持微单稳定器
		MasterWheels；DJI 体感控制器专业版；CrystalSky；DJI 无线跟焦器；DJI 电池管理站 Cendence；Osmo 配件
行业应用	经纬 Matrice	M600；M100；M200；M600Pro；M200V2；M300RTK
	筋斗云 SpreadingWings	s90；s1000+
	风火轮系列	
	御 Mavic	Mavic2 行业版系列
	精灵 Phantom	Phantom4RTK；Phantom4 多光谱版
	禅思 Zenmuse	ZenmuseZ3；ZenmuseXT；ZenmuseZ30； ZenmuseX7；ZenmuseXT2；ZenmuseH20
	应用程序	大疆智图；大疆飞行模拟；大疆农业服务平台； 大疆司空 DJIGSPro

165

续表

产品类别		产品系列
农业应用	植保无人机	T20；T16；MG-1P；MG-1SAdvanced
	应用程序	大疆农业服务平台；大疆农业数据平台
航模配件	飞行控制器	AceOne；Naza-H；Naza-MLite；Naza-MV2；A3；N3
	动力系统	TakyonZ318/Z420；TakyonZ415-M/Z425-M；TakyonZ14120；TakyonZ650；TakyonZ660；E305；Snail；E2000；E5000；E7000
	图像传输系统	DJILightbridge；DJILightbridge2；DataLinkPro；DataLink3
	开发使用配件	视觉传感导航系统；Manifold；Manifold2；DJISkyPortV2；DJIX-Port
	其他配件	iOSDMini；iOSDMARKII；D-RTKD-RTK2。

通过持续的创新，DJI致力于为无人机工业、行业用户及专业航拍应用提供性能最强、体验最佳的革命性智能飞控产品和解决方案。

当前，DJI的领先技术和产品已被广泛应用到航拍、遥感测绘、森林防火、电力巡线、搜索及救援、影视广告等工业及商业用途，同时亦成为全球众多航模航拍爱好者的最佳选择。在DJI新的研发实验室里已经储备了未来2~3年的最新科技，并持续融入自己的创造力和想象力，使得这些超前的科技成果可以被应用到解决各种实际工业和商业问题的产品中去。DJI始终坚持创新和原创的理念，并且对产品的研发规划十分超前和严苛，坚持做到每推出的一款新产品都具有比市场上同类型产品更强大、更稳定的性能。DJI在实现技术和产品质量领先的同时，在产品推广和企业文化输出方面亦保持了其创新、超前的理念。DJI将结合自身的积累和优势，不断开发创新技术，为用户设计和创造更多更卓越的产品和服务。

三、DJI与汪滔

作为DJI的创始人兼CEO，汪滔对DJI的发展可谓影响深远，甚至可以说DJI深深地打上了汪滔个人烙印，正是由于汪滔的一手操办才成就了今天的DJI。因此，企业的领袖和决策人员对企业的发展起到关键作用。汪滔坚持"不赚容易的钱"，无论公司盈不盈利，都要持续不断地进行产品研发，保持企业的核心竞争力。

汪滔从小爱看与天空有关的书籍，孩提时代的爱好为汪滔后来对无人机痴迷播种了最原始的种子。他的无人机启蒙爱好从《红色直升机的探险故事》漫画书开始，以至于每天都在憧憬着天空的奥妙。身为工程师的父亲，非但没有认真"管教"他的孩子，令其子承父业，竟然还"惯着他"，给他买了一架遥控直升机。这样的家庭成长氛围使汪滔可以把爱好无限放大，直到"一发不可收拾"。

爱好是最好的老师。幸运的是，汪滔对无人机的爱好是从儿时开始的。俗话说"干一行爱一行"，但这句话绝对没有"爱一行干一行"动力强劲。成功学有一个时间定律。英国神经学家Daniel Levitin认为，人类脑部需要长时间的理解和吸收一种知识或者技能才能达到大师级水平，顶尖的运动员、音乐家、棋手，通常均需要花一万小时练习才能让一项技艺至臻完美。简单理解，就是不管做什么事情，只要坚持一万小时，如果不憨不傻，基本上都可以"熬"成该领域的专家。何况一个有天赋，并对无人机痴迷的人呢？因此，也就不难理解汪滔的创业期在人生的20多岁就提前到来，远远早于他人。

随后，汪滔"顺理成章"地报考华东师范大学电子系，随后申请斯坦福和麻省理工。虽未果，但转过头来报读香港科技大学。汪滔处处体现着对无人机事业的执着，甚至近乎"偏执"。求学的唯一目的就是无人机；创业几乎倒闭时一个人在坚守；每周不低于80个小时，经常熬夜到凌晨5点；床铺放在办公室"疯狂"的搞技术研究。

汪滔的管理非常严厉。他经常和员工说，既然选择了DJI，为了做出更多更好的产品，就必须放弃安逸。汪滔信奉乔布斯的人才观，"我的成功得益于发现了许多才华横溢、不甘平庸的人才。不是B级、C级人才，而是真正的A级人才"这句话可以看出，汪滔瞄准打造的是顶级团队。成功只属于极少数人，这种带团队的方式其实是在大浪淘沙，筛选和自己一样痴迷无人机技术的同类人，很好地保持了团队的战斗力。

没有格局的企业家通常认为自己开公司养了一帮人；有格局的企业家会认为自己请来了一帮人才一起做事，汪滔显然是后者。重奖有贡献的人才，动则豪车相送，毫不吝啬，他的原则很简单："不辜负付出辛勤努力的员工，但前提是你必须有所付出"。

在多元化发展战略指引下，DJI研发多个应用模块，成功撬开消费级无人机市场，让企业的业务更加宽广。2011年，DJI在克萨斯州奥斯汀市成立北美分公司，为DJI带来了"无限可能"，成功开拓了北美市场，进而赢得全球市场。

四、向消费者提供最好的产品

第一，掌握核心科技。核心科技是企业的立命之本，核心科技的独特性、超前性、领先性和不可超越性是企业在市场竞争中长久立于不败之地的法宝。哪怕是再强大的公司，一旦丧失技术优势，被赶超和被取代只是时间问题。

汪滔从创业之初，就认定了一条路：注重研发，无论是公司盈不盈利，都在持续不断地进行产品研发，这是典型的技术流做派，不惜成本搞研发，事实证明，踏实做事的人不吃亏。

随着公司的不断发展壮大，汪滔也提出了对技术的新要求，"公司做得越大，越要警惕赚容易的钱"。"不赚容易的钱"也道出了汪滔对企业的定位，对技术的持续追求和熊熊野心，于是，才成就了DJI"全世界都在追赶的公司"，同时，也从侧面证明了DJI技术的领先性。

在互联网高速发展的今天，尤其是移动互联技术的普及，信息在人与人之间高速传播，流量经济正在取代传统经济，成为社会经济活动的主流，"酒香不怕巷子深"在这个时代被赋予了新的含义。只要你足够优秀，只要你足够有特点，甚至是足够另类，都可以博取眼球，获得流量，赚取利润。但是，不管社会如何发展，有一个核心的驱动心始终在引领着价值取向，而且亘古不变，那就是核心技术。这个核心技术就是领先的、难以取代的、不可复制的，并以此建立起来的企业的综合竞争优势的统称，切记哗众取宠，切记投机取巧。

第二，引进来和走出去。关键时候的"舍得"是一种魄力。有一些企业虽然拥有超强的技术优势，但是企业的领导人缺少格局，不懂得取舍，结果导致自己抱着金子饿死在沙漠里。汪滔在关键时期的几次"舍"，成就了今天的"得"。第一次"舍"是为了让研发没有后顾之忧，汪滔接受外部资金，牺牲股份向陆迪融资9万美元。研发是DJI的立命之本，为了消除研发的后顾之忧，汪滔果断的"舍弃"股份，可以说这次的"舍"解决了公司的持续发展和存亡问题。第二次的"舍"是与奎恩的合作。常规思维，DJI此时已经很成功，作为一个年轻的创业者，已经功成名就，可以"享受"生活。然而汪滔没有这样，他大胆的与他的客户奎恩合作，"两人一拍即合"，事业放大到全球市场。

两次引进合作，两次取舍，走得踏实、自然。

为DJI带来"无限可能"的北美分公司的成立，是实现DJI腾飞的一步妙棋。在DJI国内发展一片大好，衣食无忧的时候，汪滔却选择了"走出去"。正是这次走出去开拓了世界市场，让DJI从一个技术先进的中国公司成为一个领先全球技术的跨国性集团公司；让汪滔从一个身价上亿的高科技企业的中国老板，变成了身价数百亿的全球性跨国公司的领导者。世界了解了DJI，DJI赢得了世界。

第三，有生命力的团队。管企业主要是管人，人才对于公司发展至关重要，对于科技型企业更甚。DJI的团队生命力主要体现在三个方面：选人、用人和留人。

首先，选最优秀的人、选价值观相近的人，从人才的来源上把好第一道关。DJI选人的标准是基于乔布斯的"我的成功得益于发现了许多才华横溢、不甘平庸的人才。不是B级、C级人才，而是真正的A级人才"。

其次，在用人的过程中，汪滔的管理非常严厉。他经常和员工说，既然选择了DJI，就必须放弃安逸。汪滔不只是对员工"苛刻"，更是以身作则事必躬亲，感染着员工和带动着员工。虽然工作强度大，持续高压，但又无怨可生，看来领袖的光环在发挥作用。

最后是DJI的留人。职场有句话说得好，"所有只谈理想不谈待遇的老板都是耍流泯"，汪滔显然深谙此道。"不辜负付出辛勤努力的员工"。员工可以一起分享企业发展带来的红利，才是真正的尊重人才，员工工作才会有动力，才会真正操心企业发展，主动融入企业发展，把企业的事当成自己的事。

（资料来源：作者根据多方资料整理而成）

本章小结

消费者的购买需求是企业组织生产的根本动力和出发点，满足消费者购买需求是企业的根本使命。企业的购买需求是企业组织再生产，满足消费者购买需求的前置程序。消费者市场和企业市场存在很大差异，本章将两者进行对比分析，以便帮助读者更好的理解认知。本章分别介绍了消费者市场和企业市场的购买决策。从问题的发现、影响购买的因素、购买决策的形成过程及实施购买决策等，进行了详细论述。同时，本章还对购买者的购后阶段，进行阐述，把消费购买行为形成闭环。买卖是一个双向的行为，涉及的是买方和卖方，本章分别站在购买者和销售的角度对同一过程进行分析，把问题剖析得更全面、更透彻、更具有实战意义。

第五章
品牌定位和品牌资产

语音是文化的基础和民族的象征，中文语音技术应当由中国人做到全球最好，中文语音产业要掌握在中国人自己手中，这个目标方向将一直带着科大讯飞继续发展下去。

——科大讯飞董事长 刘庆峰

【学习要点】

☆细分市场的基础
☆目标市场的选择
☆品牌定位的展开
☆设计品牌战略
☆品牌资产的创建

章首案例

科大讯飞品牌定位

科大讯飞股份有限公司（IFLYTEK CO.LTD.），前身为安徽中科大讯飞信息科技有限公司，公司总部在合肥，成立于1999年12月30日，2014年4月18日变更为科大讯飞股份有限公司，专业从事智能语音及语言技术研究、软件及芯片产品开发、语音信息服务及电子政务系统集成。拥有灵犀语音助手、讯飞输入法等优秀产品。科大讯飞作为亚太地区最大的智能语音技术供应商，始终坚守技术创新为导向，不断投入大量科研经费，把握"平台+赛道"机遇，在人工智能及智能语音领域开创出了更好的发展局面，成为国内智能语音行业的领军者。

一、品牌塑造

在物联网领域，人机交互价值日趋重要，科大讯飞作为智能语音与人工智能领域的代表性企业，提出"平台+赛道"发展新模式，把握物联时代新机遇。

第一，深耕语音交互技术，主导编制行业技术标准。语音交互技术是科大讯飞的核心关键技术，作为以技术为主导发展的企业，科大讯飞坚持深耕语音交互技术研究，力争走在行业前端。当前，随着物联网产业的发展，语音技术也从较早期的行业应用迅速转变为大众化应用，基于各种智能终端设备的语音应用不断涌现。但目前国内各大语音技术服务供应商提供的客户端开发组件的接口、形式不一，尤其是在智能家居行业，使其开发、维护和运营存在难度。因此，科大讯飞根据其多年语音技术经验，提出加强行业技术标准研制，推动语音交互技术标准的统一。

第二，打造语音开放平台，加快应用场景创新。应用场景创新是增强客户黏性的关键点。面对着激烈的人机交互市场竞争，科大讯飞打造语音开放平台，为开发者供应用场景创新土壤。2010年，科大讯飞推出讯飞开放平台，提供包括语音合成、识别、语义分析等一系列基础技术在内的AI能力。2015年，科大讯飞正式发布AIUI开放平台，基于原先的讯飞开放平台生态圈，着重将人机交互能力向合作伙伴开放。随着技术革新，AIUI平台已由1.0版进阶至3.0版本，不断完善技能开发工具和平台能力，让开发者能够更加高效的开发出个性化应用。同时，伴随着智能硬件时代的到来，智能不仅只是实现人机交互，还应是智能设备间互通互联。为此，科大讯飞研发智能物联云AIoT，提供基于互联网的云计算和基于局域网的雾计算能力，前者提供开放、聚合、智能的云服务平台，后者利用设备原有空闲的计算资源，降低延迟和系统成本，两者被整合到PaaS开发平台里，为开发者提供AI接口和开放设备连接，助其创建个性化智能场景。此外，为鼓励开发者加快应用场景创新，科大讯飞为创业团队提供1亿元创投资金，投资爱见科技、心智互动等企业，扶持学生创业团队，提供3万元产品补贴券及全方位的创业资源对接，积极搭建生态平台。

目前，以讯飞开放平台为代表的科大讯飞智能语音平台已对外共享了包括云计算及大数据服务、AI营销方案、AI学习服务等170余项AI能力。截至2020年6月30日，讯飞开放平台正在为超过103万开发者和65万多应用供服务，在开放方案市场占有率稳居第一，累计支持超过24亿终端，日均总服务量达到47亿次。

第三，实施双轮驱动战略，不断开辟市场新赛道。经过多年的市场积累，科大讯飞在智慧教育、智慧医疗等ToB端已占据领先地位。近年来，由于可穿戴设备等消费市场的兴起，公司开始向ToC端展开业务布局，实施ToB+ToC的双轮驱动战略，不断开辟市场新赛道。在ToB端，科大讯飞开发了智慧考试、智慧校园、智慧课堂等智慧教育系列产品，已在全国31个省、自治区、直辖市及新加坡等海外市场广泛应用，与25000余所学校建立合作，服务师生数超过8000万人；将开发智能语音技术扩展到图像技术领域，在智慧安检领域，开发"X光安检图像智能识别系统"，已经可辅助识别刀具、枪支、压力容器罐等30多种违禁品，平均识别率达到85%；智慧医疗领域，利用智能影像识别技术辅助医生阅片，提高放射科医生的工作效率，降低阅片的漏诊率。

科大讯飞于2018年发布了"MORFEI智能家居生态计划"，打造以MORFEI核心的"营销平台+智能硬件生态+设备供应商+线下服务"的全产业链开放生态，用智能语音技术和讯飞物联AIoT的优势积累推进家居行业发展。目前，科大讯飞已与中粮、旭辉、金茂等国内知名地产商达成合作，推动智能家居业务。

二、科大讯飞："AI+"时代营销布局

如今，伴随着"扫脸付款""语音搜索"等技术的广泛应用，人工智能已经深入到人们生活的方方面面。大量AI技术应用进入生活和工作中，正以极快的速度颠覆原有的社会结构和秩序。

科大讯飞作为中国智能语音与人工智能产业领导者，其在语音识别、图像识别等多个人工智能领域一直走在世界前沿。在品牌营销上，其实力同样也不容小觑。

第一，"AI+"数据：精准的消费者洞察，构建立体用户画像。在品牌营销上，精准的用户洞察必不可少，只有深入了解消费者的需求，才能做到有针对性的传播。数据是信息时代最重要的资源。科大讯飞拥有可产生海量级数据的产品，如讯飞输入法已拥有5亿用户，月活跃次数达1.2亿，且通过与主流移动硬件设备厂商合作，覆盖亿级终端，数据资源强大。

与此同时，讯飞开放平台上的APP、硬件终端所聚集的信息也会汇集到科大讯飞的数据库里，形成资源池。科大讯飞通过运用人工智能技术，可对这些数据进行深度挖掘，并借助用户标签对其进行有效行业细分，构建立体的用户画像。

第二，"AI+"营销：全新创意升传播效果，语音互动直达核心信息。科大讯飞除了能够聚集海量数据构建用户画像之外，人工智能的发展和应用也是多方面的，其通过"AI+"营销，不断拓宽了企业营销的边界。

在营销创意上，不同于以往的传统创意，科大讯飞能够使用先进的语音合成技术打造全新的营销创意，如语音合成广告，即利用明星合成语音，用户可用自定义的合成语音念广告，在游戏的潜移默化中让品牌广告词深入人心。

在营销互动上，科大讯飞能够实现视频语音互动。一般情况下的用户观看视频都需要看很长时间的广告，才能看到正式的视频内容。而通过视频语音的互动，用户无须等待即可直达核心信息。例如，在给沃尔沃汽车做的案例中，视频画面出现时，上面有一个语音键，用户大声说"沃尔沃"即可跳过广告。这种视频语音互动的方式，虽然用户看广告的时长减少了，但他对广告的印象度要比传统广告方式高很多，广告效果更加明显。

第三，"AI+"服务：智能化客服供优质体验，体验式交互开创新模式。在智能服务上，科大讯飞开发有机器人营销和智能客服，能够代替人工为客户供更加优质的服务。例如，海底捞用机器人接线为消费者订餐；银行通过语音识别绕过分键系统，快速解决用户问题；高铁用机器人客服快速获取用户订票需求，用人工智能升企业管理效率和服务质量。

在体验式交互上，科大讯飞实现了智能硬件+品牌定制双结合的服务模式。万物互联的时代，泛媒介化趋势越来越明显，未来所有的媒介智能终端都将成为媒体。例如，科大讯飞给雀巢咖啡定制的音箱可以连接到云端，既可以听歌、听广播，也可以叫车点餐，而要想唤醒音箱，就要叫"雀巢雀巢"，这样的交互式体验能极大地增强用户对品牌的认知度和好感度。

三、总结

在云计算的迅速发展下，科大讯飞在发展的同时，也面临着危机。人工智能及大数据的大规模发展，越需要厚实的云计算底座，才能因场景而异，具有弹性、速度、安全等各方面的优势。正如同曾经的语音巨头Nuance一样，科大讯飞一样面临着技术壁垒逐渐丧失的危机，曾经的互联网公司还要仰仗着科大讯飞的智能语音技术支持去运行产品，但时境迁，IDC报告显示，互联网大厂对智能语音领域的逐渐重视，都纷纷开始选择自研语音识别技术进军智能语音行业。

在这个大数据、人工智能、机器学习、图像识别等黑科技飞速发展的阶段，科大讯飞通过本身的技术优势，将AI技术赋能到各个领域，"AI+"数据、"AI+"服务、"AI+"营销，实现了人工智能营销的全方面布局。正如杜兰所说"'AI+'时代，不仅是从业者的时代，更是每个人的时代"。机会是留给有准备的人，而每一场危机都是一次考验。正是由于科大讯飞的技术实力过硬，产品才能快速适应不断变化的需求，加之硬件的更新升级，使得科大讯飞能够从容应对危机，在转变赛道上领航旗帜不倒！

（资料来源：作者根据多方资料整理而成）

第一节　识别市场

企业在分析了消费者市场和企业市场之后，那接下来的问题就是处理进入什么样的市场。在市场中，没有哪一家企业能够满足市场上所有消费者的需求，所以，目标市场的选择对于企业至关重要，有针对性地去选择满足市场中的某一特定消费群体的需求，是企业顺利进入目标市场的关键因素。

一、细分消费者市场基础

（一）市场细分的概念

20世纪50年代，美国市场营销学家温德尔·史密斯（Wendell Smith）基于西方企业营销的实践经验，在《产品差异和市场细分——可供选择的两种市场营销战略》一文中提出了市场细分的概念，一经提出便受到了广泛的应用。

所谓的市场细分，是指根据市场上消费者的不同需求及偏好，将整个市场划分为若干小市场的过程。每个小市场就是不同的细分市场，对应着不同的消费者的需求层次，并取决于消费者的消费心理、购买行为、收入及观念等方面的差异。

（二）市场细分的发展阶段

市场细分其发展过程中，存在着以下几个阶段，如图5-1所示。

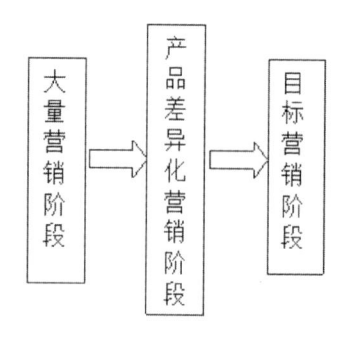

图5-1　市场细分发展阶段

第一，大量营销阶段。19世纪末20世纪初，正处于资本主义工业革命阶段，社会经济的重点是强调企业的规模和迅速发展，市场以卖方为主导，以产量来拉动市场购买力。在这种以卖方为主导的市场环境中，大部分的企业的营销方式都是大量营销，通过生产单一品种的商品，采用统一的销售渠道和模式。

第二，产品差异化营销阶段。在20世纪30年代，世界性的资本主义经济危机的暴发，使得西方企业面临着产品严重过剩的危机。大量营销的方式不再能适应市场发展的需要，向市场推出具有特色的产品，更加受到市场上消费者的欢迎，因此营销方式开始逐渐从大量营销向产品差异化营销转变。

第三，目标营销阶段。20世纪50年代以后，科学技术革命使得社会生产力水平大大升，但是产品差异化营销并没有从消费者的需求出发，导致消费与生产之间的矛盾逐渐恶化，因此，这种营销方式不能解决企业所面临的市场问题。于是，市场又再一次的推动企业转变经营观念和营销方式，创造了新的营销方式，即以市场需求为导向的目标营销。

（三）市场细分的作用

第一，有利于挖掘市场机会，开拓新市场。市场细分是确定目标市场的前提，通过市场细分，企业可以对细分市场中的需求进行充分的分析，发现已经满足的需求以及未满足的需求。并根据分析的结果，针对未满足和部分满足的需求结合企业自身的资源和能力来寻求市场机会，形成新的目标市场。

第二，有利于选择目标市场和制订市场营销策略。在市场细分过后，企业对于细分市场的了解比较具体，消费者的不同具体需求也越来越明朗化，企业可以根据自己的经营思想、目标及生产技术和能力来选择自己的目标市场。并针对目标市场内消费者的具体需求再制订特殊的市场营销策略。同时，由于目标市场相对于大市场较小，市场调查的工作任务较轻，信息能够及时收集和反馈，一旦市场上消费者的需求有任何的"风吹草动"，企业都可以及时的察觉并迅速调整或修改营销策略，制订相应的对策，以适应变化，提高企业的环境适应性和竞争能力。

第三，有利于集中企业资源投入目标市场。不论是大企业还是小企业，所拥有的资源都是有限的。通过市场细分确定目标市场后，企业可以将自身的资源集中投入到自己所擅长的目标市场中，发展自己的竞争优势，然后再在目标市场中占取领头羊的位置。

第四，有利于企业提高经营效益。发现机会扩展目标市场、制订特殊的营销策略，以及集中资源投入目标市场都可以提高企业的经济效益；但除此之外，通过细分市场，企业可以针对目标市场中消费者的需求，生产出相应的产品或提供相应的服务，这样既能够满足消费者的需求，又能够提高企业的经济效益。针对消费者需求所提供的产品或服务可以提高商品的流转速度，增加销售率，降低总成本，以及能够使员工积累经验，在提高生产效率的同时降低生产费用，提高商品的品质，增加企业的经济效益。

第五，有利于提升顾客的忠诚度。通过市场细分，企业在确定目标市场之后，会对目标市场中消费者的需求有全面的了解。企业可以针对所了解的目标市场的信息，提高产品和服务的质量，以此从各方面来满足消费者的需求，提高顾客的忠诚度。

品牌定位和品牌资产专栏1：

华帝的品牌转型

华帝股份有限公司成立于2001年11月28日，其前身是中山华帝燃具有限公司，成立于1992年4月。股份公司主要从事生产和销售燃气用具、厨房用具、家用电器及企业自有资产投资、进出口经营业务。华帝产品集群已涵盖华帝产品已形成抽油烟机、燃气灶具、热水器（燃气热水器、电热水器等）、壁挂炉、嵌入式产品（蒸烤一体机、蒸箱、烤箱、消毒柜等）、洗碗机、净水器、全屋家居等系列产品为主的多个品类。

一、华帝转型

品牌向下延伸，可以通过高端品牌影响力，带动中端品牌发展，稍有操作空间，但是难度也不小。反过来，要把一种中端品牌，向上跃迁，这个难度更大，就像我们认识一个人23年，要去改变他的认知，其实是很难的。在大家消费认知中，华帝就是一个中端品牌，消费者认可华帝在灶具领域的专业性，但是华帝的价格一直卖不上去，受到低端市场和高端市场的双向挤压，在战略上是一个骑墙状态，两边都不讨好。

二、转型途径

首先，从产品发力，年投入1.2亿元研发产品。华帝对产品研发的重视，这也是中低端品牌转型高端品牌的根本。而华帝的投入也带来了相当可观的回报。其次，渠道下沉再下沉。产品、品牌，都要通过渠道"变现"，实现营收的增长。而一线城市市场逐渐饱和、国内城镇化加速，使得三、四线城市成为新的渠道增长点。华帝原来的定位就是中低端，在三、四线城市有着比老板、方太更扎实的渠道基础。华帝通过渠道下沉、取消大区经销商、打造"松滋"榜样，进一步激活传统渠道的活力。最后，疯狂营销，一年砸掉16亿元。自潘叶江担任华帝的董事长后，华帝就开始打造时尚、智慧的定位，着力使品牌年轻化。2018年，华帝开展了一场营销盛宴，华帝趁世界杯打出"法国夺冠，指定产品全额退款"的营销牌，一时间赚足眼球，销售业绩也相当可喜。

三、转型发展

第一，增速：继续快马加鞭。华帝能够在所处厨电行业增速见顶的背景下，仍然保持着高速增长，体现出华帝战略转型的成功。从潘叶江就任董事长之后，大刀阔斧进行企业鼎新固本的改革，通过基于消费市场升级和用户价值行为的转变，出了"智慧+时尚家"的口号,将专业创新的智慧科技,迅速转化为在家就能体验的"智尚生活"品质。这种战略上的高瞻远瞩,成就了华帝在行业承压的背景下,能够逆势增长的奇迹。

第二,经营:业务板块平衡。华帝三大业务板块占据了整体业务的87.24%,相比较业务发展均衡,不存在明显的短板。这也就表明,华帝在业务发展中的综合能力突出,对市场的把控能力比较强。此外,华帝在行业均价升为第一,其中烟机均价升19%,灶具均价升14%,热水器均价升15%。均价升速度高于行业,说明华帝在转型高端上已经效果开始显现。

第三,预期:后劲依然十足。华帝能够保持持久发展动力,绝非凭空而来,而是品牌、产品、渠道综合实力和能力协同驱动的必然结果。华帝目前已经在品牌建设上卓有成效,不仅在"中国最有价值品牌500强""CCTV中国品牌榜"上榜,成为"中国自主品牌创新贡献奖"得主,同时还获得"国际行业影响力品牌奖""BrandZ最具价值中国品牌100强""年度厨电TOP10品牌"等殊荣,品牌影响力与日俱增。

在"互联网+"思想推动下,华帝以"人工智能"为方向,掀起里程碑式的厨电智能革命。凭借时尚美观的工业设计、更加优质的服务体验,华帝赋予产品更人性化的解决方案,开启了全新的"厨房后工业时代",成为专业厨电行业的强力领军品牌。

(资料来源:作者根据多方资料整理而成)

(四)市场细分的客观基础

第一,消费者需求的差异性。在市场上,由于消费者的收入、生活环境等方面的差异,造成消费者在购买产品时,在需求、动机及行为等方面也存在着不同。

第二,消费者需求的相似性。每一个细分市场都是稳定独立的,这是因为在该市场中存在着有比较相似的购买行为和购买习惯的群体。

第三,企业能力限制。在市场中的每一个企业的资源、经营范围和能力都是有限的,不可能提供市场上所需的全部商品来满足市场上的全部消费者,只能在自己的活动范围内来进行生产和营销。企业细分市场就是要选择自己生产和经营的方向,同中求异、异中求同,发挥企业的优势,更好地满足部分消费者的需求。

(五)消费者市场细分的依据

消费者市场细分的依据主要有两类:一是以产品为导向;二是以消费者为导向。以消费者为导向的市场细分其重点是对消费者的需求和行为特征进行分类,主要以顾客总体特征为细分标准对消费者细分。他们根据不同营销决策目标对消费者细分,细分变量包括产品、品牌使用率、消费态度等，目的是要了解消费者对种产品或品牌的心理需求和消费行为差异，以选择最有利的目标顾客群及恰当的营销策略。

从营销学的角度来看，消费者市场的细分依据可以概括为地理环境因素、人口统计因素、消费者心理因素、消费者行为因素、消费受益因素等。每一个方面又存在着一系列的细分变量，如表5-1所示。

表5-1 消费者市场细分依据

细分标准	细分变量
地理环境因素	地理位置、城镇大小、地形、地貌、气候、交通状况、人口密集度等
人口统计因素	年龄、性别、职业、收入、民族、宗教、教育、家庭人口、家庭生命周期等
消费者心理因素	生活方式、性格、购买动机、态度等
消费者行为因素	购买时间、购买数量、购买频率、购买习惯、品牌忠诚度、对服务、价格、渠道、广告的敏感程度等
消费受益因素	消费者特征、存在的问题、产品功能等

1.地理环境因素

地理环境因素主要是包括消费者所处的地理位置和自然环境，企业根据这些变数来细分市场。因为处在不同地理环境下的消费者，对于同一类产品往往会有不同的需求和偏好，譬如，对自行车的选择，城市居民可能大多数选择轻便型的自行车，而农村居民可能更偏重选择耐用型加重车等。生活在同一地区的消费者有很多相同的特点，而不同地区的消费者也存在着很多明显差异，地区的范围大小对于消费者的活动也构成一定的限制。按照地理因素细分产品市场对于绝大多数企业都适用。当然，地理因素是一个静态因素，处于同一地理位置的消费者仍然会存在很大的需求差异。因此，企业要选择目标市场，还必须考虑其他因素。

第一，地理位置。地理环境因素可以按照行政区来划分，比如我国可以划分为东北、华北、西北、西南、华东和华南几个地区；也可以按照地理区域来细分，如分为省、自治区、市、县等，或者内地、沿海、城市、农村等；在不同地区，消费者的需求有着明显的差距，如西北与华南的生活习惯有很大的不同，其对产品的需求也不相同。

第二，城镇大小。按照城市大小可以分为大城市、中等城市、小城市和乡镇等，处在不同规模城市的消费者在消费结构方面存在着很大的差异。

第三，地形和气候。按地形可以划分为平原、丘陵、山区、沙漠地带等；按照气候可分为热带、亚热带、温带、寒带等。因此对于御寒产品，在北方是必需产品，而在南方则可有可无，需求不大。

2.人口统计因素

人口统计因素是反映消费者个人的基本特点的变量。它包括消费者的年龄、性别、职业、收入、民族、宗教、教育、家庭人口、家庭生命周期等。按照人口统计因素划分的人文变量是进行市场细分时最常用的基础，消费者的需求偏好和购买行为在很大程度上受到当地人文环境影响。下面我们选择几个主要的人口统计因素进行分析，其他因素可以依次类推。

第一，年龄。不同年龄阶段的消费者，由于生理、性格、爱好、经济状况的不同，对商品的需求存在着很大的差异。

第二，性别。在细分市场时，性别是一个很明显的变量，男性和女性在购买行为、购买动机等方面存在着很大的差异。

第三，收入。收入可以直接影响消费者的需求和购买行为，也是细分市场的重要方面。

第四，民族。世界上大部分的国家都有多种民族，不同的民族有不同的生活习惯和文化底蕴，都会影响消费者的购买行为。

3.消费者心理因素

根据消费者心理因素细分市场称为"心理细分"。消费者心理变量包括消费者的生活方式、性格、购买动机、态度等变量。这类变量在人口统计因素或地理因素相同的消费者也存在着明显的差异。所以，它们也是市场细分的重要依据。

4.消费行为因素

消费者行为因素细分是指根据消费者对某一产品的认知、看法、使用和反馈情况等将消费者集体分为若干类别的过程。消费者的购买事件、购买数量、购买频率、购买习惯等变量都可以作为细分市场的依据。

5.消费受益因素

消费收益因素主要是指消费者在购买和使用产品时所期望得到的某种利益的因素，这类因素在近年来受到西方企业的广泛应用。由于消费者在购买和使用同一种产品时各自追求的具体利益有所不同，具体来说消费者对同一种产品的功能期待也不相同，因此可以用来作为细分市场的依据。

（六）细分市场的有效性标志

第一，可衡量性。细分市场的可衡量性可以保证市场细分工作的有效，经过市场细分后企业可以直观地看出细分市场的范围及细分市场上需求量的大小。据此，企业可以对细分市场的价值进行评估，但细分市场的可衡量性，关键点在于细分市场的细分依据和细分变量是否可以识别和衡量。

第二，可进入性。细分市场的可进入性是指通过市场细分，企业可以在细分市场上使自身的资源和能力得到充分的利用，并且使企业服务于目标市场，让消费者的需求得到满足，从而占领这一市场。

第三，可盈利性。这是指企业细分出来的市场应该有一定的规模和市场潜力，使企业能够获取足够的利润。企业的目标就是获得利润，没有利润的市场是没有意义的。细分市场有充足的发展空间，才能使企业一系列的营销策略变得有效。

第四，相对稳定性。细分市场必须在一定时期内保持相对稳定，从而能保证企业在相当长的一个时期内，有效开拓并占领这一细分市场，避免目标市场变动过快给企业带来风险和损失，保证企业取得长期稳定的利润。

二、目标市场确定

（一）目标市场的概念

在市场细分过后，最主要的工作便是选择目标市场。麦肯锡认为目标市场就是把消费者视为一个特定的群体，企业决定进入的目标市场就是要利用自身的资源和能力尽心服务这个特殊的群体。企业通过明确企业的细分市场，可以针对市场制订相应的营销策略，生产和提供市场需要的产品和服务，以满足目标市场的需求。市场细分是企业确定目标市场的基础和前提，通过市场细分，我们可以得到若干有不同特征的细分市场，但并非所有的细分市场都对企业有效。因此，我们需要对各细分市场进行分析和评价，明确企业在不同的细分市场中的优势和机会，确定为多少个细分市场提供产品和服务。

（二）评价目标市场

在评价细分市场时，通常要注意三点：细分市场的规模和未来发展趋势、不同的细分市场的吸引力、企业自身的资源和目标。

1.细分市场的规模和未来发展趋势

企业要明确细分市场是否具有适当的规模,而在这里规模的概念是相对而言的,它需要考虑企业的实力。对大企业而言,小的细分市场没有进入的价值;对小企业而言,没有进入大的细分市场的资源和能力,且竞争力相较于大企业来说,实力较低。同时细分市场的未来发展趋势也是一个重要的评价点,这关系到企业业务在未来的发展状况,进入到没有未来发展的细分市场会造成企业的资源的浪费,降低企业的竞争力和营业能力。

2.不同细分市场的吸引力

细分市场的吸引力主要是细分市场的长期获利能力。一个细分市场可能具有相对合适的规模和未来发展趋势,但并不一定对企业产生足够大的获利吸引力。迈克尔·波特提出市场竞争存在五种力量(见图5-2):现有竞争者、潜在竞争者、替代品的威胁、购买者的议价能力和供应商的议价能力。

第一,现有竞争者。主要是分析在细分市场内是否已经存在相类似的企业,如果细分市场内已经存在较多的类似企业或者有实力较强、产生垄断的企业,则该细分市场不具有较强的吸引力。

第二,潜在竞争者。主要是分析该细分市场的进入壁垒,判断潜在的进入者是否很简单地就可以进入到细分市场。

第三,替代品的威胁。主要是分析在细分市场内是否有替代品。当细分市场中有替代品的威胁时,市场的吸引力就会降低。

第四,购买者的议价能力。主要是分析细分市场中购买者所拥有的主动权。如果细分市场中购买者的议价能力很高,那么购买者会尽可能地压低价格,同时还要求更高质量的产品或服务,造成企业的利益受损,则这个细分市场的吸引力不高。

第五,供应商的议价能力。主要是分析在细分市场中供应商的主动权。如果细分市场中供应商能够随意决定供应品的价格和数量,增加企业的成本,则这个细分市场不具有吸引力。

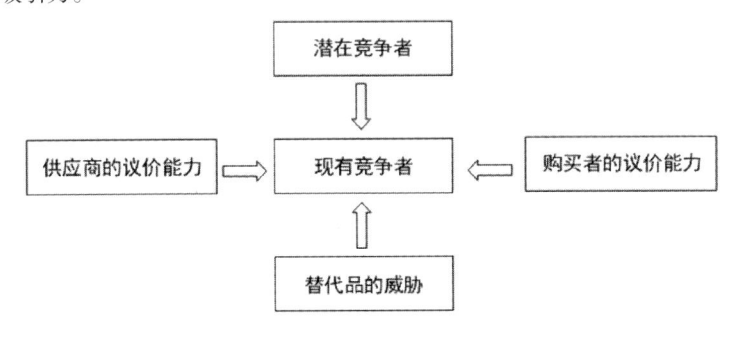

图5-2 波特五力模型

3.企业自身的资源和目标

除了细分市场应该具有吸引力外,企业自身的资源和能力也应该与细分市场相匹配,同时细分市场也应该符合企业的目标,才能保证企业在细分市场上取得成功。

(三)影响目标市场选择的因素

目标市场选择类型的多样性和企业情况的复杂性,决定了企业在具体选择目标市场时必须要考虑下列条件或因素。

1.企业的实力

企业的资源拥有状况,以及是否具有足够大能力是企业选择目标市场的重要影响因素。如果企业资源充足,拥有雄厚的资金、优秀的人才,企业可以选择的目标市场的范围会更广,可以考虑的市场营销策略也可以多样化。

2.产品的特性

如果市场上的产品同质或者相似,如日常必需品食盐、白砂糖等初级产品,可选择的目标市场的局限性非常小,可选择的市场营销策略业比较单一,如"无差异性市场营销策略";而对于选择性比较强调产品,如服装、电器、电子产品,目标市场的选择需要更加的精准,市场营销策略的选择也更加的多样化。

3.市场需求的特点

如果消费者对于产品的要求不多,在需求点方面大致相同,则企业选择目标市场不需要太细分,只需要满足产品或服务能够给消费者供的基本利益就行了,企业可以采用无差异性市场营销策略;反之,如果消费者之间的需求偏好差异很大,则企业需要对市场进行细致的细分,选择要进入的细分市场,采用差异性市场营销策略或者集中性市场营销策略。

(四)目标市场营销策略

根据企业选择涵盖市场的不同方式,来制订与之相对应的营销策略,有三种策略可供企业选择:无差异营销、差异性营销、集中性营销。

1.无差异营销

无差异营销指企业不注重细分市场,而是针对整个市场提供单一标准化的产品,同时运用单一的营销模式来服务市场上的消费者的需求。这种营销策略忽略了细分市场的差异性,将整个市场视为自己的目标市场,强调消费者的需求共性,提供同质化的产品。

2.差异性营销

差异性营销指企业通过市场细分，选取若干个细分市场作为目标市场，并针对不同的细分市场，设计不同的产品和制订不同的营销组合，以满足不同细分市场上的消费者的差异化需求。例如，联合利华，为消费者供了一系列的洗浴产品，且设立了不同的子品牌，不同的子品牌对应着不同的细分市场，可以更好地满足消费者在洗浴市场的需求，提高顾客忠诚度；同时，可以提高企业的竞争力、实力良好的企业形象。

3.集中性营销

集中性营销是指企业选择一个目标市场，并将企业的资源集中投入到这个目标市场中，实现专业化的生产和销售。集中化营销与其他两个营销策略在目标市场的选择方面有很大的差异，无差异营销和差异营销都是将业务着眼于整个市场，在大市场中占区较小的市场份额；而集中营销是将业务着眼于选中的细分市场，试图在较小的市场中占取较大的市场份额，并不是将鸡蛋放在不同的篮子里，而是将鸡蛋放在同一个篮子里。

（五）目标市场营销策略模式

将目标市场的营销策略分为三种类型之后，可以进一步将目标市场的选择分为五种模式，评价不同的细分市场后，企业应决定进入哪些细分市场，即目标市场选择。企业有以下五种模式可供考虑。

1.单一市场集中化

单一市场集中化，即企业只在一个细分市场内供单一产品，这是一种最简单且专业化的模式，如图5-3所示。

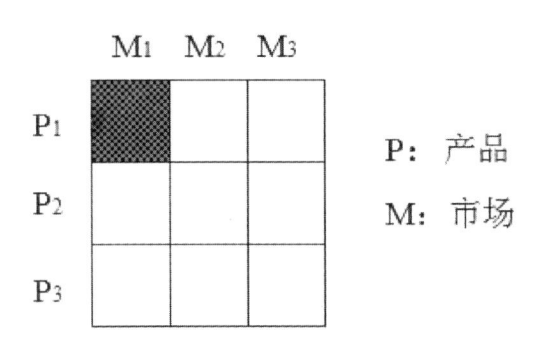

图5-3 单一市场集中化

2.选择性专业化

选择性专业化是指公司有选择地进入若干个不同的满足细分市场要求的目标市场，提供不同的产品和服务。选择性专业化模式的优势在于把鸡蛋放在不同的篮子里来分散风险，一旦有的细分市场没有吸引力，可以将企业的资源转移，在其他市场上盈利。这种模式下，不同的细分市场有着不同的特征，产品之间没有相关性，这对企业的资源及企业驾驭市场的能力要求较高，如图5-4所示。

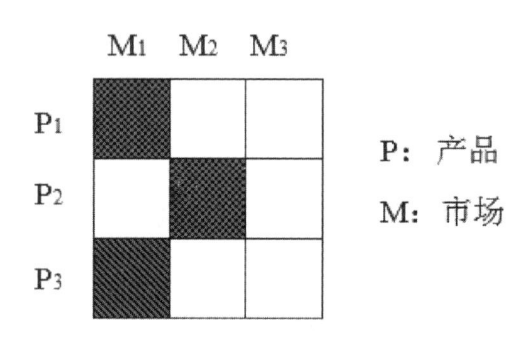

图5-4 选择性专业化

3.产品专业化

产品专业化是指企业同时为几个细分市场生产和销售一种产品或提供一种服务。例如，运动鞋生产企业，同时为男性成人消费者、女性成人消费者和儿童消费者生产运动鞋。产品专业化模式的优势是可以在一种产品或服务上积累经验，形成独特的专业化优势，同时可以提高产品和服务质量，树立良好的企业形象。但是这种模式的市场上产生新的技术或者出现替代品时，企业的经营就会受到威胁，如图5-5所示。

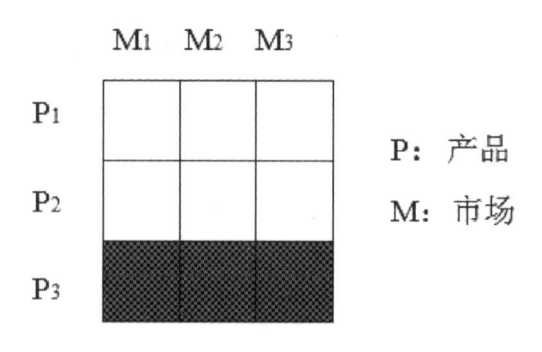

图5-5 产品专业化

4.市场专业化

市场专业化是指企业集中选择一类消费者群体，满足他们的各种需求。例如，时尚潮牌企业，为追求个性的年轻人提供各种产品，从衣服、鞋子、包包到各种配饰等产品。市场专业化模式的优势是可以让企业更加深入地了解目标市场上消费者的需求情况，同时销售渠道等方面的资源可以共享。但是，当市场上目标客户需求改变的话，企业就会受到威胁，同时这种模式对企业的资金、生产和销售能力要求更高，如图5-6所示。

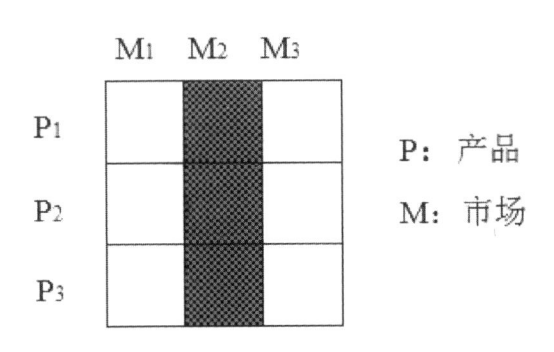

图5-6 市场专业化

5.市场全面化

市场全面化是指企业选择进入所有的细分市场，提供各种不同的产品，同时满足消费者对同种产品的各方面的需求。这种模式对企业各方面的能力要求都比较高，只有实力雄厚的大型企业选用该种模式，才能获得较好效果，如图5-7所示。

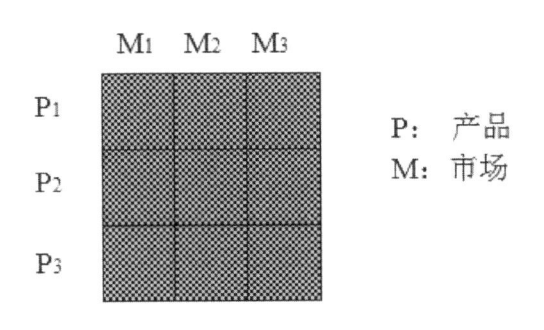

图5-7 市场全面化

（六）市场细分过程的步骤

我们在对市场细分的影响因素及目标市场的营销组合进行充分的分析之后，可以基本上来确定市场细分过程的步骤，如图5-8所示。

基于需要的细分 → 细分市场的识别 → 细分市场的吸引力 → 细分市场的盈利性 → 细分市场的定位 → 细分市场的检验 → 营销组合战略

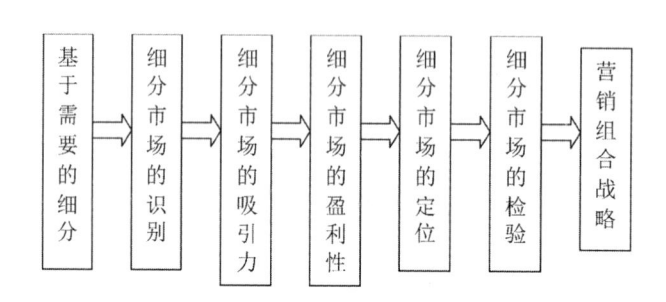

图5-8　市场细分过程的步骤

第一，基于需要的细分。基于需要的细分是指在市场细分的过程中要根据消费者对市场的需求及所要追寻的利益出发，将消费者群体划分为不同的细分市场。

第二，细分市场的识别。细分市场的识别是指对细分市场的特征进行辨别，企业根据每个细分市场的需求，判断哪些地理因素、人口统计特征、生活方式及心理能够满足细分市场中未实现的需求，以及与众不同的需求。

第三，细分市场的吸引力。细分市场的吸引力是指预测细分市场的未来发展状况，确定细分市场的市场增长率、市场竞争强度及市场的利润率是否有足够的吸引力来让企业进入市场。

第四，细分市场的盈利性。细分市场的盈利性是指判断细分市场的盈利性。

第五，细分市场的定位。细分市场的定位是指针对每个细分市场，根据细分市场中消费者的需求偏好及市场特征，确定企业将要发展的方向及价值，同时确定产品的价格定位策略。

第六，细分市场的检验。通过利用各种模型及方法分析，预测每一个细分市场的市场定位战略的成功的可能性，检验市场定位战略的吸引力。

第七，营销组合战略。确定包含产品、价格、促销及地点的营销组合战略来扩展细分市场定位战略，使得市场定位战略更加具有可行性。

品牌定位和品牌资产专栏2:

"三只松鼠"互联网快消品模式

一、公司简介

三只松鼠股份有限公司成立于2012年，公司总部在安徽芜湖，是中国率先定位于纯互联网食品品牌的企业，也是当前中国销售规模最大的食品电商企业，其主营业务覆盖了坚果、肉脯、果干、膨化等全品类休闲零食。2019年12月3日，"三只松鼠"宣布，2019年其全年销售额突破百亿元，成为零食行业率先迈过百亿门槛的企业。成立于2012年的"三只松鼠"，在短短几年时间里迅速成长，奇迹般地成为同品类中的"国货领头羊"。2019年全年销售额突破百亿元，成为当前中国销售规模最大的森林食品电商企业之一。"三只松鼠"迅速崛起的背后，当然离不开品牌的力量。

二、聚焦目标市场

"三只松鼠"聚焦顾客形象为：女性、年轻人、白领、时尚、生活健康、优质生活、网民、慢生活。对于这一部分干果类市场消费者，目标市场存在以下方面的特点：这个市场是社会主力消费群体，偏好于具有高质量、健康的饮食消费，日常生活基本离不开互联网，她们大多已经习惯了在网上购物，从传统的"认知—好奇—需求—购买"消费行为过程，进入互联网的"搜寻—挑选—体验—购买—评价—评论"。消费行为基于这种消费者行为模型，"三只松鼠"营销4P的产品策略、定价策略、渠道策略和促销策略都瞄准了消费群体。从产品包装、卡通形象和企业的客户服务等，处处都体现出青春的活力和氛围，尤其是可爱的松鼠的卡通形象更是让年轻消费者感到可爱活泼。从网上渠道的建立、"网红形象"的个性特征及建立完善的服务体验，都针对消费者对于商品核心价值与服务的诉求点。

三、品牌塑造

第一，优化客户服务。"三只松鼠"的客户服务值得一，明显区别于其他线上企业。与其他线上企业称消费者"亲"等不同，"三只松鼠"的客服化身为松鼠，称消费者为"主人"，客服不仅仅为顾客供产品问答服务，也可以聊故事、聊心事、提供日常生活提醒等。通过与顾客之间的独特沟通和互动，触动顾客的内在情感与情绪，能加深顾客的心理认同感，形成良好的品牌形象。这种客服体系也由此开创了中国电商客服的场景化服务模式，基于此，其团队更是曾经创造了五个客服单日完成千单业务的神话。

第二，多元载体传播。"三只松鼠"在品牌传播上多元载体并行。"三只松鼠"负责人表示，目前"三只松鼠"已经形成了"动画、视频、音频、条漫、图文、影视剧植入"等多元化的载体形式，这些多元化载体很大程度上会形成联动效应，增强"三只松鼠"的品牌传播效果。此外，相较于过去亲戚朋友之间的口碑传播，当前消费者可以通过购买评价、微博、微信等平台与亲朋好友分享，传播平台也发生了巨大变化。多元化载体在当前发达的多种传播平台聚合下，无形中强化了顾客对"三只松鼠"品牌的联想度，从而形成了良性的循环传播效果，由此建立起强势网络品牌资产。

第三，多种渠道共存。当前电商高速发展，互联网经济蓬勃向前，抓住线上发展机遇已是众多企业的重中之重。而崛起于互联网平台的线上企业"三只松鼠"，其发展模式却并不仅仅局限于网络平台，近年来逐渐布局线下小店，其线上线下高度融合的发展模式也可圈可点。例如，此前曾推出的活动"森林大门急着开开"：传说大森林的生物体是松鼠，每年4月时大门就会打开，如松鼠乐园、松树小健的神秘树洞、小酷的大坚果林，以及松鼠小镇等，通过这样的线下活动来推出不同系列的产品，不仅极大地提高了"三只松鼠"的趣味性，也大大提高了品牌知名度。

第四，体验营销为主。电商企业竞争日趋激烈，体验营销为垂直电商企业供了全新的营销视角和操作模式，"三只松鼠"以体验为基础，开发新产品、新活动，始终在寻找顾客购买和食用等体验环节中可以改进之处，契合消费者心理，如顾客每次购买产品收到的包裹都会不一样，包装袋里会有剥壳器、纸巾、夹子等小工具，让顾客吃"三只松鼠"产品时更便利，体验感更好，这种体验能极大地高消费者的品牌忠诚度，并产生美好的印象。

第五，塑造品牌趣味。"三只松鼠"塑造的不仅是"好吃"的食品品牌，同时也在重点高"好玩"这一趣味性，旨在将自身塑造为"吃+玩"一体化的综合服务名牌企业。首先其品牌LOGO采用了漫画式的卡通形象，与品牌定位吻合，塑造了一种活泼可爱的品牌形象，容易让消费者对品牌产生美好的联想和印象。其次，"三只松鼠"以"萌"形象为品牌定位，通过整合一系列营销活动，向消费者传递一种休闲、卖萌和森林的总体特征，让消费者觉得好吃、好玩、有趣味，进而让"三只松鼠"成为消费者生活中的一部分，让"三只松鼠"文化深入人心。

（资料来源：作者根据多方资料整理而成）

第二节 品牌定位的开展

一、开展定位调研

品牌调研有很多的分类方法。根据调研目的的不同，可以分为四种类型：探索性调研、述性调研、解释性调研、预测性调研；根据调研课题的不同，可以分为品牌环境调研、品牌资源调研、品牌资产调研等。

（一）探索性调研与预测性调研

第一，探索性调研。探索性调研主要是为了发现与确定问题。当企业不清楚需要调查的问题所涉及的范围和内容时，就应采用探索性调研作为试探，以便进一步调研。

第二，述性调研。述性调研是对需要调查的问题实际情况和影响因素，采用一定的方法，对问题进行如实地记录。这种调研本质是根据实际的资料，了解和回答5W1H方面的问题。多数的调研都属于述性调研。

第三，解释性调研。解释性调研是在述性调研已收集资料的基础上，研究各因素的因果关系。在实际调研中经常会遇到一些要回答"为什么"的问题。

第四，预测性调研。预测性调研是通过收集、分析和研究过去和现在的各种市场信息，运用预测方法，研究和估计未来一定时期内研究变量的变化趋势。这种调查是为了解决"会怎么样"的问题。

（二）品牌环境和品牌价值调研

第一，品牌环境调研。品牌环境调研是对影响目标品牌成长和发展的宏观环境、行业环境，以及内部资源与能力三种环境类型进行调研。系统的品牌环境调研，能够使品牌经营者及时发现同时利用在品牌经营的环境中可能存在的机会，以及躲避环境中的威胁，有助于品牌发展战略的优化和适时调整，保持和提升目标对品牌环境的敏感反应能力，保持品牌更新能力，提升品牌活力，从而保障品牌的持续成长。

第二，品牌资源调研。品牌资源调研是对企业在竞争的市场环境中，通过对资源的有效配置和使用，使品牌在销售产品、扩大市场份额、维系忠诚顾客等市场能力方面的调研。品牌资源调研，有助于品牌经营者发现在过往的品牌经营过程中品牌资源累积的效力，明晰品牌竞争的优势和劣势，有助于品牌发展战略的优化和适时调整，有助于目标品牌竞争力保持良好的匹配性及其对企业发展战略的动态支持，有助于目标品牌竞争力保持良好的升势头，推进目标品牌的持续成长。

第三，品牌权益调研，也可以是品牌资产调研，但这两者还是存在着区别，从不同的角度进行论述的。品牌权益调研是由品牌认知度调查、品牌忠诚度调查、品牌知名度调查、品牌保护度调查及品牌联想度调查五个部分组成，主要是对目标消费者及其他利益相关方对于目标品牌的产品、服务及运营等方面所产生的品牌的认知、联想及行为的系统测量。这种调查不仅可以了解品牌资产的要素的发展情况，还可以了解品牌资产的结构是否得到了均衡的发展及未来的发展趋势，明确品牌资产是否发展到预订水平，有助于品牌发展战略的调整和优化，使得品牌资产能够保值增值，充分发掘和利用品牌资产价值，有助于目标品牌的持续成长。

第四，品牌价值调研。品牌价值调研是指将品牌用货币进行财务评估，判断品牌在消费者及行业内的价值，同时期望能够获得消费者及其他利益相关者的认可。各种顾问咨询机构所公布的品牌排名就是通过品牌价值来进行的。品牌价值是品牌竞争力具体表现之一。

（三）品牌调研的流程

采用不同的品牌调研方法，品牌调研的流程不尽相同，但一般来说，严谨的品牌调研遵循市场调研的一般流程，如图5-9所示。

明确市场调研的目的 → 状态与问题分析 → 确定调查手段与抽样方法 → 调查设计与抽样 → 实施调查 → 资料整理及分析 → 撰写并提交调研报告 → 跟踪

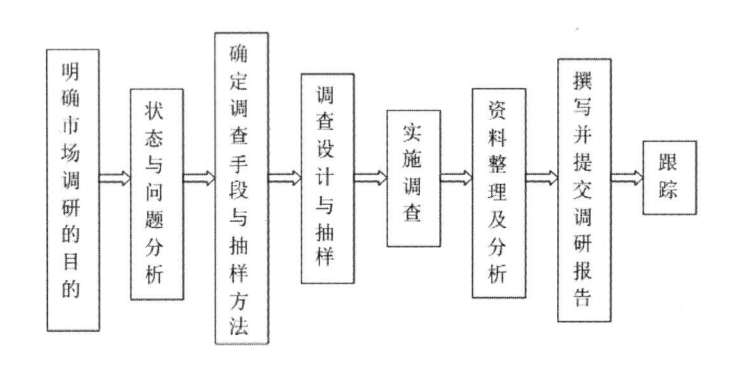

图5-9 品牌调研的一般流程

1.明确市场调研的目的

在市场调研之前，首先要了解为什么调研？要弄清楚哪些问题，确定调研的目的，以及在得到结果之后怎样去使用？明确调研目的。在这个过程中，还要了解企业的发展目标、企业发展背景、面临的问题及想达到的目标。

2.状态与问题分析

状态与问题分析是指在对市场调研的目的有一定的了解之后，已经把握了企业的发展状况及发展环境，在此基础上对企业的问题进行充分的分析，从而确定企业需要调查什么、已经有了哪些成果、还有哪些了解不充分。

3.确定调查手段与抽样方法

在分析状态与问题之后，需要确定调查手段与抽样方法。例如，通过状态与问题分析发现，企业对于消费者对于产品的态度及需求情况不了解，应该采用访问法和问卷调查法；如果企业不清楚竞争对手所采用的策略，可以通过观察法和访问法来了解；如果企业不确定采用何种价格策略，可以采用实验法等。

4.调查设计与抽样

在明确了调查手段与抽样方法之后，要进入设计与实施阶段。这个阶段需要通过预先的调查，来确定方案是否具有可行性，能否准确地反映调查的目标等。同时，还要明确抽样的方法。

5.实施调查

在明确了调查设计和抽样方法之后，就可以通过培训调查人员，实施调查。在市场调查中，一般是采用边调查边审核的方法，以确定调查结果的真实性和有效性。

6.资料整理及分析

资料整理一般是包括审核、复核、数据编码，以及数据录入等几部分组成。同时，还需要计算机进行统计处理。在市场调查中，计算机统计一般使用通用的SPSS或SAS软件来进行。

7.撰写并提交调研报告

根据统计结果，撰写调研报告。在报告撰写时，要特别注意一定要围绕调研目的，根据状态与内容分析的结果来进行写作。

8.跟踪

在提交了调研报告后，并不意味着调研工作的结束，还要对调查的内容进行跟踪调查，确定调查结果是否真实准确，同时还要注意出的问题是否得到了妥善的解决，在实施过程中是否存在着新的问题，决策和调研人员是否具有其他的意见等。

二、确定竞争参考

盈利是企业运营的共同目标，因此企业要获得消费者的欢迎和市场地位、增加自己的竞争力、更好地适应环境，就要对市场上的竞争者进行全面的分析，了解竞争对手有哪些特点、优势和劣势，有哪些要素能够吸引消费者，这样才能占取市场的领先地位，更好地满足消费者的需求。竞争者分析包含七个部分：识别竞争者，即确定市场上的同质产品、替代者和新进入者；建立竞手参考模型；判定竞争者的战略，即判断行业内竞争对手的战略情况，是否有战略群体及进入哪种战略群体；分析竞争者的目标，即识别竞争对手的目标及目标组合；评估竞争者的优劣势，即竞争者在市场中所拥有的资源和能力的状况；预测竞争者的反应模式，即竞争者在其他企业变化时，所做出的反应；选择竞争对手，即选择参考的竞争对手；市场竞争者分类，即将选择的竞争对手进行分类。

（一）识别竞争者

在企业发展的过程中，市场上的竞争者对企业的成长和发展有很大的影响，企业必须准确的识别出市场上的竞争者，才能对环境的变化及时的做出反应，提高企业的环境适应性。

1.竞争者的层次

菲利普·科特勒将企业所面临的竞争者分为四个层次：第一，欲望竞争者，这类竞争者是指可以满足消费者不同欲望。第二，类别竞争者，这类竞争者是指可以用不同的产品类别满足消费者同一欲望。第三，行业竞争者，这类竞争者是指在行业内生产各种形式的有竞争性质的产品。第四，品牌竞争者，这类竞争者是指与本公司有相同的顾客群，并且以相似的价格提供类似的产品和服务。

不同的层次的竞争者对企业的竞争层次不同，与企业有直接竞争关系的是品牌竞争者和行业竞争者，这两类竞争者都是与企业在同一个行业中竞争，行业内的资源状况会影响企业的竞争。而行业是由一种或一类相似的替代产品公司所组成。所以，我们应该对行业结构有一定的了解。

2.行业结构类型

根据行业内的产品差异化程度和企业数量，可以将行业分为四种类型：完全竞争市场、垄断竞争市场、寡头垄断市场和完全垄断市场。

第一，完全竞争市场，是指在一定区域内的一行业，有许多提供相似产品或服务的企业所形成的市场。完全竞争市场的特点包括：市场上的买方和卖方的数量较多；产品或服务同质；卖方进入或退出市场不受限制；市场竞争信息畅通。这类市场的竞争不受任何阻碍和干扰。

第二，垄断竞争市场，是指在一定区域内的一行业的卖方的数量较多，其不同卖方之间的产品或服务在性能、款式、质量上存在差异，顾客存在着一定的品牌偏好，其市场上的卖方主要以差异化来获取竞争优势。垄断竞争市场的特点为：卖主数量多；不同卖方的产品和服务存在差异，导致部分垄断；行业中的中小型企业较多，企业进出自由。这类市场中的垄断和竞争共存。

第三，寡头垄断市场，是指一行业的市场份额被几个大企业所占取，由少数几家企业提供产品或服务。这类市场是竞争和垄断的结合。可分为两种形式：一是差别寡头垄断市场。这是由少数几家企业控制同一有差别产品的行业，如手机、航空、飞机等行业。二是无差别寡头垄断市场。这是由少数几家企业控制同一无差别产品的行业，如钢铁、铝、石油等行业。

第四，完全垄断市场，是指在一定区域内一行业只有一家企业为整个市场提供产品或服务。完全垄断市场存在着一定的假设条件：市场上只有唯一一家企业生产和销售商品；该企业生产的商品没有任何接近的替代品；其他企业进入该行业都极为困难或不可能，所以垄断企业可以控制和操纵市场价格。

（二）建立竞争参考模型

通过对定位调研及竞争者和行业的分析之后，基本上可以确定企业的竞争参考框架，可以与竞争对手建立合适的差异点和共同点联想。

1.差异点

差异点是指消费者能够准确地识别并能联想到品牌的属性、形象及能够为消费者带来的利益，同时能够给予正面评价，相信它们不能在竞争品牌中找出同样程度的品牌。那些形成差异点的联想实际上可以建立在任何类型的属性或利益之上。

2.共同点

共同点是那些对品牌来说并非独特的，实际上可能与其他品牌共享的一些属性或利益联想。这些联想的类型有三种基本形式：品类联想、相关性联想和竞争性联想。

品类联想共同点是消费者认为的购买产品或服务品类中所应该获得的成为合理且可信的供应物所不可缺少的联想。换句话说，它们是品牌选择的必要而非充分条件。

相关性联想共同点是伴随着品牌积极联想而滋生的潜在消极联想。换言之，品牌在一方面的表现突出，那么消费者会认为品牌在其他方面有缺陷。

竞争性联想共同点是那些设计用来抵消竞争对手差异点的联想。研究竞争性共同点的一个好方法是站在竞争对手定位的基础上来推断竞争对手想要的差异点。竞争者的差异点会反过来暗示品牌的共同点。

3.共同点对照差异点

产品或服务想要在特定的属性或利益上获得共同点，就需要在一方面获得足够多的消费者的认可。共同点有一个容忍或者接受的区域或者范围。品牌并不需要刻板地被看作与竞争者一样，但是消费者必须感觉到该品牌确实在那种特定的属性或利益上做得足够好。如果确实如此的话，那么消费者会愿意将他们评价和决定的基础建立在其他更有利于该品牌的潜在因素上。

4.选择差异点和共同点

迈克尔·波特在《竞争战略》一书中，建议公司建立可持续的竞争优势。竞争优势是公司对于竞争对手来说在一个或多个方面不可企及的卓越能力。但是没有竞争优势天生是可持续的。

总之，在选择差异点的过程中，应该注意任何一个足够合意、可传达和差异化的产品或服务礼仪都可以作为品牌的差异点，同时差异化的方式及品牌利益也是吸引消费者的重要方面。为了识别差异化的可能方式，营销人员必须将消费者对某一利益的医院和公司传达的该利益的能力相匹配，还要随时注意市场环境的变化，选择适合企业形象及产品和品牌的差异点。

（三）判定竞争者的战略

那些处于同一行业采取同一战略群体的公司是公司最直接的竞争者。战略群体是指在一特定行业中，不同企业推行相同战略的一组企业所组成的一个群体。战略群体所具有的特点有不同战略群体的进入与流动障碍不同；同一战略群体内的竞争最为激烈；不同战略群体之间存在现实或潜在的竞争。企业在选择将要进入的由竞争优势的群体展开竞争时，企业就必须对竞争者所属的战略群体进行充分的分析。战略群体的辨别要素包括：产品质量、纵向一体化、技术先进水平、地区范围、制造方法等。还有一些更详细的信息，包括竞争者业务、营销、制造、研究与开发、财务和人力资源战略，产品质量、特色和组合，顾客服务，定价方针，分销覆盖面，销售员战略，广告和促销程序等。

品牌定位和品牌资产专栏3：
....

学而思网校孵化新品牌——"小猴"

学而思国际教育集团成立于2003年，致力于为6~18岁的孩子提供高品质的课外辅导。2013年8月19日，学而思集团官方发布消息说，已经沿用十年的集团名称将正式由"学而思"更名为"好未来"，新集团将会定义为一个用科技与互联网来推动教育进步的公司，实现传统教育和线上教育的融合，将"实现传统教育与线上教育的融合"列为新目标。2019年好未来旗下的小猴语文正式上线。据小猴语文APP、微信公众号介绍，小猴语文是面向4~6岁学生的幼升小语文课程，主打AI互动动画视频课。

小猴数学目前仍在孵化阶段，但好未来已注册微信公众号"小猴数学启蒙""小猴思维"。官方介绍显示，小猴思维由好未来出品，是面向2~8岁孩子的数学思维启蒙课。此外，小猴英语APP也已于2019年8月推出。微信公众号"小猴英语"显示，小猴英语是2~8岁孩子的英语启蒙课，授课形式是AI互动动画视频。

作为教育行业头部公司，好未来不声不响、紧锣密鼓地布局全学科在线儿童启蒙课程体系，一方面可以看出好未来不满足于K—12领域的野心；另一方面，随着素质教育提上日程，近两年来，数学思维启蒙、少儿英语启蒙的教育公司都呈现出高速增长态势，少儿启蒙赛道融资不断。好未来此举也是看准了早教启蒙的流量红利，在这块大蛋糕还没被彻底瓜分之前，"跑马圈地"，抢占市场。好未来力推的"小猴"，其市场定位、产品类型直接对标在线教育品牌猿辅导旗下的"斑马"系列产品。

斑马英语是一款专为中国2~8岁孩子提供系统性英语学习的教育类应用，该应用由北京猿力教育科技有限公司研发。斑马英语根据少儿语言发展特点及国内外课程与考试标准，科学设置课程内容。

好未来的"小猴"与猿辅导的"斑马"均以AI互动动画视频为主要授课形式，面向群体也基本一致。猿辅导在12月推出"斑马语文"一周后，好未来上线"小猴语文"，两者均面向4~6岁学生。

目前，猿辅导已推出斑马英语、斑马思维、斑马语文。好未来除了新设立的小猴英语、小猴思维、小猴语文，也已在此前推出学而思口算（原名"小猿口算"），对标猿辅导旗下"小猿口算"。另外，好未来已将全资收购的少儿编程平台Code Monkey，整合打造为"小猴编程"，形成多学科布局。

但少儿启蒙赛道已有不少细分玩家，如专注数理思维培养的"火花思维""豌豆思维"；少儿编程品牌"核桃编程""编程猫"；少儿英语赛道有"伴鱼""叽里呱啦"等。好未来的"小猴"品牌能否实现后来者居上，是一炮打响，还是黯然离场，还有待观察。

（资料来源：作者根据多方资料整理而成）

（四）分析竞争者的目标

在分析了市场上主要竞争者和战略之后，还要确立一个重要的前提条件，就是竞争者的目标。追求利润最大化和占取市场份额，是每个企业的目标，但是除此之外，在企业发展的每个阶段都有不同的目标，且包含着不同的目标层次。为了准确地分析竞争对手的目标，首先应该进行充分的调查，了解竞争者的市场追求、行为推动力以及是否要进入新市场或开发新产品等。同时，企业还需要监视竞争对手的业务扩展计划，预测竞争对手的经营战略以及经营目标。

（五）评估竞争者的优劣势

企业自身的资源和能力的拥有状况是否足够与外部环境相匹配，是企业的战略及目标能否实现的前提。所以，对竞争对手的优势和劣势的分析便是一个重要的过程，包括三个步骤：搜集信息、分析评价、定点赶超。

1.搜集信息

首先，需要对竞争对手在经营过程中的关键数据进行收集，包括销售总额、市场占有率、边际利润率、投资收益率与现金流量、固定资产投资、生产能力利用率等指标以及销量、市场份额、毛利、投资报酬率、现金流量、新投资、设备能力利用等。信息的收集工作可以分为两种方式进行，同时也可以将这两种方式结合使用，一是可以通过向顾客、供应商和中间商进行第一手营销调研来增加对竞争者的了解；二是可以通过二手资料、个人经历或传闻来了解有关竞争者的优势和劣势。

2.分析评价

影响企业经营的因素有很多，在分析和评价竞争对手的优势和劣势时，不可能对所有的因素进行分析，应该根据每个行业的不同特点选择若干关键因素进行分析和评价。同时对行业中比较重要的竞争对手进行评价，判断行业内不同竞争对手的情况。在得出不同竞争者的优势和劣势之后，企业应该将弱势的方面作为企业的进攻点。一般情况下，每个公司在分析其竞争者时，需要注意监控以下三个变量。

第一，市场份额。衡量竞争者在有关市场上所拥有的销售份额情况。

第二，心理份额。衡量消费者对企业的了解及认同，在提及一个行业时，对企业的联想程度。

第三，情感份额。衡量消费者对企业的忠诚度。

一般而言，在心理份额和情感份额方面都稳步进取的公司最终将获得市场份额和利润。

3.定点赶超

企业为了能改进其市场份额，就会针对最成功的竞争者开展定点赶超。定点赶超实际上就是针对竞争对手的优点，效仿并超越。具体步骤为选择定点赶超项目、确定衡量关键绩效的变量、确定合适的竞争者、衡量竞争对手的绩效、衡量公司绩效、规定缩小差距的计划和行动、执行和检测结果。

（六）预测竞争者的反应模式

在对市场竞争者的关键影响因素进行分析的基础上，了解企业的经营战略、经营目标以及经营状况，可以进一步明确市场竞争者可能对营销活动中的种种问题做出什么样的反应。一般来说，竞争者面对市场竞争，会呈现如下几种类型。

第一，从容型竞争者，是指那些对特定的攻击行为没有迅速反应或强烈反应的竞争者。

竞争对手会认为顾客对企业产品有足够高的忠诚度，仍然会取得良好的业绩，因此会对其他企业的行动反应不大，行动缓慢。

第二，选择型竞争者，是指只对某些类型的攻击做出反应，而对其他类型的攻击无动于衷的竞争者。这类竞争者对攻击的反应会有所侧重，在某些方面会反应强烈，对有的方面不会做出反应。

第三，凶狠型竞争者，是指对所有的攻击行为都做出迅速而强烈的反应的竞争者。这类竞争者对于进入到企业业务范围内的进攻都会进行全面的反击。

第四，随机型竞争者，是指对竞争攻击的反应具有随机性，有无反应和反应强弱无法根据其以往的情况加以预测的竞争者。

通常，反应模式受到目标和优劣势的制约，受企业文化、企业价值观、营销观念等因素的影响。

（七）选择竞争对手

1.用客户价值分析

竞争对手在获取了详细的相关信息之后，企业需要确定适合自身的竞争战略，并选择在市场竞争之中，与哪些竞争对手抗衡，规避哪些竞争对手。具体的选择可以通过客户价值分析来进行。客户价值分析即目标顾客所要得到的利益和他们对企业和竞争对手所提供的产品的相对价值的认知。主要有以下五个步骤。

第一，识别客户价值的主要属性。例如，客户需要获得产品的何种功能，需要企业有何种经营水平。

第二，用定量的方法评估不同属性和利益的重要性。让客户对其需求产品的不同属性按照重要性进行排序。如果客户在属性重要性评价顺序上有分歧，则将其分为不同的细分市场。

第三，以各个属性的重要性为基础，对公司和竞争对手在不同顾客价值上的绩效进行评估。理想的状况是客户在排序重要的属性上对本公司的评价最高，在排序最不重要的属性上给公司的评价最低。

第四，考察一个具体细分市场中的顾客如何基于单个属性或利益评价本企业相对于主要竞争对手的绩效。若本企业的产品在所有属性上都高于竞争对手，则企业可以适当制订较高的价格以获取更大的利润，或者以相同的价格提高市场占有率。

第五，定期评估顾客价值。当外部环境发生变化时，顾客的需求也会发生变化，因此，企业需要定期评估顾客价值，确保企业常保优势地位。

2.选择攻击的竞争对手

在选择竞争对手进行攻击的时候有以下一些分类。

第一，强竞争者与弱竞争者。在刚进入市场时，大多数的企业都是将目标定在弱竞争者，因为这样可以节省资源和时间，但同时企业不能获得很大的成功。因此，企业应该选择实力较强的竞争者进行竞争，这样能够促进企业在很多方面进行改进，促进企业整体实力的提升和长期发展。另外，实力较强的竞争者也存在着弱点，企业应该制订合理的策略以及营销方式，才能提高企业的竞争实力。

第二，远竞争者与近竞争者。大多数的企业都会选择与其相似的企业竞争，但是企业应该把握好分寸，避免"消灭"近竞争者。因为企业没有近竞争者的话可能会招致实力强劲的远竞争者。

第三，"好"竞争者与"坏"竞争者。每个行业都有"好"竞争者和"坏"竞争者。竞争者的存在能给给市场以及企业带来好处，对市场而言，能够增加市场整体容量；有助于新技术的发展；较少行业垄断的风险。对企业而言，可以优化吸引力不大的细分市场；促使产品差异化；增强企业管理能力。而好的竞争者会维护市场秩序，希望能够有一个和平、稳定、公平的环境，制订合理的价格；推动行业内的企业降低成本；促进产品差异化；接受合理的市场占有率和利润率。坏的竞争者会为了追求自身利益，投机取巧，破坏行业平衡。因此管理当局应该支持好的竞争者，攻击坏的竞争者，维护行业环境健康平稳。

三、建立品牌定位

（一）品牌定位的内涵

全球顶级的营销大师杰克·特劳特首次提出了品牌定位的概念。品牌定位是指在根据企业产品的某一特征或一些特征，将本企业的品牌与竞争对手的品牌进行区分，同时与目标市场的需求相联系，为企业的品牌在市场上确立一个位置，同时在消费者的心中也确立一个位置。当消费者产生某种需要时，消费者能够立即联想到相关的品牌。国内学者黄静等人认为企业的品牌定位应该注重以下几个方面。

第一，产品性能定位。产品性能定位适用于能够满足消费者功能性需求的产品或服务。

第二，产品价格定位。产品的定价受到多种因素的影响和制约，企业在进行定价时要对这些因素进行全面的分析，这些因素包括成本费用、竞争情况以及市场需求。

第三，目标顾客定位。目标顾客定位要求企业必须抓准自己的目标市场、目标消费群，并且企业的目标消费群要便于区分，这样才能突出品牌的形象。

第四，竞争对手定位。竞争对手定位是指企业借用竞争对手的品牌来为自身的品牌进行定位，将自身品牌与竞争对手的品牌联系起来。

第五，文化定位。文化定位就是将某一地方的文化与企业的产品和服务相结合，以文化的象征性和内涵来吸引消费者。

品牌定位和品牌资产专栏4：

橘朵品牌定位

2012—2019年，中国化妆品市场规模增速稳定，彩妆品牌的年复合率更是达到整个行业的两倍，近三年的同比增速均超20%，2019年彩妆市场规模将突破525亿元，另外，2014—2019年，美妆行业共发生137起融资事件，涉及金额达95亿元人民币。大环境影响加上资本加持，彩妆消费正在逐渐下沉至三、四线城市，消费者年龄也越来越小，国产彩妆也迎来了发展机遇。

根据2020年Q1天猫彩妆品牌销售榜单，TOP10品牌以国际大牌为主，但国产彩妆品牌完美日记、花西子表现优异，三月份排名第一、第二。滋色、稚优泉、COLOR-KEY、橘朵等国产彩妆排名在11~20位。

一、品牌介绍

橘朵是一个国产品牌，创建于2016年，隶属于上海橘宜化妆品有限公司，主要以彩妆产品为主，最近以眼影和唇釉大火。橘朵提倡的是，使每一位女性可以觉醒其本身对妆容色彩游戏的驾驭能力。橘朵的品牌理念：不甘于平庸，追求精致美好；坚持做高品质、高性价比，做原创设计，提供更多、更丰富的潮流色彩。橘朵为更多年轻女性提供潮流个性的妆容解决方案。品质：产品为本，原料及合作方以国外一线公司为主，坚持原创，坚持用最好最贵的原料，做最高标准的产品。

二、品牌定位

第一，品牌建设。2016年，橘朵品牌成立，以平价单色眼影切入市场，相信绝大多数用户都是从那个小小的单色眼影认识橘朵的，依靠平价眼影这一单品，橘朵吸引了一批种子用户，并且开始积累品牌口碑。

第二，品牌扩张。经过两年多品牌沉淀，2019年年初橘朵开始大力发展线下，同时推出各大IP联名款，同步扩张线上线下销量。

第三，品牌升级。2019年年末，橘朵正式推出副线品牌"橘朵色彩实验室"，联合艺术家、花店、甜品店、美术馆等品牌进行色彩创作，并推出限定合作款，开始引领高消费者对于更高层次的品牌精神需求。

橘朵一直保持着自己的定位和风格：丰富的产品色号，清新雅致的名称，冲击力强的包装设计，色彩多变的联名。有用户曾经评价，橘朵有季节的色彩。

保持着品牌理念与定位，从单色眼影切入细分市场，凭借平价高性价比的产品，清新喜人的色彩美学，平均3~5天出新品的上新节奏，橘朵迅速占领了消费者市场。

（资料来源：作者根据多方资料整理而成）

（二）品牌定位的目的和意义

将产品转化为品牌是品牌定位的主要目的，有利于目标消费者的识别和了解。良好的品牌定位是企业运营良好的基础和保障，对于企业占取市场份额、拓宽市场领域具有良好的引导作用。同时，在创造和运营品牌时，必须着眼于消费者的需求点，使消费者产生兴趣，让消费者在有这方面的需求时，能够联想到这个品牌定位。让自己的品牌在市场上有一个明确的定位，有利于消费者区别竞争对手的产品，使企业产品在消费者的心中能拥有一席之地。

如果企业不能进行有效的品牌定位，消费者对品牌就无法形成独特的认知，企业产品和品牌在市场上的辨识度不高，企业必然沉没在众多产品性能、质量等相似的同质化产品中。同时，品牌传播依赖于品牌定位，没有品牌定位，品牌传播就难以找出品牌的亮点和特色进行宣传，难以避免与其他企业的产品同质化。品牌传播有利于产品和品牌在消费者心中产生独特的认知，有利于品牌产品的销售，也有利于形成品牌资产，是品牌经营的重点。如果没有品牌定位，就算企业的产品质量高、性能好、促销手段高明，也难以成功。

（三）品牌定位可选择的策略

品牌定位策略的选取对于品牌的发展十分重要，根据荷兰三位营销大师里克·莱兹伯斯、巴斯·齐斯特和格特·库茨特拉的相关策略，归纳为以下几种。

1.品牌延伸策略

品牌延伸是指在现有品牌发展的基础上，开发新的产品，并将现有的品牌应用于新产品，包括名称延伸、产品延伸、概念延伸三种类型的品牌延伸策略。

第一，名称延伸策略。名称延伸攻略是指企业开发的新产品使用原有的品牌名称作为其产品名称。

第二，产品延伸策略。产品延伸策略是指产品的更新换代，即新产品使用与原有产品相同的市场资源。在产品延伸策略执行过程中，之前存在的品牌的产品叫作该品牌的原产品，而和原产品是同一品牌的新产品成为"延伸产品"。

第三，概念延伸策略。概念延伸策略是指原有的品牌名称被用于不同于原产品性质的新产品上。

2.品牌认可策略

品牌认可策略是指通过获得具有高声望认可者的品牌认可，进而利用新的品牌名称推出新产品。具体而言，认可策略是指企业的新产品拥有新的品牌名称，而用其他具有高知名度的企业来为其撑腰。并不是所有的企业都可以作为认可者，必须拥有较高的品牌附加值以及消费者的信任。在采用认可策略时，新产品的宣传必须将认可者的名称放在显眼位置，使消费者认识到新产品与认可者之间的亲密关系，从而更快地认可该产品。

3.多品牌策略

多品牌策略是指企业为了生产和经营多样化的产品，将不同的产品分别进行命名，不同的产品使用不同的商标。企业会为了追求企业的多角度发展，利用多品牌策略来发展不同的产品，各种产品之间可能没有直接联系。

4.成分品牌策略

成分品牌是品牌的一部分，即一个品牌是另一个品牌的一部分，不能独立销售。成分品牌被消费者所了解不仅仅是其自身的单独营销，还因其是知名品牌的一部分，而被人们所熟知。

5.品牌联合策略

品牌联合策略是指将两个或两个以上的品牌进行联合，共同开发、生产和销售产品。采用品牌联合策略，一方面可以借助联盟企业的优势来弥补自身的不足之处，有助于品牌树立起良好形象，可以提升自己的品牌价值，获取竞争优势；另一方面可以使企业进入新的业务领域，扩宽企业的目标市场。很多国际知名企业都很注重采用该类策略，如雀巢和可口可乐的品牌联合，展现了这种策略的优势，同时这种策略还有助于合作双方或多方利用各自的品牌优势，取长补短，在市场中取胜，达到"双赢"或"多赢"。品牌联合策略有三种不同形式，包括产品层面的联合品牌、销售层面的联合品牌和传播层面的联合品牌。

第一，产品层面的联合品牌。产品层面的联合品牌是指两个不同品牌的企业共同打造一个新的品牌商品。两个品牌之间的地位要平等，不能存在你高我低的现象，要共同面对消费者；同时，联合品牌的两个品牌应该归属于不同的企业，同一企业的两个品牌联合产生的新产品没有很大的意义。联合品牌来自不同的企业，可以结合双方的优势，满足双方的消费者，树立良好的企业形象。

第二，销售层面的联合品牌。销售层面的联合品牌是指一个品牌的产品或服务和另一个品牌的产品或服务同时出售，倘若新品牌和知名品牌同时出售，前者可以借助后者已经建立起来的在销售渠道等方面的优势迅速占领市场。

第三，传播层面的联合品牌。传播层面的联合品牌是指一个品牌在另一个品牌的营销宣传中受到赞扬，而且这种联合品牌设计的产品最好具备互补性，就像是照相机和胶卷的关系，如果品牌胶卷制造商表明自己是另一个生产照相机企业的特约合作商，那么该照相机的品牌形象也会因此而得以大幅升。

（四）品牌定位的步骤

企业的品牌定位过程基本上遵循以下几个步骤，如图5-10所示。

```
明确竞争目标
    ↓
确定目标消费者
    ↓
明确竞争优势
    ↓
把竞争优势与消费者心理结合起来
    ↓
做出品牌定位决策
```

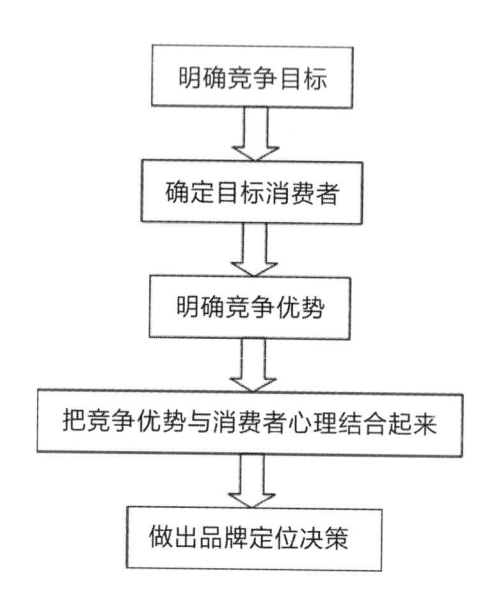

图5-10　品牌定位的步骤

1.明确竞争目标

企业在瞬息万变的市场环境中，首先要明确自身的竞争目标，确定自己将要发展以及不断壮大的目标市场，制订适合自身发展的竞争战略。

2.确定目标消费者

在明确了竞争目标并选择了恰当的竞争战略之后，企业需要做的是确定自营产品的目标消费者。

3.明确竞争优势

即使找到了其他企业没有涉足的市场发展空间，企业也面临着那些可能拥有对自身产品或服务有间接替代作用的产品或服务的威胁，所以为了能在市场上不断发展壮大，企业应该对竞争对手的情况进行全面细致的考察，并进行对比分析，明确自身的相对竞争优势，并以此优势作为超越竞争的有力武器，从而使品牌定位更有利于强化自己的竞争优势。

4.把竞争优势与消费者心理结合起来

明确自身的竞争优势和确定目标消费者这两个步骤是品牌定位不可或缺的前期工作，而关键的环节在于将两者有效地结合起来。在品牌定位过程中，使企业的竞争优势与消费者强烈的购买意愿、购买动机结合起来，直至形成消费者的购买决策是至关重要的。这样，品牌定位才可能实现它的最初目标，吸引消费者的注意力并不断扩大市场。

5.做出品牌定位决策

经过上述流程，企业最终做出正确的品牌定位决策，从产品性能、产品价格、目标客户、竞争对手以及文化等方面，进行充分的分析，做出决策。

第三节　品牌资产的创建

（一）品牌的定义

品牌一词是源于古挪威语，原意是指"打上烙印"，对应的英文词汇是Brand。品牌最早是作为记号用于牲畜身上，用来表示主人的所有权，以防止混淆而特意加以区别。随着时代的发展，品牌逐渐成为区别不同企业及其产品的标志和记号。在概念上，品牌是一种具有资产属性的符号，并体现了生产商、经销商以及消费者等市场主体之间的关系以及承诺，以产品和服务为核心要素、以其他直接相关事物为辅助支撑的综合体。包括以下四层含义。

第一，品牌是一种符号。由于市场上大多数情况下并不是只有一个生产商提供产品或服务，产品在外形和品质上容易产生混淆的情形，因此需要使用一定的符号对同质化的产品进行区分。

第二，品牌是一种资产。品牌对于企业来说是一种无形资产，它可以在市场上进行估值、转让、抵押和买卖。

第三，品牌是一种关系。品牌是联系生产商、经销商、消费者等市场营销主体的纽带和桥梁。

第四，品牌是一种承诺。品牌在真正意义上是属于一种契约精神，是作为一种符号相互区分来兑现不同品牌之间的承诺，是功能、利益、价值、属性等质量与服务方面的保证和承诺。

（二）品牌的特征

在形式层面上，品牌具有表象性、集合性特征；在内容层面上，品牌具有领导性和专有性特征。

第一，品牌必须借助一定的形式来表现。

第二，品牌是多种要素的集合体。

第三，品牌是企业的战略性资产。

第四，品牌具有引导、体现市场变化的特征。

第五，品牌体现了专有知识产权。

（三）品牌的作用

1.对消费者的作用

在消费者购买和使用的过程中，品牌能够帮助消费者识别产品、提高购买效率、体现产品的效用和价值。

第一，识别产品。通过品牌，可以从包装、名称和外形上将不同的产品区分开，方便消费者进行识别和选择。

第二，明确责任。品牌承载着生产商、经销商以及消费者的关系，是一种责任。生产企业应该向产品的经销商以及消费者保证产品的品质、功能和利益，对发生的情况应该承担相应的责任，如果出现质量问题或者其他问题，经销商和消费者都可以要求生产企业退货。

2.对生产企业的作用

第一，质量信息作用。品牌体现的信息最重要、最核心的就是质量。随着科学技术的发展，消费者对于质量的理解有了更多的内容，产品的制作材料、使用的技术、设计的先进性都将会影响品牌的质量。

第二，功能区隔作用。功能区隔是区分不同品牌的维度，能够充分体现品牌的价值。区隔作用能够使一些品牌先入为主，将后来者拒之门外。品牌在某种意义上是一种消费偏见，因而区隔性越强，越有可能引起消费者的关注。

第三，价值象征功能。品牌象征了企业的价值理念，体现了企业的思想以及情感。在如今这个追求先进价值理念的时代，品牌的象征意义越强烈，越能够吸引到消费者的注意。优秀的企业会通过品牌将自己先进的经营理念传播出去。

第四，形象塑造功能。优秀的品牌形象有利于优秀的企业形象的形成，产品品牌的影响力越大，越有利于企业形象的提升。优质的品牌是企业对外宣传的一张亮丽名片。

第五，特色保持功能。品牌影响力越高的产品，其具有的特色越是明显。但是品牌的特征具有传承性和稳定性，品牌能够传承产品特色，并将其特色长期保存下去；同时品牌特色是经过时间的沉淀才逐步形成的，是融合了时代特色、企业经营理念和技术的共生品。

第六，竞争能力强化功能。品牌具有强化企业和产品竞争力的作用。一方面品牌可以作为战略工具在关键时刻发挥克敌制胜的作用；另一方面品牌可以在日常的经营中增加企业的竞争力。在激烈的市场竞争中，企业在品牌产品方面采取的价格行动和市场行为往往成为决定竞争成败的重要措施。利用市场号召力，品牌产品能降低营销成本，取得竞争优势，获得溢价销售能力。

3.对所在社会的作用

品牌既是经济发展的产物，也是社会道德发展的产物，还是法制环境下的产物。品牌总是与文化相联系，而且体现出一定的文化属性。因此，对于特定社会而言，品牌是经济发展总体水平的标尺，是社会诚信的进阶石。

对于社会而言，品牌能够稳定人们的消费倾向，使社会大众的消费聚集在有影响力的产品周围，从而使市场秩序化，具有可比性和可参照性。品牌作为一种文化载体，能够向不同的社会输出文化，传递价值观念和信仰。

品牌企业和品牌产品是社会进步的加速器。作为社会文化的一部分，品牌能够增强所在社会的凝聚力和向心力，同时也体现了一种社会精神和价值追求。人们在社会进步的潮流中总是喜欢追求有品位的生活和社会交往状态。

一、定义品牌资产

（一）品牌资产的定义

在20世纪80年代，对品牌资产进行了初步研究，主要是因为当时出现的兼并热潮，在当时，企业兼并的价格体现了品牌价值。品牌成为企业的无形资产，改变了人们之前对于品牌的看法和认识。在20世纪90年代，关于品牌资产概念的研究繁荣发展。Aaker、Kapferer、Keller等人逐步提出并完善了基于消费者的品牌权益（Customer-Based-Brand-Equity）概念。

品牌资产是企业重要的无形资产，是能将品牌名称、标志与企业联想在一起的行为，它会增加或减少产品和服务提供给企业或企业消费者的价值。它主要包括五个方面，即品牌认知度、品牌知名度、品牌忠诚度、品牌联想、品牌资产的其他专有资产（如商标、专利、渠道关系等），这些资产通过多种方式向消费者和企业提供价值。

1.品牌认知度
品牌认知度是指消费者对某一产品的识别和记忆能力，从而联想到相关品牌。

2.品牌知名度
品牌知名度是指消费者在打算选择购买类产品时，在脑海中能够想起或识别某一品牌的程度。

3.品牌忠诚度
品牌忠诚度是指消费者对品牌偏爱的程度，消费者在选择某一产品时，会偏向于购买在之前就感到满意的品牌，在选择时会体现出对之前就感到满意的原有品牌的习惯和惰性。品牌忠诚度的形成不仅仅取决于产品的品质、知名度、广告以及促销方式，它与消费者的个人特性息息相关，主要是品牌的相关产品能够满足消费者的需求并能够让消费者感到满意。

4.品牌联想
品牌联想是指消费者在看到或想起品牌时，就能够回想起与之相关联的各种信息，包括使用感受、经验、产品特点、品牌定位等。消费者对于品牌的联想越多就意味着品牌的影响力越大，反之越少。

5.品牌资产的其他专有资产
品牌资产除了包括上述几个方面内容以外，还应包括专利、商标权、品牌溢价能力、品牌盈利能力。在品牌资产金字塔中，最终能够为品牌主带来丰厚的利润，获取更多市场份额的便是品牌忠诚度和品牌溢价能力这两大资产。品牌忠诚度和品牌的溢价能力属于结果性的品牌资产，是伴随品牌认知度、品牌知名度、品牌联想这三大品牌资产创建后的产物。

（二）品牌资产的分类

第一，浅层品牌资产。品牌资产中最基础的是知名度，然后是品牌认可度。品牌知名度与品牌认可度是品牌的初级浅层资产,因为拥有这两种品牌资产仅仅是品牌成功的基础,并不能构成竞争者难以复制的优势。

第二,深层品牌资产。包括品牌美誉度、品牌忠诚度、品牌溢价能力。品牌联想带来差异化的竞争优势,品牌忠诚度和品牌溢价能力为品牌主带来更多的市场份额和丰厚的利润。国际级品牌都是品牌联想个性鲜明、忠诚度高和溢价能力强的强势品牌。而中国品牌绝大多数都处于浅层品牌资产阶段,因此要成为国际级品牌的关键是打造深层品牌资产。

(三)品牌资产定义模型

在品牌资产的研究过程中,从不同的研究角度研究品牌资产有着不同的特征和属性。品牌资产定义主要存在着三种概念模型:财务会计概念模型、基于市场的品牌力概念模型以及基于消费者的概念模型。

1.财务会计概念模型

英国Interbrand执行董事保罗认为"关于品牌的一个重要问题不是创建、营销,而是如何使人看到它的成功以及在财务上的价值"。财务会计概念模型主要是给公司提供可以衡量品牌资产的价值指标,这种模型认为品牌资产作为一种无形资产,对企业来说具有很高的价值,应该被视为一种可交易资产。

财务会计概念模型的提出把品牌资产货币价值化,迎合了公司想要将品牌作为一种无形资产,提升企业价值,有利于企业的运作。但这种概念模型存在着很多不足之处,企业过于注重股东的利益和短期利益,会造成企业的整体利益受损,在短期利益升高的同时会牺牲企业的长期利益。短期利益在财务指标上过于简单和片面。品牌资产所包含的内容十分丰富,绝不是简单的财务价值指标就能够准确地衡量其价值,品牌资产的财务会计衡量对品牌管理来说没有多大价值,只能够给品牌提供总体绩效指标,没有明确品牌资产的内部运营机制。

2.基于市场的品牌力概念模型

基于市场的品牌力概念模型认为一个强势的品牌应该具有强劲的品牌力,在市场上是可以迅速成长的,从而把品牌资产与品牌成长战略联系起来。这种概念模型认为,财务的方法只是在考虑品牌收购或兼并时才很重要,财务价值只应是评估品牌价值的第二位的指标,除此之外,更重要的是要着眼于未来的成长。品牌资产的大小应体现在品牌自身的成长与扩张能力上,如品牌延伸能力。基于市场的品牌力概念模型是顺应品牌的不断扩张和成长而提出的,该模型与财务会计概念模型最大的不同在于财务会计概念模型着眼于品牌的短期利益,而基于市场的品牌力概念模型研究的重心则转移到品牌的长远发展潜力。该模型中的学者开始比较深入地研究品牌与消费者之间的关系，并第一次把品牌资产与消费者态度、品牌忠诚度、消费者行为等指标联系起来。

3.基于消费者的概念模型

到目前为止，绝大部分的学者都是从消费者的角度来定义品牌资产，这种模型不仅仅是关注品牌资产与消费者之间的关系，更加注重的是品牌的长期发展和规划。如果品牌资产对消费者没有价值，那么它对投资者、生产商和零售商也就没有多大的意义。因此品牌资产的核心便成为如何为消费者建立品牌内涵。消费者对品牌的选择主要依赖于其对品牌的认知，这样也可以使消费者对品牌产生忠诚。品牌能够更多地满足消费者的需求，消费者对品牌的满意程度越高，消费者对品牌的认知就越清晰。因此，品牌管理者应该更多地从消费者的需要出发，找出消费者的核心需要，从而确定品牌的核心利益。

（四）品牌资产的特征

第一，识别性特征。主要是品牌标志、品牌名称等符号系统，是呈现在消费者面前的外在特征。企业通过品牌的全方位规划以及产品想要体现出来的效果来设计品牌的符号系统，具有强烈的个性以及视觉冲击感，好的设计能够使消费者对品牌印象深刻并记住本品牌；同时，能够帮助消费者区分本产品与其他产品。此外企业也能通过外在特征传递隐含的感情，展现产品的功能，表达品牌的内部信息。

第二，价值性特征。品牌给企业带来的不仅仅只有售卖产品这么简单，品牌具有的优质性能和服务能够提升企业形象，作为企业的一种资源，品牌能够提高企业的竞争力。品牌在市场上的知名度、美誉度可以成为企业的一种无形的资产，在企业兼并或收购时，可以提升企业的价值。

第三，领导性特征。品牌产品不仅仅是通过广告标语和精美的包装来吸引消费者并获得认同，而是内外兼修，同时由高质量、高价值、高信誉、高附加值来提升产品在消费者心中的位置，这是与普通产品不同的。品牌是企业的核心资产，是企业向目标市场传递信息的主要媒介品牌，在满足目标市场的同时也在引领市场的潮流，影响消费者的消费观，因此具有领导性特征。

第四，无形资产的特征。品牌资产是企业最重要的无形资产，是企业资产的重要组成部分。在企业的兼并、收购和重组活动中，品牌资产更能够体现其价值。品牌资产的利用不一定会减少其价值，更能够在利用的过程中升值，增加产品溢价。

第五，品牌资产难以准确计量。品牌资产的评估工作要用到一系列的指标体系和综合评价，同时品牌资产是一种无形资产，它不能用有形资产那样确定的数字标准，难以准确计量。首先，品牌作为无形资产，是知识工作的成果，是复杂的脑力活动的成果，因此它的货币表现的数值相对较高，计量也很复杂，具有测量的不准确性。其次，品牌资产的特殊结构也造成了品牌资产难以准确计量。前文提到，品牌资产的构成要素主要包括品牌认知度、品牌忠诚度、品牌联想等，这些要素相互连接、相互融合、相辅相成，具有共享性和转移性，无法准确地测量。

第六，品牌资产具有波动性。品牌资产作为一种无形资产，受到环境的影响而波动。同时企业经营管理的失误、竞争对手品牌经营的成功都可以使品牌资产发生波动。实践证明，知名品牌的价值并非如人们想象的那样单向的直线上升，而是上下波动。在品牌发展的过程中可能会遇到各种情况，如果企业没有做出有效的决策，品牌资产就会受到影响。每一个品牌资产都在变化之中，增值、贬值和负面价值的情况都有可能发生，与市场竞争以及企业经营状况息息相关。

第七，品牌资产的文化特性。品牌资产实际上是一种文化，已经融入各民族、各阶层和各种职业中。从跨文化的品牌管理角度看，品牌资产促进当地文化多元化的同时也促进了当地文化的传播。文化是一种沟通和融合的工具体系，它能够吸收融合公司不同部门和不同地区的文化，促进了文化的多元化。同时在进行全球化经营时，吸收各种文化融入品牌资产中，可以提高品牌的包容性，更容易被消费者所接受。

二、建立品牌资产

（一）选择品牌元素

品牌元素是指那些可以识别并区分品牌的特征化设计。构成品牌元素和识别的最初选择包括品牌名称、网址、标识、象征、形象人物、代言人、口号、歌曲、包装以及标记。大多数强势品牌都适用多重品牌元素，而选择品牌元素的最终目的是让消费者只看到品牌元素，就能够联想起产品的特征。选择品牌元素有如下六大标准。

第一，难忘度：消费者能够很容易地认出和回想起该品牌元素；或者联想起在何时何地购买过该产品。

第二，意义性：品牌元素的可信性以及与品牌相对应的产品类别、产品成分是否对目标消费者具有暗示性。

第三，喜爱度：品牌元素是否迎合当代的审美；在当下，给品牌取一个有趣的名字是一种趋势，同时对于现代网上购物来说，添加一个品牌网址能够给消费者节约购买的时间和精力。

第四，转换力：品牌元素是否有利于品牌的扩展。好的品牌元素能够促进同类或者不同类的新产品的推出。

第五，适应性：品牌元素应该具有适应时代潮流的特性，即品牌标志很容易进行更新。

第六，保护力：品牌元素应该具有法律效力，应该保护好商标权，不要一般化，而要具有特点。

(二)发展品牌元素

牌元素在品牌的创建过程中发挥着各种各样的作用。当消费者在做出购买决策时,对品牌的信息不太了解,那么品牌元素就应该具有内在的可描述性和说服性。但是,品牌名称也会对品牌定位有一定的影响,具有一定含义的品牌名称在增加品牌内涵或更新品牌定位时会起到一定的阻碍作用。通常来说,品牌利益越不具体化,品牌元素抓住无形特征就越重要。与品牌名称相同,口号也是品牌资产积累的重要部分。它能够使消费者更容易理解品牌给消费者带来的利益以及品牌的差异点。

(三)设计全方位营销活动

消费者了解品牌是通过品牌接触。品牌接触是指消费者或潜在消费者对于品牌、产品或者市场的其他信息的关联体验,不论是正面体验还是负面体验,包括个人观察及使用感受、品牌口碑、与企业员工的接触、网络及电话体验、交易经历等。企业必须注重品牌接触的管理,同时还要注重广告宣传。

(四)品牌资产的定位

定位是由美国艾·里斯和杰克·特劳特两位广告经理提出的,他们认为品牌定位不同于市场定位,它不是决定品牌以后的发展方向的内容,而是针对目标消费者,通过品牌传播,使品牌在消费者心中形象化,使消费者在产生这方面的需求时能够联想起该品牌,并熟悉该品牌的文化和形象,明确品牌的特质。

品牌是企业与消费者连接的桥梁,是企业形象和无形资产的代表,没有高低之分。对品牌进行合理的定位,结合不断优化产品来满足消费者的需求和选择合理的营销手段,能够使品牌不断强大,打造出著名的品牌。品牌定位能够在消费者进行购买决策时,明确消费者的需求点,使消费者拥有更加良好的购物体验。品牌定位是市场定位的核心内容,受到了市场定位的引导和制约,是对市场定位的具体化和落实,能够在消费者的心中占有一席之地。

(五)品牌资产的传播

品牌资产管理最关键的环节就是品牌资产的传播,品牌资产形成的过程就是消费者不断地对品牌形成认知的过程,也是品牌资产形象不断地向消费者传播的过程,没有品牌传播,品牌是无法成长和发展的。在当今信息快速发展的时代,网络上的信息对着消费者扑面而来,消费者每天接触的信息越多,那么对信息留下的印象就会越浅,品牌资产的传播已由过去的"酒香不怕巷子深"变为"酒香也怕巷子深"。因此，品牌资产的传播应该结合当代信息传播的特点，运用各种网络媒介来进行传播，使消费者能够通过各种方式接触到品牌的宣传，将品牌资产的信息传播到目标消费者群体中，给消费者提供一个品牌形象的初步认知，使消费者检验和认可品牌。

在当今信息化的社会中，网络信息已经渗透到了世界的每个角落。通过各种网络媒介来对品牌资产进行传播和推广，已经成为最快速、最有效的方式。在过去，品牌资产的传播是一个不断积累的过程，品牌资产的建立需要几十年甚至几百年的时间，但是在当代的网络环境下，品牌资产形成的时间大大缩短，有的甚至可以一夜成名。例如，美国的可口可乐自从注册商标以来，经历一百二十多年的品牌资产积累才成为如今世界第一大品牌资产。肯德基和麦当劳都经过四十多年的品牌资产积淀才覆盖全球，成为快餐行业的知名品牌。而如今大众媒体和网络媒体改变了这一切，"微软"自创办到今天成为全球信息产业的龙头老大只用二十年时间，"蒙牛"成为中国强力品牌只用两年多时间。因此说，今天的传播媒介控制着品牌的命运，成为品牌资产的催化剂。

品牌定位和品牌资产专栏5：

丽水山耕的品牌建设

一、公司简介

位于浙江省西南部的城市丽水，有着"九山半水半分田"的美称，是浙江省面积最大、人口密度最小的地区，山清水秀，古迹众多，在绿色生态环境的滋养下孕育出许多高质量的山货农产品。在"绿水青山就是金山银山"的战略下，丽水市以绿色发展为主线，以富民增收为核心，以精准扶贫为主抓手，创建了一个覆盖全市域、全品类、全产业链的区域公用品牌"丽水山耕"。在品牌助力下，创造利民富民新渠道，扩大消费市场，进一步推动丽水市的绿色发展综合改革创新区的建设。

二、丽水山耕存在的问题

在创建初期，为了扩大产品的容量、体量，对于加入品牌的会员要求不够高，并且准入门槛持续降低，导致区域品牌下子品牌鱼龙混杂，不易凸显品牌特征，稀释了品牌价值，最后给顾客留下的品牌印象不一，不利于树立品牌形象。同时准入门槛降低导致的产品级别分化增强也会使协会对产品的管理难度增加。

未实现精准营销，由于"丽水山耕"产品品牌过多，包装价格不够统一，难以对游客形成长期吸引力，品牌价值便会倒退。虽然"丽水山耕"使得大山里的有机农产品有了走出深山的途径，但是，"丽水山耕"收购的农产品的量是有限的，多数情况下，还要通过其他途径另寻销路，还有许多农户依旧为自己的农产品销售发愁。

三、丽水山耕品牌化历程

首先，通过建设农产品质量安全追溯管理系统，消费者可通过扫商品上的溯源二维码，实现产品源头可追溯、流向可跟踪、信息可查询，确保"舌尖上的安全"。实现线上线下联动营销，是打通全渠道的重要工作。加强对电商的打通销售渠道的依托，尤其是注重与移动端的电商平台合作，在如今直播大热的趋势下，可以让消费者快速了解产品，向潜在消费者输送产品品牌价值并进行推广，便于形成庞大的消费群体。

其次，通过完善品牌标准化机制，严控品牌质量，提高准入门槛，创新产品溯源、监管追责的管理模式，对工作人员进行统一培训和管理。并加强政府财政支持，对优秀农产品企业进行重点培育和扶持，支持丽水特色农产品参加浙江省农博会、浙江（上海）名特优新农产品展销会等大型展示展销活动；引导全省相关农业龙头企业加强与丽水特色农产品基地对接。

最后，通过实体店、电商、小程序等多种平台实现对超级内容的植入，使"丽水山耕"品牌产生源源不断的鲜活之力。通过体验式营销的方式，让用户近距离地感受丽水山耕农副产品的自然优势以及产品本身的独特属性，推进旅游地商品融合，建立农家乐、民宿等产业，这样一来，不但可以加深用户对于丽水山耕的信任度，增加用户的忠诚度，同时又能形成稳定的客户关系，为乡村振兴，农民增收多添一份保障。

（资料来源：作者根据多方资料整理而成）

三、管理品牌资产

从品牌资产的定义可以看出，要想让品牌成为资产的一部分，就必须对品牌实施资产化管理，通过不断地对其进行投入来维护和巩固其价值。品牌资产管理要从构成品牌资产的几个要素入手，具体方法有以下几种

（一）建立品牌知名度

品牌知名度的内涵是指建立品牌认知度及联想度。品牌知名度的建立至少有两个作用：消费者能够识别和记忆众多品牌中的目标品牌；消费者在购买商品时通常会选择较熟悉的品牌。由此，建立品牌知名度通常可采用的做法有以下四点。

第一，创建独特且易于记忆的品牌，即给某一品牌的产品或服务取一个容易被人记住的名称，这也是广告营销中的常用手段。

第二，不断展示品牌标识。

第三，运用公关的手段。

第四，运用品牌延伸的手段。

（二）维护品牌忠诚度

品牌忠诚度是指消费者对于品牌的偏爱，即消费者对品牌的信赖的程度。对于一个企业来讲，开发新市场、发掘新的顾客群体固然重要，但维持现有顾客品牌忠诚度的意义同样重大，因为培养一个新顾客的成本是维护一个老顾客成本的五倍。维持品牌忠诚度的通常做法有三种，一是不断创新产品；二是加强消费者需求的调查；三是提高消费者的转移成本。

（三）建立品质认知度

品质的认知度是消费者对某一品牌在品质上的整体印象，对产品和服务质量的整体印象。消费者的品牌认知主要是基于消费者在接受企业的产品和服务之后，对产品和服务的使用感受，因此产品的品质不仅仅是指产品和服务本身，它还包括生产和营销的品质。建立品质认知度有以下四个关注点。

第一，注重对品质的承诺。品质应该是企业长期的、细致的和无处不在的追求。公司的管理者应该尽可能地使企业的全体成员加入打造优秀品质的工作中。

第二，创造一种对品质追求的文化。品质的追求并不仅仅是有关质量监控或生产部门的工作，而是整个企业的工作，企业应该塑造一种追求优秀品质的文化，让文化渗透到企业的每个工作中。

第三，增加培育消费者信心的投入。企业需要不断地关注消费者对品牌的产品和服务的看法，同时还要关注消费者对竞争对手的看法，不断地完善自己的产品或服务。

第四，注重创新。创新是唯一能够变被动为主动进而去引导消费者进行消费的做法。

（四）建立品牌联想

联想集团有一句很有创意的广告词："人类失去联想，世界将会怎样"。同样，建立品牌联想对于品牌资产的建立非常重要。品牌联想是指消费者看到某一品牌时，在脑海中所想起的关于该品牌的相关信息，包括经验、感受、评价等，消费者再据此判断购不购买该品牌的产品或服务。这些联想大致可以分为几类：产品特性、消费者利益、相对价格、使用方式、使用对象、生活方式与个性、产品类别、比较性差异等。对企业而言，所要掌握的就是消费者脑海中的联想，能有一个具体而有说服力的购买理由，这个理由是任何一个品牌得以存活延续所具备的。

(五)品牌强化

品牌的营销活动会影响消费者对品牌的认知,同时短期的营销活动产生的效果会影响未来营销活动的长期效果。品牌资产作为企业的长久性的资产,需要更好地管理才能让它保值增值。企业营销者可以从传达品牌意义来强化品牌资产。

第一,品牌的代表产品是什么,核心利益是什么,满足了什么样的需求;第二,品牌在产品上体现的特点,是否在消费者的心中建立了品牌联想。品牌强化要求品牌有前进的方向,能够不断创新提供满足需求的产品以及提供持续的营销支持。持续性的营销活动并不是一成不变的,而是在品牌定位的基础上,保持营销战术上的变动,确保与品牌战略保持相同的方向。

(六)品牌活化

品牌活化是品牌管理的重要内容,是品牌进行长期管理的重要活动。有的人误认为只有品牌在衰退或即将死亡的阶段才需要品牌活化,其实不然,品牌活化贯彻品牌发展的全过程中,保持着品牌的活力。对于有些长久历史的品牌,品牌活化是必不可少的管理内容,也是不断增强品牌资产的举措。品牌活化的策略有以下三点。

第一,体制创新。企业体制的创新能够带来现代化的运营机制,能够提高企业对环境的适应性,同时还能够带来经营和品牌管理思维的创新。

第二,产品创新。产品创新主要有两种形式,一是在现有产品的基础上,进行款式、颜色以及包装等方面的创新;二是完全设计出一个新的产品,这种方式承受的风险比较高,但是成功之后所获得的利益也比较高。

第三,形象创新。企业应该在品牌定位的基础上,适时地更新品牌形象和推出新产品,打造新的品牌系统,满足消费者不断变化的需求,提高品牌对市场的适应性,带来持续发展。

四、设计品牌战略

(一)品牌化策略

品牌化策略是指企业是否要将产品归属于某个品牌或者加注某个品牌名称的决策。品牌的种类是多种多样的,有制造商品牌、经销商品牌和自创品牌、加盟品牌等。不同的品牌经营策略,代表着企业不同的发展方向。总而言之,产品品牌化是企业未来发展的重要决策,正确的品牌决策能使自己的产品在众多竞争对手面前脱颖而出,被消费者选择和接受,从而获得平均利润或者超过平均值的垄断利润。企业的品牌策略主要有以下几点内容。

1.品牌负责人决策

企业为其产品加注品牌后,就要为其产品选择品牌负责人,企业可有三种选择。

第一,企业可以决定使用自己的品牌,这种品牌叫作企业品牌、生产者品牌、全国性品牌。

第二,企业可以决定将其产品大批量卖给中间商,中间商再用自己的品牌将货物转卖出去,这种品牌叫作中间商品牌、私人品牌。

第三,企业可以决定有些产品用自己的品牌,有些产品用中间商品牌。

2.品牌质量策略

质量一直是品牌经营的重点,企业在做品牌决策时,要保证企业产品的质量。品牌质量就是指产品的耐用性、可靠性、精确性的一个综合尺度。一般来说,企业产品质量分为四个水平:低质量、一般质量、高质量、优质量。企业的盈利能力和投资收益率与品牌的质量息息相关,成正比例关系,但不会一直上升。好的产品可以让企业获得更高的收益,而低质量的产品会使投资收益率大打折扣。因此,企业应该尽可能地提供高质量的产品。企业在决定其品牌的目标质量水平以后,随着时间的推移和市场需求的发展还要决定如何管理其品牌质量。对其质量不断进行完善和改进。

3.家族品牌策略

家族品牌策略主要是解决企业旗下的品牌及产品的名称问题,一般具有三种方式:企业所有的产品或者大部分产品都分别使用不同的名称;将产品进行分类,相同类别的产品运用同一个品牌;统一使用同一个或几个品牌名称。这就是说,在这个问题上也有若干不同的可供选择的决策。

第一,个别品牌名称是指企业中不同的产品分别使用不同的品牌名称。采用这种策略的好处是使企业的整体形象不会因个别品牌的波动而受到影响。例如,某一生产高端产品的企业,推出了使用新的名称的低端产品,当低端产品投入市场不被大众所接受时,也不会影响整个企业和其他品牌的声誉。

第二,统一品牌名称是将企业所有的品牌都使用统一的品牌名称。比如美的集团所提供的产品,从家电到机器人,都是使用"美的"这个品牌名称。使用统一品牌名称策略可以节约新产品的传播费用,同时可以使消费者更容易认可新产品。

第三,将企业的产品进行分类,各类别的产品使用不同的品牌名称。将产品进行分类别命名,一是可以区分企业不同类型的产品;二是有的企业会生产不同质量水平的同类产品,为了更好地区分,企业会进行分类命名。

第四,将企业名称与个别品牌名称结合使用,即不同的产品使用不同的品牌名称,同时在不同品牌名称前加上一个企业名称。例如,格力集团旗下的产品都是使用这种策略,格力空调、格力电冰箱等。这种策略可以使新产品具有特色的同时享受企业的信誉,在促进产品或服务的同时能够满足消费者的更多需求,树立良好的企业形象。

4.品牌扩展策略

品牌扩展策略是指企业利用知名度和市场地位高的品牌来推动新产品或者改良产品的销售。包括推出新的包装、样式等。例如，在手机市场中，品牌延伸策略应用较广泛，小米手机就是通过手机的一代代更迭，才使新的产品能够快速进入市场，企业采用这种决策，可以节省宣传介绍新产品的费用，使新产品能迅速地、顺利地打入市场。

（二）品牌模式化选择

品牌结构是指将企业的品牌经过不同的组合，形成独特的结构。品牌结构规定了不同品牌之间的关系和不同品牌的作用，明确品牌在企业中的角色。合理的品牌结构可以使品牌的管理更加条理化，减少在管理中产生混乱的情况，有利于企业可以更加高效地做出决策。同时，合理的品牌结构有利于形成品牌之间的协同效应，能够更加合理地分配资源。品牌的结构取决于品牌模式的选择，企业是选择综合性的单一品牌还是多元化的多品牌，是联合品牌还是主副品牌，将影响品牌的发展方向和品牌的运营，品牌模式虽无好与坏之分，但却有一定的行业适用性与时间性。例如，小米手机在之前都是定位于高性价比的手机，价格较便宜，属于中低端市场。为了进入高端市场，小米手机推出了新的品牌系列"MIX"，品牌的高端定位可以给消费者一个新的印象，使其与原品牌区分开来。

（三）品牌识别鉴定

品牌识别的主要界定内容是品牌的内涵，即企业希望呈现在消费者面前、得到消费者认同的品牌形象，是品牌战略的重心。它从品牌的符号识别、行为识别与理念识别三个方面规范了品牌的外表、行为、思想等，其中包括以品牌的核心价值为中心的核心识别和以品牌承诺、品牌个性等元素组成的基本识别。

（四）品牌延伸规划

品牌延伸规划是对于品牌未来发展方向的确定，明确企业品牌未来发展领域，预测品牌在将来会适合在哪些领域和行业发展与延伸，在降低延伸风险、规避品牌稀释的前提下，谋求品牌价值的最大化。例如，美的家电统一用"美的"牌，成功地进行了品牌延伸战略，并促进了相关品牌的营销。

（五）品牌管理规划

品牌管理规划是指将品牌建设提升到企业经营战略的高度，从组织机构与管理机制上为品牌建设保驾护航，在上述规划的基础上为品牌的发展设立远景，同时建立与众不同的品牌识别，为品牌建设设立目标方向、原则与指导策略。

（六）品牌远景

品牌远景是对未来的规划，对未来目标的描述和界定。品牌远景与品牌价值观相联系，能够使品牌在动态的环境中贯彻品牌的价值观，能够给品牌的发展提供方向，能够帮助品牌从容不迫地应对市场变化和激烈竞争的环境。品牌战略的最高纲领便是品牌远景，规定了一系列内外品牌管理计划，而且协调了各方面的利益。如果缺乏具体的品牌远景就会造成品牌战略没有前进的方向，脱离业务背景，不能满足利益相关者的期望。

（七）常用品牌战略

品牌战略是指企业根据自己的内部资源和能力、行业环境和市场特点以及产品特征，围绕企业的竞争实力来决定企业品牌未来成长的长期、稳定的规划。其中具有代表性的品牌战略有单一品牌战略、副品牌战略、多品牌战略、背书品牌战略。

1. 单一品牌战略

单一品牌战略又称统一品牌战略，是指企业所生产和销售的所有产品都统一使用同一个品牌。这样的战略可以使企业品牌的声誉得到最大化的利用，使品牌资产在各品牌之间得到充分的共享，使各个产品能够得到更好的协调，形成最强的品牌协同。

2. 副品牌战略

企业生产各种各样的产品供消费者选择，这些不同的产品使用同一个品牌，为了体现产品的不同特点，根据其特点赋予新的名称，即副品牌。

3. 多品牌战略

多品牌战略是指企业生产和经营两种或两种以上没有联系、相互独立的产品，不同的产品或不同类别的产品属于不同的品牌。企业使用多品牌战略，可以使消费者区分不同品牌的同时，也可以使企业区分自己不同的产品，多品牌战略为企业的每个品牌都留下了较大的发展空间。

4.背书品牌战略

背书品牌战略是指某一品牌要素以某种方式出现在产品外观或者标号上，不作为品牌名称的一部分。通常，这一特殊的品牌要素是公司的品牌或标识。背书品牌战略在企业与品牌之间形成较大的距离，这样新产品的品牌联想的影响降到最小，负面的反馈影响也降到最低。背书品牌依附于产品，贯穿于整个公司品牌和项目品牌之中，背书品牌的管理通过在价值链的各环节实施，确保开发项目能够成为公司区别于其他品牌的鲜明特征体现。

章末案例

拼多多的营销策略以及品牌传播

拼多多是成立于2015年9月的一家专注于C2M拼团购物的第三方社交电商平台，通过拼团的形式，与家人、朋友、邻居等一起享受优惠的价格，购买优质的商品。2018年7月26日，成立还没有满三年的拼多多在美国上市创下了历史上上市最快的公司的纪录，同时用三年的时间就达到了千亿元的销售额，成为中国第三大电商平台。

一、拼多多的目标客户

第一，拼多多与长尾理论。随着网络时代的到来，美国作家克里斯·安德森提出了一种新兴理论——长尾理论，是指当商品的存储和流通成本极低且商品的数量足够多时，那些平常被忽视但品类多的产品就可以迅速占领市场，销售额相当于热门商品甚至超过热门商品。在克里斯·安德森的观点中，市场分为头部市场和尾部市场。头部市场是指价格高、品质好的商品，容易被收入较高、消费能力强的消费者所接受。尾部市场是指价格低、品质较差的商品，这种商品种类多，使消费者有更多的选择空间，每种商品的销售量不高。

第二，拼多多的目标客户。据统计，中国人月平均可支配收入是2164元，但全国大约有60%的居民月平均可支配收入低于2000元。央行和西南财经大学的调研显示，我国约有40%的人存款为零。很多消费者达不到中产者的水平，尾部市场有巨大的潜力。拼多多的女性用户占据70%，其中65%的用户居住在三线及以下城市，大部分的用户都属于低收入人群，因此拼多多采用低价策略，将市场定位于低收入但同时想要享受高质量生活的人群以及中老年人。而京东等电商平台则是采用较高的定价策略，将市场定位于消费能力高的中产者。

二、拼多多的营销策略

第一，建立初期专注于农产品电商吸引首批用户。2015年，电商市场基本上由淘宝、京东两大电商平台占据主要市场，拼多多没有任何的产品优势。为了吸引第一批用户，拼多多选择从农产品入手，由于是生活必需品，且拼多多通过远低于市场的价格策略销售产品，并通过团购的方式，进一步扩大了销量，完成了初步的用户积累。

第二，用电商+社交的营销手段扩大用户规模。在互联网时代，电商平台迅速发展，但平台获取新用户的成本不断增加，推广的价格越来越高，且效果不大理想。而拼多多则采用和社交平台腾讯合作，进行推广，通过在微信等社交平台上发送活动链接，让身边的人下载拼多多APP，即可以获得零元购以及大额优惠的机会。

第三，使用零元购等趣味活动促进消费。当然，零元购并不是简单的零元购，而是拼多多的市场营销手段，是一种吸引用户、促进用户消费的一种手段。通过零元购的活动，拼多多增加了大量的用户，同时，由于身边人的广泛使用，那些不使用拼多多的人也会为了社交下载拼多多软件，为企业增加不少流量。

三、低价营销策略带来商品质量问题

低价策略一直以来都是拼多多的价格策略，同时砍价活动使得销售价格进一步压低，甚至接近成本价。因此一些商家为了获得利润会降低成本，使产品的品质降低，而拼多多对商家的要求低，产品管控能力差，使得一些商品出现严重的质量问题，同时还引来了一批无良商家，严重地影响了消费者的购物体验。另外长期坚持低价营销策略也会使拼多多的用户市场得不到开拓，一直停留在当前层面，可能会造成拼多多后期乏力，得不到更好的发展。

四、拼多多品牌传播特色分析

1. 建立品牌区隔

20世纪70年代，美国营销学家艾·里斯与杰克·特劳特提出了著名的"定位理论"，该理论认为，在这个传播过度的社会上，企业应该注重做市场，更加要注重定位。定位理论的核心是通过打造品牌，在消费者的心中留下印象，同时在市场上占据一定的位置。也就是说，想要使品牌在市场上获得成功，必须要能在消费者的心中占据一定的位置，能够有明确的品牌定位。在信息爆炸的世界里，信息的更迭速度快，想要在消费者心中留下一定的印象，就需要建立品牌隔离、错位竞争。拼多多在与淘宝、京东竞争的过程中，首先选择了差异化竞争，在用户选择上就建立了品牌隔离。同时利用长尾理论，避开了争夺一、二线城市用户的冲突，在尾端精耕细作，持续打造了低端爆款来吸引消费者，拼多多的快速发展就得益于与其他品牌的错位竞争。拼多多能够成功的建立品牌隔离，是离不开以下几点契机的。

第一，互联网的快速发展以及智能手机的普及。2015年，中国的智能手机在不断普及，社交网络已经逐渐发展成熟。根据数据统计，社交媒体的使用占据整个移动互联网使用时长的40%以上，这为拼多多的发展奠定了基础，提供了优质的网络环境和市场环境。

第二，三、四线城市触网带来新鲜流量。随着互联网的迅速发展，手机用户不断增加，来自二、三线城市以及农村的手机用户不断增加，尾部用户的数量激增，逐渐超过头部用户的数量。据数据统计，拼多多将近60%的用户来自三线城市的低收入人群，这些用户对价格比较敏感且购买的商品偏向刚需，因此被拼多多的低价模式所吸引。这是与淘宝、京东错位竞争的明显体现之处，避免与其正面冲突。此外，拼多多选择与微信合作，微信平台上有超过十亿的用户，拼多多利用病毒式营销，获得了大

量的流量以及用户。

"BAT之下无新鲜事"是中国互联网流行的一句话，是指在百度、阿里巴巴、腾讯不断扩大的商业帝国下，很少有企业在其领域下有新的突破性发展。因此拼多多的定位就是精准地避开这些商业巨头的业务领域和优势市场，将定位下沉，锁定尾部市场，开创新的市场领域，重新定位目标消费者，建立品牌隔离，开展错位竞争。在竞争激烈的电商市场开拓了一片蓝海市场。

2.整合价廉的品牌形象

整合营销就是通过对各种资源进行整合，实现品牌价值的最大化。对各种资源进行整合，可以产生单一资源所不具备的协同效应，同时还可以通过整合的资源，为消费者提供更多品牌和产品信息，明确品牌的产品定位。拼多多在品牌传播的过程中善于分析，制定了合理的策略，通过分析不同宣传渠道的特点，合理运用资源，塑造了一个"价廉"的品牌形象，在消费者的心中留下了深刻的印象。

第一，进行广告投放，扩大知名度。拼多多为了提高品牌知名度，在品牌广告宣传方面投入了大量的资金。广告是对品牌长期发展的投资，因此拼多多在多个平台投放魔性自创洗脑歌曲，还赞助了多个综艺节目，使品牌强行在消费者的心中留下印象。

第二，利用公益营销提升口碑。由于拼多多在最初的时候，将目标市场瞄准了低价农产品市场，因此拼多多与农产品有一种不解的缘分。拼多多通过扶贫助农的公益活动来进行品牌营销，增加了企业形象在消费者心中的高大程度，也增加了品牌的知名度。拼多多在扶贫助农领域所做的贡献是显著的，这使得拼多多的品牌影响力进一步提升，不仅如此，拼多多还可以通过扶贫助农的活动，直接与农户对接，获取优质低价的产品，节约了大量的成本，一举两得。

3.独创"拼团"模式

有时人与人之间的交互信息传播的效果甚至高于广告传播的效果，这是由于人与人之间的沟通是双面的同时是高效的，不受其他外界信息的影响以及品牌、时空的影响，还能获得高效的反馈，能够更容易被消费者所接受。因此，拼多多通过拼团的形式，在人际交往之间迅速传播，很受消费者的喜爱。同时，通过消费群体的不断下沉，传播速度越来越快，使得拼多多获得了巨大的流量，增加了品牌的影响力。

微信作为拼多多的主战场，借助微信平台来进行分享传播，实现流量的获取与裂变，每个用户都可以成为这种病毒式营销的中心，充分体现了电子商务与社交媒体的结合。在前端，通过拼团的方式，不断在用户与用户之间进行分享，增加拼多多的流量基础，同时进行精准营销，获得了大量的订单。在后端，拼多多平台进行产品管控以及监管各商家，实现交易闭环，完成流量的变现。

4.社交模式快速裂变

裂变传播是当前流行的传播理论之一，主要是以人与人之间的传播为核心，通过人际交往的网络，人作为产品传播的宣传者，将信息传递给身边的人，或者从身边的人那接收信息。简单来说就是人传人，人再传人，形成一个传播网络。传统的传播方式更多是单方面的传播，强调产品与人之间的关系，而裂变式传播是为了使商品与更多人发生关系，从而建立人与人之间的连接。拼多多的拼团模式就是基于微信等社交平台的裂变传播，通过了解用户心理，吸引更多的用户。

第一，将移动电商与社交媒体进行深度融合。拼多多创立的社交电子商务模式，改变了单一的传统被动搜索购物模式，使商品变得主动起来，刺激用户的需求。通过社交媒体更好地促进这种模式的流行，是移动电子商务和社交媒体相互融合发展的产物。与之前需求购物的传统电子商务相比，社交电商更多的是通过社交的方式主动刺激需求，促进消费者购物，用户有更多的机会进行无目的性的购买。与近年来阿里巴巴和京东等主要电子商务获取新客户的高昂成本相比，以拼多多为代表的社交电子商务公司能够以非常低的成本持续增长新用户，实现用户数量的爆炸式增长。

第二，依托微信庞大的用户基础和强黏性，引流效果强。微信是目前拥有超过10亿用户的社交工具之一，可以说是一个强大的流量门户。通过微信门户，拼多多可以获取更多的互联网用户。同时，微信还提供微信支付和小程序等技术支持，来使购物的过程更加便捷，同时形成一个封闭的循环。微信已经融入我们生活的方方面面，通过分享微信朋友圈和微信群将提高平台信任度，并增加拼多多产品的销量。

拼多多在三年内就能够获得如此大的成功，主要得益于其独特的营销策略和市场定位。其电子商务+社会营销方法已被许多电子商务平台所学习。但是拼多多还有很多需要改进的地方。拼多多需要继续发现其运营中的缺陷并改进，走可持续发展的道路。

（资料来源：作者根据多方资料整理而成）

本章小结

市场营销是根据地理环境因素、人口统计因素、心理因素、行为因素、消费受益因素等，将消费者市场划分为若干个具有鲜明特色的小市场。企业根据自身条件以及产品特征来选择相应的目标市场。

根据选择的目标市场以及产品的特点来选择不同的市场营销策略：无差异营销、差异性营销、集中性营销。同时还拥有不同的市场营销策略模式：单一市场集中化、选择性专业化、产品专业化、市场专业化和市场全面化。

根据调研目的的不同，可以分为四种类型：探索性调研、描述性调研、解释性调研、预测性调研；根据调研课题的不同，可以分为品牌环境调研、品牌资源调研、品牌资产调研等。

通过识别竞争者，找出差异点和共同点来建立竞争参考模型，判断出竞争对手的战略，选择合适的竞争对手。

企业可以根据产品性能、价格、目标顾客、竞争对手以及文化等对品牌进行定位。为了品牌有更好的发展，可以采用品牌延伸策略、品牌认可策略、多品牌策略、成分品牌策略、品牌联合策略。

企业可以通过选择品牌元素、发展品牌元素、设计全方位的营销策略、内部品牌化、品牌资产的定位、品牌资产的传播、品牌资产的延伸等来建立和发展品牌资产。同时通过建立品牌知名度、维护品牌忠诚度、建立品牌认知度、建立品牌联想、品牌强化、品牌活化来管理品牌资产。

第六章
产品战略与服务管理

从企业的产品战略上来看，企业自身要努力，要在技术、研发、创新、服务等方面能够走在人家前面，使产品更有竞争力，让用户喜爱这个产品，这是一种挡不住的竞争力。

——浙江吉利控股集团董事长　李书福

【学习要点】

☆产品特征与分类

☆产品组合策略

☆产品生命周期策略

☆服务营销策略

☆服务质量管理

章首案例

吉利汽车的产品及服务营销

吉利控股集团（ZGH）是一家全球化企业，总部位于中国杭州。吉利集团创立于1986年，吉利并不是一开始就进入汽车行业，而是在1997年才进入汽车行业的。吉利集团注重品牌实力以及人才培养，目前吉利集团投资数亿元建立的北京吉利大学、海南吉利三亚学院、临海浙江吉利汽车技师学院等高等院校，在校学生已达3万人，培养出的近万名毕业生就业率达到95%以上，为中国汽车工业人才战略做出重大贡献的同时实现了企业可持续发展的目标。2020年，吉利控股集团旗下各品牌在全球累计销售汽车近300万辆，进入全球汽车企业前十强。

一、产品设计开发策略

品牌及产品能够根据市场的需求不断调整升级，是产品在激烈竞争的市场中取得成功的关键，因此企业需要不断地投入研发，培养新型人才，依靠科学的进步来优化产品功能，不断满足消费者多样化的需求，树立良好的品牌形象。2008年，吉利汽车进行了一次战略转型，从低端市场转向高端市场，这次转型的成功成为吉利汽车的转折点，为当年销售额的增长贡献了一份力量。自此，吉利汽车开始了多品牌战略。在2008年推出了"吉利熊猫"，市场销售情况良好，主要是面向中青年消费者，不仅如此，此品牌一出，使消费者对整个集团的形象都产生了极大的改观，品牌形象以及品牌可靠性都在不断地改善。随后，吉利趁热打铁，推出了一个全新的子品牌"全球鹰"，开始正式实施多品牌战略。再后来，吉利开始推出面向高端市场的子品牌"帝豪"，目前，"帝豪"已经逐渐成为吉利集团的主打品牌。

吉利汽车注重产品开发以及产品的实力，通过分析市场上不同消费者的需求，生产出不同的车型以及不同性能的汽车来满足消费者多样化的市场需求。在现代追求的汽车元素中，精致的汽车外观、排量小、功率大，同时还拥有人性化的车配，吉利的车型之中能够全面囊括这些元素，这正是吉利实力的体现，是多年技术研发的积累。吉利汽车推出的概念车型是领先国内甚至是国际的水平，能够充分地体现吉利的汽车设计以及制造水平。

二、吉利汽车的服务营销

汽车作为高端消费品，具有高价值、重复使用、多次投入的特点。而吉利汽车则进行着严格合理的服务，基本上有以下几点。

第一，全面顾客服务。全面顾客服务是全程服务和全员服务的结合。全程服务是指以消费者为中心，根据消费者的要求来对产品进行设计，在经过吉利高质量的制造过程、销售服务，再将产品交到消费者手中，直到车辆报废才能够结束全程服务。这种服务方式要求销售人员必须与消费者进行密切的交流，了解消费者需求的同时，还能够及时为消费者提供服务，这是汽车专业性服务与非技术性服务的结合。在对员工进行培训时，应该树立每位员工的全程服务意识，以产品服务为纽带，创造企业、服务网络和顾客之间的和谐关系的过程性服务。

第二，多重特性服务。在消费者进行购买的过程之中，企业应该提供各种各样的服务。企业既可以提供汽车资讯的服务，又提供汽车售后服务，还提供汽车上牌照、事故车的理赔服务。企业提供的服务应该与其他企业有所区别，提供更多差异化的服务才能获得更多竞争力。但是，企业提供的增值服务是应该收费的，一般来说，只要服务质量好，消费者也可以欣然接受并获得满意。免费服务能够更容易地获得顾客的认同和满意。在购买汽车的过程中，由于汽车价格高、品种多、需要售后服务等特点，因此售后服务必须在汽车市场或者汽车销售展厅进行，这样消费者才能选择到满意的车辆，这种服务称为定点服务，有专业的服务网点进行售后，最大限度地保证消费者的利益。

目前，吉利注重对服务人员的培训，吉利的汽车服务站遍布全国，全面打造"关爱在细微处"的服务理念，为消费者提供更加让人放心的高质量汽车服务，"浙江吉利控股集团汽车服务有限公司拥有一支维修技术精湛、服务热情赤诚的服务团队"。同时，吉利集团日常的汽车生产都体现着品牌为消费者着想的理念："以最快捷的速度为顾客争取每一秒时间，以最严谨的态度为车拧紧每一个螺丝，以最真诚的微笑让顾客感到安心！每一个维修动作都做到规范标准，每一件专业工具都能精确掌握。井然有序的维修环境，一丝不苟的工作态度。因为吉利知道，专业精神才能铸就完美品质，完美品质才是客户满意的根源。为顾客的需要尽心尽责，为顾客的满意争分夺秒，永远先顾客之所想，让顾客无后顾之忧。亲善周到的待人之道，高效务实的待车之术。对细微处的关注，是让顾客信赖我们的理由！一切皆源自专业的本能，更源自对顾客本身的关注。像老朋友一样，关爱，就在细微处！"一直以来，吉利坚守着对消费者服务的高质量要求，同时也注重服务的各处细节，也正是这份坚持、支持，使得吉利在中国汽车行业中保持着领先地位。吉利将服务顾客一直当作企业责任、社会责任，他们对这份责任十分看重，因此他们尽心尽力地服务顾客。

（资料来源：作者根据多方资料整理而成）

第一节 产品战略

大多数企业生产的产品和提供的服务是多种多样的，企业应该合理规划产品在市场上的营销，才能最大限度地满足消费者的需求，提高企业盈利能力，增强企业竞争。产品战略就是对企业的产品和服务进行合理的全局性规划，是企业其他营销战略的基础，直接影响营销因素的管理和分配。产品战略的成功与否将直接影响企业的兴衰。

一、产品特征与分类

（一）产品的概念

产品是指能够为市场上的消费者或用户提供满足他们需求和欲望的任何东西，包括有形物品和无形物品，如实体商品属于有形产品，服务、体验、信息以及观念等属于无形产品。一般来说，有形产品是指其产品具有实体的形态，是客观存在的，它能够满足消费者对产品使用价值的需要。在我们日常的生活中，有形产品随处可见，如家具、家电、日用品等。但随着社会生产力的发展，商品竞争加强，产品的形式也在不断地多样化发展，超出实体产品的范围，产品实体只是产品的一个组成部分；同时能够给消费者提供满足和利益的无形服务也成为产品的一部分。

（二）产品特征

产品特征是产品自身的质量、外形、功能、商标以及包装等构造所形成的特色，它能反映产品对顾客的吸引力。产品特征在不同的消费者的心中有着不同的认知、情感以及行为，主要是由消费者自身的价值观以及过去的经验影响、评价的。有关于产品特征的分析主要包含以下几个方面。

（1）兼容性。兼容性是指产品和消费者当前的认知是一致的，不需要消费者的行为发生变化。

（2）可试性。可试性是指产品可以在消费前被试用或者被感受的程度。

（3）可观察性。可观察性是指产品及其效用被消费者感知的程度。

（4）简易性。是指产品被消费者理解认识的难易程度。

（5）相对优势。相对优势是指产品相对于其他产品来说具有持续性的竞争优势，这种优势是可以由技术开发来获得的。

（6）产品象征性。产品象征性是指产品和品牌对消费者的意义，消费者使用产品的感受。

（三）产品的分类

企业对产品进行分类有利于企业针对不同类型的产品制订出不同的市场营销组合策略，不同类型的产品有着不同的特点，能够更好地满足消费者的不同需求。

1.根据产品形态的可观察性分类

根据产品形态是否可以被观察出来，可将产品分为有形产品和无形产品。

第一，有形产品。有形产品是指产品在形态上能够被消费者所感知，消费者能够真切地感受到产品的存在，即能够通过视觉、嗅觉、味觉以及触觉等感觉感受到产品。有形产品区别于无形产品最明显之处在于能够真实地呈现在消费者面前，其使用价值必须通过有形的物品才能够体现出来。有形产品的价格通常与产品质量以及原材料的使用有关，同时也受到了促销方式和分销渠道的影响。

第二，无形产品。无形产品也称为服务，不具有实体形态的一种产品形式，是指一方能向另一方提供的基本上无形的活动或利益，而且这种活动或利益不会导致任何所有权的产生，如美发、培训、咨询和教育等，这些服务产品很难进行定量化的测量。在消费市场上大部分的服务产品都是与有形产品相联系的，这样能够更好地满足消费者的需求。同时营销人员应加强服务管理、注重信誉，提供多样化的服务来满足用户需求。

2.根据产品的用途分类

根据产品的用途可将产品分为消费品和产业用品。

第一，消费品。消费品是由消费者购买用于满足个人和家庭生活需要的最终产品或服务。根据消费者的购买习惯，可将消费品进行进一步细分，分为便利品、选购品、特殊品和非渴求品。

第二，产业用品。产业用品是指为了生产和销售其他的产品或服务而购买的产品和服务，或者作为企业运营设施的产品。这类产品的市场需求是由其他产品的需求引起的，在引起对工业品需求中，消费品的需求是构成购买工业用品的一个重要部分。由于产业用品的交易主要是在企业之间进行，市场营销中的一些基本原理在这种情况下不太适用，因此需要对这种情况区别对待，将产业用品的交易市场作为一个特殊的市场加以研究。根据进入生产过程的程度和昂贵程度，可将工业品分成三类：材料和部件、装备和附属设备以及供应品与服务。

3.根据产品的耐用程度分类

根据耐用性可将产品分为耐用品和非耐用品。

第一，耐用品。耐用品一般是指有形产品，价值较高，用途较多且使用年限较长，如冰箱、家电、住房、汽车、家具等。这类产品消费速度慢，重复购买频率低，因此产品的单位利润较高，价格弹性大，价格对需求的刺激不大，因此营销者要提供高质量的产品和更多的服务才能获得消费者的选择。

第二，非耐用品。非耐用品一般是指有形产品，价值较低、用途相对较少且使用年限较短的产品，如洗衣液、沐浴露、食盐、肥皂、牙膏等。这类产品容易被消耗，购买频率高，因此价格弹性不大。非耐用品强调成本优势以及便利性，因此营销者要广设网点，使消费者能随时随地方便地购买到这类产品，使用大面积的促销方式，要薄利多销；同时要加强广告宣传，吸引消费者试用并形成品牌偏好。

（四）产品整体的概念

狭义的产品概念认为产品是指具有具体形态和用途的物品，这种概念是人们普遍认为的产品概念。而现代的市场营销学认为产品是由有形的产品和无形的服务构成的，这种产品概念通常称为产品整体概念。菲利普·科特勒等学者用五个层次来讲述这种产品整体概念——核心产品、形式产品、期望产品、延伸产品和潜在产品

1.核心产品

核心产品又称为实质产品，它是指向消费者提供的产品的基本效用和利益，是消费者真正想要买的东西。核心产品是消费者需求的重点，既是产品概念中的基本部分也是产品概念中最主要的部分。

2.形式产品

形式产品是指主要用来满足消费者需求的实体产品，是核心产品实现的具体的形式。核心产品是一个抽象的概念，是代表着产品的基本效用和利益，有的产品单靠核心产品是无法实现其真正价值的，因此必须借助一定的实体物品，才能使产品的基本效用和价值体现出来，这种实体物品就是形式产品。例如，为了使人放松以及能够养生，便出现了足浴、按摩；为了能够使出差旅游的人有吃饭住宿的场所，便出现了酒店、饭店、旅馆等；为了能够使消费者有娱乐消遣的地方，便出现了电影院、电玩城等。而在这些产品和服务中，足浴店、按摩店、酒店、饭店、旅馆、电影院等便是这些服务的载体，就是形式产品。

在产品设计的过程中，除了要注意核心产品的基本效用和利益的设计以外，还要注重完善形式产品。形式产品是核心产品的价值实现的载体，是消费者衡量产品或服务效用的主要方面，将核心产品和形式产品结合起来进行产品设计能够更好地满足消费者的需求。

3.期望产品

期望产品是指消费者购买产品时所期望得到的产品或服务的属性和条件。例如，消费者购买冰箱时期望能够得到良好的质量、能够有维修以及退换服务、能够送货上门等；旅馆和酒店能够提供干净舒适的房间、毛巾以及干净的浴室等。一般来说，产品或服务能够满足消费者的期望时，能够帮助提高消费者对产品或服务的满意程度以及忠诚度。同时，如果能够使产品超出消费者的期待，先一步察觉消费者未满足的需求，那么企业将会获得行业内的绝对竞争力。

4.延伸产品

延伸产品是指消费者在购买的过程中，除了得到形式产品和期望产品的产品实体以外，还能够获得各种由产品所带来的利益。包括送货、安装、维修、咨询服务、退货保证等一系列的服务。

延伸产品是实体产品在满足消费者需求过程中的完善，是根据消费者的需求，通过各种售后服务来体现在产品中，同时消费者希望能够购买到与产品相关的一系列服务。没有完善服务的产品就相当于半成品，无法满足消费者的需求，无法获得竞争力。

5.潜在产品

潜在产品是指现有产品未来发展的变化趋势和前景。企业必须根据现有产品的未来发展趋势，对现有产品进行研究开发，根据消费者需求的变化，不断改进现有产品，使潜在产品变为现实产品。例如，手机的功能越来越强大，在之前手机只有通话与发短信的功能；随着时代以及科技的迅速发展，人们对手机的需求越来越多样化，手机拥有的功能越来越多，有拍照、听音乐以及社交、游戏等功能。

（五）产品线决策

产品线是由一组密切相关的产品组成，它们在市场上以相似的方式发挥着同样的功能，面向同一个顾客群体，通过相同类型进行分销和销售，属于相同既定的价格范围。产品线决策最主要的内容是产品线的长度，即产品线中所包含的产品项目的数量。企业的产品经理人应该认真分析和评估企业产品线的长度，太长或太短的产品线都会造成企业利润的损失。因此，产品经理人应该定期对产品线进行分析，估计每个产品项目的销售以及盈利状况，同时了解每个产品项目对整个产品线的绩效所做出的贡献。产品线决策是产品策略决策之一，包括五项大的决策：产品线长度决策、产品线更新决策、产品线扩展决策、产品线特色决策、产品线填补决策。

1.产品线长度决策

产品线长度决策主要是指企业决定一个产品线上产品项目的多少。过多的产品项目，企业没有收到合理的利润，会造成企业资源的浪费。太少的产品项目又会造成企业资源的闲置。企业的发展目标决定企业产品线的长度，希望能够拥有完整的产品线，获得较高的市场占有率以及市场地位的企业，可以通过适当地延长产品线的长度完善产品线来获得适当的利润。如果想在短期内获得较高的利润，产品线应该短一些，只需要设立盈利较高的产品项目即可。

企业可以通过两种方式来增加产品线的长度：延伸产品线、填充产品线。同时，企业为了更好地发挥自己擅长领域的优势，会系统地减少产品项目的数量，会将部分不擅长的产品项目转卖给其他企业或由其他企业承包。

2.产品线更新决策

产品线更新决策是指企业根据当代消费者随着时代的变化而不断变化的消费习惯、生活方式以及消费偏好等，相应地不断更新产品线，将产品改进成能够迎合当代消费者的需要，也被称为产品现代化决策。

3.产品线扩展决策

产品线扩展决策是指企业在现有产品的基础上，增加现有产品的类别，如新口味、新颜色、新包装以及新配方等，并使用相同的品牌名称进行推广。企业进行产品线扩张的情况有很多种：企业的产能过剩；企业想要满足消费者多样化的需求；企业的竞争对手进行了产品线扩展；企业想要引起经销商的重视，占取更多的资源。

4.产品线特色决策

产品线特色决策是指企业在产品线上的众多产品项目中，选择一个或几个产品项目作为吸引消费者的特色产品。产品线特色决策应用的方法有：通过发展高档的产品项目来提高整条产品线的水平；通过降低低档的产品项目的价格来吸引消费者购买。

5.产品线填补决策

产品线填补决策是指在现有产品线的产品项目的基础上，增加产品项目使整个产品线变得完整。

（六）产品组合策略

第一，产品项目、产品系列和产品组合。

产品项目一般是指在同一产品线或产品系列中不同品牌的具体产品，这些产品在型号、规格、款式、颜色以及价格方面具有差异，是生产或消费领域以独立个体形式存在的，能够满足生产企业或消费者具体需求的功能和价值的集合体。不同的生产技术、材料和设备，生产不同的产品项目。即使是同一名称的产品，如果在型号、价格、材质、工艺等具体方面存在一定差异，也应以不同的产品项目来对待。产品项目的多少通常是衡量一家企业生产经营能力的重要指标。

产品系列是指企业所生产的在名称和属性上相互关联或相似的产品的集合。它是企业按照自身分类标准和经营战略对本企业所生产的产品进行划分的结果。产品系列由于是由两个以上的产品项目组成的，而且它们在功能、消费上具有连带性，因而同一产品系列往往面向相同的顾客群、分销渠道，同时各个产品项目具有可相互参考的定价区间。

产品组合是指企业所生产或销售的所有产品系列和产品项目的集合。作为一个总体范畴，其包含的产品系列和产品项目所扮演角色及重要性排序对企业生产经营具有重要的影响。产品组合是营销组合在产品层面的具体化，既能反映企业战略执行意图，也能反映战略执行过程，还能反映战略执行结果。同时，它又是一种面向市场的经营管理举措，能把生产技术、财务资源、管理能力、品牌竞争力等要素综合在一起，进而形成以市场需求为中心的供给结构。

第二，产品组合的宽度、长度、深度和关联度。

产品组合宽度是指企业实际拥有的产品系列的数目。

产品组合长度是指企业全部产品系列中产品项目的总数量。以产品项目总数量除以产品系列个数，可得到产品系列的平均长度。

产品组合深度是指企业产品系列中产品项目细化的程度。

产品组合关联度是指不同产品系列之间在具体用途、生产技术条件、营销渠道或其他方面的关联程度。

产品战略与服务管理专栏1：

完美日记的产品组合策略

一、公司简介

完美日记成立于2016年，是逸仙电子商务旗下时尚彩妆品牌。完美日记用心为中国年轻女性开发一系列高品质、精设计的彩妆产品，支持中国时尚产业，享有国货之光的荣誉称号。产品组合包括美妆品——隔离、粉底液、气垫、口红、唇釉、眼影、高光、腮红、睫毛膏、眉笔、眼线笔、卸妆水、散粉；护肤品——洁面乳、小安瓶面膜；美妆工具——美妆蛋、化妆刷、卸妆棉、洗脸巾、睫毛夹；香水——浮光香水。

二、产品组合策略

第一，扩大产品组合策略。首先，完美日记选择彩妆市场新增人群：90后、95后人群，这批人群是目前中国彩妆消费市场的增量人群，他们是刚开始使用彩妆产品的一批人。对于彩妆品牌还没有完全的认知度，而且由于对化妆并不是特别专业，存在经常更换彩妆产品品牌的习惯，抓住这部分客户就等于抓住了未来。其次，为了匹配大部分人的消费习惯，完美日记把自己的产品价格定位在平价系列。适当地增加了护肤类产品与香水系列产品，扩大自己的产品范围。

第二，缩减产品组合策略。完美日记主打的是彩妆，目前只有彩妆、美妆工具、护肤品、香水。

第三，产品线延伸策略。近几年来完美日记的口红在原有小黑钻的基础上还推出了小红钻、小粉钻、小金钻唇釉，也在经典款唇釉的基础上推出了小酒馆和反重力两款唇釉。完美日记在眼影上的策略：马赛克单色眼影在丝绒哑光的基础上扩展了各种类型，五花肉质地、碎糖闪片、彩色贝母、细腻珠光等。多色眼影盘由九色星玫盘发展到十二色动物系列又推出了十六色国家地理眼影盘。完美日记把科学技术应用在产品生产上，打造出地理眼影盘，以其独特新颖的特点来顺应现代消费者的需求。

第四，产品线号召策略。完美日记最大的特色，同时也是最广为人知的产品，就是它的各种跨界联名系列。跨界的好处在于将两个品牌的知名度和流量热度汇集起来，打造共赢，同时跨界的噱头又引起了消费者们的好奇心。从而带来了更大的声量和讨论度，提升营销效果。完美日记比较知名的联名款就是的探险家动物盘和小金钻。

（资料来源：作者根据多方资料整理而成）

二、产品与服务差异化

（一）服务的含义

服务是指企业或者个人为了满足消费者的需要，向消费者提供的无形或以无形为主的行为或效果。服务是无形的，其销售和购买都不会引起所有权的变更。在提供服务的过程中，有的服务需要依托一定的实体物品才能提供给消费者，例如，购买冰箱包括一系列的服务行为，配送、安装、咨询服务以及退换等。有的服务则不需要依托任何的实物就可以满足消费者的需要，例如，金融保险、业务咨询、汽车维修、代驾等都是服务的具体形式。

（二）服务的特征

一般来说，服务具有四个特性，包括无形性、不可持续性、不可分割性和不可储存性。

第一，无形性。服务是无形的，并不存在实体形式，因此再购买之前并不能被持有、见到或者触摸。当消费者购买普通产品时，消费者可以观察实体的物品来感受质量以及内部结构，依此来做出购买决策。

第二，不可持续性。由于开发、定价、促销以及提供服务对营销人员来说是具有挑战性的工作，因此服务并不能长期地提供。服务的提供很大程度上依赖服务人员的能力，服务人员的技能掌握、态度以及外部形象对服务有重大的影响，同一项服务，不同的服务人员会产生不同的效果。

第三，不可分割性。不可分割性与不可持续性有一定的关联。在许多情况下，消费者很难将服务与服务提供者分离开来，因此服务人员对于服务有重大影响，服务人员提供的服务活动的结束就表明服务的结束。

第四，不可储存性。由于服务具有无形性，因此服务具有不同于普通实体商品的特征，服务具有不可储存性。但是随着科技的发展，新技术使服务的这一特征面临着不同挑战。

（三）服务的作用

第一，适应产品技术性能复杂化的要求。科学技术的发展使产品所具有的技术的操作难度也不断提高，这对产品相对应的服务提出来更高的要求。例如，购买路由器，商家需要提供安装、调试、指导客户使用等现代化的服务。

第二，维护消费者权益，增加消费者的重复购买率。企业会为了增加产品或服务的吸引力，提高客户忠诚，提高消费者的重复购买率，会不断地提高服务的质量或者增加服务项目。

第三，提高企业的竞争能力。在增强企业竞争力方面，服务可以作为一种竞争手段。可以通过提高服务质量以及增加服务项目两个方面来提高企业的竞争力。在当代社会，产品的竞争力都大同小异，没有很大的区别，而服务却不同，谁家的服务突出，服务项目多或服务质量好，谁就能赢得消费者的心。

（四）服务的基本原则

第一，服务于产品销售。大多数的产品销售都有服务贯穿其中，同时消费者在购买产品的过程中，对购买到的方式、产品的包装、运输以及结账方式等方面都有不同的需求。因此在这个过程中，企业应该根据消费者的需要为消费者提供不同的服务，方便消费者的购买，提高消费者的购买效率。

第二，提供产品的配套服务。企业销售产品只是满足消费者对实体物品的需求，要使消费者完整地感受到购买商品所带来的利益，就需要企业提供相应的一系列服务，才能真正发挥实体产品的效用。如购买技术含量高的产品，则企业必须提供相应的产品使用指导、安装、退换等一系列服务，使客户没有后顾之忧。

第三，实施跟踪服务。在产品销售成功之后，企业应该注重售出产品的跟踪服务，这是有效推销产品的最佳时机。要及时对消费者进行意见搜集访问，定期召开重点客户意见会、介绍新产品等，及时搜集客户信息，掌握市场动态，主动察觉市场需求动向，帮助消费者解决问题，发展新的市场机会，提高客户的忠诚度。

第四，注意现场服务管理。在现场服务的过程中，服务人员的素质、能力、态度以及管理水平都是衡量服务质量水平的重要标志。提高服务人员的业务能力，为消费者提供良好的购物环境、便利的购物条件以及丰富服务项目，是提高现场服务质量的重要方面。现场服务是服务人员与消费者接触较多的服务提供过程，是消费者理解企业形象的最佳时机，因此要发挥现场服务的作用，借此来提高企业的知名度和企业形象，为其他服务奠定良好的基础。

第五，服务标准化和制度化。提高销售服务质量并不是企业的短期目标，而是企业提高效益的长期任务。因此需要将服务标准化和制度化，有利于保证服务质量的优质。

（五）产品差异化

产品差异化能够提高产品的辨识度，能够增加附加价值来提高产品的价格。企业可以通过以下途径来突出产品的差异化。

第一，产品的档次。产品的档次一般分为高、中、低三种，企业必须依据市场细分之后的目标市场来决定产品档次。如服装企业对于产品档次的选择十分注重，不然很容易迷失方向，影响品牌形象。

第二，产品的创新。产品的创新是企业通过有价值的新产品来提高企业竞争力。

第三，产品的特点、样式设计。企业在产品设计时，应该注重产品的独特价值和特色的设计，可以有效地使消费者区分本企业与竞争企业的产品。

（六）服务差异化

随着社会经济的发展以及人们生活水平的提高，服务差异化水平已经成为企业的主要竞争力，因此企业必须提高服务质量和增加服务项目。区别服务水平的主要因素有送货、安装、顾客培训、咨询服务等。例如，在送货方面，企业可以建立高效的物流网络来提高企业的供货速度。在当代的电子商务发展的时代，物流已经成为服务的一个重要部分，物流网络的建立不仅可以促进服务水平的提高，而且还可以减少企业的库存费用，提高商品的运转率。

产品战略与服务管理专栏2：

海底捞的差异化战略

海底捞成立于1994年，是一家以经营川味火锅为主、融汇各地火锅特色为一体的大型跨省直营餐饮品牌火锅店，全称为四川海底捞餐饮股份有限公司。海底捞会取得这么大的成功,主要是其差异化战略的有效实施。

一、产品差异化

随社会的发展以及居民消费水平的提高,消费者在外就餐不仅是为了追求吃饱,更多的是追求消费体验,而餐厅的环境能够影响消费体验的好坏。因此,"美其食必先美其器",为消费者提供舒适的用餐环境能够提高消费者的满意程度。在当下,大部分的中餐厅开始西餐化、时尚化,这刚好符合年轻消费者对用餐环境的要求,"中式餐饮西式化""时尚化"能够为消费者提供精致、干净整洁的用餐环境,是当下餐饮业的发展趋势。年轻人作为当下最大的消费群体,赢得了年轻人的青睐也就获得更多的竞争力,是制胜的关键一步。因此海底捞不断改善餐厅环境,这对消费者极具吸引力。

二、服务差异化

海底捞能够备受消费者的喜爱,便是得益于海底捞独特的服务。海底捞始终贯穿"服务至上、顾客至上"的理念,为消费者提供个性化的服务,用心服务消费者。让海底捞能够如此出名的原因还在于海底捞的服务细节以及服务体系。

为了给消费者提供"贴心、温心、舒心"的服务,海底捞从还没有进门开始到用餐结束,都不会放过任何一个服务的细节。例如在用餐人数较多,需要排队时,海底捞不会让他的消费者干等着,服务员会端上好吃的零食、水果给消费者,同时还为女性提供美甲等服务,不会让消费者觉得等待是漫长的。此外,在用餐期间,服务也是无微不至的,为顾客提供热毛巾擦手,提供围兜以防弄脏衣服,为女性顾客提供小皮筋及手机防油袋等,这一系列的细节组成了一套完整的服务体系。在用餐结束后,海底捞会为消费者提供果盘以及清新口气的糖,能够使消费者在用餐后也保持愉悦的心情。如果刚好有顾客过生日,海底捞也会为消费者提供生日蛋糕,热情地唱生日歌为其庆祝。此外,海底捞还设有儿童游乐场所,并提供卫生间洗手的递纸服务。

从顾客进门到用餐完毕,海底捞都有服务细节贯穿其中,这种制度化的服务系统使海底捞的服务更加突出和成功。虽然有些服务会增加海底捞的运营成本,但这种付出是值得的,与稳定的顾客源、不断扩大的忠实消费群及品牌的美誉度相比较,这种投入产出是十分合算的,这也正是海底捞的聪明之处。

(资料来源:作者根据多方资料整理而成)

三、产品与品牌的关系

产品是品牌的基础,没有产品就没有品牌。品牌是产品的升华,它对产品赋予了区别于其他产品的特征。在概念上,产品强调的是从生产和供给的角度来满足市场需求,而品牌则强调在满足某一特定层次市场需求方面,不同产品在功能、效用、属性、利益、价值等方面的差异性。品牌强调某一产品与其他产品的区分度及主要特征。

品牌就是产品的某一个牌子或者某一个名字。其实，品牌不仅是产品的标识，而且有自己的内容，是其基本内容的标识。可以说，品牌是产品的灵魂，而产品是品牌的载体，是品牌的一个特殊元素。

（一）品牌与产品的关系

品牌和产品的关系可以分为三个阶段：第一，品牌和产品是相互依赖的关系，紧密联系，共同成长；第二，品牌和产品可以相互剥离，品牌不只代表单一的产品或产品系列，品牌会随着企业的发展和竞争而不断延伸，发展更多的产品系列；第三，品牌在新的层面上与一系列的产品相互依赖，回到了初始状态却又不是初始状态，在这一阶段消费者购买品牌的产品在很大程度上是属于感性的文化层次上的消费，是品牌的最高境界。

（二）品牌是产品竞争力的积累

品牌给产品赋予了更多的价值和代表意义，使产品更具内涵，更具竞争力。品牌以产品为媒介传递品牌的理念，在消费者的心中扎根。同时，品牌业需要产品能够成为品牌成长强有力的支撑，因此，品牌和产品相辅相成。在品牌创立的初期，品牌和产品是一对一的关系，因为只有这样，品牌定位才会清晰，品牌和产品的特点才会明确，消费者才能更好地识别。

（三）品牌和产品都能为消费者提供价值

品牌和产品都要有明确的定位才能够相辅相成。在当下产品同质化的市场中，产品定位可以使产品在市场中树立独特而又明确的地位，能够使产品区别于其他竞争者。明确的产品定位能够帮助企业划分出不同的细分市场，创造出更多的卖点。而品牌定位的目的是在消费者的心中建立明确的品牌认识，展现品牌的独特性和价值。品牌定位主要可以以产品利益和目标消费者的感知为出发点。产品给消费者带来的是物质利益，而品牌给消费者带来的是精神利益，这是品牌的影响力和知名度所带来的利益。但是任何一家企业的最终目标都是追求利益的最大化。

第二节　产品生命周期策略

一、产品生命周期的含义

美国哈佛大学教授雷蒙德·弗农（Raymond Vernon）在其《产品周期中的国际投资与国际贸易》一文中首次提出了产品生命周期理论。

产品生命周期（Product Life Cycle，PLC），是指产品的市场寿命，即一种新产品从开始进入市场到退出市场的周期变化的整个过程。雷蒙德·弗农认为产品生命是指其在市场上的营销生命，产品和人的生命一样，要经历形成、成长、成熟、衰退这样的周期，就产品而言，也就是要经历一个开发、引进、成长、成熟、衰退的阶段。

典型的产品生命周期一般可以分成四个阶段（见图6-1），即投入期（导入期）、成长期、成熟期和衰退期。

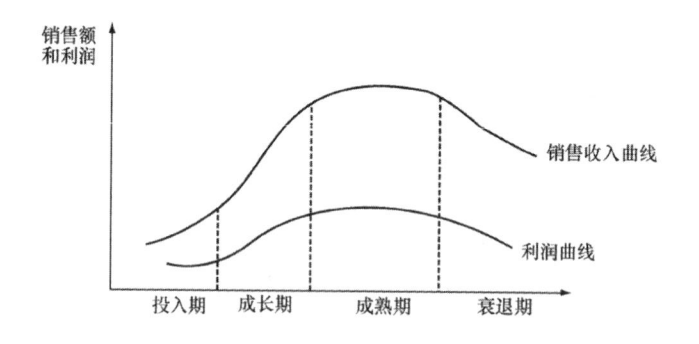

图6-1　产品生命周期

第一阶段：投入期（导入期）。产品投入期是指产品经过研究开发、试销后直到投入市场最开始的一段时间。从新产品投入市场开始，便进入了投入期。在这段时间内市场上的相关产品品种少，同时消费者对这种新产品还不了解，除少数喜欢购买新奇事物的消费者会购买外，实际购买这种新产品的消费者会很少，产品的销量很低。为了提高销量，扩大销路，企业生产者不得不投入大量的促销费用于新产品的广告宣传，促进新产品在市场上的推广。

第二阶段：成长期。当新产品进入投入期之后，产品在市场上的销售取得成功，便进入了成长期。经过了投入期之后，消费者对新产品的了解逐渐增多，也在逐渐接受新产品，新产品在市场上能够成功地站稳脚跟且提高销量。同时，市场的需求量逐渐增加，产品利润迅速增长使竞争企业纷纷进入市场来切分蛋糕，使市场上的同类产品的供给量迅速提高，产品价格降低，企业利润增长逐渐减慢，最后达到生命周期利润的最高点。

第三阶段：成熟期。成熟期是指此时产品的生产技术已经达到成熟的标准，产品可以大批量地生产出来，且在市场中保持稳定的销量。经过成长期之后，随着购买产品人数的增多，以及市场的同类产品的供给增加，市场逐渐趋于饱和。此时，市场上的产品逐渐趋于同质化，生产成本低，但产品辨识度逐渐降低。

第四阶段：衰退期。当产品进入了衰退期就证明产品离淘汰阶段不远了。随着消费者消费偏好的改变以及科学技术的进步等原因，产品的销售量以及销售利润持续降低，产品已经变得不能适应市场，市场上已经出现了更能够满足消费者需求的产品。此时成本较高的企业就会由于无利可图而陆续停止生产，该类产品的生命周期也就陆续结束，以至于后来完全撤出市场。

产品生命周期的完整形态只是一种抽象的概念，在实际的经济活动中，并不是所有的产品生命历程都符合这种理想状态，因此，除以上正态分布曲线外，产品生命周期还可能以下面几种非典型形态呈现。

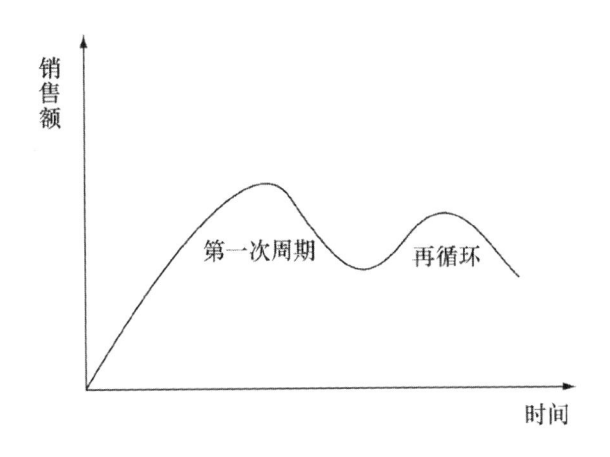

第一，再循环形态（见图6-2）。再循环形态是指产品进入衰退期后，由于种种因素的作用而进入第二个成长阶段。这种再循环生命周期是市场需求变化或厂商投入更多促销费用的结果。

图6-2 再循环形态

第二，多循环形态（见图6-3）。多循环形态也称"扇形"运动曲线或波浪形循环形态，是在产品进入成熟期以后，厂商通过制订和实施正确的营销策略，使产品的销售量不断达到新的高潮。

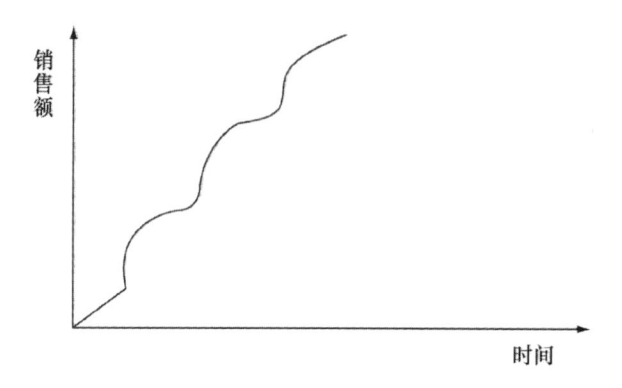

图6-3 多循环形态

第三，非连续循环形态（见图6-4）。大多数流行商品属于非连续循环，这些产品一上市即热销，然后很快在市场上销声匿迹。厂商既无必要也不愿意做延长其成熟期的任何努力，而是等待下一周期的来临。

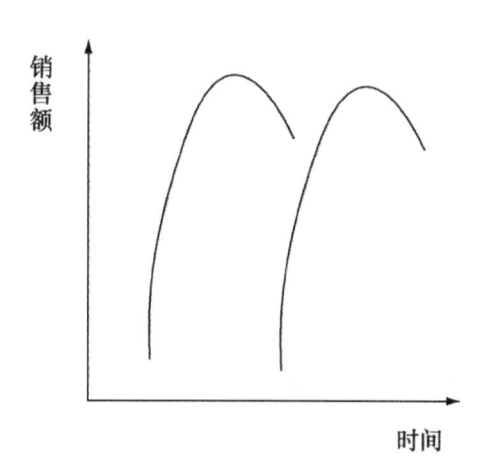

图6-4 非连续循环形态

产品生命周期理论的意义

产品生命周期是现代市场营销学里一个重要概念，对企业制订营销策略具有重要的指导意义，主要表现在以下几点。

第一，产品生命周期受技术进步、环境、管理和需求的影响。

产品生命周期是一个抽象的概念，并不是一个很精确的概念。不同产品的生命周期长短各不相同，而且产品生命周期中的各个阶段的时间长短也不一致，主要受到四个因素的影响：技术进步因素的影响、环境因素的影响、管理因素的影响、市场需求因素的影响。这四个因素中有一个因素发生变化，就会使产品生命周期发生改变。

第二，可以使用不同的营销策略来延长产品生命周期。

每一种产品都有形式不同、时间不同的产品生命周期，这就为企业采取适当措施延长产品生命周期提供了依据。不同的企业可以根据市场上的实际情况，选择适合延长自身产品生命周期的策略，获取更多的经营利润。

第三，产品生命周期理论对企业的启示。

产品生命周期理论对企业的启示主要有三个方面：一是企业必须持续地开发新产品，以便于企业长期生存，否则，原产品生命周期结束了，新产品还没有开发出来，企业就可能要倒闭；二是产品生命周期阶段不同，应采取不同的营销策略，使企业获取尽可能多的利润；三是企业在规划产品组合时必须考虑产品生命周期长短搭配，以免产品组合出现各个产品都在同一个时间达到衰退期的现象，使企业面临巨大的经营风险。

二、产品生命周期各阶段特征

（一）投入期的特征

新产品在投入期主要的特征是销售增长缓慢和企业利润微薄甚至亏损等。

第一点，销售增长缓慢。

投入阶段销售增长缓慢是由两个方面的原因共同造成：一是公司方面的原因，在投入阶段企业对新产品的生产技术掌握不成熟，没有足够的生产能力来生产大量的产品，使得新产品的价格较高市场供应量较少。二是市场方面的原因，新产品刚在市场上流通，消费者对新产品的了解不够充分，不愿意改变他们的消费模式和消费习惯，产品的中间商及经销商对新产品也没有太多的热情，不愿意为企业推广新产品。基于以上两个原因，新产品销售增长在投入阶段总是缓慢的。

第二点，企业的利润微薄甚至亏损。

由于新产品在投入阶段的知名度较低，企业需要花费大量的促销费用来对新产品进行宣传，同时企业新产品的销售额较低，企业的利润获得很微薄。由于产量低，员工没有熟练掌握生产过程，使产品的生产成本又很高。这些因素都决定了公司在新产品介绍期很难盈利。因此，这一时期营销的总原则是尽快打开销路，占领市场。

(二)成长期的特征

新产品在经过投入期的促销宣传之后,产品知名度大大提升,消费者对于这种新产品的了解已经可以形成消费习惯,新产品的销售量迅速增长,新产品已经进入了成长期。在投入阶段的客户积累之后,成长阶段已经有老顾客重复购买新产品,并且还带来了新的消费者,企业利润迅速增长,在这一阶段,企业利润达到最高峰。随着产品在市场上的流通,销售量迅速增长,企业的规模也逐渐扩大,生产产能也在进一步扩大,产品的生产成本逐渐降低。

(三)成熟期的特征

在成熟阶段产品的销售增长会在达到一点之后保持不变或者下降的状态,这一阶段的持续时间一般比其他两个阶段的持续时间要长,多数产品会在这一阶段停留较长的时间。在大量的竞争者进入市场及企业产能扩张之后,行业内生产能力过剩,市场的竞争激烈。一方面,企业为了在竞争的过程中获取竞争优势,会积极地研发,对产品进行创新,改进产品并使产品区别于其他企业的产品;另一方面,企业为了争夺市场份额,会增加广告宣传的投入或者降低产品的价格。市场上有的竞争者由于成本高及盈利低的原因,放弃了现有产品市场而研发新一代的产品。成熟期的产品已经有了固定的消费群体及销售渠道,是企业理想的产品及主要的利润来源,因此尽可能延长产品的成熟期时间,并保持长期知名度、美誉度和忠诚度。

(四)衰退期的特征

产品在衰退期内,销售量显著下降甚至滞销,价格下降,企业能够获得的利润很低。许多经营同类产品的竞争者纷纷退出市场,寻求新的市场机会。衰退期的企业营销管理还应对产品所处市场情况、竞争者情况及顾客对该产品的忠诚度等做出相应的策略调整。此时,企业应当面对现实,力争以最少的投入,获取最大的利润,做到见好就收,寻找新的产品和项目,将主要精力放在新产品的开发中,找到企业新的利润来源。

三、不同阶段的策略

(一)投入期的营销策略

在产品的投入期,产品首次进入市场,产品营销的重点对象是愿意尝试新产品的消费者。在这一阶段可以将价格与促销费用的高低结合起来考虑，可分为以下四种策略，图6-5所示。

	促销高	促销低
价格高	快速撇脂策略	缓慢撇脂策略
价格低	快速渗透策略	缓慢渗透策略

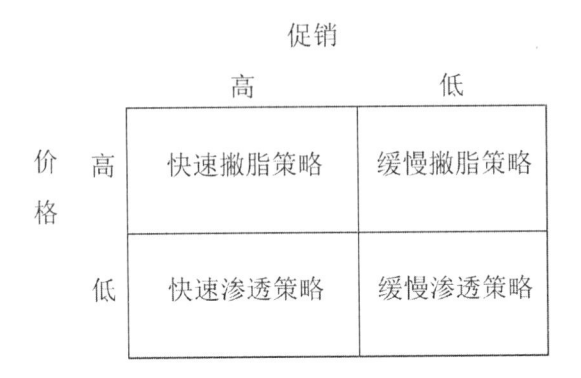

图6-5 投入期的营销策略

（1）快速撇脂策略，是通过投入较高的促销费用，以较高的价格来推出新产品。
（2）缓慢撇脂策略，是通过投入较低的促销费用，以较高的价格来推出新产品。
（3）快速渗透策略，是通过投入较高的促销费用，以较低的价格来推出新产品。
（4）缓慢渗透策略，是通过投入较低的促销费用，以较低的价格来推出新产品。

总而言之，根据这一阶段的特征，企业应该尽可能地将产品投入到合适的目标市场，选择正确的投入时机，针对目标消费者的需求来合理研发设计产品，使消费者能够尽快接受新产品，以缩短投入期，更快地进入成长期。

（二）成长期的营销策略

针对成长期利润增长率高、销售额增长速度快的特点，企业为了保持新产品的这种优势，会尽可能延长产品增长的时间，以获取更高的利润，可以采取下面几种策略。

（1）改善产品品质。企业可以不断地对新产品进行创新来增加产品的竞争力。
（2）进入新的细分市场。企业可以通过市场细分，寻找新的没有被满足的细分市场。
（3）改变广告宣传的重点。企业应该把广告宣传的重心从介绍产品转到建立产品形象上来，树立产品品牌，维系老顾客，吸引新顾客。
（4）适时以低价销售。企业可以在适当的时候采取降价策略，以刺激那些对价格比较敏感的消费者的购买欲，使他们对产品能够产生购买动机或采取购买行动。
（5）重新评价渠道。选择决策，巩固原有渠道，增加新的销售渠道，开拓新的市场。

企业在产品的成长阶段，采取上述策略能够不断扩张市场，增加产品的竞争力，但同时会增加产品的营销成本。因此，企业在成长阶段面临着"高市场占有率"或"高利润率"的选择，一般来说，实施市场扩张策略会减少眼前利润，但加强了企业的市场地位和竞争能力，有利于维持和扩大企业的市场占有率。从长期利润观点来看，提高市场占有率更有利于企业的发展。

（三）成熟期的营销策略

企业的主要利润都是来源于成熟期，因此延长成熟期是每个企业的目标，延长成熟期的主要策略有以下三点。

第一，改进产品。企业可以从提高产品质量和增加产品特点两个方面着手，增加产品在市场上的竞争能力。

第二，改进营销组合。企业可以通过改进市场营销组合中的一个或几个因素，维持或扩大销量，延长产品的成熟期。

第三，市场多元化。不断开发新市场，增加产品使用人数，不断寻求新用户。

（四）衰退期的营销策略

识别进入衰退期的产品，是企业在经营过程中需要注意的问题，及时地针对产品的特点，采取合理的策略，能够减少企业的损失。这一时期的营销策略主要有以下几个。

第一，持续策略。持续策略是指大部分的竞争企业退出市场后，企业由于可以降低成本，仍然为细分市场上的需求提供产品。

第二，集中策略。集中策略是企业应将大部分的能力和资源集中在最有利的子市场和分销渠道上，从中获取更多的利润的营销策略。

第三，榨取策略。即大幅度降低销售费用，如广告费用削减为零、大幅度精简推销人员等，虽然销售量有可能迅速下降，但是可以增加眼前利润。

第四，放弃策略。如果企业决定停止经营衰退期的产品，应在立即停产还是逐步停产问题上慎重决策，并应处理好善后事宜，使企业有秩序地转向新产品经营。

产品战略与服务管理专栏3：

华为手机产品生命周期营销策略

华为手机隶属于华为消费者业务，作为华为三大核心业务之一，华为消费者业务始于2003年年底，经过十余年的发展，在中国、俄罗斯、德国、瑞典、印度及美国等国家设立了16个研发中心。2018年7月31日，国际数据公司发布的初步数据显示，2018年第二季度，华为的出货量超过苹果手机，跃居全球第二位。2019年7月17日，在中国质量认证中心官网（3C认证）上，有八款5G手机获得了3C认证，其中包括华为Mate20X5G、MateX5G等四款手机。截至2019年10月22日，华为2019年手机发货已经超过2亿台。2020年3月31日，华为发布年报显示，2019年华为智能手机发货量（含荣耀）达到2.4亿台，同比增长约16.5%，成为全球第二大手机厂商。

一、引入期

目前，手机作为高科技产品，更新换代的周期短，市场上不断有新的产品推出，因此对新产品生命周期的研究十分重要。华为是一个十分注重研发的企业，在2017年，华为的研发费用就有897亿元人民币，在这个日新月异的市场上，推出新产品的速度是占据市场的重要竞争能力。现如今，年轻人作为消费的主力军更加注重对时尚的追求，对价格的敏感程度不太高，因此华为在产品研发的过程之中能够更多的注意到年轻消费群体的需求，设计出具有时尚感的产品来投其所好。在注重产品的年轻感的同时还要给产品的研发团队注入年轻的血液，一般只有年轻人才懂得年轻人想要的是什么，同时还可以带来更多新的创意，促进新产品的研发。在产品引入阶段，产品的营销方式对于产品的销售也是至关重要的，因为好的产品没有好的营销方式对企业来说也是巨大的损失。

首先，在产品营销的价格方面，华为针对低中高端市场的不同手机有不同的定价。华为在进入市场时，主要采取的还是低价策略，同性能的手机，华为手机会比其他品牌的手机便宜，以高性价比来吸引消费者，从而迅速占领市场。其次，在产品营销的销售渠道方面，华为主要采取线上与线下相结合的销售模式。线上主要是华为自营的商城及与各大电商平台的合作，线下主要是华为的实体店，与运营商合作，在手机连锁店等进行销售，可以说，华为已经建立起了一个较为成熟的销售网络，并且在互联网时代，也很会利用电商平台。

华为同时尝试对于高端市场的产品采用高价策略，在中低端市场仍可以低价为主，与此同时，将高端手机与中低端手机对比，突出高端手机的品质，让消费者倾向于接受高价的高端手机，增大购买的可能性。

二、成长期

成长期是指产品在市场上迅速被顾客所接受、销售额迅速上升的阶段。该阶段，消费者对产品基本熟悉，销售量大幅增长，利润的增长也较为可观。企业在这一阶段要做的就是，更快地让消费者接受新产品，尽可能延长产品生命周期的黄金时期，比较常见的两种方式就是产品改进和促销策略。

在产品改进方面，华为的每一个新产品都会根据市场，进行一些改进，包括外观、性能等各方面。例如，P20采用了和iPhone一样的刘海屏设计，但是又保留了P10的home键，既有原来产品的保留，又有新的设计亮点，再加上手机的配色丰富多样，这款新的P系列的旗舰机取得了很好的销量。但是华为不能总是亦步亦趋地跟随苹果、三星等品牌的，更多的应该是创造出品牌与众不同、又被大众所喜爱的亮点。

在促销策略方面，华为的促销方式较为多样，降价促销、广告宣传等都有。降价是促销的常用手段，华为如今主要是在一些节假日、"双11"购物节等时间段，线上和线下都开展折扣活动，包括充电宝、自拍杆等礼品的赠送，也很吸引消费者。广告宣传也是重要的促销手段，相关数据表明，2016年华为的网络广告投入费达到13678万元，华为在近几年越来越重视广告的宣传，使大众对华为的了解越来越深；近年来，华为的广告越来越走心，广告中也经常传递着华为这个品牌、这个企业的精神，但是华为宣传片的内容可以有更多的考量，怎样匠心独运才能更贴合产品，更吸引大众。例如，被誉为迄今为止最伟大的电视广告的《1984》，以叛逆方式向世界宣告苹果电脑要来了；iPad广告《剪影》，色彩对比鲜明，突出产品，内容简单却给人带来强烈的视觉冲击……这一个个的广告都为人们所津津乐道。

三、成熟期

成熟期是指大多数购买者已经接受该项产品，市场销售额缓慢增长或下降的阶段。手机成熟期较短，市场存活时间不长。手机市场逐渐饱和的情况下，有的手机产品更是昙花一现。在这一阶段，企业进行市场改变、产品改良等措施，其实已经没有太大用处，可以尝试营销组合改良这一方式。包括华为手机在内的各个品牌手机，在成熟期都会改变定价，产品的价格会下调许多，其实这也往往预示着，可能会有新的产品出现。华为P10，从进入市场的3000多元到P20上市后，价格猛跌到2000多元，虽然有新的产品出现，但是也仍有人选择了购买这款曾经的旗舰机。华为在这个阶段，需要做的就是尽可能地去挽留消费者，延长产品成熟期，尽可能地在市场持续更长的时间。

四、衰退期

衰退期是指销售额急剧下降、利润趋于零的阶段。在该阶段，产品变得不能满足消费者的需要，销售量明显下降，价格大幅度降低，这使得企业赢利很少，甚至亏损。手机市场的竞争很激烈，产品很快就会进入衰退期，退出市场竞争。在这一阶段，企业应该谨慎评估该产品，及时做出决断，并处理好后续事宜，使企业能井然有序地转向新产品的经营。华为对于衰退期的产品，最需要做的就是继续做好售后服务。虽然产品购买少了，但是还是有很多使用者的。如今华为的售后覆盖了许多城市，还有线上的售后服务方便快捷。但是在售后服务的价格上，华为可以进行一些适当的调整，过高的费用可能会让消费者望而却步。售后的服务态度也应该是重点关注的部分，热情、良好的售后态度，才会让消费者放心，愿意下次依然选择这个品牌。

（资料来源：作者根据多方资料整理而成）

第三节　服务管理

随着服务在现代经济中重要性的不断提高，服务营销逐渐进入大众的视野，并和产品营销的差异日益典型化。服务营销既始于产品营销，又在产品营销的基础上再次升华和创新。

一、服务营销含义

服务营销是指企业对目标市场的消费者需求进行充分的了解之后，企业充分满足目标消费者需求所采取的一系列营销活动。20世纪80年代后期，服务作为营销的一个重要的要素出现在人们的视野中。这主要是在这段时期科学技术的发展及社会生产力的提高，人们的收入及消费水平不断提高，使得消费者的需求越来越多样化，需求层次也在不断提高。

（一）服务营销策略

按照营销组合要素划分，服务营销策略具体表现为服务产品策略、服务定价策略、服务分销策略和服务促销策略。

第一，服务产品策略。服务的无形性不同于实体产品，很难获得专利保护，因而很容易被竞争企业模仿。同时，运营良好的服务模式很快就会成为行业内的普通运营模式，因此服务上的创新很难为企业获取竞争优势。针对这种服务的特殊性质，企业应该尽可能使得服务品牌化，利用服务模式品牌化来保证服务模式创新的优势地位，从而为企业争取利润，但服务模式品牌化在实际的操作中存在着许多的难处。

第二，服务定价策略。由于企业的服务具有无形性，因此无法准确地给服务进行定价，但是服务的价格一般都是与服务的品质相联系的，服务的质量越高，越能满足大多数消费者的需求，其服务的价格也就越高。所以，在对服务进行定价的过程中，应该综合考虑服务人员的技能掌握状况、服务设施的先进程度及服务的独特性。同时，不同的行业或者不同的企业有着不同的服务定价模式。

第三，服务分销策略。在过去，企业提供服务的渠道一般消费者与服务提供者的地理位置有关，消费者与服务提供商之间需要进行面对面的接触才能产生服务行为。但随着互联网的发展及市场竞争的不断加剧，服务分销模式正在不断地发生着改变。

第四，服务促销策略。为了向目标消费者展现服务的专业性及独特性，同时表明服务能够给消费者带来利益，企业需要采取不同的服务促销策略。企业在选择服务促销方式时，应该确保促销策略与企业形象相吻合。

产品战略与服务管理专栏4：

麗枫酒店服务营销策略分析

麗枫酒店是铂涛旗下（原名7天）针对中档酒店市场的有限服务酒店，致力于利用简洁的薰衣草装修风格、舒适的服务、吸引顾客。但商务人士对住宿环境的要求更高。因此，市场对其在服务营销方面提出来更高的要求。

一、酒店现状

第一，产品。麗枫酒店内产品主要为早餐与住宿环境。首先，早餐为自助早餐，食品丰富。但大部分在美团、携程APP上订购的酒店是不携带早餐。其次，麗枫酒店住宿环境以香薰风、商务风、简约风为主，给人明亮、简单的感觉，分为高级大床房A、高级大床房、双床饭、零压—高级大床房、零压—双床房。房间内产品齐全，同时床的质量较好，直接影响消费者的睡眠质量。另外，麗枫酒店注重于细节，可以在插头处，同时以USB插座、两座插头、三座插头安装，充分体现出来其对顾客的关注。

第二，价格。在麗枫酒店产品中，早餐约为40元左右（以北京价格），由于住宿顾客大部分为出差人士，且早餐价格偏贵，出差人士无法报销餐饮。因此，绝大部分顾客选择在外体验当地早餐。而其住宿房间价格约在350元左右，相比起其他快捷酒店而言，如汉庭连锁等，价格约贵50%左右。

第三，渠道。麗枫酒店主要针对商务人士，因此在全国各地选址时考虑的是交通便捷，满足了商务人士出差行走的方便，但这也同时造成了部分房间有交通噪声过大、晚上无法思考和休息的情况发生。尤其针对商务人士而言，晚上的睡眠质量可能会影响第二天的工作状态。

第四，促销。麗枫酒店实体店上并没有促销，只有在美团、携程、糯米等团购APP上可以享受较小的折扣。另外，麗枫酒店会员也可享受其专有价格，同时可不缴纳押金、零秒退房等多项特殊服务。

第五，人员。虽然连锁酒店虽然有统一的培训标准，但在一步一步落实下来的时候，造成服务人员掌握接待礼仪参差不齐，尤其体现在前台与清洁员两者之间。前台主要面对外来顾客，前台的形象气质与态度服务直接影响顾客是否决定在这个酒店入住。清洁员则主要影响顾客所给予酒店的评价。

二、服务营销策略

第一，价格。由于丽枫酒店定位是中高端，同时也是商务酒店，因此价格相比起快捷酒店而言，相对较贵，并没有太多的优惠。因此，丽枫酒店可与部分公司签订合约，使其出差人士无论到达哪个城市，都入住丽枫酒店，酒店同时给予公司更大的折扣和优惠。

第二，促销。丽枫酒店自身的会员政策发展的较好，使消费者形成惯性消费。因此，可延续会员促销，不断促进新入住消费者成为会员，并不定期推送会员优惠及会员活动，以此刺激其消费。

第三，人员。由于丽枫酒店为全国连锁酒店，各地均有场所，因此大部分酒店招聘人员为当地人，无法调离。因此，只有消费者能够直接反映工作人员的态度和服务。前期进行统一的培训后，在后期工作阶段，会员消费者可通过官方网站为入住酒店打分，并换得积分，积分可在后期直接抵扣酒店住宿费用。针对非会员消费者，不定期电话询问顾客酒店服务详情。

（资料来源：作者根据多方资料整理而成）

（二）服务营销的原则

服务营销是一种从消费者的需求出发，通过了解消费者需求进而有针对性地提供服务，最终产生交易过程的营销模式。关注消费者需求是服务营销中的重要工作，对消费者的需求越了解，其服务营销的策略就越完善，将决定后续工作是否成功。

"顾客关注"九项原则如下。

（1）重新获得一个新顾客的费用要高于留住一个已有的顾客的费用。

（2）应该重视每个细分市场的顾客。

（3）不满意的顾客比满意的顾客拥有更多的"朋友"。

（4）畅通沟通渠道，欢迎投诉。

（5）顾客不总是对的，但怎样告诉他们是错的会产生不同的结果。

（6）顾客有充分的选择权力。

（7）你必须倾听顾客的意见以了解他们的需求。

（8）如果你不愿意相信，你怎么能希望你的顾客愿意相信。

（9）如果你不去照顾你的顾客，那么别人就会去照顾。

以上九点都是简单的原则，如果企业能遵循上述原则，将会有事半功倍的效果。当然，没有不变和永恒的真理。随着市场的变化及工作经验的不断积累，相信更多精辟、实用的"顾客关注"法则会应运而生，"顾客关注"工作也将推向更新的高度。

二、服务质量管理

（一）服务质量的内涵

服务质量是指产品生产的服务能够满足规定或潜在要求（或需要）的特征和特性的总和，是服务营销的重点，是企业在竞争的过程中取胜的法宝。特征是用于区分同类服务中的不同，而特性是用于区分不同的产品或服务。服务质量与有形产品的质量内涵具有差异，服务质量优质的标准不仅仅要考虑服务的最终结果，同时还要考虑服务的过程。良好服务质量的标准并不是要达到服务的最高水平，而是应该能够被消费者所识别，能够获得消费者的认可，并能够维持这种顾客满意的服务水平。

（二）服务质量的构成要素

服务质量是由两个方面体现，一是服务本身所具有的特征和特性，二是消费者对服务感知的反应。因此，服务质量由感知质量与预期质量的差距体现的同时，也由服务的技术质量、职能质量、形象质量和真实瞬间构成。

（1）技术质量是指消费者在享受服务过程中所得到的东西，即服务过程的产出。

（2）职能质量是指消费者在享受服务的过程中所感受到的服务人员的行为、态度、穿着、仪表等给消费者带来的服务体验。

（3）形象质量是指企业在社会公众心目中形成的总体印象，形象的不同会影响消费者对服务的感知。

（4）真实瞬间是指消费者在享受服务的过程中消费者与企业的接触过程。这是企业在特定的时间和地点向消费者展现其服务质量的机会，这是一个有限的时间段，一旦没有把握住时机，消费者就无法有效的感受到企业的服务质量。

（三）服务质量管理

1. 服务质量差距的管理

20世纪80年代中期到20世纪90年代初，由美国营销学家帕拉休拉曼（Parasuraman）、赞瑟姆（Zeithamal）和贝利（Berry）等人共同提出服务质量差距模型，即5GAP模型（见图6-6），用来分析服务质量问题的根源。该模型主要是分析服务质量问题根源的五个方面,其中最核心的问题是消费者期望服务与感知服务之间的差距,为了缩小期望与感知之间的差距,便要对其他四个方面的差距进行弥合:不了解顾客的期望、未选择正确的服务设计和标准、未按标准提供服务、服务传递与对外承诺不相匹配。

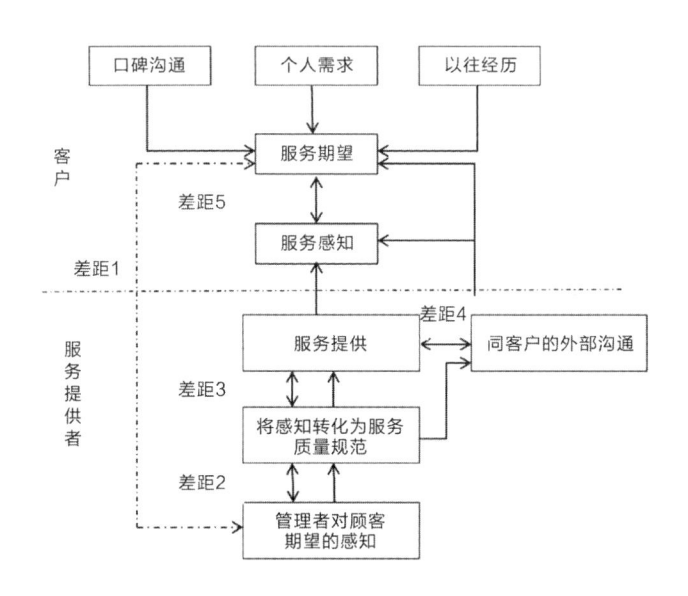

图6-6 5GAP模型

五个差距以及它们造成的结果和产生的原因分述如下。

差距1:管理者认识的差距。

管理者认识的差距是指管理者对消费者所期望获得的服务质量的认识不明确。产生的原因有对市场研究和需求分析的信息掌握得不准确;对消费者期望的信息理解不准确;没有对消费者的需求进行分析;从企业与消费者联系的层次向管理者传递的信息失真或丧失;臃肿的组织层次阻碍或改变了在与消费者联系中所产生的信息。

差距2:质量标准差距。

质量标准差距是指服务质量标准与管理者对质量期望的认识不一致。主要原因有计划失误或计划过程不够充分;计划管理混乱;组织无明确目标;服务质量的计划得不到最高管理层的支持。

差距3:服务交易差距。

服务交易差距指在服务生产和交易过程中员工的行为不符合质量标准,主要的原因有标准太复杂或太苛刻;员工对标准有不同意见,如一流服务质量可以有不同的行为;标准与现有的企业文化发生冲突;服务生产管理混乱;内部营销不充分或根本不开展内部营销；技术和系统没有按照标准为工作提供便利。

差距4：营销沟通的差距。

营销沟通差距指营销沟通行为所做出的承诺与实际提供的服务不一致。产生的原因是营销沟通计划与服务生产没统一；传统的市场营销和服务生产之间缺乏协作；营销沟通活动出一些标准，但组织却不能按照这些标准完成工作；有故意夸大其词，承诺太多的倾向。

差距5：感知服务质量差距。

感知服务质量差距指感知或经历的服务与期望的服务不一样，它会导致以下后果：消极的质量评价（劣质）和质量问题；口碑不佳；对公司形象的消极影响；丧失业务。

2. 影响服务质量的因素分析

产品的设计、生产、交易及与顾客的关系都会影响消费者的服务质量感知，同时服务的技术质量及职能质量也都会受到这些因素的影响。

产品或服务的设计影响着技术质量。例如，企业可以让消费者参与产品或服务的设计过程，这样可以使产品或服务能够更好地满足消费者的需求，提高产品或服务的技术质量，同时对职能质量也会产生影响。让消费者参与到产品或服务的设计过程，可以使消费者认为企业对他们非常重视，能够尽力解决他们的需求，这就是相互作用过程中职能质量的作用。

3. 服务承诺

服务承诺也称为服务保证，是指在销售产品之前对顾客承诺的服务项目，以顾客的需求为中心，吸引消费者，提高顾客的满意程度，促进消费者积极购买产品或服务，并在服务过程中能够履行承诺的制度和营销行为。服务承诺包含的内容有服务时限、服务附加值、服务质量、服务满意程度等。服务承诺制度等设计与改进能够使企业对消费者市场有更加深入的了解，可以更多地掌握消费者需求信息，在提高企业服务质量的同时还可以形成规范的服务质量标准，在满足消费者需求的同时还能够对企业的服务感到满意，改善企业的整体形象。服务承诺会直接影响企业的成功和失败，如果企业不能很好地履行服务承诺制度，那么企业就会失信于消费者，直接影响企业的形象及企业的地位。而很好的服务承诺能够获得更多消费者的信任，增加企业的盈利能力。

三、产品支持服务管理

企业提供的产品或服务中有一部分是支持服务，支持服务也是顾客整体品牌体验的重要组成部分，优秀的市场营销不能只满足当下的交易，应该尽可能地与消费者建立长期的关系。设计支持服务的第一步是要定期对消费者的需求进行调查，了解当前服务的不足之处，并且为提升以后的服务质量提供充分的信息及创意。

第四节　服务营销组合

就传统产品营销来说，营销4P是市场营销决策的重要变量。随着服务营销时代的变革，越来越多的营销趋向于顾客忠诚、顾客份额和顾客盈利性。

一、服务营销组合三板斧

斯蒂文·阿布里奇曾在其所著的《服务、服务、服务》一书中出了服务三角形的概念（见图6-7），服务策略、服务载体、服务人员三者是进行服务营销的三个重要的方面。它们构成一个服务三角形，又相对独立地面向顾客这个中心，各自发挥着作用。其中，服务策略的管理层次高于服务载体和服务人员，服务策略位于战略层，服务载体和服务人员位于战术层或基层。服务策略是灵魂，是企业服务质量管理的指导思想，服务载体和服务人员则是具体实施服务的必要条件和保证。

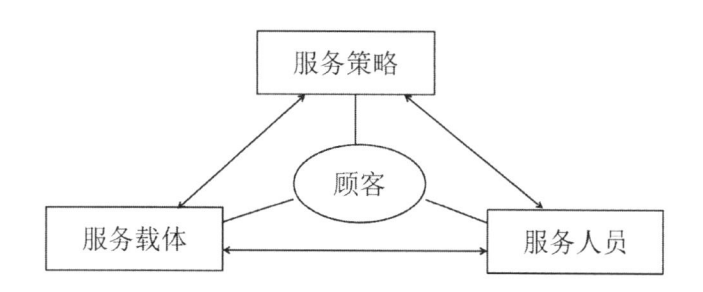

图6-7　以顾客为中心的服务质量模型

（一）服务策略

服务策略是指能够提高企业服务质量的具体方法及原则，能够满足消费者的需求，同时对企业来说又是确实可行的。因此企业必须制定具体的服务策略，使消费者能够感受到企业的经营理念、服务水平及服务质量，提升消费者的购买体验，增加消费者的重复购买率。

一般来说，企业为消费者提供的服务都是主动服务，即企业主动满足消费者的需求和潜在需求而提供相关的服务。这有利于消费者对企业服务的感知度，能够吸引消费者购买，形成消费忠诚，同时也能够帮助企业提高服务质量，增加服务项目。

服务策略强调服务是产品不可分割的一部分，是树立企业形象，提高企业声誉和企业竞争力的重要手段，主要包括三个方面：服务项目、服务水平、服务形式。产品在市场上的竞争力不仅仅取决于产品本身的一些特征，还有很大一部分取决于在产品销售过程中的服务和售后服务，提高服务质量能够给消费者提供更多的附加利益。

（二）服务载体

服务载体是指企业为消费者提供服务时所需要借助设备和企业向顾客提供的一系列产品。

第一，服务环境。服务环境包括服务提供的地理位置和服务设施布置。一般来说，服务的选址对于企业的销售至关重要。

第二，服务机构。服务机构是实施服务策略的组织结构，企业的整个组织结构都应该为提高服务质量而努力。

第三，服务内容。服务内容是能否满足消费者需求的一个基本方面。一般来说，大多数同质企业都会提供差不多的服务内容，因此想要获取竞争优势可以为消费提供额外的服务，增加服务的价值。

第四，服务手段。服务手段又称服务方法，影响服务方法等因素有很多，如行业特点及行业发展趋势、企业自身的特点、技术先进程度等。

（三）服务人员

一个优秀的服务人员对于整个服务过程是至关重要的，企业必须在相应的岗位安排相应的人员，确保服务是以消费者为中心的。对于服务人员来说应当具有两个基本的能力：一是具有与服务有关的专业的技术技能，能够准确地为消费者提供他们所需要的服务；二是具有人际交往的能力，要求服务人员要有良好的服务态度和服务精神，能够尊重消费者，真诚地对待消费者，能够与消费者进行有效地沟通，尽可能多地了解消费者的信息，探寻消费者的潜在需求，在消费者心中树立良好的企业形象。

二、服务营销组合价值链

为消费者创造价值和超额价值，是企业拥有顾客的前提，而拥有顾客的企业能够获得更多的利润。因此，为消费者创造价值，拥有更多的顾客是企业需要解决的问题。通过建立和分析企业的服务价值链能够找到解决这一问题的基本途径。服务价值链是指企业通过一系列的服务活动为消费者和企业创造价值的动态过程，形成了闭合的循环链，如图6-8所示。

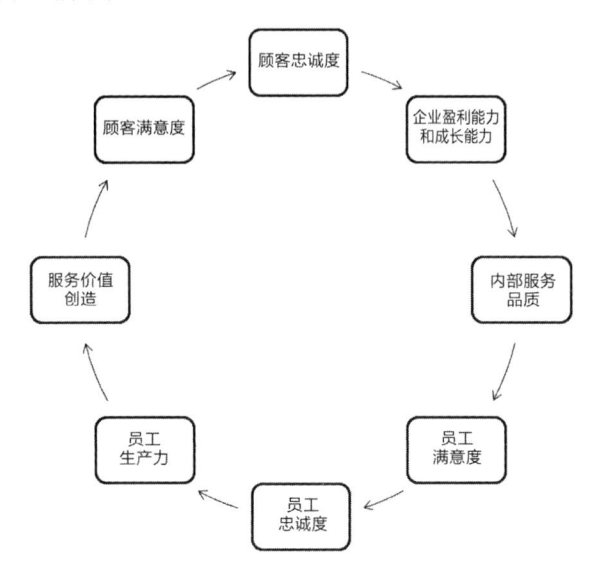

图6-8 服务价值链

服务价值链的逻辑关系有以下几点。

第一，顾客忠诚度推动企业盈利能力和成长能力。忠诚的顾客是企业持续竞争的优势，能够维持企业的利润增长，因此忠诚的顾客是企业的一笔资产。

第二，顾客满意度推动顾客忠诚度。顾客满意度是指消费者对产品和服务的感知与期望值相比较后，所感受到的愉悦或失望的程度。若产品和服务与期望值相比差距很大，那么顾客就会感到不满意；如果产品和服务与期望值相符或者超出了期望值，顾客就会感到满意或者非常满意。产生高度满意度的顾客有可能对品牌产生情感，购买决策也逐渐偏向感性，不仅仅只有理性的偏好，这样可以获得更高的顾客忠诚度。

第三，服务价值创造推动顾客满意度。传统营销学认为，营销是为了向消费者传递价值，而现代营销学认为，营销等职能是为消费者创造价值。消费者所获得的产品和服务利益决定了顾客满意度形成，在很多情况下，消费者的选择都是利益驱使的。因此，增加产品和服务的价格利益能够使消费者满意。

第四，员工生产力推动服务价值创造。员工生产力并不是用工作时间或者是花费在消费者身上的时间来衡量，而是在满足消费者需要时的产出。员工生产力是企业获取竞争优势的重要方面，也是提高消费者满意度，获得顾客忠诚的主要因素。员工生产力的提高能够提高服务质量，有效满足消费者的需求，从而为企业带来利益。员工生产力能够从提高企业形象及增强顾客满意度等来增加企业价值。将员工生产力创造的企业价值与提高服务质量、增加服务项目相结合，可以全面提升顾客满意度和忠诚度，为企业的盈利创造机会。

第五，员工忠诚度推动员工生产力。在市场竞争中，企业的技术、生产模式和组织结构都很容易被竞争对手学习，而优秀的员工是竞争对手复制不了的。只有那些对工作充满热情、不断学习、对企业保持忠诚的员工才能更好地满足消费者需求，才能提供更高质量的产品和服务。企业应该尽可能地将员工的利益与企业的利益捆绑在一起，让员工对企业的发展有足够的信心，这样才能促使员工努力工作。如果员工对企业的未来发展没有信心，那么就会产生不忠诚感，会降低员工的生产力，从而会影响顾客满意度，影响公司的业绩。

第六，员工满意度推动员工忠诚度。员工的忠诚度和满意度也如顾客忠诚度和满意度一样，企业员工的忠诚度取决于员工对企业的满意度。企业怎样对待员工，员工就会怎样对待顾客。对企业不满意的员工，在服务消费者的过程中将会采取消极的态度，造成顾客的流失。

第七，内部服务品质推动员工满意度。企业内部服务政策的完善、设备的先进程度将会影响员工的生产力和满意度。员工在企业内的工作状况、工作同事、在企业中的地位、服务环境及对企业的看法都会影响员工的满意度，因此企业内部服务品质是影响员工满意的重要因素。

第八，企业盈利能力和成长能力推动内部服务质量。盈利能力和成长能力的不断增长为企业带来持续的利润增长，这些利润又可以拿来不断改善内部服务质量，沿着服务价值链的路线，最终形成一个良性循环。

产品战略与服务管理专栏5：

网鱼网咖服务营销特点

网鱼网咖，作为国内网咖行业的领导者，以网络文化加咖啡、西点的都市休闲模式吸引了一大批都市年轻人。宽敞明亮的大厅、清新文艺的装修、舒适的沙发座椅、全面升级的硬件设施，这种轻松活力的上网氛围，一扫传统网吧的不良印象，让人眼前一亮，其服务营销特点更是贴合了时下年轻人的喜好。

一、区别于传统网吧的环境

首先进门就给人以干净、整洁、明亮的感觉。空气清新、舒适，装修简单又不失优雅，高档又透着温馨。如果是第一次来网鱼的人，可能会以为这里就是一间高档的咖啡厅。吧台上摆着各色零食、西点、饮料，吧台后上方也有现做的各种咖啡、果汁等，而服务员都是打扮整洁，一脸精神，站着微笑着迎接所有消费者。通过店长了解，网鱼的环境有着自己的一套体系：禁止在休闲区、卡座区等各个区域吸烟，以保证空气质量。对于每个刚刚使用过的电脑进行记录，一旦停止使用就立刻上去打扫和清理，以保证下一位消费者的舒心使用。地面时刻留意观察，打扫清理。厕所也需要周期性更换空气清新剂。与其他网吧相比，环境的差别立竿见影。随着当前社会经济发展越来越快，人们对生活品质的要求也越来越高。作为人们消费时第一个接收到的信息，环境的好坏直接影响了消费者是否愿意消费、经常消费、大方消费。

二、顾客至上的服务理念

服务铃，一个普通网吧没有的设备。安置在每台电脑旁边显眼又不碍事的位置，只需要按一下，当前值班的工作人员手上佩戴的电子表就会出显示，然后快速来到你身边，询问你需要的服务。服务内容包括：点饮品、餐点、外卖或是充值等。一切都不需要你离开座位，服务随叫随到。并且所有的服务生也被要求以饱满的服务热情和态度投入工作。顾客需要什么就为顾客提供什么。这就是网鱼网咖的服务理念。

三、营销活动多样化

丰富多样的活动也是吸引众多忠实消费者的一大利器。定期举办活动可以说是现在所有行业在竞争中必用的手段之一。所以去过很多家网鱼的消费者会发现，不同的网鱼分店在同一时间段内举办的活动是截然不同的，着实有趣。而这些活动通常也是天马行空，如万圣节Cosplay来上网可以免单；两人行，女生半价，三人行或三人以上，女生免单等活动。因为店长有一定的自主权，网鱼的活动千变万化，而这些活动也给了消费者前所未有的体验，深受追捧。

四、科学化的管理模式

一个成功的全国连锁企业，必然有着一套管理模式来支撑自身的流畅运营，那网鱼又是如何做的呢？

引入现代管理机制，用职业经理人管理连锁企业的每家门店，使门店的连锁复制变得简单，打造了网络文化消费的品牌。总结出了一套成熟的网吧管理和经营模式，包括：服务形式革新、盈利模式确立、内容服务研发、网吧应用系统建设、网吧行业形象建设、电子竞技活动组织等，涉及网吧产业发展的各个方面，成为公司今后发展的坚固的基础和依托。如此科学化的管理模式，也是网鱼网咖逐渐发展壮大的同时能保证运营流畅的主要原因。

（资料来源：作者根据多方资料整理而成）

章末案例

腾讯告别流量买卖

越来越多的品牌开始意识到，面对新一代消费者，想把产品卖出去，仅仅依靠传统广告是不够的。2020年，全球广告市场的大幅下跌已成定局，即使是新冠肺炎疫情暴发前增势最强劲的数字广告，也难以招架需求端疲软带来的冲击。这固然是由新冠肺炎疫情引发国际经济衰退所致，但也埋藏着过去20年"流量掮客"模式逐步失效的隐忧——始于门户时代、发扬于谷歌Facebook、再经"个性化推荐"改良的互联网广告生意，已经到了极限。突如其来的新冠肺炎疫情放大了对既有模式的不信任感，让广告行业的失序与嬗变进一步加速，开启了一个数字化变革的全新周期。

2020年以来，品牌们更主动拥抱数字化浪潮，尝试低成本、高性价比的"柔性营销"，希望掌握更多在线上线下触达消费者的工具，为了更贴近消费群体，过去藏在高端杂志和电视屏幕后面的企业家们也卷起袖子亲身上阵，以最具代表性的携程CEO梁建章为例，他在40天内直播7场，为140余家酒店带货。

梁建章所采用的"带货"模式，正是当下营销全链路数字化升级的一个剪影：在朋友圈投放广告精准、吸引目标受众，再通过微信小程序直播承接流量、实时推送产品链接完成支付，依托对社群矩阵和社交媒体矩阵的打造与运营，有效沉淀了私域资产。在4月29日的第七场直播中，梁建章的直播观看人数达到206万人，总GMV突破7204万。

不管何种工具，营销的本质是帮助企业实现增长，这也是腾讯广告6月29日举办"2020年中秀"的核心议题：在新的商业大变局下，与合作伙伴一起寻找应对不确定性的数字化方案。

腾讯广告出的解决思路，不再以流量消耗核心，而是根植于腾讯独有的C to B"超级连接"体系，首次系统化提出了全链路数字化营销四大连接模型，即品牌心智连接、交易转化连接、私域用户连接和体验创新连接，定位于腾讯面向企业的商业服务中台，并联动全平台资源和生态合作伙伴共同助力企业实现全链路数字化营销转型，更好地实现用户与商业的连接。这也契合腾讯高级副总裁、腾讯广告负责人林璟骅一直以来强调的"长期价值"。在全球广告市场的凛冬，"腾讯方案"能否成为破冰之路？

一、流量生意行至歧路

全球知名广告公司Group M发布的2020年中全球预测报告显示，2020年，全球广告行业支出跌幅将达到11.9%，相比起纸媒和电台广播逾20%的跌幅，价格低廉、灵活度高的互联网广告支出跌幅预计仅有2.3%。

但如果拆分到各个具体公司，境况则不尽相同。美国公司中，e Marketer预测，谷歌公司广告收入2020年面临10年来首次下跌，Facebook和亚马逊则将逆势增长；中国公司里，腾讯一季度广告收入增长了32%，而百度、微博等传统广告巨头用户数据暴增，营收却出现负增长。

在某种程度上，互联网广告已经是一种传统的广告形式。20年前，当广告产业开始将数字广告纳入其中时，后者的市场份额不足2%，但今天，互联网广告已经成为主流，搜索、视频、社交媒体、banner广告等，它不再是可以用单一概念来简单概括的新渠道，面临着巨大的内部冲突。新冠肺炎疫情导致的经济衰退，则进一步加剧了互联网广告市场的分裂。

过去，互联网广告生意的天花板主要看用户时长和广告填充率，用户规模与在线时长决定了广告库存的纵深，广告填充率则反映销售能力。这种模式的竞争力在产品而不是广告服务，只要不断扩大流量优势，辅以"销售人海战术"接入海量广告主，这门生意就能持续运营下去。因此，20年来，互联网广告霸主的头衔轮换几乎与产品端的优胜劣汰保持同步，平台败退大多始于产品衰微。

但近两年，风向变了，互联网整体广告库存供给过剩，流量价格发生行业性的回落，甚至出现了用户量与营收额的背离。兴业证券发布的《2019年互联网广告行业深度研究报告》显示，自2018年起，头部互联网上市公司的营销费用增长率锐减，非上市公司因融资收紧等原因也大幅减少预算，广告市场进入了"收入减少—广告费用减少—收入进一步降低—广告费用进一步降低"的负向循环。

2020年全球进入整体预算缩减的存量市场，以曝光和导流为核心的"流量买卖"模式，再也难以匹配广告主的营销诉求。

一方面，品牌对各项转化数据的要求越来越高，希望让营销更接近交易，让投入、产出和利润的转化链条更为清晰；另一方面，品牌不再将营销的落点放在广告一环，而是通盘关注整个经营链路是否通畅、线上线下是否顺滑融合与连接、能否直接触达自有用户。在这种新的维度下，企业主所关注的不只是一次曝光或交易，而是整个消费者生命周期的管理，包括潜在用户蓄水、新用户的积累与触达、沉默客户的唤醒、老用户的召回等。这些猛然爆发的新诉求，为流量生意的变化提供了腾挪空间。

二、舍易求难的"腾讯方案"

面对竞争激化的广告市场，腾讯广告所选择的路径很明确——不做流量买卖，做全链路数字化营销服务。

事实上，流量买卖不是腾讯的最强项。这不是指腾讯做不好流量生意，而是说，在拥有超级流量的平台中，腾讯是罕见的不以广告作为核心变现模式的公司，在绝对值按年增长的情况下，广告收入占比始终保持在20%以内，这是腾讯一贯克制的产品理念所决定的。

克制所换来的好处是，一旦腾讯开始在个新方向上加码，你很难看到上限。2015年首度开放朋友圈广告便是如此，仅开放了一小部分广告位，当年的广告收入已翻倍。

当腾讯从流量买卖转型为提供营销全链路数字化服务的"重模式"时，过去限制广告业务规模的障碍被打开了。不卖流量卖服务，看似舍易求难，但这种模式消解了用户体验和企业获客之间此消彼长的对立关系，相反，在"超级连接"体系下，消费者的长期价值与企业的持续经营变成了一枚硬币的两面。

为此，腾讯广告蓄力已久：2018年的"9·30变革"，从组织架构上完成资源整合与行业划分；2019年5月，统一服务品牌"腾讯广告"后，该框架进一步明晰；2020年，腾讯广告进一步完成数据端和投放端的整合，整合打通广告流量和交易场景的链路。

"基于对数字化用户和人货场融合的理解，从过去一年多与众多零售企业的合作实践中，我们得出了一套可复制、可推广的全触点数字化运营方法，希望帮助合作伙伴获得实质性增长，打造出可帮助商家实现高效率、温度感、私域化连接的新型连接力。"在"2020年中秀"上，腾讯广告行业销售运营总经理范奕瑾如此表示。

这是腾讯广告"商业服务中台"全新定位的核心：构建全方位连接模型，满足企业的广告和营销需求，帮助企业进入新的增长周期，进而成为企业数字化解决方案的提供者和合作伙伴。

据范奕瑾介绍，这一套覆盖了从获客、交易、运营到服务的全流程，包括品牌心智连接、交易转化连接、私域用户连接、体验创新连接四大连接模型。

品牌心智连接，指通过泛娱乐IP资源与社交平台，整合影视、体育、音乐、文娱等七大内容圈层，帮助客户建立从曝光展示、触达到内容运营的能力。在2020年对投放端进行统一整合之后，广告主将实现腾讯域内域外全流量的一站式智能投放。

交易转化连接，即利用小程序商城、投放工具、数据平台等工具，在数据、商品和链路的持续优化之下实现千人千面的推送，进而推动从用户拉新到商品交易的深度转化。

私域用户连接，借助企业微信、公众号、搜一搜等板块，让客户实现私域用户和数字化资产的沉淀，并在后续进行深度用户管理，结合购买偏好、转化潜力、社交特性等标签进行精细化运营。

体验创新连接，通过直播、群营销、云服务等，顺应"云消费"趋势，将线下业务线上化，让客户实现线上下单线下取货、门店咨询服务线上化等新型服务，提升用户的长期留存、活跃与黏性。

基于腾讯广告构建的连接模型，广告主可以流畅地在各个营销环节触达消费者：以内容吸引用户、以精准投放推动交易、以私域流量长期运营、以差异化服务升黏性。其本质是帮助品牌找到契合的潜在消费者，实现全生命周期的用户运营。

这套连接模型的关键节点是小程序。据范奕瑾披露，小程序的DAU目前已超过4亿，2019年的交易体量超过8000亿元，而小程序电商和平台电商的消费重合度仅有18%。作为线下交易线上化的全渠道工具，小程序真正连接了线下门店、线下导购、线上商城、线上导购的全链路，并实现了高效的数据资产整合与留存。

三、"双线增长思维"与技术蓄力

在线下商业堕入冰点的这段时间，有两类企业幸存甚至取得了良好的发展：一类企业厚积薄发，很早就开始了数字化转型布局，真正从战略层面完成了人才的储备和数字中台的搭建，保障了全链路的数字化畅通。这些企业在特殊时期快速行动，实现了弯道超车。还有一类企业，原本执行着按部就班的数字化升级，但新冠肺炎疫情倒逼这些企业迅速发现数字化链条的缺陷，快速补齐短板，安然渡过特殊时期，实现了快速跃迁。

真正数字化链条的贯通，不是传统路径的线上延伸，而是具备完整的客户交易与服务支撑能力、从营销起点直至最终的云端平台；品牌与用户的连接，同样不止步于用户操作智能设备的手，而是依托优质数字化内容、获得心智层面的深度认同，让这种用户忠诚在最关键的时刻为企业提供支撑生存与增长的动力。

从当下背景的产业共识回溯腾讯广告始于两年前的一系列变革，不难发现，腾讯广告的转型是基于数字化时代营销本质的新认知——当用户已发生不可逆的数字化转变，企业唯有以用户为中心重新定义价值增长点，才能穿越周期、持续经营，作为腾讯的商业服务中台，腾讯广告同样必须应时而变。基于这种判断，在大部分广告主对于数字化仍有所迟疑时，腾讯广告已就位。

在策略层面上，基于腾讯的数据能力，腾讯广告打造以智能定向为核心的标签体系，让机器能够自动理解标签，广告主得以有效提升投放效率；与此同时，通过打通流量，缩短广告链路的方式，可以实现在三步以内从朋友圈广告跳转到小程序或企业微信；而在数据和算力的支持下，深度学习模型的优化效率也能够获得升，从而推动广告主ROI的持续增长。

现在，腾讯广告已经为品牌数字化升级搭好了台。对于那些尚不具备数字化转型能力的企业来说，腾讯广告所提供的方案是一条捷径。对于为何要将全链路数字化营销上升到CEO层面的战略高度，林璟骅的解释是营销全链路的数字化，不仅仅是补齐短板，着眼当下的生意，同时也是深度数字化趋势下企业长效增长的核心动力之一，为品牌构建具有自主力与自驱力的数字护城河。

林璟骅将其总结为CEO视角的"双线增长思维"：通过打通全链路、全周期的数字化运营管理，既服务于短期的交易转化，同时也建立起稳固的品牌心智连接、私域运营能力，并持续为用户提供创新的服务与体验，稳固长线增长的根基。从这个角度来说，腾讯广告的"双线增长思维"具有显著的正外部性，它所走过的坎路，也许能成为后来者的坦途。

（资料来源：作者根据多方资料整理而成）

本章小结

产品按照不同的特点可以划分为不同的类型。根据产品的可观察性可以分为有形产品和无形产品；根据产品的用途可以分为消费品和工业用品；根据耐用程度可以分为耐用品和非耐用品。

产品整体概念具有五个层次：核心产品、形式产品、期望产品、延伸产品、潜在产品。

产品线决策是产品策略决策的重要部分，包括产品线长度决策、产品线更新决策、产品线扩展决策、产品线特色决策、产品线填补决策。

品牌是产品竞争力的积累，品牌和产品都能为消费者提供价值。

产品生命周期包括四个阶段：投入期、成长期、成熟期和衰退期。同时产品生命周期还具有非典型形态：再循环形态、多循环形态、非连续循环形态三种。

服务营销策略包括服务产品策略、服务定价策略、服务分销策略和服务促销策略。

服务质量管理的5GAP模型包括五种差距：管理者认识的差距、质量标准差距、服务交易差距、营销沟通的差距、感知服务质量差距。

服务营销组合的三板斧：服务策略、服务载体及服务人员。

第七章

定价方案

我发现优质的服务能够弥补味道和价格上的不足，从此更加卖力，帮客人带孩子、拎包、擦鞋……无论客人有什么需要，我都二话不说，一一满足。管理也需要服务思维，把对员工的服务做好了，员工就会透过他们的愉悦和服务把企业的价值理念传递给顾客。

——海底捞董事长　张勇

【学习要点】

☆ 不同维度的定价
☆ 了解定价的基本流程
☆ 使用不同的定价方法
☆ 采取什么方法调整价格
☆ 如何面对价格的浮动

章首案例

海底捞：大学生错峰优惠

疫情过后复工，海底捞重新开业的新闻瞬间登上了各大榜单的热搜头条，原因是被曝出疫情过后其菜品大幅度涨价。在微博上有一位网友晒出一张消费单，从上面可以看到每个人大约消费200元，毛血旺半份八小片的价格从原来的16元上涨到23元；半份土豆片13元，算下来一片土豆需要1.5元，每份自助调料的价格是10元；小酥肉则变成了50元一盘。这张消费单直接将海底捞推上了风口浪尖，颠覆了原来海底捞亲民的形象。

对此，海底捞公共关系科回应媒体称，菜品价格调整的原因主要是2020年年初疫情的冲击和整体材料成本的上升，菜品价格上涨的幅度是在6%左右，在不同的城市，定价会根据当地的消费水平决定。根据往年海底捞的财务数据显示，海底捞2019年的原材料及易耗品成本占了总营收的42.3%。调价没几天，海底捞便出来了一纸道歉书，致歉信中承认涨价是公司管理层的决策失误，损害了消费者的利益，会将价格调整到疫情停业前的价格。这原本是一个正常的商业决策，海底捞几乎年年涨价，但没想到这次遭到舆论反扑，只能"紧急止损"。

2019年，海底捞全年共开出了308家门店，除去节假日，海底捞平均每0.84天开一家新的门店。餐饮企业在快速扩张的过程中，营收得到了显著的增长，但在增长的背后，对服务、产品及销售也是一个考验，这对于以服务见长的海底捞的冲击更大。海底捞在2019年营收265.56亿元，同比增长56.5%；净利润23.47亿元，同比增长43.59%。但同店销售增长率却大幅下跌，一、二线城市同店销售增长率甚至出现负增长，翻台率也首次出现下降。特别是翻台率的下降，一线和二线城市的翻台率分别为4.7次/天、4.9次/天，2018年这两个数据分别为5.1次/天和5.3次/天。翻台率指一个饭店一天内每张桌子的平均使用次数。按照每家门店有80张桌子，每桌消费500元，这相当于每家店每天损失了一万多元的营收。

一、公司简介

海底捞成立于1994年，是一家以经营川味火锅为主、融汇各地火锅特色为一体的大型跨省直营餐饮品牌火锅店，全称是四川海底捞餐饮股份有限公司，创始人张勇。海底捞在我国北京、上海、沈阳、天津、武汉、石家庄、西安、郑州、南京、广州、杭州、长沙、深圳、成都、重庆等地区广泛布局，在韩国、日本、新加坡、美国等国家也有百余家直营连锁餐厅。

海底捞始终坚持"无公害，一次性"的选料和底料原则，严把原料关、配料关，二十多年来历经市场和顾客的检验，成功打造出信誉度高，颇具四川火锅特色的火锅品牌。经过二十年艰苦创业，不断进取，团结拼搏，海底捞逐步从一个不知名的小火锅店起步，拥有近2万名员工。

二、涨价背后的逻辑

当疫情趋缓后，短期内消费者的报复性消费成为主旋律，消费者在疫情期间被压抑的消费欲望需要得到释放，而这个时候消费是刚需，所以涨价的企业也是瞄准了短期的刚需。如果这一次不是有消费者将账单发在网上，可能没有人发现海底捞涨价，而实际上每年海底捞都会偷偷涨价，但因为海底捞涨价符合PI值的规律，所以并没有让太多人发现。PI值也叫千人购买率，即商品的购买指数、商品的受欢迎程度或商品的顾客聚集指数。

PI值高的产品，只要价格稍微有一点变动，消费者十分容易察觉，因为这些产品的关注度比较高；而PI值低的菜品，相对而言关注度较低，即使涨价，消费者也不会感觉出来。而这次在消费者晒出的菜单里，类似毛血旺、酥肉、鹌鹑蛋等，这些都属于低PI值的菜品，本应不会受到太大的关注。热销的产品已在用户心中拥有一定地位，PI值低更容易成为溢价对象，涨价也不会引发公众的关注和争议。由此通过涨价的方式，既不会让大众发现，又可以悄悄地为门店的销售额作贡献。

但是这一次涨价引起巨大的争议也在意料之中，只不过是一条微博点燃了舆论的火药桶。学生是海底捞最大的消费群体，而学生属于价格敏感型客群，在之前可以使用支付宝69折优惠券打折的时候，相比其他价格差不多的火锅品牌，同时还可以享受高质量服务、餐前小吃，海底捞对于学生的吸引力更大，学生自然而然地更喜欢选择海底捞的就餐体验了。但是由于涨价，海底捞对价格敏感群体失去了一定吸引力。

三、大学生折扣逻辑

2019年9月，海底捞宣布：海底捞即将取消由支付宝联合海底捞推出大学生专属下午场6.9折优惠。自10月1日开始，国内在校大学生的优惠政策将从之前的周一到周五的午夜场和下午场，以及周末的午夜场全单6.9折，周末热门时段为8.8折的优惠活动变更成周一到周五的午夜场学生可享7.5折，周末和节假日的午夜场学生可享8.8折。这次优惠活动的调整代表着高校学生下午场的优惠活动被取消了，同时也减小了午夜场的优惠力度。

值得注意的是，海底捞的同店销售增速从2017年开始放缓。招股书显示，2015—2016年和2016—2017年的同店销售增速在14%左右，而到了2017—2018年，该数据为6.2%。从上述数据可以看出，海底捞在近年来出现了净利润增长乏力的现象，这正是由快速扩张影响所致。

可以看到从周一到周五，在14：00~17：00的时间可以享受6.9折折扣。这一点规律非常契合现在大学生的生活，进入职场后的人群虽然具备了更强的消费能力，但是也有工作带来的朝九晚五的工作时间限制，这一时间段并不属于高消费群体的消费时间。而这个时间节点正好错过了职场消费的高峰期，达成了双赢——海底捞增加了学生市场，提高了空置期利润，而学生可以用更低的价格享受同等的权益。

此次优惠挑战对海底捞其实存在积极作用，下午时段正是价格并不是特别敏感的职场人群的工作时间，他们几乎很少在这个时候用餐，况且这也不是饭点，所以通过低价来吸引价格敏感人群——学生来消费，不但可以减小下午时段的营业额损失，同时还可以提高翻台率。这也是海底捞根据不同的消费人群和市场情况，及时调整企业的优惠政策和幅度。

折扣的底层逻辑是通过细分消费人群和不同人群所负担得起的价格，人群与价格匹配，顾客满意，商家也能赚取更多利润。利用折扣来细分人群，筛选出价格敏感的顾客，给予价格敏感人群折扣，吸引更多的顾客，榨取更多的利润。海底捞之前的69折优惠，是一个挺好的细分定价策略：周一到周五，14：00~17：00，22：00~7：00，享受6.9折。14：00~17：00，是朝九晚五的上班族下午工作的时间段，是工薪阶层的消费低谷。而这个时段却是大学生消费的活跃期。

通过这次海底捞在疫情后的涨价行为，对于消费的主力军——学生，海底捞纵使在经营成本上升的情况下，也不会将这一压力转移到学生身上，不会对学生做大幅度的提价。因为大部分学生的消费能力有限，而海底捞在火锅这个行业中算是价格较高的。无论是从海底捞的品牌形象还是从客户黏性的角度出发，海底捞最终还是选择对大学生的优惠不做出大幅度的调整，毕竟这1000万大学生就是海底捞未来。

（资料来源：作者根据多方资料整理而成）

第一节　理解定价

普遍意义上，价格是消费者为了获取某种商品或服务而需要付出的价值，在经济学和市场上，它通常以货币的表现形式出现。价格的制订和变动受到市场各方面因素的影响，在定价时，企业需要根据商品的市场价值、供需变化和市场竞争等因素来制订价格，且这个价格并不是企业最后拿到手的钱，中间还包含着层层经销商、中间商的利润。

定价的意义在于通过不同的方法制订使消费者可以接受的价格，同时决定了最终企业的销售收入和利润水平，为企业带来经济效益，企业的最终目的也是为了获得更高的利润。在现代营销中，随着科技的更新换代，营销人员在定价时可以使用的工具也越来越多，比如大数据时代，通过数据分析不同消费者所能接受的价格，给不同人群所消费的商品定价；再比如传统营销学中的声望定价法，根据品牌价值使产品大幅度溢价，获得更高的利润等。根据不同的定价策略和方法，我们可以就三个不同的维度来分析定价的意义：数字世界的定价、公司的定价和消费者的定价。

一、数字世界的定价

(一) 数字世界定价的内涵

在数字世界中,对一个产品的标价不同,可能会潜移默化地引导消费者购买某件商品,企业也越来越频繁地改变产品的标价,以此来测试消费者的反应,这里的改变标价指的是非常小的差价改变或者一样的价格但是不同的标价方式。同时,随着移动端互联网的高速发展,无论是消费者获取信息的速度还是公司获取消费者的消费行为的速度都变得越来越快。

(二) 数字世界定价的类型

而数字世界的定价可以解读为由科技发展以及对消费者心理引导而延伸的新型定价模式,依靠营销人员对于心理学的研究结合消费者数据设定价格,有利于企业实现不同时期的营销目标。主要的数字世界的定价方法有以下三种。

第一,尾数定价。尾数定价是制定订一个与原始定价只有细微差额的价格,通常标价以99或9结尾。此方法可以将价格最右那位数减一,每一天我们都在面对着这种销售策略,但我们其实并没有认真关注其背后的原理。我们的大脑在看到9.99元和10.00元时的反应并不同,9.99元还停留在个位数的价格,所以当我们的大脑刚看到这个数字的时候会感觉比10元便宜很多。在一项由芝加哥大学和麻省理工学院组织的关于尾数定价的实验中,他们使用女性服饰作为研究对象,分别将它们的价格设置成34元、39元和44元,之后在不同的地方进行销售。结果让调查人员惊讶的是,其中,售价为39元为销量最好的产品,39元会让消费者感觉好像占了一点便宜。这证明了尾数定价法确实对市场营销起作用,其主要会应用在低端商品上。9.99元与10.00元之间仅仅是0.01元的差距,但是这一点差异对消费者的心理暗示是巨大的,0.01元的降价能为销售量带来大幅的增加。

第二,租赁。租赁是指在约定时间内,物品拥有者将物品的使用权利以物品价值的一定比例的金额出租给承租人,但是物品的所有权还是属于物品的拥有者。在数字世界中,租赁也是一种定价的方式,其存在是为了满足不同消费者和企业的需求,本质上是一种租借实物的经济行为。消费者通过向物品所有者支付一定的金额,以此获取在一段时间内物品的使用权利,但物品实质上的所有权还是归出租人所有。假设公司A拥有的一处办公楼价值100万元,而公司B由于业务原因需要在短时间使用此办公楼,但是暂时无法拿出100万元购买,公司A可以将办公楼以每年5万元的价格出租给公司B,公司A只需要出租此处办公楼超过20年就能够比卖出去更赚钱,而公司B因为短期的需求和资金问题不希望购置办公楼,同时也为了节省费用,双方即可达成租赁协议,各取所需。

第三，共享经济。在互联网经济学中，共享经济作为一种新兴的商业模式出现在大众的眼中。我们可以将共享经济看作一种新的租赁模式，通过整合社会资源物品，以获得一定的经济回报为目的，将物品的使用权在短期内租借给陌生人，把世界从围绕物品的所有权改变为围绕使用权。其背后的逻辑在于整合闲置资源并使社会共享，使每个人都能平等获得和使用社会资源。过去在大众的印象中，如果需要使用某个物品就必须要购买，在某种程度上这造成了资金利用的低效。共享经济使我们意识到使用权的重要性，可以以低价获取物品的使用权，可以提高消费者资金使用的自由权。共享经济定价也成为企业争相效仿的定价模式，无论从充电宝再到共享单车，以极低的价格获取物品短暂的使用权，极大地满足了消费者的需求，同时也成为一种新的企业定价模式和营销模式。

二、公司的定价

（一）公司定价的内涵

公司的定价作为整个营销计划最重要的一步，与其他决策一样，公司的定价也会受到市场各类因素的影响。在选择定价的时候主要会根据当下市场环境和市场竞争环境对定价的影响来做定价决策。市场环境包括直接影响产品成本的供应商、原材料价格和市场劳动力、竞争者和物价政策，以及消费者的真实需求。

（二）市场竞争环境

通常来说，在考虑竞争者之前，公司会对自身所身处的市场竞争环境进行分析，在现代经济学中，市场竞争环境被分为四类（见图7-1）：完全竞争、垄断竞争、寡头竞争和完全垄断。

完全竞争 ▶ 垄断竞争 ▶ 寡头竞争 ▶ 完全垄断

图7-1 市场竞争环境

第一，完全竞争的价格决策。完全竞争是指一种理想状态的市场状态，不存在阻碍或者影响市场价格的因素，市场内存在非常多的公司且市场规模巨大，消费者与公司之间没有任何信息差。无论是消费者还是公司都没有定价的权力，两者均为价格接受者。因为每个公司的产品并无区别，在这种市场状态下，产品的定价由市场决定，企业提高收入的方法只有提高生产效率和产品品质，降低各种费用，而市场调研、营销广告等推广方式对企业的销量不会有任何影响。

第二，垄断竞争的价格决策。垄断竞争是指一种类似完全竞争的状态，区别在于每个公司的产品都有自己的特点，但并无本质上的区别，但其自身的特点在市场下都是独一无二的，所以，对于每个公司自身而言，他们都是自己产品的垄断者。

第三，寡头竞争的价格决策。寡头竞争是指市场内只有少数几家公司，每个公司间并没有独特性且基本为同质商品。公司之间对于市场上该产品的价格变动是十分敏感的，会互相观察竞争者的价格变化，如果竞争者的产品价格下降，其他的公司为了保证自身的市场份额也会调低价格，但如果竞争者的价格上涨，其他公司一般并不会仿效。通常在这种市场结构下，寡头之间在定价上会形成一种默契，并不会随意改变价格作为竞争的手段，更多的是通过提高产品质量和转换营销模式的方式。

第四，完全垄断的价格决策。完全垄断是指市场内只有一家公司，并无其他竞争者，或者说公司为某一产品或某一营销组合的唯一供应商，没有接近的替代品。完全垄断公司可以在国家物价政策的框架下，选择最高的定价，所以营销决策者都非常希望自己能设计出一个独一无二的营销组合。在这种情况下，公司拥有绝对的定价权利，不受任何市场因素的限制。

（三）价格歧视

在垄断竞争和完全垄断的两种市场结构下的公司，在向不同的消费者售卖一模一样的产品时，使用不同的定价以达到利润最大化，这也是垄断公司的一种特殊定价方式——价格歧视，价格歧视的形式又分为三种。

第一种为最高出价者价格歧视。假设在一个市场里有三个商场，逛这三个商场的消费者的心理价格分别为：10元、20元和40元。公司会根据不同商城消费者的心理价位进行定价，但在实际中，公司可能没办法十分准确地定位消费者的心理价位。

第二种为公司并不能够充分了解每一位消费者的心理价位，所以将消费者分成两个或多个群体，针对不同的群体设计不同的产品组合和定价方式。如将6罐可乐打包出售或者1罐出售的价格进行区分，6罐打包出售的价格为12元，折合单价为2元。根据不同的需求确定不同的价格，对于消费者来说，这是一种自我选择购买的机制，这也是市场上最常见的价格歧视方式。

第三种为针对不同市场下的消费者设置不同的定价，但是在每个市场下的消费者都享受着同样的价格，在高收入的市场下能获得更多的利润。这种模式适用于同一种商品在不同的国家售卖，而不同国家的消费水平不同；或是学生折扣，这也是针对低收入人群的选择定价的一种方式。

定价方案专栏1：

携程涉嫌"大数据杀熟"

对于利用大数据来"杀熟"，之前曾有不少用户吐槽携程有过类似的行为，企业如何利用"大数据杀熟"？大数据能"杀熟"的基础是海量用户数据。企业通过在后台收集用户的购买行为及消费记录，分析客户对于价格的敏感程度和消费习惯，从而针对不同的消费者设计不同的定价。如果企业发现你是一个对价格不敏感的用户，会减少优惠比例等方式调高价格，以此获得更高的利润。

一、携程网

携程是一个在线票务服务公司，创立于1999年，总部设在中国上海。携程旅行网拥有国内外六十余万家会员酒店可提供预订，是中国领先的酒店预订服务中心。

作为中国领先的综合性旅行服务公司，携程成功整合了高科技产业与传统旅行业，向超过2.5亿会员提供集无线应用、酒店预订、机票预订、旅游度假、商旅管理及旅游资讯在内的全方位旅行服务，被誉为互联网和传统旅游无缝结合的典范。

凭借稳定的业务发展和优异的盈利能力携程于2003年在美国纳斯达克成功上市，上市当天创纳市三年来开盘当日涨幅最高纪录。今日的携程在在线旅行服务市场居领先地位，成为全球市值前三的在线旅行服务公司。

服务规模化和资源规模化是携程旅行网的核心优势之一。携程拥有世界上最大的旅游业服务联络中心，拥有1.2万个座席，呼叫中心员工超过10000名。携程在全球200个国家和地区与近80万家酒店建立了长期稳定的合作关系，其机票预订网络已覆盖国际国内绝大多数航线。规模化的运营不仅可以为会员提供更多优质的旅行选择，还保障了服务的标准化，确保服务质量，并降低运营成本。

二、涉嫌区别定价

央视网报道，微博用户陈先生怀疑自己被携程网"大数据杀熟"，原因是自己在携程购买了一张机票，总价为17548元，发现没有选择报销凭证退回重选时，显示已无票，重新搜索价格变成了18987元。而在海航官网同样的票只需16890元。

2019年3月11日，携程对此致歉并作出解释。携程表示，"第二笔付款没有显示票证"已被确定是因程序的原因产生的错误，并且携程没有任何"大数据杀熟"行为。在审查陈先生的订单时，该公司发现2月26日发布的新版本在航班预订过程中存在错误。

在查看陈先生的使用记录时，发现系统中有两个针对陈先生操作所发出指令。只退还陈先生的第一张机票并更新了退款凭证，但后台系统自动为陈先生生成了新订单。因为在全球票务系统中，每当您单击"付款"时，即使没有付款，系统也会自动为用户保留此位置40分钟。所以陈先生的第一张订单虽没有支付，但是"占位"完成，由于这张票是这个仓位等级的最后一张，导致陈先生再次搜索出现无票的情况，

273

这时，系统自动推荐了更高舱位且价格更高的机票。

携程调查之后表示除了陈先生这次事故之外，携程网还审查了受该漏洞潜在影响的客户群体。根据初步统计，该漏洞仅会影响少量用户，约有1300人，涉及交易订单时，特别是在票务紧张的情况下大约100张成交订单受影响。目前该系统错误已经被携程紧急修复，携程已经承诺赔偿所有受损用户。发现问题后，携程于2019年3月10日晚上11点紧急修复了此错误，并且保证用户在以后的机票预订过程中不会再遇到此类问题。

三、"大数据杀熟"，新时代的价格歧视

第一，通过大数据分析"用户画像"。通过评估用户的收入水平和消费习惯对用户进行"杀熟"。这是最常见的"大数据杀熟"策略，商家通过应用程序的移动端来收集用户的消费习惯，如用户的购物历史信息，包括其平时看的商品的价格等，进一步收集用户的身份信息（如年龄、性别、体重等）等，再加上用户平时的银行流水信息就能够差不多估算出用户的真实收入水平，从而对每个用户的行为进行建模，赋予每个用户一个特殊的"标签"，有针对性地向用户推送系统认为他们需要的商品，隐藏不符合用户标签的商品，从而诱导用户的消费选择，并通过提高价格来获取更多的利润。

第二，通过地理位置信息实现"杀熟"。商家可以利用手机客户端所收集用户的地理位置信息，如居住地点、长时间逗留地点的消费水平来对用户进行分析。同时，用户的位置可以反映其居住地点、消费时机和其他地理位置信息，再加上用户所在位置附近的潜在竞争对手的数量，可以分析并确定用户的收入水平，并且消费能力使"用户画像"更加准确。商家可以通过使用这些标签来提高或降低价格。

第三，通过用户与移动端应用交互的行为细节实现"杀熟"。通过用户与应用程序之间交互的行为细节，如搜索信息的次数，搜索关键字等，可以从侧面反映出用户是否迫切需要此类商品或服务，犹豫的因素是什么，以及对商品价格的敏感性，企业可以根据此信息适时地对价格进行适当的调整。

（来源：作者根据多方资料整理而成）

三、消费者的定价

（一）消费者定价的内涵

定价是一种消费者和公司之间的博弈过程，公司为其产品标价，消费者根据自身需求与对产品的价格评估选择是否购买，在这个阶段双方会互相试探，通过改变标价以达成一个双方都能接受的价格，而消费者的定价权就在这里体现出来。在公司的定价中，很多公司会根据产品的成本来选择定价，而还有一种定价的方式是从消费者的价值感知角度出发，寻找双方都能接受的价格，从而保证市场营销的顺利进行。

（二）影响消费者定价的因素

第一，消费者感知价值。公司需要了解大部分消费者是如何去衡量一个产品的价值。消费者的感知价值指消费者购买某个产品后，通过使用这个产品所能获得的利益价值是多少，消费者会在他们觉得利益价值超越或等于本身购买此产品所花费的成本才会购买，这个价格就是大部分消费者的心理价格。通常公司会通过如市场调研或直接询问消费者，愿意为某一类产品付出多少钱来确定标价。而相比成本定价法，公司会先生产一批产品，算出产品的成本总价是多少，然后使用不同的方法在这个成本价上定价；而消费者导向定价法是通过消费者对此类产品的感知价值来定价，需要结合市场的需求来了解消费者的心理价位，设置与之价值匹配的价格后决定生产的成本，再通过成本设计产品。

第二，供需关系。在极端的情况下，当供应远远大于需求时，定价权有可能从公司直接转移到消费者手中。这个时候定价的主动权掌握在消费者手上，市场上供消费者选择的同类产品众多，通常这种情况下，消费者的定价权力更大。我们可以把这种情况看作逆向拍卖的形式，传统的拍卖是当需求远高于供应时，如一些古董，通常拥有者会以拍卖的形式由消费者轮流竞价，直到商品到达个价格后，没有人再愿意加价了，最高出价者将获得此商品。逆向拍卖则是当供大于求时，由公司轮流竞价，直到商品价格达到消费者的心理价位。反向拍卖通常会应用在边际成本较低的行业中，常见于机票酒店等有时效性的产品，比如在淡季的时候，常常在飞机临近起飞之前两三个小时还剩下很多机票没有售出，如果没有售出等于白白浪费掉了，所以航空公司在这个时候都会不断降低价格吸引消费者购买，直到达到消费者的心理价位。这也是消费者与企业的价格博弈的过程，因为消费者清楚企业目前的库存压力，以此为筹码压低商品价格，实质上所谓消费者的定价就是消费者通过与商家协商所得到的价格，一定程度上满足了双方的需求。

第三，锚定效应。锚定效应是指人在对一件事或者物品进行估量的时候，会参考过往或者当下某个物品作为特定的起始值，而这个启示数值会锚定估值，或者说对消费者的心理估值造成影响。人在判断一个产品的价值的时候，也常常会收到锚定效应的影响，因为过往的一些显著数据通常会影响人对价值的判断。数字世界中最经典的标价手段莫过于"比较优势"。

第四，品牌及产品声望。声望定价是一种针对消费者心理的定价，通常是指根据消费者对名牌产品的仰慕所设定高价，消费者也会对高价产品产生价高则优的错觉。所以，特别是奢侈品品牌有时候会故意地将价格设高，使消费者感觉这么高的定价，其质量一定不会出问题的，价格的高低也常被大众认为是产品质量高低的标杆。另外也有部分消费者并非追求高价产品所带来的实用价值，更多的是此类产品对于个人身份的附加价值，通过购买此类产品以满足向他人炫耀时所带来的虚荣。

第二节　制订价格

定价流程如图7-2所示。

选择定价目标　→　成本与需求　→　竞品分析　→　选择定价方法

图7-2　定价流程

一、选择定价目标

在公司的定价中，首先公司需要了解市场环境和结构并对它们进行分析和了解。而在制订价格的的第一个阶段就是确定企业的定价目标，指企业为达成其营销目标所设定的价格目标。拆解并细化定价目标可以为制订营销定价策略提供指导意见，这也是公司进行营销定价的前提条件。在不同时期，企业的定价目标会跟随不同的市场环境而改变，与此同时，使用的定价方法也会不同。每个时间段企业的定价目标大致有以下几种（见图7-3）。

图7-3　定价目标

(一)利益最大化目标

利润最大化目标,即公司以获得最多利润作为销售定价目标,这也是大多数企业共同的期望和努力的方向。但是最大利润不等于最高价格,在经济学中将利润最大化定义为边际成本等于边际收入,也就是说,当企业的输出量达到每额外售出一件产品的收入等于每额外生产一件产品的成本的时候,公司的总利润会达到最大值。通常企业会为产品设定一个较高的价格,这个价格能使产品的销量和利润满足利润最大化的条件,但对于企业来说并不容易找到,需要通过过往经验等来判断价格。特别是在市场营销中,涉及了非常多的市场因素,在定价时,企业需要结合生产效率、产品质量和产品价格等因素来制订利润最大化的营销策略。

(二)市场占有率最大化目标

市场占有率最大化,即公司以能占据最大的市场份额为目标,市场份额是一家企业竞争力和经营状况的体现,也是常见的定价目标之一。当企业在开发新市场的时候,很多都以快速提高自身市场份额为主要目标,最常用的两个策略为:一是在保证与目前市场内同类产品相同的质量,通过降价提高市场份额,这个方法适用于价格需求曲线较有弹性的时候;二是对标市场内同类产品的价格,保持价格不变,但提高产品质量,增加与同类产品之间的差异度。

(三)产品质量领先目标

产品质量领先,即企业以其产品能成为行业标杆为目标,通常选择此目标的企业大多数已经在行业内有一定的知名度,且属于行业的领先者。此类企业的消费者对企业无论是忠诚度还是信赖程度都非常高,所以其需求弹性较小,一般产品的定价会比其他同类竞品高一些。无论是产品的质量或者售后服务都会与行业内的同类产品有着较大的差异。

(四)应对市场竞争目标

在市场竞争激烈的环境下,应对市场竞争目标即以应对或者避免市场竞争所导致的价格战作为定价目标。特别是在垄断竞争的市场结构下,市场内的商家们对价格的轻微变动都十分敏感,所以企业需要对市场上竞争对手的信息进行收集,对比自身产品与竞品的质量、特点和生产成本。

定价方案专栏2：

滴滴货运价格战

　　传闻已久的滴滴货运于2020年5月19日官宣，滴滴货运开始正式招募司机，时间从5月18日到6月18日，持续一个月，首批试点城市为杭州和成都。7月初，滴滴货运正式在成都、杭州两地上线，首批获得上线服务资格的司机有8000多名，上线首日平台的订单就突破了1万单。企查查数据显示，目前我国共有7.3万家网络货运相关企业，2019年新注册量达1.62万家，同比增长19.2%。2020年第二季度相关企业注册量激增，达到6713家，同比增长了56.5%。

一、滴滴打车公司简介

　　滴滴出行是涵盖出租车、专车、滴滴快车、顺风车、代驾、大巴及货运等多项业务在内的一站式出行平台，2015年9月9日由"滴滴打车"更名而来。"滴滴出行"APP改变了传统打车方式，形成了大移动互联网时代下引领的用户现代化出行方式。相比传统电话召车与路边招车来说，滴滴打车的诞生改变了传统打车的市场格局，颠覆了路边拦车的概念，利用移动互联网的特点，将线上与线下相融合，从打车初始阶段到下车使用、线上支付车费，画出一个乘客与司机紧密相连的O2O闭环。

二、网络货运

　　网络货运成为国内外优质物流企业的新宠儿，网络货运平台利用云计算、移动互联网、大数据等新一代信息技术为货运提供全套智能物流解决方案，带动国内物流行业转型升级。据相关信息显示，在同城货运领域，货拉拉、快狗两家的市场份额接近百分之八十。而此次滴滴选择入局陌生且相对饱和的物流领域，更多的是为了实现业务多元化，拓宽产业版图。

三、滴滴开启价格战

　　在面临市场里面两大巨头——货拉拉和快狗打车，滴滴货运在进入市场之后实施高额补贴策略，其中司机和货主双方均可享受大额补贴。杭州一位使用滴滴货运的司机反馈，这几天跑下来共收入943元，补贴就有500多元。其中司机方面主要有两类补贴：一是每日的接单补贴，比如第一单奖励50元，第二单60元，第三单80元。二是核心市场在线补贴，只要在某个地区的范围内，即使不接单也有补贴可拿。在发货端，滴滴货运更是拿出十足的诚意，开城早期起步价低于市场价2元，并发出大量优惠券，用户甚至可以1毛钱下单；后期其甚至推出45公斤以下免费搬运的服务。低运价吸引用户、高补贴拉拢司机，滴滴货运在杭州、成都逐渐打开局面，如此巨大的价格的背后，滴滴货运上线当日就达到20000单的规模。

　　对于滴滴货运这样后进入行业的公司，货拉拉等商家通过多年的厮杀打磨出一套适合行业的价格标准、运营模型、布局节奏、商业模式等，滴滴货运通过"抄袭"前人的运营模式加上利用小体量优势打"价格战"，在网络货运的行业里必定将掀起"涛涛巨浪"。

（资料来源：作者根据多方资料整理而成）

二、成本与需求

在明确了短期与长期的定价目的后，企业可以开始根据收集到的信息进行定价分析。定价的第一步是估计产品成本与确定消费者的需求，定价的思路为先将价格设置一个区间，再将区间细化成最终的定价，如图7-4所示。一般来说，这个区间的下限可以通过对成本的拆解分析而得到，而上限是通过了解消费者的需求而得到。

图7-4 定价区间

在营销定价中，营销人员需要做的是通过定价"说服"消费者来购买产品，如何说服呢？消费者会对比同类产品之间优缺点，预估产品对于他们有多大作用，比如消费者购买此产品后能获得什么价值，包括他们使用这个产品的价值与产品的潜在价值，如买一个奢侈品手袋，它给消费者带来的使用价值是装随身用品，而潜在价值为能给消费者带来心理上的满足与社会地位的体现。消费者只会在使用价值加上潜在价值大于他们所付出的成本（通常为产品价格）时才会购买此产品，换句话说，企业只有在能为消费者创造额外价值，让消费者觉得有利可图的时候才会购买。

付出成本减去使用价值与潜在价值就是消费者剩余，即价格上限与定价的差额；而价格减去价格下限为生产者剩余，即企业在这次交易中获得的利润。

（一）分析成本，确定价格下限

成本是价格的下限，企业在定价时需要覆盖掉企业的经营成本和生产成本。成本包括固定成本、变动成本、总成本、平均成本和边际成本。固定成本为不随产量和销售量变化而变化的成本，如设备的折旧率、场地租金等；变动成本为随着产量变化的成本，如产品的原材料和人工成本等；总成本则为固定成本和变动成本的总和。价格的下限在这里指的是平均成本，即总成本除以销售量。但是在实际中，估算平均成本非常复杂，因为一家公司通常会生产很多种产品，如何将类似管理成本等合理平摊到每个产品上，对于企业的营销人员来说都是一件困难的事情。

边际成本在定价的过程中也起着至关重要的作用，其定义为每生产多一个单位的产品所耗费的成本是多少，而通常边际成本会随着生产量的上升而下降。企业通常会根据生产原材料的价格和各项其他营销管理成本对产品的贡献程度来决定将多少比例的成本计算在单一产品的成本上。

总体而言，单位利润高并不代表着总体利润高，就单个产品而言，其成本是不变的，而当销量上升时，总成本也会上升，这也是为什么我们说边际成本在计算成本中的重要性。总利润是通过计算总体收入减去总体成本得到的，也就是平均单位收入和平均单位成本的差乘以销售量，而我们知道边际成本在销量上升时会下降，所以，在定价时，需要需找到销售量与边际成本的最佳组合。

（二）分析需求，确定价格上限

第一，价格的上限是消费者能够接受的最高价格，这个价格使消费者剩余为零。当产品的定价高于这个价格时，理论上没有需求。价格的变动会影响消费者的需求，而需求影响着企业整个销售计划的制订以及盈利情况，所以，了解市场的需求是企业在做定价决策之前最重要的一部分。消费者在购买某个产品的时候内心都会衡量产品的价值，我们可以通过需求曲线去寻找消费者内心的感知价值，了解需求曲线与影响需求曲线的因素。

需求曲线是描述产品价格与需求之间的关系，假设在每个价格水平下其他条件相同，介绍了在不同价格水平下产品的需求量是多少。根据需求定理，价格与需求时负相关，且需求曲线是右下倾斜的，随着价格的上升，需求量下降。

如图7-5所示，横轴代表数量，纵轴代表价格，需求曲线与纵轴的连接处P*即我们定义中的价格上限，在这个价格需求量等于零，因为消费者并不能从这次交易之中获得任何额外价值。而供给曲线是指在不同价格下企业愿意提供给市场的产品数量，供给曲线与需求曲线的交点就是市场的均衡横点E，P为市场的定价，由P*、P、E三个点组成的三角形则为消费者剩余。从需求模型中，我们可以推测出市场定价的均衡点在哪，这也是大部分企业的定价参考，同时也帮助我们推导出消费者能接受的最高价格是多少。

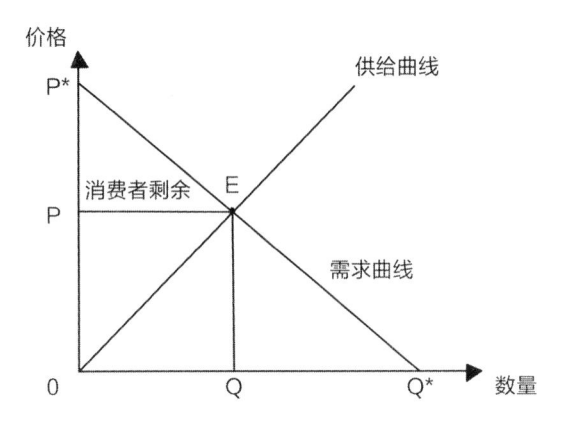

图7-5 供求曲线

营销人员需要通过需求价格弹性来分析需求模型，需求价格弹性表示在一定时间内价格的改变对需求量的影响有多大。

需求价格弹性通常以绝对值表示，当等于1时，表示价格每上升或下降1%，需求量也会上升或下降1%，在这种情况下，价格的改变对于企业收入的影响并不大，企业大多会选择使用市场均衡价格来定价，或者使用其他营销手段增加利润。当大于1时，表示需求量对价格的变动非常敏感，小幅度的价格变动可以造成大幅度的需求量变化，在这种情况下，企业会以薄利多销为主，因为小幅度的降价可以为企业带来更多的销量，也有助于企业提高自身的市场份额，反之，涨价的话会造成消费者大面积的流失。当小于1时，代表着价格的变动对于消费者的需求量并不会产生太大的影响，在定价时不适宜使用薄利多销的策略，降价并不会为企业提高收入，相反，提高价格有可能损失小部分消费者，却能获得更多的收入，定价可以略高于市场价格。但这类产品大多为生活的必需品，市场可能存在非常多的竞争者或者由政府垄断的行业。

第二，企业可以通过影响需求价格弹性的因素来调整定价策略，主要的影响因素有三种：产品性质、替代品和供求关系。

产品性质通常直接决定其需求弹性，如生活必需品的需求度为一个恒定的值，所以价格的变化对其并不会造成多大的影响，其价格弹性会比较小，企业定价时可以略高于市场价格。

如果一个产品有很多替代品的话，其价格弹性会非常高，消费者对价格将变得十分敏感。

当供不应求的情况发生时，市场的产品出现短缺，此时需求弹性较小，在价格上升的过程中，需求弹性也会慢慢增强；而当供大于求时，需求弹性较大，消费者对于价格的敏感度非常高。

第三，企业在定价的时候需要考虑到产品的需求曲线与需求弹性，需求曲线是为

281

了让企业更好地了解市场情况，价格的上限在哪里；而需求弹性可以帮助企业在了解市场均衡价格的情况下，调整自身的定价策略，从而提高收入与利润。

三、竞品分析

在确定了定价区间后，为了更精确地确定产品价格，企业需要分析竞争者的情报，包括竞争者的产品和价格。从价格区间内，根据分解竞争对手的定价来决定最终的定价，这期间需要分析、对比与竞争者产品的质量与服务等方面的差异，有助于企业通过开出诱人的价格来提高市场竞争力。价格竞争是当下营销市场内最常见的竞争手段。

（一）分析竞争环境

企业需要考虑当下面对的竞争环境，例如，完全垄断的企业并不需要考虑其他竞争对手，需求弹性较小，定价的空间也比较大。在寡头竞争和垄断竞争的市场结构下，竞争企业对价格的变动十分敏感。但在寡头竞争中，大部分企业的定价不会相差太多，一般不愿意进行价格战，因为寡头之间彼此都占据了一部分市场份额，价格战很容易造成两败俱伤，所以寡头都会在产品质量、营销推广方面进行竞争。

（二）确定市场定位

确定市场定位的方法如图7-6所示。

了解市场环境后，企业需要识别其主要的竞争对手。可以通过寻找市场上生产同类产品的企业，分析和研究他们的产品，找出与自身产品相似度高且企业体量差不多的竞争对手，对标并分析他们的价格及产品成本。

在市场竞争激烈的情况下，分析竞争对手的定价策略并做出反应。通过对比产品之间的质量、用户反馈和服务等，了解双方产品之间的差距并做出定价调整。企业需要通过研究对手的产品，尝试分解竞争对手产品的成本。在价格竞争中，企业不应该以牺牲产品品质为代价去降低成本，更多的企业为了节约成本都是从企业的运营方面节省开支，但这也不利于企业长期利润的增长，品牌形象也会受损。可以说，产品质量是企业长期发展的重要因素。

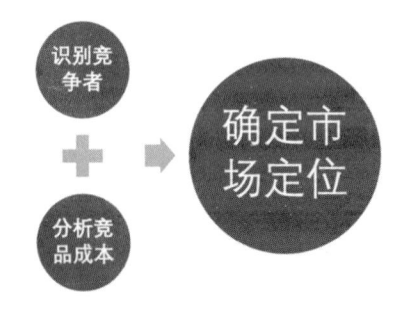

图7-6　确定市场定位的方法

第一，识别竞争者。识别竞争对手的方法有很多，如可以通过不同维度来对标竞争对手的产品，可以从产品的类型出发寻找市场上同类产品或是自身产品的替代品，或通过市场消费人群去定位。

第二，分析竞品成本。当企业决定是否进入一个新的市场时，与竞争对手之间的成本差距决定了企业在新市场的利润率。市场内的低成本商家往往能获得更多的销量，因为其相应的产品定价会比同行业内的其他企业更低，且成本的优势越大越好。在经济学中，根据规模经济的定律，当一个企业拥有成本优势时，其销售量与成本的优势将形成一个良性循环，低的固定成本使价格更低，其销售量也会随之上升，而当生产数量上升时，对应企业的边际生产成本也会降低，从而创造更高的利润率。

四、选择定价方法

根据定价流程面向不同对象，定价的方法大致分为三类：成本导向定价、竞争导向定价和需求导向定价（见图7-7）。通过具体的定价方案可以帮助企业缩小定价范围。

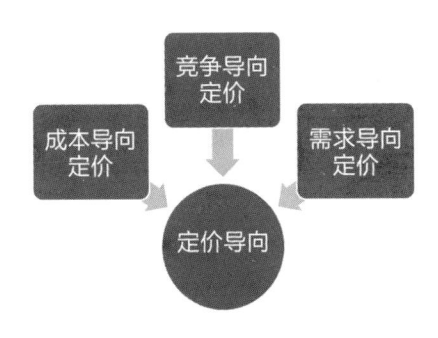

图7-7　定价导向

（一）成本导向定价

成本导向定价如图7-8所示。

```
成本加成定价法
目标收益定价法
盈亏平衡定价法
```

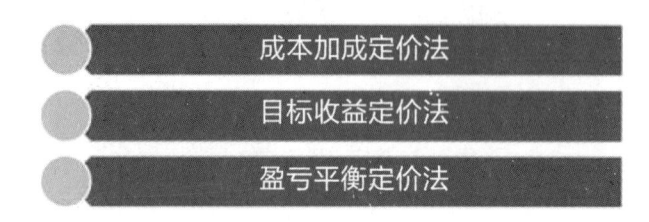

图7-8 成本导向定价

1. 成本加成定价法

成本加成定价法是指在单位产品成本基础上，把一定比例的期望利润率作为售价。企业需要根据实际市场环境及经营状况决定利润率，普遍适用于零售品等价格较低的商品。这种方法需要把总成本分摊到每个单位产品上，再加上一定利润率的利润，具体计算方法为：

单位产品定价=单位产品成本×（1+利润率）

其优点为相较于预测市场需求，企业的各项生产成本比较容易计算，所以根据成本计算也能帮助企业预估总体利润率，整个定价过程比较简单；同时，可以减少企业之间的价格竞争，如果每个企业都以这种方法定价，不会产生太大的价格差距，且这是一种相对公平的竞争方法。缺点是这种定价方法需要对市场环境有深刻的了解，由于定价环节是从企业的角度出发，并没有考虑到实际上市场的需求曲线，消费者并不一定能够接受这个定价。一旦定价过高，将会影响实际销售量。

2. 目标收益定价法

目标收益定价法指的企业会提前设定一个目标收益率，再根据实际的销量和产品成本定价。企业需要通过目标收益率与前期总投资额度的乘积算出目标利润是多少，再根据目标利润、总成本和预计销售量定价，具体的计算方法为：

目标利润=目标收益率×项目总投资额度

单位产品定价=（目标利润+总成本）÷预计销售量

对成本的计算和销售量的预估都有着严格的要求，对企业来说，如果预测准确的话，这种方法可以减少一定的风险，通常都能保证企业的利润。但其缺点是从企业的角度考虑问题，并没有实际考虑到市场竞争的因素；同时在定价的逻辑上存在一定问题，正常来说都是价格影响销售量，而这种方法会提前预估市场需求的销售量，不一定准确。所以适合于行业中的大企业或者具有垄断性质的企业，且需求弹性较小的产品，企业在对销售量进行预估时准确性会高一些。

3. 盈亏平衡定价法

盈亏平衡定价法是指在企业既定固定成本和变动成本下的一种保本的定价方法。通过寻找销售平衡点，保证在这个产量或者销售量下，能回收全部企业已经支出的成本，由此推导出销售价格。或者说在这个价格水平下，企业需要销售出多少产品才能回本。在这个模型下，具体的计算方法为：

总收入=总成本

销售量×单位产品价格=固定成本+变动成本×销售量

销售量平衡点=固定成本÷（单位产品价格－单位变动成本）

在实际中，只要使用预计销售量平衡点定价，企业肯定会保本。销售人员会根据定价得到多组销售量平衡点，根据这些销售量平衡点对比市场预估销售量，如果平衡点高于预估销售量，说明这个定价无法保证回本；如果平衡点低于预估销售量，说明如果使用相对的定价保证能回本，轻微的提升价格就能盈利。

（二）竞争导向定价

竞争导向定价如图7-9所示。

- 随行就市定价法
- 密封投标定价法

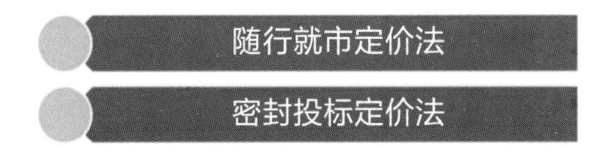

图7-9　竞争导向定价

1. 随行就市定价法

竞争导向性定价法是根据竞争对手的价格来确定自身产品的价格，不受需求或成本的干扰。随性就市定价法是指通过观察竞争对手价格与市场平均价格而选择定价，属于追随其他企业的定价，方法简单且适合同行业内产品差异度并不高的行业，如圆珠笔等日常生活用品。当企业成本难以测算，同时企业希望能平稳发展、不与竞争对手造成冲突，这种方法能大大减少价格竞争。

2. 密封投标定价法

密封投标定价法指在招标中企业根据竞争水平来确定投标价格的方法。它主要用于建筑承包以及政府的大宗采购等。招标中的招标方只有一个，所以在整个招标过程中其属于垄断地位，拥有绝对选择权。如果有数位竞争者争夺中标，在投标中，企业不能只考虑自身因素或者需求因素，因为大部分时候决定是否中标的标准就是报价水平，企业需要预估和对比竞争对手的报价水平。买方在招标中，如果定价低，则中标率更高，但利润空间也随之减少，在这个过程中，企业也可以通过期望利润来决定投标的价格，期望利润为中标的概率与报价利润的乘积。

如表7-1所示，报价方案为100元的中标率是最高的，报价方案为200元的利润是最高的，可它们的期望利润都不如报价方案为150元的，所以，从统计学的角度，企业需要选择期望利润最高的报价方案。

表7-1 报价方案表

报价方案	利润	中标率	期望利润
100元	50	100%	50元
150元	75	70%	52.5元
200元	100	45%	45元

（三）需求导向定价

需求导向定价如图7-10所示。

- 感受价值定价法
- 需求差异定价法
- 逆向定价法

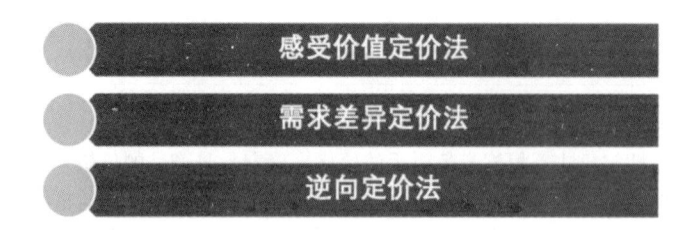

图7-10 需求导向定价

1. 感受价值定价法

感受价值定价法是指通过长期以来大众对产品的价值认知、对产品价值的判断及习惯价格来对产品进行定价。感受价值可以分解成几个部分来概括产品价值，首先在购买前消费者对企业的品牌价值的认知，购买过程中各类营销手段、推广及服务所提供给产品的增值效益，以及购买后产品的使用价值，企业通过评估这三个部分所组合起来价值为产品进行定价。这些产品在市场上已存在许久，消费者对其有一个习惯的价格，企业可以把这个价格作为基准，考虑其他因素为此类产品所带来的增值定价，在这个过程中需要企业精确地把握增值与定价之间的关系，以免引起消费者的排斥。

2. 需求差异定价法

需求差异定价法是指根据不同市场、环境下的消费者对产品需求度的不同进行定价。其本质为消费者对于产品的强度不同、商品之间的差异度不同及不同产品的时效性。企业会在同一时间、不同市场根据需求特性的不同为一个产品制订不同的价格，需求特性包括需求强度、地点、产品生命周期、购买力等。

3. 逆向定价法

逆向定价法是指企业通过预估消费者内心对产品能接受的价格，逆向确定企业在生产、运营以及营销推广时所需要的成本。这意味着企业需要先了解消费者对产品的实际需求和价值感知，定义产品的类型，确定需求弹性。

逆向定价法完全是从消费者的需求出发，制订符合消费者内心价位的产品，在推广期间对于产品的需求量有一定保证，以市场需求导向作为企业的定价方向，使消费者对产品的接受程度更高，匹配消费者的内心定位。

（四）新产品的定价方案

新产品的定价方案如图7-11所示。

市场撇脂定价法

市场渗透定价法

适中定价法

图7-11 新产品的定价方案

产品在其不同生命周期和阶段的定价方案也不同，当企业在市场上推出新产品时，其定价的自由度非常高。但产品的初始定价对于产品未来的发展也起着至关重要的作用，需要根据产品的市场定位和企业的营销策略进行定价，主要的方法有三种：市场撇脂定价法、市场渗透定价法及适中定价法。

1. 市场撇脂定价法

市场撇脂定价法指在新产品推出的初期，企业将为新产品制订高价，以在短期内获得额外的市场利润、产品的研发成本，然后根据市场需求弹性的变化制订进一步的定价策略。如果市场上没有同类竞争产品，保持高价的时间可以随之延长；而当市场饱和度上升时，企业可以根据实际情况使用适合的降价方式使销量曲线更加平滑。这种定价方法适用于类似上市初期拥有技术专利壁垒的产品，需求弹性较低，拥有一定数量对产品价格并不敏感的消费者，同时市场内没有主要的竞争对手，形成市场的技术垄断。

2. 市场渗透定价法

市场渗透定价法指在新产品推出的初期，就以低于市场价的价格出售，以薄利多销的形式快速占领市场。这种定价方式可以快速将新产品打入市场，刺激消费者的购买欲望，也更能被消费者所接受。

无论是选择市场撇脂定价法还是市场渗透定价法，两种方法都有各自的优势，无法一概而论。企业在选择定价时，要结合各方面因素来选择最终的定价方式，如市场竞争的压力、需求弹性及企业战略的发展方向等。在这两种定价方法的权衡中间还有另一种对于新产品的定价方法——适中定价法。

3. 适中定价法

适中定价法界于市场撇脂定价法和市场渗透定价法之间，其不通过追求高价而获取市场利润和品牌定位，也不通过追求低价来提高销量和市场份额。这种定价法更多的是希望减少以定价作为主要的营销手段，如不主动发起与竞争对手在价格方面的竞争，通过产品的质量与降低成本来改变自身产品与竞品间的差异度，同时提升产品在消费者心中的价值感知。虽然适中定价法很少主动以价格的改变来进行营销竞争，但这不代表其价格在市场上不具备优势，这种定价策略并不是单从追求与市场平均价格相似的价格，企业产品的定价完全有可能是市场里的最高价或是最低价，这取决于产品的优势在哪。如果企业的生产成本在市场上有明显的优势，其定价相比其他竞品可能是最低的；而行业中的龙头企业，其产品的质量与品牌定位决定了他们的产品可能为市场内最高定价者。

综上所述，适中定价法更多是以自身产品实际的价值认知作为定价的基础。

当企业的定价与其商品所赋予消费者的价值相当时，即使价格高于成本价数倍，也属于适中定价的一种，同时也享受着市场撇脂定价法的优势。

总体来说，企业可以根据生产的成本价格、市场的竞争者信息和消费者的不同需求使用不同类型的定价方法，将最终的定价范围最大限度地缩小。这个价格也是当企业对于新推出的产品或服务的最初定价，在最终定价中企业、也需要同时考虑不同的营销因素对于定价的影响，其中包括产品质量与营销推广强度、政府宏观调控政策之间的关系等。

定价方案专栏3：

小米电视5的定价逻辑

2019年11月，小米电视5与小米电视5Pro价格正式公布，其中小米电视555英寸售价2999元，65英寸售价3999元，75英寸售价7999元；小米电视5Pro55英寸售价3699元，65英寸售价4999元，75英寸售价9999元。小米电视采用和手机业务一样的模式，启动双品牌战略。红米电视继续以低价收割市场份额，而小米电视则承担冲高的责任，在高端品质市场与国外企业进行搏斗，满足不同消费者的需求。

一、公司简介

北京小米科技有限责任公司成立于2010年3月3日，是一家专注于智能硬件和电子产品研发的全球化移动互联网企业，同时也是一家专注于高端智能手机、互联网电视及智能家居生态链建设的创新型科技企业。小米公司创造了用互联网模式开发手机操作系统、发烧友参与开发改进的模式。小米还是继苹果、三星、华为之后第四家拥有手机芯片自研能力的科技公司。2018年7月9日，小米在香港交易所主板挂牌上市，成为港交所上市制度改革后首家采用不同投票权架构的上市企业。

小米已经建成了全球最大消费类IoT物联网平台，连接超过1亿台智能设备，MIUI月活跃用户达到2.42亿。小米系投资的公司接近400家，覆盖智能硬件、生活消费用品、教育、游戏、社交网络、文化娱乐、医疗健康、汽车交通、金融等领域。

二、定价策略

此次小米电视的定价不同于以往常态，75寸小米电视5Pro的定价竟然高达9999元，这是小米电视史上价格最"昂贵"的一款产品。目前业界75寸电视的均价在6000左右，甚至TCL等主流品牌的75寸电视的价格也跌破5000元。面对这样的"大屏低价横行"局面，小米电视为何敢把75寸小米电视5Pro最终定价在9999元这个"高位区间"呢？

虽然75寸小米电视5Pro以9999元的"标价"开创了小米电视史上"价格之高

峰",但是和其他品牌同尺寸75寸量子点电视的定价来看,小米此款电视的价格在75寸这个尺寸段上,布局量子点技术的有三星、TCL、华为、小米等品牌,而在最终定价上小米75寸小米电视5Pro是唯一一款在万元以内的产品。

一直以来,小米电视的低价策略让人们争议不断。小米电视产品定价不会跟着市场走,产品销量希望保持高速增长,会注重效率和创新,坚持薄利策略,小米硬件产品综合净利润不超过5%,目标是市场份额成为第一。

三、市场占有率为首要目标

在2019年"双11"期间,小米电视5系列在做工、核心配置、性能等方面尽显高端范。但在价格方面,小米电视5Pro的最低售价为3699元,小米电视5的最低售价为2999元。如此亲民的价格让小米电视在"双11"当日取得了全渠道总销量超91万台的好成绩。而小米2019年第三季度的业绩显示,小米电视当季出货量超310万台,同比增长59.8%,成功取得第三季度中国市场出货量第一。以极低的利润率对标当前市场上电视行业的竞争对手,在价格上尽可能便宜,小米的营销策略无疑在一定程度上帮助小米电视在销售量上实现了增长。

(资料来源:作者根据多方资料整理而成)

第三节 调整价格

企业根据消费者对产品的价值感知和需求确定价格的上限,根据预估成本确定价格的下限和分析竞品使用基本不同的定价策略来基本确定价格的水准。除此之外,还需要根据市场上不同的因素及时调整价格。市场环境的不同对于营销来说,有着限制与促进的作用。在特定的地理因素、折扣方法、促销手段和针对不同消费者对价格进行微调,可以使企业在价格方面相对于竞争对手更有优势,同时考量不同市场中消费者的心理及购买行为特点,有针对性地做出价格调整,制订符合目标市场消费者的心理价值的价格,可以使企业获得更高的利润。在基于确定价格区间的基础上,主要的价格调整方法有(见图7-12)地理定价法、折扣折让法、促销定价法和差别定价法。

图7-12 价格调整

一、地理定价法

企业在向外地经销商售出商品时，由于不同地区离原产地的距离不同，导致在运输货物时所产生的风险和成本并不一样。在考虑到成本差异的问题上，企业该如何针对不同地区的需要制订价格，是每一家企业都需要面对的问题。地理定价法如表7-2所示。

表7-2 地理定价法

地理定价法	简介
原产地定价	根据距离原产地和所产生的运输成本的不同定价
统一交货定价	统一不同销售地点的价格，平摊运输成本
区域定价	针对不同区域的消费者制订不同的价格
基点定价	根据距离基点地和所产生的运输成本的不同定价

（一）原产地定价

原产地定价是指企业只向每个经销商提供将货物送到指定的运输工具上，从货物登上运输工具后的一切成本和风险都不由企业承担，属于相对比较公平的一种定价方式。企业会向每个客户收取相同的价格，即原产地的出厂价格，而经销商需要负责货物后续的运输成本和储存成本。相应的，因为每个经销商的送货地点不同，所产生的运输费用及其他成本也不同，也会导致偏远地区的商品售价较高。

（二）统一交货定价

与原厂地定价正好相反，企业将按照相同的价格向不同地区的消费者售出产品。企业将总运输费用加起来一起平摊到每个客户群体上，所以无论在哪个市场上，这个产品的价格都是一样的。

（三）区域定价

区域定价是介于原产地定价和统一交货定价之间的一种定价方法，其将整个营销市场分为几个区域，针对不同的区域收取不同的价格，由企业负责送货。在同一个区域内的市场，每一位消费者都会享受相同的价格；因为运输成本不同，所以距离远的消费者需要比距离近的消费者多支付一定的购买费用。这种方法解决了区域内消费者觉得不公平的问题，区域定价对于每个区域的消费者来说都是相对公平的。但同时新的问题也会出现，比如在各个区域内的消费者离取货地的距离是不一样的，他们要取货所付出的成本也是不同的；在两个区域交界的消费者该如何定价才能避免产品流入黑市，也是企业需要考虑的问题。

（四）基点定价

基点定价是指企业会把一些地点作为基点，根据消费者离基点的距离决定所收的运输费用，整个运输过程由企业负责，而经销商负责运输成本，但实际上发货地与价格并不存在关联性。相较于原厂地定价，这种定价方法对于买方来说更有利，企业总体来说向客户收取的运输费用减少了。

二、折扣折让法

折扣折让法是一种企业对于消费者的让利定价方法，以降价的方式提高消费者购买产品的积极性。通常会应用在淡季清仓、使资金快速回流和批量出售的时候，根据企业不同时期的实际需要制订相对应的折扣方法，如表7-3所示。

表7-3 折扣折让定价法

折扣折让定价法	简介
现金折扣	对于提前付款的客户给予一定的折扣
数量折扣	对于购买到一定数量的消费者给予一定折扣
功能折扣	根据中间商所发挥的不同作用给予一定的折扣
季节折扣	淡季清仓所制订的折扣计划
折让折扣	回馈老用户与加强用户粘性，以旧换新

（一）现金折扣

现金折扣是一种企业为了尽快收回应收货款和促进企业现金流流动的折扣方式，减少坏账发生的可能性。这种折扣模式大部分是针对经销商与供应商，用于奖励那些能够及时付款的客户，给予他们一定的折扣。企业通常会根据客户不同的付款方式和付款时间制订不同的现金折扣，减免应付款项的百分之几。折扣的百分比与付款时间是企业所需要重点考虑的，折扣的比例通常要高于银行的利率，这样就算客户向银行贷款来偿还货款也是有利可图的。

（二）数量折扣

数量折扣指企业给那些大量购买某一产品的客户的一种优惠方式，以此提高客户的购买需求。通常来说，购买的数量越多，折扣的力度相应的也会越大，在消费者购买的过程中，企业的边际成本不断下降，同时也降低了企业在储存和销售期间的成本费用。数量折扣有两种主要的定价方式，适用于不同类型的产品。一次性数量折扣是当消费者单次购买产品的数量或金额达到某一数值时，企业会相对应地给予一定的折扣，如消费者一次性购买数量超过100件时，企业会给予10%的折扣，当购买数量超过300件时，折扣的力度是15%。这种方式适用于季节性产品或易损产品，对于企业来说，节省了储存费用和方便企业大规模生产和销售。累计销售数量折扣是指消费者在一定时间内，购买产品的数量或金额达到某一数值时，企业会相对应地给予价格优惠，主要为了提高消费者的购买黏性，鼓励消费者长期购买，适用于一些可以长期交易的产品。

（三）功能折扣

功能折扣指企业给批发商和零售商的价格折扣，根据批发商和零售商在不同市场、渠道和销售环节中发挥不同的作用，给予他们一定的价格折扣，以此鼓励他们发挥特殊的营销功能。

（四）季节折扣

季节折扣指在产品淡季和旺季之间的价格差，是一种企业对于购买过季产品的消费者的价格折扣，或在淡季期间提高企业的销售量，使企业全年销售额保持在平稳的状态之中。这种方式可以有效降低企业的储存成本以及在淡季时的收入损失，鼓励批发商与零售商早进货。

（五）价格折让

价格折让是指对消费者购买企业新一代产品时的一种折扣方式，将消费者原先在企业购买产品所花费的一部分金额可以作为抵扣购买新产品的价格，主要的方式有两种：新产品折让减价和以旧换新减价。新产品折让减价是针对老客户购买公司的新产品时，会给予一定力度的折扣，如老客户在购买新产品时，原价为200元的产品可以得到10%的折扣，达到一种促销的作用；以旧换新减价是指当企业推出新产品时，客户可以用其老产品抵扣购买新产品所需的一部分金额，这种方法常见于电子产品中，比如购买新一代苹果手机的时候，可以用老一代的iPhone抵扣一部分购买金额。价格折让也可以看作是企业对经销商和零售商忠诚度的奖励。

三、促销定价法

促销定价法是指企业在短时间内以低于正常价格出售，有时候甚至以低于成本价的价格出售，以此提高消费者的购买动力。促销定价有几种主要的方式：简单折扣降价、特别事件降价和招徕定价（见表7-4）。

表7-4 促销定价方法

促销定价方法	简介
简单折扣降价	在基础售价上提供一定的折扣
特别事件降价	根据特殊节日制订限时优惠活动
招徕定价	通过降低部分商品的价格来吸引客户到店购买高利润产品

（一）简单折扣降价

简单折扣降价是指企业在产品的基础售价上提供一定的折扣，通常适用于滞销和过季的产品。企业为了尽早清空库存而降价来提高销售量，出售滞销产品，当企业推出新的产品时，需要尽快把旧产品清出货仓以降低储存的成本，为新产品提供储存的空间。同时，有一些旧产品或因为款式或时间的原因不符合消费者的心理价位，降价有助于提高消费者的购买欲望，使企业获得足够的现金流。

（二）特别事件降价

特别事件降价是指在某个特殊的季节或者是节日企业推出限时优惠活动，这类活动有助于企业提升品牌形象和在每年的特定时间段提高销售量以回馈消费者。比如在欧美圣诞节的前夕或是亚洲的春节前夕，这个时间段消费者的购物欲望较高，希望给家里添加年货，企业可以利用消费者的心理推出产品限时促销活动，以此创造购买的紧迫感，变换定价策略，通过薄利多销来提高销量。

（三）招徕定价

招徕定价也属于利用消费者心理的一种促销方式，企业会对其部分产品制订较低的价格来引起消费者的注意，与此同时，上架其他利润比较高的产品来弥补促销产品降价带来的损失。这种定价方法的本质是通过消费者贪小便宜的心理吸引消费者到店消费，如"大甩卖""亏本清仓"等字眼很容易吸引到消费者。我们可以发现通常商店里只是一部分产品有非常大的折扣，还有一部分产品还是以原价销售，企业是为了通过营造商品价格都很低的感觉，低价销售部分产品来带动另外一部分高利润产品的销量，最终达到扩大销售量的目的。

促销定价方法有助于企业在短时间内快速提高销售量，使消费者快速做出消费决策，尤其是在经济低迷时期，企业库存过多和现金流短缺，需要尽快消化掉存货。但是营销人员需要了解促销为企业所带来的负面影响。

第一，这不是一种长期的销售模式，促销定价在短期内固然能为企业带来更多的客户，但是长期而言，企业所希望树立什么样的形象，市场中的定位是什么样的，促销活动都会影响企业在消费者心中的形象。

第二，频繁的促销活动会使消费者产生疲惫感和厌倦感。

总体来说，营销人员需要平衡好促销定价的频率和力度，同时注意消费者心态的变化，在制订促销活动时需要同时考虑企业的品牌价值与品牌形象，在收入损失的过程中找到支撑品牌质量识别的卖点。

定价方案专栏4：
....

东航随心飞

2020年年初，一场突如其来的新冠肺炎疫情在世界范围内蔓延，各国出台严厉的交通管制措施及入境限令，对国内外各大航空公司造成了巨大的损失，所有航空公司都面临大面积退票、缩减航班，甚至停飞的窘境。国际航空运输协会（IATA）3月17日预测说，新冠肺炎疫情对全球航司的收入影响将达到1130亿美元。包括公司停业以及消费者旅游需求的降低，出行需求萎缩导致大量民航客机处于亏本的状态，航空公司亏损严重，成本直线上升的同时又接收到大量的退票申请，各航空公司都面临着巨大的挑战。这也是自2008年金融危机以来，全球乘客需求将出现11年来的首次年度下降。三月初，中国香港最大的航空公司国泰航空宣布，二月份亏损近20亿港元。为缓解经营压力，国泰航空被迫出售六架飞机，套现50亿元，以维持现金流。

随着二月下旬开始，全国各行业陆续复工、复产，消费者的出行需求渐渐回暖，各家航空公司希望能够尽快挽回春运期间的损失，刺激消费者的购买欲望，纷纷打折。

如果你在三月份的时候打开携程或者飞猪这类机票订票平台，你能看到低至几十元如白菜价一样的机票，航空公司在复工潮的期间机票的折扣力度非常大，降价成为很多航空公司的自救手段之一。3月1日，有网友在网上晒图——一张从深圳到成都的机票只要5元，一张机票的价格甚至比不过地铁票。不仅仅是从深圳飞成都，在广州到海南和上海飞重庆的航班中，也可以看到超低价机票。以二月底为例，上海飞重庆出现了0.3折的机票价格，仅需49元就能从上海飞到重庆。

一、"白菜价"机票的背后逻辑

众所周知，航空属于高负债、高周转行业，现金流的稳定对公司经营至关重要。截至2019年三季度末，国内上市航空公司的平均资产负债率为64%，在疫情的影响下，航空公司背负大量的债务成本以及固定成本（飞机折旧、飞机租赁成本、人工成本）。其中负债率最高的两家公司——南方航空和东方航空亦不断发债、筹钱"自救"。

"白菜价"机票的出现和许多复工人群"点对点"运输、复工的时间不集中、旅游人群"宅居在家"密切相关。

在二、三月份，国内大多数景点都还处于关闭的状态，同时外出也必须要戴口罩，消费者出门旅游的动力几乎降到了最低点，就算出门也需要戴口罩，特别是人群聚集的地方。整体大众的出行需求弹性几乎接近于零，这也是各大航空疯狂推出降价机票的主要原因。出行的人群主要以返程、复工的旅客居多，其次是有硬性商务出行需求的旅客。在这样的供求关系，出现了诸如"50元"的低价机票，属于航空公司对市场的正常反馈。在上述例子中，从成都飞往深圳的票价曾低至5元，相比"跳水票价"，从各地去往北上广深的票价要高出许多，如从成都到深圳的票价普遍在600元以上，最低也在500元左右。

这也说明，客流单向性比较明显。航钛传媒表示，这一情况仍然适用于市场需求，出行旅客以返岗复工为主，因此从四川、云南等劳工大省向东南沿海地区的客流量较大，相应的机票价格更接近正常水平。

二、周末随心飞和早晚随心飞

2020年6月18日，东航发布了一款全新的产品——"周末随心飞"。购买此产品并激活后，可以在2020年内的任意周末，凭借此卡不限次数乘坐东航和上航的航班，畅飞国内除港澳台地区外的各大城市。买了套餐之后，机票的费用全免，只需要支付机场建设费和飞机的燃油费，相当于买了一个会员打包产品。在"东方航空"APP上购买，售价仅是3322元。产品火热程度超出预期，东航客服电话被打爆，"东方航空"APP也随之宕机、无法登陆，在淘宝上搜"周末随心飞"甚至已经出现了很多倒卖商家。

6月27日是东航推出"周末随心飞"后第一个正式实施的周末，旅客兑换使用超过

6.5万张机票。对于东航来说，"周末随心飞"这款预付费产品，能够带来一定的现金流，同时还能利用空余座位创收，是疫情下的一种促销手段，能够刺激如异地工作、两地分居等类型消费者的航空出行需求。从宏观角度看，这个产品将同步催生广大旅客新一轮的出行需求，帮助旅游业、服务业等相关产业恢复生产运行，为人员有序流动提供极大便利，为社会经济发展"稳中求进"提供有力支持。

当我们还是习惯机票折扣与折扣券优惠的传统套路时，"随心飞"的出现就足以让人产生"眼前一亮"的效果和话题讨论度。"无限乘坐"产品推出时，在国内并没有可以横向对标的竞品，从消费者的角度其实也很难对其产品价值做出理性和准确的判断，因而消费者在心目中对于这类产品的价值感知较高，搭配上3000多元的价格，使很多人都有了要薅东航羊毛的想法。

率先推出现象级的"周末随心飞"产品，激活航空旅游市场之后，东航于2020年8月5日再出大招：当天9点起，面向企事业单位，开售售价为3456元的"早晚随心飞"，可在周一到周五工作日不限次数乘坐早八点前和晚八点后计划起飞的东航国内航班（不含港澳台）。东航同时表示，将预留部分"早晚随心飞"配额，择期向社会公众开放销售。

东航此前的"周末随心飞"主要激活了旅游出行群体；此次新推出的在工作日早晚适用的"早晚随心飞"，显然更适合有高频差旅需求的企事业法人单位用户，从而帮助相关单位有机会降低差旅成本，进而为全社会的复工复产提供支持。

三、产品背后逻辑

在疫情过后，如何尽快恢复航空业整体运输量，刺激消费者的出行需求成为航空公司主要的目标。尽快地恢复企业的正常运转，使每趟飞机出行的机票能覆盖运营成本才是最重要的。因周末随心飞所产生的消费拉动作用也是不容小觑的，这款产品的背后其实更多的是与出行相关的消费，可以说随心飞背后的社会效益早已经超过了产品收入本身。其所带来的"圈粉效应"也将为其吸引未来稳定的忠实客户，增加用户黏性，即使不看产品最终本身的盈亏情况，单就本次营销事件所产生的舆论话题性和本次活动的传播力，已经是一款非常成功的产品了。

（资料来源：作者根据多方资料整理而成）

四、差别定价法

差别定价法是指在不同的市场环境下，企业针对不同的消费者以不同的价格出售一件产品，根据消费者在不同场景下对产品的需求弹性的不同做出定价。差别定价也叫歧视定价。差异定价有多种形式：客户意愿差别定价、产品形式差别定价、地点差别定价和时间差别定价，如表7-5所示。

表7-5 差别定价法

差别定价法	简介
客户意愿差别定价	根据不同客户的心理价位制订价格
产品形式差别定价	根据产品差异所造成的需求度不同制订价格
地点差别定价	根据出售产品的地点及场景不同制订价格
时间差别定价	根据出售时间的不同制订价格

（一）客户意愿差别定价

客户意愿差别定价是指针对不同的消费者定制不同的价格，属于价格歧视定价，又称差别定价。差别定价与价格歧视一样也被分为三级，一级的差别定价属于最极端的定价方式，会将每一单位的产品出售给出价最高者，但通常很难应用到现实中，因为企业难以定位出价最高者。而最常用的是二级差别定价和三级差别定价，二级差别定价指根据消费者购买的数量来定价，当消费者购买的数量超过某个数值时，单位售价会降低；而三级差别定价为企业根据不同市场场景下消费者的需求弹性进行定价，比如在需求弹性较低的场所，企业更多地选择在不影响需求的情况下溢价出售其产品，以此获取更大的利润。

最常见的差别定价如企业会根据每个年龄层的人的可支配收入的不同而设定价格，如游乐园的门票针对18岁以下的学生和60岁以上的老年人会给一定的优惠，成年人的门票价格则为原价。

（二）产品形式差别定价

产品形式差别是指当产品的质量和类型一致，企业可以根据其不同样式的受欢迎程度来制订价格。每个产品可能因为其包装的样式和颜色不同，在市场上给消费者的心理定位也不一样，一个产品如果配合定制包装或者颜色型号为当季特别款，从消费者的价值感受的角度来看，会提高产品在消费者心中的价格，纵使特殊款式与普通款式无论在质量和类型上是一模一样的，但企业可以通过凸显产品样式上的差别来创造溢价的空间。比如同样质量的手机壳，配上不同的商标就能翻好几倍的价格。

（三）地点差别定价

地点差别定价又称空间差别定价，企业会通过消费者所处的不同地理位置而调节价格。具体表现在消费者在不同地点下的需求弹性和掌握信息的完整度不同，企业会根据这些特点在不同的场景下对同一种产品制订不同的价格。消费者在根据消费的地点、环境和场所等不同，对产品所产生的内心价位及需求弹性也会随之变化，同时，消费场所里其实不同地理位置的成本价格并不会差多少，可是企业会根据消费者的偏好而制订不同的价格。

常见的例子在演唱会和酒吧里，演唱会在不同区域和位置的门票价格都会不同，随之而来的是消费者对于不同位置的门票的需求弹性也是不同的，靠近主舞台的位置通常售价比较贵，且需求弹性较低，而较远的位置需求弹性较高，两者的成本几乎是一样的，因为地点的不同而导致价格差别。

（四）时间差别定价

时间差别定价是指企业会根据不同时间段为其产品进行定价，背后的逻辑在于消费者在每天的不同时间段对于一类产品的需求一直浮动。企业在不同的日期、季节、节日出售同一件商品会采用不同的定价思路，因为消费者的需求弹性和需求强度在不同的时期也是不同的，所以企业为了利益最大化，在每个时间段都获取最大的利益。例如，在夏季的时候空调的安装需求会陡然上升，价格和需求弹性也会随之上升，空调在夏季来说属于必需品的一种，消费者对价格的敏感程度降低，所以在这段时间内空调企业会抬高其价格，反之，在冬季时需求量与价格均会下降。根据时间来定价的行业有很多，类似健身房等在早、中、晚不同时段的价格都不同，这种灵活的定价方式有助于企业在淡季提高销量，旺季的时候获取更大的利润，使全年的销售曲线更加平滑。

第四节　应对价格变化

市场变化多端，为了应对不同的情况，企业的定价不能保持一成不变。除了变换使用不同的定价方法，企业还需要根据实际情况不断调整价格。在市场竞争激烈的情况下，企业为了生存和发展，提高自身的市场竞争力或应对各类突发情况，获取更高的利润，企业主要有两种调整价格的情况：根据市场环境因素变动而调整产品价格，属于主动调整；以应对竞争者的动态变化而调整产品价格，属于被动调整。无论是主动调整还是被动调整，调整价格的形式无外乎降价或提价。

一、发动降价

在市场营销的过程中，无论是面对市场宏观因素的影响还是行业内部的变化，降低价格是企业常用的营销手段，引发企业降价的原因主要有生产力过剩、市场占有率下降、技术革新以及宏观因素，如图7-13所示。

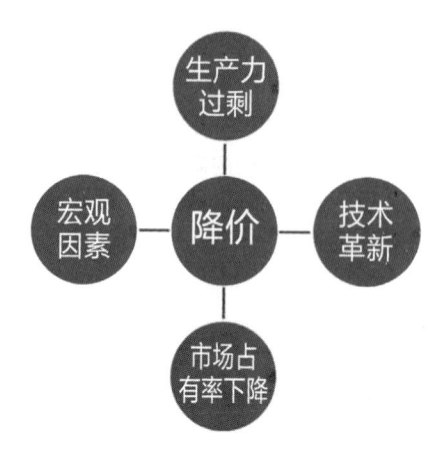

图7-13 降价原因

（一）生产力过剩

当企业的生产力过剩，导致市场出现了供应量大于总需求量时，企业需要顺应市场的变化规律而降价，如果还是按照原来的均衡价格制订价格，企业的销量将会急剧下降。在这种情况下，企业在降价之前需要考虑除了降价外是否还有其他解决方法，如市场需求的饱和程度是怎么样的，当企业并没有办法通过扩大营销和提高广告宣传的力度，并且没有任何改进的空间或者是促销的方式而达到稳定销量时，企业需要及时降价。

（二）市场占有率下降

市场占有率的下降是企业选择降价的最常见的原因之一。这种情况下，企业降价的两大原因是竞争对手发动价格战降价而导致企业不得不通过降低价格来维持现有的市场占有率，或者是由于面对市场的竞争压力和竞争对手的特殊营销策略，企业没有更好的方法面对而降价。

（三）技术革新

当企业在经营过程中，因科技发展而得到的生产技术革新或者管理模式的创新，都能够有效降低企业的运营成本。此时企业产品的单位成本降低，可以以相对较低的成本扩大企业的销售规模，相对而言，降价并不会降低原本的利润额，反而能有效提高企业的市场占有率。降低价格能够有效打击同行业的竞争对手，提升企业的市场控制力，占领更多的市场份额。

（四）宏观因素

使企业降低价格的主要市场宏观因素有宏观经济因素、行业发展态势和国家的法律法规因素。经济因素主要集中在国家货币与国民整体收入方面，当国家货币发生通货紧缩的时候，货币购买力变强，市场消费品总体价格水平下降，相应的，企业也应该调低产品价格；而当国家发生经济衰退时，国民可支配收入降低，也就意味着消费者的购买力下降，除了必需品外，如果企业不降价会在一定程度上对其销量造成影响。而行业发展衰退或者产品进入衰退期是指产品在市场上面临被淘汰的危机，此时市场总需求量将会急剧下降，有部分消费者会期待此类产品进行减价促销，若价格差别不大，他们会转头寻找同类新产品。

二、发动提价

在市场营销中，根据市场的变化提高价格也是常见的营销手段，虽然此举很可能引起消费者的不满，却能有效提高企业的利润，常见企业提价的原因有：供不应求、成本上升、国际局势和关税政策，如图7-14所示。

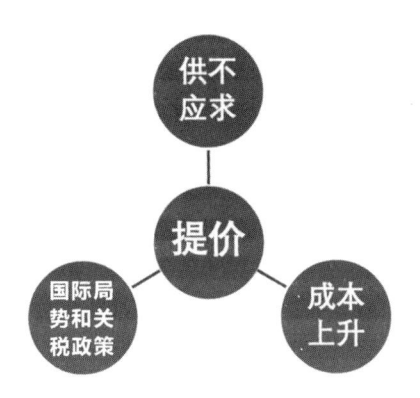

图7-14 提价原因

（一）供不应求

在市场上，当一种产品的供应量没办法满足消费者的需求时，企业可以通过提高产品价格或者限制供应来平衡供需关系。在这个时期提高一定比例的价格有利于提升企业的销售利润，且并不会对销量造成任何影响，对于企业未来扩大生产做好准备。面对供不应求时，企业主动提价可以不单仅限于提高某一产品的价格，还可以适当减少之前所推出的折扣活动，或者减少营销推广过程中服务所花费的费用，以此降低成本，从另一个维度达到间接提价的目的。

（二）成本上升

企业的运营成本上升是导致企业不得不提价的主要原因之一，属于被动提价。造成企业成本上升的原因主要是由于通货膨胀或原材料短缺而导致的，通常通货膨胀所造成的提价为当国内货币贬值，随之而来的物价上涨导致人工成本和原材料成本上升。在生产的过程中，这些原材料可能需要通过进口的渠道获得，所以导致整体生产的成本上升，这个时候如果还维持原价，必定会影响企业的收益和生存，所以企业通常会把一部分成本上涨压力转移到消费者身上，为了维持生存并保证其原有的利润率选择提高价格。

（三）国际局势和关税政策

国家之间都会彼此设置进口产品的关税，税率的改变会直接影响制造业的生产成本，但同时对于国内同类产品有时也会起着保护的作用。

在提高价格的过程中，难免会引起消费者的不满，某种程度上会影响消费和企业形象。所以企业在提价的过程中需要注意方法，使消费者潜移默化地接受这个提价的过程，比如有规律且小幅度地慢慢提价。

定价方案专栏5：

喜茶涨价的背后

2020年4月份，大部分餐饮行业迎来复工期，而随之而来的就是一波涨价。"喜茶涨价"这一话题登上了微博热搜，引发热议。在喜茶涨价上热搜后，新浪新闻发起了一项"奶茶超过30元你还会再喝吗"的微博投票。从这条投票中，我们可以得出两个结论：从参与人数来看，大家真的很关心奶茶的价格；从态度上看，绝大部分消费者并不认可奶茶的涨价行为。

喜茶也遭到不少网友的"吐槽",原因也是涨价。"如果奶茶星巴克化,那就没有意思了。""好贵,感觉以后喝不起了。""除了工资在降,什么都在涨。"诸如此类的声音在微博随处可见。

一、公司介绍

2012年,喜茶HEYTEA起源于一条名叫江边里的小巷,喜茶总部位于深圳,原名皇茶ROYALTEA。为了与层出不穷的山寨品牌区分开来,故全面升级为注册品牌喜茶HEYTEA。

喜茶为芝士现泡茶的原创者。自创立以来,喜茶专注于呈现来自世界各地的优质茶香,让茶饮这一古老文化焕发出新的生命力。

二、涨价背后的原因

喜茶多款产品涨价,实际上,喜茶涨价发生在2020年2月,而且产品并未全线涨价。因为成本原因,喜茶上调了五款饮品的价格,分别是豆豆波波茶、多肉芒芒甘露、芋泥波波鲜奶、流心奶黄波波冰、奶茶波波冰,上调范围在1~2元,部分达到30元。对此,喜茶方面回应称,喜茶从2020年2月开始对五款产品进行了价格调整,上涨了1~2元,调整的原因是原料成本上升,其他产品的价格没有变动。

可以看到很多网友在网上对涨价表达出了深深的厌恶,可实际上茶饮的消费者以年轻时尚人群为主,对于价格的敏感度相对不高,但是对于产品的消费氛围、消费场景、消费体验较为关注。喜茶的消费者最关心的还是产品本身概况,包括成分材料、茶叶品种、口感等,其次是服务体验。此外,"从众""打卡""拔草"等消费心理也占据不小的比重。

三、涨价的影响和茶饮行业的成本

因为价格上浮不大,而且是选款涨价,实际上大部分消费者对此并没有明显感受。直到微博热搜的出现,消费者才想起回头查看订单,并为此感到不满。不过,对于涨价一事,多数消费者表示,"小幅变价可以接受,涨价不会影响自己的购买意愿"。

提价能力需要企业有品牌效应、消费者黏性,企业也要观察提价对消费总量有没有影响。而在此次涨价中,显然从消费者的行为上来看,小幅度的涨价对喜茶并没有太大的影响,因为喜茶的消费者黏性较高和产品的需求弹性较低。

从成本上来看,奶茶业其实并不算一个十分暴利的行业。以一杯多肉葡萄为例,其原材料成本如下:奶盖为3~4元,葡萄原汁在2元左右,果肉在2元左右,打包等费用约为1.5元左右,总体原材料成本为8~10元,在茶饮行业里,普遍原料成本为40%,房租成本为20%,人力成本为15%,商场抽佣约为15%,还有外卖的扣点。30元还真称不上"暴利"。

(资料来源:作者根据多方资料整理而成)

三、预期竞争回应

当企业进行价格调整的时候，会引起消费者和竞争者不同的反应。在调价之前，企业需要充分考虑消费者和竞争者的应对方式，他们的反应也决定了调价的效果。企业的调价直接影响消费者和竞争者的利益，所以企业有必要在调价之前对他们的反应做出预计，同时企业还需要考虑企业对竞争者变价的反应程度，才能进行全面的预测。

（一）消费者对企业变价的反应

对于消费者来说，无论是提价还是降价都会影响他们的购买决策。消费者对于不同情况、不同行业下的价格调整的解读都不一样。当企业降价时，主要是为提高市场份额和产品销量，消费者如果已经习惯一个商品的价格，面对降价或许会认为产品存在缺陷，从而导致销售出现问题，因而购买时变得更加谨慎；或市场即将推出新款产品，而对降价保持观望态度，等待新产品的推出或进一步降价。

（二）竞争者对企业变价的反应

企业不仅需要考虑消费者的反应，还需要考量竞争对手对价格调整所做出的回应。特别是在垄断竞争和寡头竞争的市场结构之下，市场内的企业数量少，企业之间的产品并无太大差异，且消费者的信息灵通，竞争对手很有可能对价格的调整做出回应。因为消费者在同质商品之间往往会选择价格较低的一方，所以面对企业的降价，竞争对手通常也会选择追随定价。

在企业调整价格时，可以根据竞争对手的财务状况、生产成本和用户忠诚度等因素预计其反应。当企业发动价格战减价时，提前分析竞争对手的财务状况是否能够支撑应对，对比双方产品的生产成本和定价的利润空间。

同时也需要考虑竞争对手的用户忠诚度，降价能否抢夺对手的市场份额，很大程度取决于竞争对手的用户忠诚度，若对手的用户忠诚度非常高，竞争者对手即使保持原价也不会损失太多销量。竞争对手的定价目标也是决定其是否会采取追随定价的因素之一，如果竞争对手采取以利润为导向的定价策略，或许不会采取追随定价的方式，反而会在市场营销推广上加大力度；当其以质量领先的定价策略面对降价时，会加大在产品研发方面的投入和增强产品间的差异化。

（三）企业对竞争者变价的反应

1.不同市场环境下的企业反应

对于竞争者的变价，企业有不同的反应，具体分为两种情况。

第一，同质产品市场。在同质产品市场中，竞争者的价格调整策略对于企业有很大的影响，如果竞争企业实行降价策略，企业也必须进行降价，否则，企业产品的竞争力将降低，消费者会选择竞争者的产品。如果竞争者采用提价策略，同时提价将会有利于整个行业，那么其他企业也会紧随其后，如果有企业不跟随提价，那么将会影响整个行业的价格，其他企业将会不得不降价。

第二，异质产品市场。在异质产品市场中，企业对于竞争者的价格策略有更多的反应时间，也有更多的选择。在市场上，消费者在购买的过程中不仅只考虑价格，同时还注重产品的性能、服务、外观、质量等方面。因此，消费者对于较小的价格差异并不在意。

2.市场主导者的反应

一般来说，市场主导者对于价格有更多的控制权，而小企业有时会通过降低价格来争夺大企业的市场份额，所以市场主导者可以采用以下几种策略来应对竞争者的价格攻击。

第一，维持价格不变。市场主导者可以通过原来的价格来保持原来的利润幅度。如果降低价格可能会导致企业的利润下降，而保持原有价格，可能不会失去更多的市场份额，或许还可以通过增加产品的竞争差异来赢得原来的市场份额。

第二，增加更多的附加值。市场主导者可以在维持产品价格不变的情况下，改进产品质量、提高产品服务、加强与消费者的沟通，运用非价格的手段应对竞争者。事实证明，这种方式比降价更有用。

第三，降价。降价可以促进产品销量和产量的增加，从而降低运营成本和费用。如果市场对价格比较敏感，那么不降价的话将会减少市场份额，失去的市场份额将会很难再夺回。同时，在降低产品价格之后应该维持之前的服务水平和质量。

第四，提价。企业在提价的同时应该注重提高产品质量和服务水平，或者推出新产品来应对竞争者的竞争。

四、应对竞争变化

在市场竞争中，企业不可避免地需要面对竞争对手价格变动的冲击。当竞争对手调整同类产品的价格的时候，企业需要分析其行为对自身所造成的影响以制订相应的对策。

不同行业中企业有着不同的应对措施，在同质产品竞争中，通常其中一个企业降价，其他企业也会随之降价，特别是在产品几乎无差异的情况下，如果有企业提价而其他企业觉得没必要提价，则会迫使企业取消提价。而在异质产品中，企业会有更多的选择余地，前提是产品之间存在明显的差异化。因为消费者对于价格的敏感程度比同质产品低，企业需要进一步分析竞争对手变价的背后逻辑。

（一）确定竞争变化的原因

在应对竞争变化的过程中，首先思考竞争对手变价的原因是什么，变价是暂时的还是永久性变价。暂时变价通常为在换季时清仓以及准备推出新款产品，或者是因为产品滞销所导致的库存问题；永久性变价通常是当竞争对手生产技术革新或其他因素使其总体成本降低，还有可能是因为其总体定价策略的转变。

（二）预测可能产生的影响

当企业发现竞争对手进行降价，在决定应对方式之前，需要考虑如果自身不做出任何改变，对企业的销量、市场份额和利润会造成什么影响。正常来说，竞争对手降价势必会降低部分自身产品的销量，但企业可能认为对自身的利润率和市场份额并不会造成太大的影响，产品差异化和品牌的原因使客户的忠诚度得到提高，或是追随降价会对企业的利润率造成巨大影响，企业会暂时采取观望的态度，观察同行业其他对手的反应来制订相应的定价计划。其他企业的反应可以在一定程度上反映了行业市场的大趋势，当同行业企业纷纷提价时，可能为市场宏观因素所导致，如通货膨胀导致行业整体生产成本上升，此时行业大多数的做法为追随提价。

（三）应对价格战

当竞争对手降价严重，损害了企业的市场份额和利益，企业可以根据实际情况选择以下的解决方法，如图7-15所示。

图7-15 应对价格战

1. 随行降价

降价使自家产品的价格水平与竞争对手相似，在产品需求弹性较大的行业中，消费者对价格较为敏感，企业为了保持原有的市场份额需要采取相同的方式竞争。企业可以选择通过降低产品质量或服务来弥补这一降价所带来的损失，保持平稳的利润曲线，但长期而言对于品牌形象的损害是难以弥补的。

2. 提高感知价值

提高感知价值是指企业为了不改变价格的方式，通过提高营销推广方面的投入和加强广告宣传，向消费者灌输品牌的价值，通过对比两种产品之间的区别来显现自身产品的特点和价值。

3. 提高产品质量

通过提高产品质量来提高价格，改变企业品牌形象的定位，瞄准不同人群的消费者。质量的提高可以使消费者更好地区分产品的价值水平，增强差异化的对比，将产品定位带入高端市场之中。

4. 建立低端品牌

增加低价产品以此对标底价产品，适用于高端品牌面对平价品牌的冲击。当市场出现低价对标产品时，企业可以选择开创一个新的子品牌对标其产品，一方面可以增强企业的市场竞争力，在低价的市场与竞争对手开辟新的战场，另一方面可以缓解低价产品带来的冲击。

章末案例
....

美团出行再度掀起"价格战"

一、公司简介

美团网的全称为"北京三快在线科技有限公司"，是2011年5月6日成立的团购网站。美团网有着"吃喝玩乐全都有"和"美团一次美一次"的服务宣传宗旨。注册于北京市海淀区。

美团的使命是"帮大家吃得更好，生活更好"。作为中国领先的生活服务电子商务平台，公司拥有美团、大众点评、美团外卖等消费者熟知的APP，服务涵盖餐饮、外卖、打车、共享单车、酒店旅游、电影、休闲娱乐等200多个品类，业务覆盖全国2800个县区市。

美团打车是一款于2017年2月14日在江苏省南京市试点上线运行打车业务,截至2017年12月28日,在南京试点的10个月以来,美团打车事业部已经拥有一支超过200人的团队,日订单量也已经突破10万单,该业务源自用户需求,据统计,在美团点评日活跃用户中30%的人有出行需求。

美团点评集团公司希望通过美团打车来满足平台用户的出行需求,为用户提供一站式"吃喝玩乐全都有"的服务体验。

二、上线初期,低佣金吸引司机加盟

相比滴滴打车一开始就是在网约车这个赛道中抢占市场,美团一开始发家的业务是关注消费者的吃喝玩乐,发展出行业务为的是补足自身的商业闭环。2017年2月,美团打车宣布开始在江苏南京区域开展打车业务,在10个月的时间里,美团打车的订单量就突破了10万单;随后,美团打车也将其业务方位拓展到了国内的几大主要城市,其中包括北京、上海等一线城市,消费者可以通过美团APP进行打车;隔年的一月份,美团打车分别在上海和南京均获得了《网约车经营许可证》。

2018年3月21日,美团打车登陆上海,并且快车和出租车业务同时上线,不到10个小时,订单突破10万单,两天内订单量突破25万单,第三天又突破了30万单,差不多拿下了三分之一的市场份额,司机平均接单时长是5秒钟。美团出行在上海还不到一周时间,就吃下了三分之一的市场份额。

补贴是美团的首要武器。对于司机来说,新注册司机在开站三个月内"零抽成",美团打车只收取每单0.5元的信息服务费。每天在线10小时并接够10单,就能拿到600元保底收入,以及额外奖励等。对于用户来说,美团也照例采取了优惠券模式,即前三单立减14元,且发放了多张七折优惠券。

不过,随着市场份额的稳定,司机端和用户端的补贴也在逐渐减少。从2019年年中开始,美团打车的补贴已经鲜有"1元"的力度,大部分是5~7折。

三、新方向:聚合出行供应商

2019年4月26日,美团在网约车上开始转变策略,转自营为聚合模式,美团打车在南京上线"聚合模式",一键可呼叫多个不同平台的车辆。美团打车于2019年5月19日宣布,将新增15个"聚合模式"试点城市,包括苏州、杭州、温州、宁波、天津、重庆、西安、成都、郑州、武汉、深圳、长沙、合肥、昆明、广州。

在这些城市,美团打车已经从网约车平台转变为"聚合模式",在上面汇集了由首汽约车、曹操出行、神州专车等出行服务商供的打车服务。

对于这一微妙的转变,背后自然不乏诸多猜想。但总结开来,不乏以下原因。

首先要知道美团上线打车的用意。在王兴看来,美团是一家没有边际的公司。王兴的意思是这样,用摩拜骑车,再用美团打车,再去找个餐厅吃饭,这些都是一条龙的服务。聚合模式是典型的轻资产平台打法,通过流量和用户的规模优势,来促成平台供应商成交,并从中获得佣金成。

从美团打车推出的新模式来看,这将会实现用户、司机、出行服务商的多方共赢。美团点评这一超级平台拥有巨大价值,为用户提供了与生活服务相关的各类服务选择。美团点评30%的用户打车是去吃饭,这与超级平台的用户高度重合。聚合模式把合作方的优质运力与平台上的用户需求进行匹配,既能让合作伙伴共享超级平台价值,也能进一步提升美团打车连接用户吃喝玩乐的能力,让用户、司机、出行服务商实现多方共赢。

出行业务向来是本地生活服务的一部重头戏,美团要想构筑一个完整的生活服务帝国,出行领域不可或缺。

早在2018年7月,高德地图APP就上线了一款叫作"高德叫车"的APP,一键可选择4个以上网约车平台。据观察,在北京,高德打车能同时呼叫AA出行、首汽约车、神州专车等九个左右网约车平台。而美团打车这次试点的"聚合模式",与高德打车异曲同工。

互联网企业的第一梯队BAT分别占据了搜索、购物、社交等超级流量入口,美团和滴滴接下来能争夺的便是次级流量入口。

这也是为什么美团一定要做出行的最大原因,出行业务可以完美地补充美团的业务链条,同时能帮助其公司提升整体的估值,而当时美团并未上市。对于美团来说,打车软件的亏损以及出行所带来的现金流并不是最大的因素,更关键的是出行软件完成了王兴所构想的商业模型,深入消费者的衣食住行当中。从与大众点评合并到涉足打车软件,美团做的是构建一个服务消费者生活的方方面面,这同时也代表着流量的良性循环。只要掌握流量入口,同时具备足够的技术匹配能力和运营支撑,任何一家平台商都可以进入出行领域。美团能做,饿了么也能做,反正都是以极轻资产的模式进入,投入以补贴、广告宣传为主,跟本质上饿了么和美团竞争外卖市场没有区别。

四、加大补贴,提高市场份额

2020年7月9日,美团推出司机"勤鸟"计划,加强对司机高峰期的补贴,调整司机平峰期的服务费。司机补贴包括"单单有奖励""高峰奖励叠加""晚间幸运红包"等一系列活动,极大地提高了司机高峰出车的积极性。司机的总体收入由日常接单的车费和奖励组成。美团打车司机的平峰期服务费调整了,但是高峰期的补贴增加了。

"单单有奖励"活动在6:00~10:00、17:00~19:00早晚高峰期间,一周内成单达到一定单量数,就能获得奖励。"晚间幸运红包"活动,每天在晚间完成两单或者两单以上,最高奖励188元。另外,还有"高峰奖励叠加"活动,每周在早高峰出车四天以上,最高可获得200元奖励。

总的来说,这次美团打车上线的"司机勤鸟计划",就是为了让勤快的司机师傅获得更多补贴,而乘客在高峰也更容易打车。调整补贴后,司机每日的奖励能多出150元左右。

由于推出一系列司机补贴,美团打车新注册的司机数量在持续增加。实际上,美团打车给司机的基础费、时长费、里程费等都高于其他平台,也就是说,抽成总体低于行业平均水平,对司机较有吸引力。

而滴滴在网约车行业的市场份额依然很大。美团想要在网约车市场分一杯羹,最大的阻力无疑是滴滴。

而滴滴也在加快布局，进行了升级APP版本，将快车、优享、礼橙专车、豪华车等网约车和出租车统一聚合至"打车"入口，还推出了"花小猪"及"青菜拼车"两款应用，瞄准三、四线及以下的市场，可谓势头凶猛。美团此时想要抢占更多的市场份额，恐怕并不容易。

总的来说，美团想要开拓网约车的市场，是不错的战略布局，正如上面所说，一旦网约车以及美团月付能够成功，不仅可以带来更多的用户，还能够实现一个闭环生态，提高资源的利用效率，对美团无疑是拥有巨大意义的。

（资料来源：作者根据多方资料整理而成）

本章小结

本章主要介绍了定价的相关内容，定价可以从三个维度进行分析：数字世界的定价、公司的定价和消费者的定价。数字世界的定价具有三种类型：尾数定价、租赁及共享经济。公司的定价在不同的市场环境下有不同的价格决策，同时市场环境有四种类型：完全竞争、垄断竞争、寡头竞争及完全垄断。影响消费者定价的因素有消费者感知价值、供需关系、锚定效应、品牌及产品声望。

在制订价格的过程中，具有以下流程：选择定价目标、成本与需求、竞品分析、选择定价方法。此外，定价目标分为利益最大化目标、市场占有率最大化目标、产品质量领先目标、应对市场竞争目标。选择定价的方法分为四类：成本导向定价、竞争导向定价、需求导向定价、新产品定价法。

成本导向定价包括成本加成定价法、目标收益定价法、盈亏平衡定价法。竞争导向定价法包括随行就市定价法、密封投标定价法。需求导向定价法包括感受价值定价法、需求差异定价法和逆向定价法。新产品的定价方案包括市场撇脂定价法、市场渗透定价法及适中定价法。

调整价格的方法包括地理定价法、折扣折让法、促销定价法、差别定价法。地理定价法包括原产地定价、统一交货定价、区域定价、基点定价。折扣折让法是一种企业对于消费者的让利定价方法，以降价的方式提高消费者的购买积极性。折扣折让法包括现金折扣、数量折扣、功能折扣、季节折扣、折让折扣。促销定价法是指企业在短时间内以低于正常价格出售，有时候甚至以低于成本价的价格出售，以此提高消费者的购买动力。促销定价法有几种主要的方式：简单折扣降价、特别事件降价和招徕定价。差别定价法是指在不同市场环境下企业针对不同的消费者以不同的价格出售一件产品，根据消费者在不同场景下对产品的需求弹性不同做出定价。差异定价法有多种形式：客户意愿差别定价、产品形式差别定价、地点差别定价和时间差别定价。

引发企业降价的原因主要有生产力过剩、市场占有率下降、技术革新以及宏观因素。企业提价的原因有供不应求、成本上升、国际局势和关税政策。

第八章

营销方式和渠道管理

顺势而为，顺风顺水，但别忘了产品和服务才是检验的标准。

——小米科技创始人、董事长 雷军

【学习要点】

☆ 直销渠道的分类
☆ 分销渠道的分类与设计
☆ 营销渠道管理
☆ 渠道冲突的产生与解决
☆ 各种营销方式的含义及特征

章首案例

中移信息技术有限公司电子渠道集中化

一、公司简介

中移信息技术有限公司（以下简称IT公司）是中国移动通信集团有限公司下属公司，成立于2000年，办公地点分布在北京、广州、深圳等地。公司长期的发展愿景是努力成为国内一流、国际知名的数字化技术和解决方案提供商。针对中国移动集团内部，重点推进IT统一规划、企业级大数据平台、集中化IT系统的整合与建设等项工作，为集团各成员单位提供资源共享、能力集中、合理管控的IT运营支撑服务，协助各单位打造极致体验、高效运营、良性增长的数字化服务能力；针对中国移动集团外部，依托集中化IT系统和自主研发经验积累，积极探索IT资源和能力优势的对外输出，向其他行业企业和海外电信运营商提供大数据等IT解决方案和服务，努力拓展对外服务份额，力争成为业界有影响力的专业化IT服务机构。

近年来，IT公司一直致力于将中国移动的电子渠道进行集中化的转型，不仅是在组织架构、能力、建设、产品、营销、运营和数据方面着手，还对企业的管理模式、工具平台、运营机制和技术规范等多方面进行革新。对中国移动的电子渠道集中化来说，效果是显著的，直接促进了中国移动用户数量的增加，为未来中国移动IT建设打下了良好的基础，节约了大量的建设成本，提出了更加新颖的发展理念，开始了集中化运营的新征程。同时还增加了企业的收入，成功打造线上品牌，强化了企业的信息建设安全的基础，提升了企业发展的新格局。通过与多种业态在线上进行联合运作，打造新的生态圈，为政府、消费者提供更多的便利与服务项目，积极履行作为央企的社会责任，为人民的生活提供更多的便利，为创造智慧生活提供更好的条件。

二、提升电子渠道管理生产效率，塑造企业品牌形象的必然要求

在互联网高速发展的时代，中国移动的电子渠道十分丰富，包括自营APP、官方网站、H5以及微信公众号等多方平台。但近年来，中国移动将渠道建设的重心集中在中国移动的自建APP上，形成了支持集中和分省建设的运营模式。目前，自建APP已经初具规模，但由于各省发展的水平不均衡、协同不足，同时由于多方电子渠道的发展，造成入口众多，难以协调管理，已经严重地影响了后续的发展，降低了工作效率。因此，对企业来说，及时整合各方资源，减少市场由于自建APP所带来的混乱局面，形成统一的品牌形象是电子渠道集中化首先需要解决的问题。

中国移动首先需要做的就是将原有各省的发展不均衡的移动客户端集中为统一的用户端，打造官方唯一用户APP。将官方的APP作为中国移动电子渠道的主要入口，最终实现治标治本。在实行的过程中主要分为三个阶段：一是试点先行，重点突破；二是示范推广，扩大规模；三是攻坚克难，实现统一，再最终形成中国移动统一的客户端。

三、工作原则

在集中用户端的过程中，遵循先易后难、优胜劣汰的原则，在不影响各省用户的业务发展和使用体验的基础上，通过对建设投入成本、用户规模占比、功能数量重合度、活跃用户数业务解耦难易度、关键业务量、建设投入成本、渠道评分进行分析排序，确定各省的整改顺序。需要支持以下原则：确保业务体验同步一致性；确保运营支撑快速支撑响应；确保系统能力稳定扩展性。

四、意义与挑战

中国移动的电子渠道集中化能够促进企业形成统一的企业形象，还可以使不同地区的用户享受相同的服务，没有地区的限制，可以实现高效率、低成本的运营。有利于企业迅速整合资源和手机消费者信息，实现业务的迅速调整，促进企业对电子渠道的掌控，提升信息安全程度。

同时，电子渠道集中化也面临着巨大的挑战，包括两个方面：一是系统支撑，不同的渠道所需要的业务以及对业务的要求不同，使用集中化的平台则会使用统一的标准，如何在统一的平台上实现个性化业务的开发是企业面临的一个重大挑战。二是运营支撑，一边需要维持稳定运营，一边需要解决改革波动，在集中化的过程中，这是必须解决的矛盾。在集中化的过程中，需要对业务进行迁移和改动，就必然会带来不稳定的因素，可能还会造成一定的损失；而关注稳定运营，则会造成改革不彻底、集中化程度不够等问题。且整个集中化过程耗时久周期长，参与者众多，不容易协调。因此平衡改革突破与生产稳定的矛盾，需要有系统化、标准化、可衡量的解决方案。

五、实施效果

第一，创新发展理念，开创了集中化运营管理新蓝图。在集中化的过程中，为了加强中国移动集团与各省分公司之间的协调关系，形成了高效的"一级平台、两级管理、三级运营"的运营组织体系。企业可以通过新的组织运营体系来实现高效的组织运作，同时实现产品、能力及创新的协同。企业通过运用同一个APP平台展开产品销售及业务服务的活动，能够有效提高组织整体运营的效率，增加业务办理的速度。统一的终端平台能够使客户的管理更加集中，同时有利于中国移动旗下其他品牌产品的销售，实现集中化、集约化管理。

第二，践行供给改革，实现了央企降本增收。在2018年年末，中国移动电子渠道两年的集中化整合取得了良好的成绩，中国移动客户端的用户数量不断增加，累计用户超过4亿，销售额显著提升，聚合销售业务上百类、承载内容资源超过10万条。通过供给侧结构性改革，对消费者的消费记录及消费习惯进行大数据分析，为消费者提供更加满足需求的产品和服务。

第三，构建传播阵地，塑造了线上统一的品牌新形象。通过集中化，可以形成统一的企业形象，同时树立良好的品牌形象，打造优质的线上品牌。在完成电子渠道集中化之后，中国移动客户端的应用成为主流的应用工具，为中国移动提供了更多的流量，增大了品牌影响力，提升了消费者满意度和忠诚度。

第四，强化信息安全，保障了企业高质量发展。在全国范围内集成了客户平台之后，提供对客户渠道联系信息的集中管理和控制，以前分散的几个中小型站点的安全控制现在是集中的、集成的和大型的单点安全控制；实现跨多个系统、链接、功能及对客户信息的标准化的管理和集成，减少客户信息的覆盖面，减少需要保护的系统数量，并对标准化访问流程和功能同时进行有效管理和控制，从而更有效地保护信息的安全。

第五，发展生态协作，助力构建了数字中国全景生态。以统一的客户端APP为核心，通过利用大数据、物联网及AI技术，促进企业核心能力的发展，同时形成"个性化、智能化、关联化、融合化"的移动互联网协同开放的新业态，实现与金融、保险、航空等央企的协同发展共赢，为构建以央企为主力的数字中国新生态提供了样板和滩头阵地。

第六，履行社会责任，成为构建智慧社会的重要基石。通过中国移动客户端APP，能够集中管理电子渠道及数据信息，同时，作为一个开放平台，能够有效助力政府的相关工作，例如扶贫、救灾等工作，为构建智慧生活和智慧社会贡献自己的力量。

（资料来源：作者根据多方资料整理而成）

第一节 营销渠道分类

科特勒认为，营销渠道就是在某种货物或劳务从生产者向消费者移动时，取得这种货物或劳务所有权或帮助其转移所有权的所有企业或个人。简单来说，就是产品或服务从生产者转移至消费者所采用的通道或手段。营销渠道具有多种类型，不同的类型对应着不同产品的销售，不同的渠道具有不同的特征和优势。因此，企业应该合理地管理和配置企业的渠道，以减少产品的销售成本和提高销售效率。

一、直销渠道

直销渠道有两种基本形式——直接销售和直复营销，它们都属于无店铺销售。

（一）直接销售

直接销售又称人员直销，是指生产企业不通过中间商，直接由销售人员将产品销售给消费者，通过与消费者面对面的接触进行产品推销，分为单层次直销和多层次网络直销。

（二）直复营销

直复营销又称媒介销售，指营销商通过电话、邮寄、电视、电脑、报刊等媒介手段进行销售活动，同时能够得到消费者可测定的回复。

1. 直复营销的表现形式

网络作为渠道的媒介可以使企业与消费者之间的沟通更加便捷和直接，消费者能够通过网络预定或购买商品，企业可以通过网络安排生产、接收订单、运输产品。基于互联网的直复营销将更加吻合直复营销的理念。

2. 直复营销的主要特点

直复营销区别于其他营销方式的主要特点有以下几点。

第一，目标顾客选择更精确。直复营销可以在互联网的数据库中挑选出企业的目标消费者，然后根据目标消费者的特点及需求进行生产和营销。

第二，强调与顾客的关系。在直复营销活动中，由于互联网能够实现一对一的双向信息交流，企业可以根据消费者的需求开展有针对性的营销活动，与消费者之间维持良好的关系。

第三，激励顾客立即反应。通过激励性广告使顾客立即采取某种特定行动，并为顾客立即反应提供了尽可能多的方便和方式，使人性化的直接沟通即刻实现。

第四，营销战略的隐蔽性。直复营销战略不是大张旗鼓地进行的，因此不易被竞争对手察觉，即使竞争对手察觉自己的营销战略也为时已晚，因为直复营销广告和销售是同时进行的。

第五，关注顾客的终生价值和长期沟通。直复营销将企业的中间商、分销商及客户作为最重要的企业资源，通过客户服务和客户分析来满足客户的需求，关注和帮助顾客实现终生价值。

营销方式和渠道管理专栏1：

快乐购的发展方式

快乐购是由湖南广播影视集团与湖南卫视联合注资亿元，于2005年年底正式成立，2006年正式运营。快乐购是较早的运营电子商务的企业，通过电视、电脑及移动终端来实现产品的销售。从"电视百货、连锁经营"起步，定位"媒体零售、电子商务"，致力跨行业、跨媒体、跨地区发展，12年来成长为国内新一代家庭购物行业领军者。

一、快乐购的营销渠道现状

快乐购是以电视购物起家，现阶段拥有电视购物、外呼购物及网络购物等核心业务板块，还拥有电子商务等新兴业务板块。近年来，电子商务的迅速发展，使网络购物的比重越来越大，而在核心业务板块电视购物则呈现下降趋势，同时外呼业务所受的影响也比较大，业务占比逐渐减少。

第一，电视购物的现状。电视购物是核心业务板块，也是基础业务板块。快乐购依靠独特的技术优势以及丰富的内容、创意，打造24小时不间断的电视购物栏目。快乐购不局限于只能在电视上才能看到电视购物，还可以通过电脑端和手机端进行多屏融合。但随着网购的兴起，电视购物不再那么吃香，消费者也更加倾向于品类繁多、购物方便、不受时间和空间限制的网络购物。

第二，网络购物的现状。电子商务的迅速发展使网络购物越来越受欢迎，这也使快乐购的战略中心发生了偏移。快乐购通过结合自身的特点，打造独特的网络购物模式，通过购物网站以及APP，采用"视频内容+移动产品+多屏技术"的运营模式，在网站端和移动端进行商品的销售。

第三，外呼购物的现状。外呼购物主要是通过手机消费者的购物信息，分析消费者的消费需求，从而进行精准的电话营销。这种营销方式能够更加有效地销售产品，减少客户的流失。同时，还可以通过提供优质的服务来提高企业形象，除了运用电话进行营销之外，还强调用户体验。

二、新形势下，快乐购的营销策略

第一，再造一"场"新梦想，快乐购布局百千万计划。快乐购提供给合作伙伴的，不只是卖货的渠道，未来快乐购将打破以往的玩法和体验，给玩家们再造一场新梦想，为所有的合作伙伴提供一流的全媒体整合营销服务。同时，快乐购重点布局"百千万计划"，未来将打造一百个销售上千万级别的供应商，打造一百个销售过千万的单品。

零售空间的"场景再造"是未来营销上的最大变化，从前电视购物是单一流向的活动，而在互联网时代，通过红人直播、短视频、推送、美图等多种形式来承载信息，以此来实现内容传播，渗透到我们生活的方方面面，也更加趋向碎片化。好的传播实际上是有组织的多屏分发，看似漫不经心，实际上经过"精雕细琢"，未来的内容更多会在互联网、手机上、微信端等信息流上去展现，让营销更加掷地有声。

快乐购将整合全通路、全渠道的营销资源，环环相扣为头号玩家提供整合营销的服务，然后再将内容在全网铺开。快乐购将立足芒果生态圈，不断探索、开拓他系生态圈。未来，快乐购将打通电视、外呼、APP等内循环，力推"工作室制"，为合作伙伴提供整合营销服务，打造垂直行业的爆款产品，这也是未来营销的通关大招。

第二，内容营销里的"爆款制造机"。快乐购的业务主要依托全资子公司上海快乐讯打造的"我是大美人"平台，该公司深耕美妆的内容营销，为海内外美妆小众品牌提供品销合一的服务。

内容营销的本质不是卖货，不是广告，而是用户体验，好的产品就是内容。品销合一的最高水平就是将品牌推广直接转化为流量，转化为销量。

第三，向上生长的力量，媒体零售王国再起航。背靠湖南广电，快乐购有着得天独厚的优势，近年来，快乐购夯实主业，积极布局转型，打造全媒体整合营销平台，走向了多元化发展之路。快乐购就像一股强大的生命力，顽强而倔强地向上生长着。

（资料来源：作者根据多方资料整理而成）

二、分销渠道

（一）分销渠道的概念

分销渠道是指将某种产品或服务的所有权从生产者转移至消费者或者工业用户的过程中所需要经过的方式、路径或流通渠道。

（二）分销渠道的结构

在市场营销中，分销渠道具有多种结构，包括宽度结构、长度结构及广度结构三种类型，由这三种结构构成了一个三维立体的渠道系统，分别由宽度变量、长度变量、广度变量所影响。

1. 长度结构

长度结构又称层级结构，即由分销渠道的层次数量所决定的一种层次结构，包含了渠道的所有中间环节。一般来说，根据渠道层级的多少，可以分为零级渠道、一级渠道、二级渠道和三级渠道四种基本类型。

零级渠道（见图8-1）是指不经过任何中间环节，企业直接将产品或劳务直接销售给消费者或工业用户。零级渠道相当于直销渠道，没有中间商、零售商及其他的经营机构。零级渠道减少了中间环节的费用及流通费用，能够帮助生产企业更好地了解市场及消费者需求的变化，及时改进和开发新产品，同时调整产品战略决策。零级渠道的销售手段包括上门服务、用户订货、利用电子通信手段销售等。

```
制造商 → 消费者
```

图8-1　零级渠道

一级渠道（见图8-2）是指销售渠道包含一个中间商。在不同的行业，中间商的性质是不同的。对于消费品市场来说，一级渠道一般是从制造商流通到零售商，最终转移至消费者；对于工业品市场来说，中间商可以是代理商或者经销商。

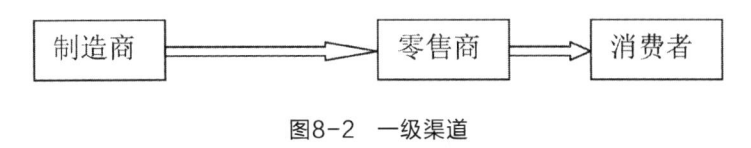

```
制造商 → 零售商 → 消费者
```

图8-2　一级渠道

二级渠道（见图8-3）一般是指销售渠道包括两个层级，即包含两级中间商。一般来说，在消费品市场上，中间商包含批发商和零售商两种类型的销售机构；在工业品市场上，中间商大多都是由工业品批发商和零售代理商两级构成。

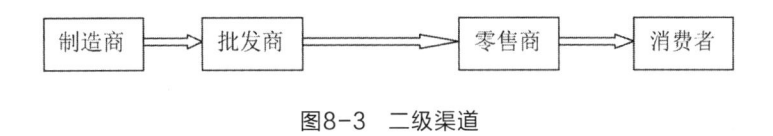

```
制造商 → 批发商 → 零售商 → 消费者
```

图8-3　二级渠道

三级渠道（见图8-4）一般是由三级中间结构构成的销售渠道。在我们的日常生活中，大多数的日用消费品的销售渠道都是采用三级销售，这主要是由于小型零售商的增多，需要增加专业性的经销商为小型零售商服务。

```
制造商 → 批发商 → 经销商 → 零售商 → 消费者
```

图8-4　三级渠道

在市场上还有层级更高的销售渠道，但却很少。通常，对于层级越高或越复杂的销售渠道，制造商则越难控制，管理和协调会更加复杂，还不利于分销渠道的管理和控制。

2. 宽度结构

宽度结构主要是根据不同层级的中间商的数量来决定的一种渠道结构，中间商的数量越多，则渠道结构的宽度越大；中间商越少，则宽度越小。同时，渠道的宽度受一系列因素的影响，包括产品性质、市场特征、用户特征及企业战略等因素。渠道的宽度结构可以分为三种类型：密集分销、选择分销、独家分销。

第一，密集分销是指制造商通过多个零售商、批发商来销售企业的产品，使消费者能够更多地接触到产品，能够随时购买到产品。一般情况下，消费者的需求量越大、购买频率越高、对便利性的要求越高，越有可能采用密集分销的方式。

第二，选择分销是指制造商在某一地区内选择几个具有销售条件的中间商来销售产品，是一种介于宽与窄之间的销售渠道。选择分销适用于所有产品，但一般在消费品中，选购品以及特殊品，同时还有专业性强、售后要求高的工业产品中应用较广泛。选择分销具有节约成本、营销效率高、中间商优质、销售风险低等优点，但是具有中间商不愿意合作、制造商和经销商容易存在矛盾等局限性。

第三，独家分销是指制造商在特定的市场区域内只选择一家经销商来销售其产品，这是一种最窄的销售渠道。这种销售渠道的市场较稳定，有利于提升产品在消费者心中的形象，提高销售效率。一般产品的专业性强，需要复杂的技术支持的产品会采用独家分销。采用这种分销模式的制造商需要与经销商签订合同，经销商承诺不得销售其竞争者的产品。独家分销具有容易控制市场、经销商之间的竞争压力小、经销商对产品的兴趣大等优势。但由于制造商与经销商互相依赖，发生错误将会产生严重的后果，市场风险大，市场覆盖面积小。

3. 广度结构

渠道的广度结构是指制造商不是只能选择一种分销渠道，而是可以进行多样化的选择，选择多条渠道来销售产品。一般来说，制造商都会在实际的分销渠道系统的建设中选择多渠道销售，这样可以为企业带来更多的利润和优势，增加市场覆盖率，降低成本。

分销渠道的长度、宽度及广度构成了渠道的基本机构，如图8-5所示的制造商的分销渠道的结构。

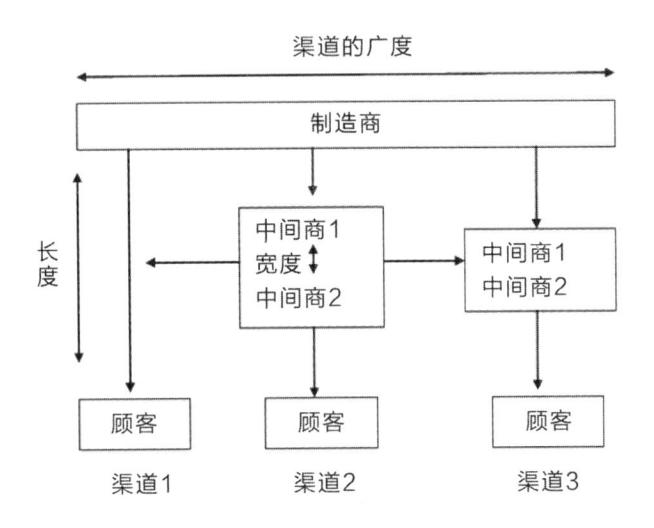

图8-5 制造商的分销渠道结构

（三）分销渠道类型

1.直接渠道和间接渠道

在将产品或服务从生产者转移至消费者的过程中，按照是否有中间商的参与，可以将分销渠道分为直接渠道和间接渠道。

第一，直接渠道。直接渠道是指制造商不通过任何中间经销商，直接将产品销售给消费者的销售渠道，其基本的模式为：生产者—消费者。直接销售的销售形式主要有上门推销、定制服务、设立门店销售等。

第二，间接渠道。间接渠道是指产品或劳务从生产者转移至消费者，是通过中间商来实现的。在市场中，绝大多数的日常消费品和生产资料都是采用间接分销渠道，其基本模式为：生产者—中间商—消费者。中间商的加入是社会分工的结果，能够有效地分担生产经营风险，扩大市场覆盖面。

第三，使用直接渠道和间接渠道的标准。经济标准是选择渠道的最主要的因素，每个企业的最终目标都是获得利润。在选择分销渠道之前，对成本进行预估，应该充分考虑每个分销商的能力及潜力，同时考虑不同分销渠道的存储、存货、流通等销售费用，选择合适的分销渠道。

制造商在考虑渠道选择时，应该充分考虑渠道所面临的控制问题。有时，中间商之间会存在竞争和冲突问题，中间商会不会互相合作来对抗制造商，是否存在法律问题，等等。因此，应该制订相关的控制标准。

有时选择的分销渠道看起来十分安全，但却有潜存的风险。假如渠道限制了制造商的灵活性，那么可能在市场变化时，发生许多不可控的问题。

绝大多数的产业用品都采用直接分销渠道，其原因在于一方面，许多产业用品具有高技术性，制造商需要安排专业的人员去指导安装，以及提供售后服务；另一方面，用户较少，有的商品生产加工的工厂都集中在一个区域，所以产业用品的制造商及其他生产者可以直接将产品销售给产业用户。

2. 长渠道和短渠道

根据商品流通的环节，可以将分销渠道分为长渠道和短渠道。

第一，长渠道。长渠道是指制造商通过两个或两个以上的中间商，将商品销售给消费者。例如，制造商通过批发商、零售商将产品销售给消费者。长渠道一般具有三种形式：中间经过批发、零售两道环节；中间经过代理、零售两道环节；中间经过代理、批发、零售三个环节。

第二，短渠道。短渠道是指产品或劳务在从制造商转移至消费者的过程中，只通过一个中间商或者自己直接销售商品的分销渠道。近年来，整合营销模式的流行使短的分销渠道更受制造商的欢迎。短渠道只适用于两种类型的企业，一是实力超强的企业，二是实力微弱的企业。对于实力超强的企业来说，由于其自身具有雄厚的资金，能够承担较高的销售费用，能够培养专业的销售人员来促进销售。而实力微弱的企业可以通过短渠道逐渐发展自己的优势，在集中的市场中可以实现直接销售。

3. 宽渠道和窄渠道

分销渠道的宽窄是由每个层次中使用同种类型的中间商数目的多少决定的。相同类型的中间商越多，则销售渠道越宽，反之则越窄。宽渠道有利于制造商扩大分销面，能够接触大量的消费者，大批量地销售商品。在市场上，一般日常的消费品就是采用宽渠道分销，中间经过多家批发商和零售商。窄渠道适用于专业性比较强的商品或日常生活中的耐用品。相对于宽渠道来说，窄渠道对于中间商的分销更容易控制，但是分销面窄，不利于商品的销售。

（四）分销渠道的设计

1. 分销渠道设计的含义

分销渠道的设计是指为了实现企业的营销目标，结合产品的性质和内外部环境，通过对各种备选渠道进行评估，创建符合特色的营销渠道或者对现有渠道进行改造的过程。

渠道设计是市场营销决策的重要内容，市场营销者必须根据各种市场信息来做出渠道设计的决策。一般来说，渠道设计分为两种，一种是公司成立时设计全新的分销渠道；二是对现有的分销渠道进行改进，也称之为分销渠道再造，这种情况存在得更加普遍。企业可以通过分销渠道的差异化来获取竞争优势，因此，分销渠道的设计应该尽可能地设计出具有差异化特点的销售渠道。

渠道设计不仅是制造商的事情，批发商、零售商及经销商等都面临着渠道设计问题。对于零售商来说，渠道设计是要从制造商的对立面考虑，制造商的渠道设计需要从渠道上游向渠道下游转移，而零售商需要从渠道下游向渠道上游看，逐步确定自己的分销渠道；对于批发商而言，分销渠道需要两头考虑，既要考虑上游的制造商渠道，又要考虑下游的零售商渠道。

2. 分销渠道设计的原则

在设计分销渠道的过程中，不管分销渠道的目的如何，从何处着手，都必须遵循以下原则。

第一，畅通高效的原则。渠道设计的首要原则便是畅通高效原则。一般合理的分销渠道都必须符合畅通流畅、经济高效的要求。衡量渠道效率的标志包括流通时间、流通费用、流通速度等。因此市场营销者应该制订畅通、高效的渠道。

第二，覆盖适度的原则。不同的分销渠道对于市场覆盖面的要求不同，尤其是现在传统的分销渠道已经不能满足市场竞争的要求了。随着市场的不断发展及消费者需求的变化，企业会根据产品的特点及市场的需求，制订不同类型的分销渠道。因此，企业应该更加深入地了解市场，把握市场变化的情况及市场覆盖面，并根据形式的变化对渠道做出相应的调整，同时企业还要不断开发新渠道。

第三，稳定、可控的原则。一般来说，企业的分销渠道在确定之后，便会投入大量的资源与能力来建立和维护销售渠道，且整个分销渠道的建立和维护是复杂而缓慢的过程。因此，在渠道建设的过程中，企业一般不会随意改变分销模式，应该尽可能地保证分销渠道的稳定，才能提高分销渠道的效益。分销渠道会受到各种可变因素的影响而产生各种问题。

第四，协调平衡的原则。对于企业来说，协调各方面的利益是企业营销渠道畅通的基础。因此企业在决定和管理分销渠道时，在追求自身利益最大化的同时，还要注意协调上下游中间商的利益，使各合作成员之间的利益达到综合平衡。有效地引导成员之间的合作，鼓励成员之间的有益竞争，减少不必要的冲突和矛盾，确保总体目标的实现，实现全渠道的共赢。

第五，发挥企业优势的原则。企业的资源和能力是有限的，因此需要更加注重企业自身的优势，争取在竞争中取得优势地位。企业应该将分销渠道模式的设计与企业的产品策略、价格策略、促销策略结合起来，增强营销组合的整体优势。

3. 分销渠道的设计程序

尽管不同的企业所设计的分销渠道不同，但是基础的分销渠道一般可以分解为五个步骤，其设计流程如图8-6所示。

确定渠道目标 → 分析渠道环境 → 选择分销模式 → 规划渠道结构 → 分配渠道任务

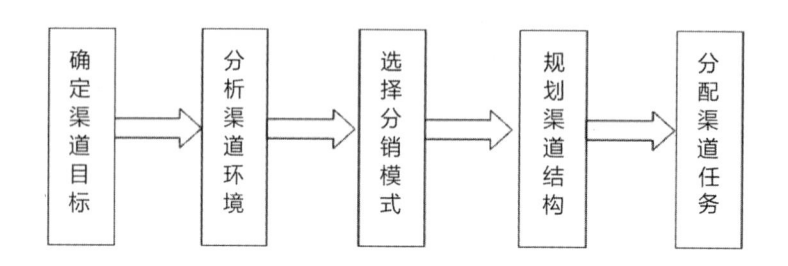

图8-6 分销渠道的设计程序

第一，确定渠道目标。不论是从头开始建立渠道系统还是对现有渠道系统进行调整，首先要做的便是确定渠道目标。分销渠道目标是渠道管理者希望渠道的运行能够达到的预期状态，体现了渠道管理的战略意图。但是在分销渠道中存在着不同的渠道成员，不同的成员有着不同的目标，获得各自所需的盈利和投资收益。所以渠道目标可以采用量化的标准加以衡量，如市场份额、投资收益、销售量和盈利率等。

第二，分析渠道环境。分销渠道活动是在一定环境中进行的，受到环境的制约和影响，而环境的不断变化也在影响营销渠道的内部变化及变革。因此，在设计分销渠道时应该充分考虑环境的客观因素，帮助分销渠道设计扬长避短、趋利避害，增进渠道成员之间的合作，提高销售效率，增加渠道的活力和生命力，从而实现企业的目标。

第三，选择分销模式。企业建立分销模式时可以根据不同的渠道成员关系选择不同的分销模式，具体来说，企业可选择的分销渠道模式如图8-7所示。

传统分销渠道模式又称松散型分销模式，是指渠道成员之间是彼此独立，各行其是，追求自身的利益最大化，因此关系不稳定，最终造成整个分销渠道效率低下。

垂直分销渠道模式是指由生产企业、经销商、批发商及零售商构成的统一的合作共同体，每个成员对于渠道都有归属感和责任感，关注整个垂直渠道的成功。

水平分销渠道模式也称共生型营销渠道关系，是指由两个或两个以上的渠道成员，利用其资金、技术、运力、线路等优势共同开发新的营销机会。

多渠道分销渠道模式是指企业通过建立两条以上的分销渠道来开展销售活动。

第四，规划渠道结构。规划渠道结构是指综合考虑渠道目标及各种限制和影响因素，对渠道长度、宽度和广度进行确定。

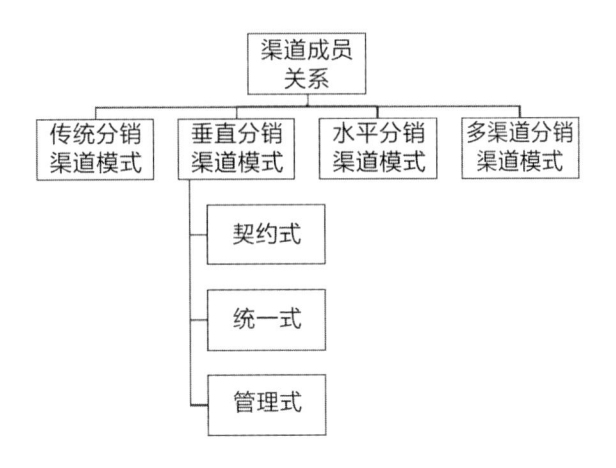

图8-7　分销渠道模式

第五，分配渠道任务。生产企业在规划好企业的基本分销渠道的结构之后，应该制订合作的渠道成员的相关标准，明确责任和义务，主要包括销售条件、定价方式、应该承担的责任、提供的售后服务等。销售条件主要是指渠道成员之间的交付方式、交付时间及条件，还有对企业的担保。

4. 选择好的分销渠道方案

在选择分销渠道方案的过程中，应该对各个备选方案进行评估，可采用经济性标准、控制性标准及适应性标准。

第一，经济性标准。不同的分销渠道方案都将会产生不同程度的销售量和成本费用。先对不同分销渠道方案的预期销售量进行评估。当生产企业选择直销渠道时，需要自己承担销售费用，对于销售人员应该提供良好的培训，才能够提高销售费用，同时能够使销售人员将自身的利益与企业的利益结合起来，提高员工的忠诚度。

第二，控制性标准。由于中间商与生产企业是相互独立的，他们有自己的利益追求。选择中间商来构建分销渠道就意味着生产企业对分销渠道的控制是不完整的，从而在营销的投入力度和根据市场竞争而采取的对抗行为方面受到影响。

第三，适应性标准。生产企业需要考虑分销渠道对未来环境变化的适应能力，不能有效适应环境变化的渠道是没有未来的。由于生产企业与中间商的合作一般是几年为期，在期限内不能灵活地调整将会使渠道失去灵活性和适应性，给企业造成一定的损失。合同必须履行是一项基本的诚信原则。从经济性和控制性的角度出发，长期合作的渠道具有更大的优越性。

营销方式和渠道管理专栏2：

钟薛高分销渠道布局

2018年，钟薛高开始出现在众人的视线中。瓦片式的产品外观，加上印有不同文字的棒签，随着大量博主在微博、小红书等社交平台上对钟薛高进行推荐，钟薛高不断走红。

一、线上销售渠道

依托KOL推荐，钟薛高迎来了足够的销量。2018年"双11"，钟薛高名列天猫冰品类目第一，"厄瓜多尔粉钻"雪糕尽管售价66元一片，仍旧在上线当天卖出了2万份；2019年"双11"，钟薛高两小时的销量超越2018年"双11"全天，单日销量达622万片。2018年8月，钟薛高完成A轮融资，天图投资、头头是道投资基金为其投资方。

值得注意的是，2018—2020年可以说是网红雪糕源源不断出现的时间段。2018年的椰子灰、2019年的双黄蛋都可以说是现象级产物，线上电商平台纷纷跟进，线下大型超市、便利店、普通商超等也会出现它们的身影，甚至还会有相似的产品出现。

网红产品虽然层出不穷，但往往也会迅速陨落。如椰子灰与双黄蛋便纷纷陷入产品质量的争议，让其所属的品牌奥雪也备受质疑。反观钟薛高，在众多博主的测评中，"除了贵，几乎没毛病"格外常见，自然也就能够在用户心中占有一席之地。

从线上起家的钟薛高正在通过源源不断的产品迭代能力，让自己成为雪糕界的热点话题。而纵观餐饮零售领域，与其他品牌进行联名，无疑是打造品牌最快的方法。在营销领域素有名望的喜茶等，在近两年里不断推出联名款产品，涉及餐饮、日化等诸多方面，让自己的品牌影响力愈发深远。

回到钟薛高之上，无论是与泸州老窖合作的断片雪糕、与娃哈哈合作的未成年雪糕、与五芳斋合作的粽雪糕，还是最近推出的小米10青春版联名款青春版雪糕，都是钟薛高在与联名款品牌一同打造影响力。与此同时，线上品牌一直让人诟病的一点便是销售渠道较为单一，大批量购买对不少消费者并不友好。尤其是钟薛高，它同时还存在价格相对较高，以至于在普通商超，甚至是更为广阔的市场里难以占有更多的市场份额。在这方面，钟薛高一边继续在线上平台发力，一边也成为罗永浩带货首秀的商品之一，进一步扩充自己的销售渠道。

二、线下销售渠道的布局

在线下方面，钟薛高也有一定的布局，包括便利店及部分商超已经能够看见钟薛高的身影，而钟薛高线下门店也在开设之中，从而让消费者能够在享受单只雪糕不同口味的同时，也能够通过钟薛高自有门店的服务，尤其是产品售后服务，进一步发散自己的影响力。

（资料来源：作者根据多方资料整理而成）

三、网销渠道

（一）网销渠道的内涵

在网络经济时代，产生了新型营销模式和理念——网络营销，这种营销方式是借助互联网、电子通信技术和数字交互式媒体来实现营销目标。中国是一个互联网大国，拥有庞大数量的互联网用户，形成了巨大的网络消费群体和网络营销空间，为中国的网络营销创造了良好的环境。

网络营销渠道（见图8-8）是指产品或服务在从制造商转移至消费者的过程中所经历的网络渠道或途径，一般完整的网络营销渠道包括订货、结算及配送三大功能。传统的营销渠道与网络营销渠道在功能、结构和费用三个方面存在着区别。

第一，在功能方面，传统的营销渠道的功能比较单一，仅仅是商品从生产商转移至消费者的一个通道。消费者通过广告或者其他传播媒介获知商品的信息后，通过营销渠道来购买自己需要的商品。除此之外，没有在渠道中获得其他额外的东西。而网络营销渠道的功能是多方面的，网络营销渠道可以传播商品信息，也是销售产品、提供服务的重要途径，除此之外，网络营销渠道是企业间商谈业务、开展商务活动的场所，是进行员工培训和售后服务的途径，是与消费者沟通交流的通道。

第二，在结构方面，传统的营销渠道的结构分类是根据中间商数目的多少，分为零级渠道、一级渠道、二级渠道甚至是更高级别；而网络营销渠道分为直接渠道和间接渠道。直接渠道与传统营销渠道的零级渠道相似，主要是制造商通过互联网通道，将产品或者服务直接提供给消费者；间接渠道要比传统的营销渠道简单得多，只存在一个一级渠道，即在渠道中只有一个电子中间商来沟通买卖双方的信息，不存在其他的中间环节，因而不存在多级渠道的现象。

第三，在费用方面，传统的营销渠道需要支付各种中间商的协调和控制费用，而网络营销渠道在这部分的费用会相对来说较少。

图8-8 网络营销渠道

（二）营销渠道的特点

在传统的营销渠道中，中间商在渠道中占有重要的地位，因为中间商有着自身的资源、经验、专业化及能力和能够广泛地提供产品和服务给消费者，能够促进商品的销售，提高企业的利润。有的产品或服务通过中间商销售所带来的利润可以远高于企业自营产品所带来的利润。

互联网的信息高效交流及先进的交付方式的优势，使网络营销渠道得到了大力地发展。一般来说，网络营销渠道可以分为两类。

一是网上直销。网上直销是指通过互联网将产品和服务转移至消费者的网络直接销售渠道。网络直接销售渠道将传统的中间环节转变成了渠道中提供服务的中介机构，如运输配送公司、网上支付银行及提供产品宣传的网站设计公司和电子商务服务商。网上直销渠道的建立，使消费者可以直接通过互联网与生产商进行沟通与交流。

二是网络时代的新型电子中间商。这种存在电子中间商的营销渠道是网络间接的营销渠道。电子中间商大多数是由传统中间商融合了各种互联网技术形成的，极大地提高了中间商的交易效率及规模经济效益。对于许多企业而言，通过新型的中间商销售产品比企业网上直销产生的效益更大。

（三）网络营销渠道的功能

第一，订货系统。互联网能够为消费者提供完整的产品信息，还可以为生产者提供消费者的需求信息，从而实现双方的信息对称，把握供需平衡。因此，网络营销渠道能够优化订货系统，尽可能地减少库存的积压，减少销售费用。

第二，结算系统。互联网的发展使交付方式越来越便捷，在方便消费者购买的同时能够加快商家之间的交易，促进了资金的流动。

第三，配送系统。由于产品具有有形产品和无形产品两种形式，有的无形产品可以在互联网上直接交易，例如软件、音乐及金融产品等。有形产品在互联网上交易需要借助物流配送系统，需要考虑仓储及运输问题，简化了商品的运输和交易过程。电子商务的迅速发展便证明了网络销售渠道的优势性。

(四)网络营销渠道的建设

网上销售渠道在面临不同的销售对象时,有不同的销售方式。一种是B2B,即企业面向企业的销售模式,这种模式由于是企业间的交易,在交易量及交易次数等方面都有较大的数额,企业之间能够形成良好的合作伙伴关系。网络销售渠道可以有利于企业建立良好的订货系统,还可以通过网络进行交付,实现网上结算;由于交易量比较大,可以进行专门的配送,既可以保证质量,又可以保证商品的及时到达,较少商品在中间环节的消耗。另一种是B2C,即企业面向消费者的销售模式,一般这种模式的交易比较零散,交易量较小且交易次数多。因此网络营销渠道形成了便捷的配送系统及结算系统。目前,我国的电子商务的发展极大地促进了配送系统以及支付系统的完善。在打造网络营销渠道的过程中,应充分考虑以下几个方面。

首先,要站在消费者的立场,从消费者的需求出发来设计网络营销渠道。由于网络营销渠道的虚拟性,使消费者在交易时存在着不安全感。

其次,在设计网络营销渠道的订货系统时,应该尽可能地将商品清楚地罗列出来,使系统简单明了,方便消费者在购物时能够进行权衡和选购。

再次,由于网上交付存在着安全隐患,应考虑到目前技术发展的水平,提供多种支付方式供消费者选择,对于不安全的直接结算方式,应换成间接的安全方式。

最后,完善的运输配送系统是网络营销渠道建设的关键。商品只有真真正正地到达了消费者的手中,消费者才能感到踏实。

因此,企业需要选择靠谱的合作伙伴,帮助企业自身完善网络营销渠道。

(五)网络营销渠道的管理

上游的生产商或者制造商对于渠道的管理主要是通过相应的管理手段和方法,例如减少渠道成员之间的冲突、促进渠道成员的合作、鼓励渠道成员共同发展,从而能够使渠道成员和睦相处、相互团结、实现共赢,增强渠道的销售能力,促进整个渠道的营销体系的功能达到最优、效率最大。

在整个营销体系中,不同性质的中间商有着自己不同的目标、利益和策略,要明确了解自己在渠道中的位置。例如,代理商在成为生产商的销售代理之前应该是顾客的采购代理,这是由于只有顾客愿意通过网络营销渠道购买商品时,代理商才有兴趣经营。根据代理商的积极性以及所起的作用,制订合理的利润分配制度,能够有效地激励代理商,同时生产商还需要根据产品的特点,为代理商提供相应的培训。因此,通过对代理商的了解之后,生产商可以根据其特点,采用相应的措施以及渠道激励手段来促进整个营销渠道的优化。

随着网络营销等迅速发展,大量的网络渠道企业迅速涌出,选择优秀的网络渠道企业是生产企业竞争的关键力量之一,能够帮助生产企业形成科学、有效的网络营销体系,促进商品的销售。

营销方式和渠道管理专栏3：

长城汽车开拓"第二战场"

长城汽车是成立于1984年的中国汽车品牌，总部位于河北省保定市，主要生产皮卡、SUV、轿车及新能源汽车等车型。长城汽车是中国首家在香港H股上市的民营整车汽车企业、国内规模最大的皮卡SUV专业厂、跨国公司。

作为中国品牌向上成长的风向标，长城汽车于2020年4月销量突破8万辆，国内销量同比和环比均实现增长，展示出扎实的产品力和渠道能力，更体现出长城汽车在营销方面的突破与超越，特别是在线上渠道开拓方面占得先机。在营销助力下，长城品牌形象和产品特性进一步强化，一个"更能打"的长城汽车磨砺而出。

一、线上直播，构建全新"通路"

尽管现在多数厂家都选择在线上发布信息，或者直播卖车，但是很多车企只是将线上营销作为特殊时期的权宜之计，真正对此"上心"的车企并不多。因为现在线上购物虽然已经非常成熟了，但是对于汽车这样的大宗商品，能否真正实现线上销售，仍然被很多人打上问号。

在营销方面不断拓展和突破的长城，敏锐发现线上营销已是大势所趋，更是车企未来比拼的"第二战场"。首先，线上沟通直接顺畅，买卖双方付出的成本都明显降低；其次，现在年轻人是互联网时代成长起来的，对于网上销售的接受度更高。同时，线上销售更容易形成数据分解和积累，对于销售效率和效果的提升而言事半功倍。

不过，线上营销门槛很高，也更考验车企的营销能力。相比其他品牌，长城汽车的线上营销更注重发挥网络覆盖面大、触点多、扎根渠道更深等特性，因此，同样是线上营销，许多车企只是"雷声大，雨点小"，而长城汽车做的效果明显更好，比如旗下销售主力哈弗品牌相继开启云团购活动与全民掘金计划，设立十个线上直播专属销售平台，成功斩获2万余辆订单。

二、与线下无缝对接，优化立体式营销

线上营销能否获得消费者真正接受与认可，是否有良好的用户体验至关重要。对于线上营销，多数车企的设计流程采用看一场直播或者在线赏车，然后通过扫二维码或者打电话等模式与对应的销售店进行沟通，接下来进入常规销售模式中，多数购车环节仍在线下完成，这让线上购车体验有名无实。而良好的线上营销，一定是与线下无缝对接、在流程上不断优化的，这也是让消费者真正有意愿去线上购车的关键。长城汽车对此有着更深的理解和更早的行动，特别是对于不同定位的车型，在线上选购时获得便捷的同时，也同样能获得差异化的购车体验。

三、精准"联谊"，突出产品个性

长城汽车的营销实力在长城炮上得到非常好地展现。在高端皮卡领域"一炮而红"的长城炮，上市以来好评不断。通过推出商用版、乘用版、越野版等车型，不断扩大目标人群的广度和专度，销量迅速增长。长城炮于2020年4月销售新车8006辆，环比增长45%。

除了产品力本身强大以外，长城汽车通过一系列精准营销，塑造长城炮不断探索向前的精神内核，打造中国皮卡文化。

通过多年以来的快速发展，长城汽车的产品、研发以及技术实力不断提升，成为中国品牌的中坚力量。长城汽车并不止步于此，仍在车市竞争中继续进化。面对新的市场环境和消费需求，长城汽车的营销能力也实现全面突破与提升，通过拓展线上渠道促进销量增长，继续推动品牌与产品个性的蜕变。在营销助力下，长城汽车也越来越有"大厂"风范，成为中国品牌走向世界的名片，向国际化车企的目标不断迈进。

（资料来源：作者根据多方资料整理而成）

第二节　营销渠道管理

在合理地设计分销渠道之后，应该对营销渠道进行管理，管理步骤如图8-9所示。

图8-9　营销渠道管理

一、挑选和培育渠道成员

（一）挑选渠道成员

1.挑选渠道成员的条件

挑选渠道成员就是一个从众多相同类型的中间商中，选出合适的、能够帮助公司有效实现销售目标的合作伙伴的过程。企业需要慎重地选择渠道成员，企业在确定产品销售决策和销售方式之后，要根据其特点，选择适合企业的中间商，包括批发商、零售商及代理商。中间商的选择将直接影响企业的销售效果。在选择中间商之前，应该充分了解中间商的各种信息，包括业务能力、资信、市场营销范围及服务水平等，同时还要制定相应的审核标准。但中间商的选择不是单向的，在确定要合作的中间商之后，还要说服中间商能够销售企业的产品或服务。一般情况下，在选择中间商的过程中需要考虑以下因素。

第一，中间商的市场范围。选择中间商最关键的因素是市场。首先应该考虑中间商的所面向的目标市场及经营范围。不同的目标市场及经营范围所销售的产品和目标消费者是不同的。

第二，中间商的产品政策。中间商的产品政策具体体现在中间商承诺销售的产品的种类及其组合情况上。在选择中间商时要注意其有多少供应来源及各种经销产品的组合关系，注意是竞争产品还是促销产品。

第三，中间商的地理位置优势。一般对零售商来说，客流量大的位置是最理想的位置，这将直接能够影响产品能否得到较高的销售量。

第四，中间商的专业度。许多被大牌产品的企业选中的中间商一般都对种产品的销售具有专业的销售技巧和销售经验。

第五，预期合作程度。生产企业如果能够与中间商形成良好的合作关系，能够促进企业产品的销售，实现共赢。

第六，中间商的促销政策和技术。中间商的促销能力及促销技术将直接影响产品的销售规模。中间商能否根据产品的特征采用合适的促销手段，是生产企业衡量中间商的一个重要方面。

第七，中间商的财务状况和管理水平。财务状况是选择中间商的重要因素。财务状况的好坏将会决定中间商能否及时结算货款或预付货款，这将会影响生产企业和中间商之间的合作情况。

2.挑选渠道成员的方法

第一，销售量分析法。销售量分析法是指通过实地考察相关的中间商的顾客流量及销售情况，并分析出近年来中间商的销售变化趋势，在此基础上，对中间商的销售能力及能够达到的最高销售水平进行分析和评估，选择最理想的中间商合作。

第二，加权评分法。加权评分法就是预选进行合作的中间商的销售能力和销售资源进行评分，根据产品的销售重点及渠道建设的重要因素赋予一定的权重，然后根据评分和权重计算中间所得的总分，从中选择分数较高的中间商进行合作。

第三，销售成本评估法。通过中间商销售产品存在着多种成本费用，如促销费用、市场开拓费用、商谈和监督履约的费用及不能及时结算带来的损失等。

（二）培训渠道成员

培训渠道成员主要是针对那些专业性程度高的产品，生产企业应该承担起向分销商介绍产品和售后服务的相关知识的责任，因此在选择渠道成员之后，应该对渠道成员就产品知识进行培训，促进产品的销售，同时专业性的服务能够维护企业的定位。在许多行业，尤其是工业品行业，对渠道成员进行技术培训非常重要。例如，在电脑行业，有关于电脑软件安装及其他操作问题，必须先把使用技能教授给中间商，中间商再教顾客使用，才能更好地满足消费者的需求。

二、评价和激励渠道成员

（一）评价渠道成员

评价渠道成员是指生产企业按照企业产品营销的标准对中间商的销售表现进行评价。如果中间商的表现不能达到标准，则生产企业需要考虑中间商不能达到标准的原因，采取相应的措施，及时地整改。如果无法整改或者不能取得良好效果，则需要考虑放弃或更换中间商。对于评价中间商的标准，不同的中间商有不同的标准，一般来说，衡量中间商的标准：一是中间商的渠道营销能力；二是中间商的参与热情；三是通过中间商对其他产品的销售来衡量中间商的能力。

（二）激励渠道成员

激励渠道成员主要是指生产企业为了促进渠道成员能够达到生产企业的营销目标的合作而采取的一系列措施。理论研究表明，中间商首先是顾客的采购代理商，其次才是生产企业的销售代理商，他们之间存在着不同的利益目标，因此中间商一般会优先顾客的需要。除非生产企业给予一定的激励，中间商才会把注意力集中在企业的产品销售上。对中间商的激励，生产企业可以考虑以下几种激励方法。

第一，利益激励，是指中间商加大对产品销售的投入，增加中间商的直接利益，激励效果比较明显，主要包括：返利制度、补贴政策、职能付酬方案及放宽汇款条件等。

第二，参与激励与关系激励，是指生产企业通过与渠道成员及时进行沟通，互相交换信息，使渠道工作计划能够有效地提高渠道成员的积极性，并共同制订渠道发展规划。明确生产厂家和中间商在渠道发展中的责权关系，同时进行经常性的感情交流，发展长久的紧密关系，这能够对中间商起到良好的激励作用。

第三，发展激励，是指生产企业参与到中间商的销售工作中，投入一定的资源来获得短期收益，但更希望事业能够长期发展，自己能获利不断。

三、渠道成员改进决策

生产企业在对营销渠道进行设计之后，为了使渠道能够稳定长久也运行，应该根据市场变化及时地进行调整和改进，这是一个良好的营销渠道的必备要素，否则渠道的设计将会不合理。渠道成员的调整和改进方式主要有以下三种。

第一，增加或减少渠道成员。营销渠道的改进大多数是中间商的数量问题，有时需要增加中间商的数量，有时需要减少中间商的数量。

第二，增加或减少营销渠道。对于拥有多营销渠道的企业，可以适当增加或减少一些营销渠道。有些营销渠道的效益不高，占用企业资源，生产企业可以考虑撤销市场上效益不高的营销模式，而另外增加其他渠道模式。在增减渠道模式时，应该参考市场内不同区域的渠道效益。

第三，改进整个营销渠道系统。对生产企业来说，调整和改进整个营销渠道系统是最困难的。需要考虑的因素不仅多而且复杂，同时改进的成本相对来说较高。改进整个营销渠道的决策通常由制造商最高管理者确定，不仅会改变渠道系统，还将迫使制造商改变其市场营销组合和市场营销策略。这类决策比较复杂，任何与其有关的数量模型只能帮助管理人员求出最佳估计值。

营销方式和渠道管理专栏4：

良品铺子的全渠道管理

一、公司简介

良品铺子是2006年8月由杨红春创立于湖北省武汉市的高端零食连锁品牌，集食品研发、加工分装、零售服务于一体，隶属于良品铺子股份有限公司。良品铺子将"高端零食"定义为品牌战略和企业战略，其以高端零食战略引领行业升级，门店数量逾2000家，遍布华中、华东、华南、西南等13省。

二、良品铺子全渠道管理举措

良品铺子以消费者体验为中心，以大数据技术为基石，以全渠道销售服务为引擎。公司采用线上线下全渠道策略，线上加速发展，线下完善布局。在线上方面，通过各种电商渠道及品牌官网对产品进行全范围的展示，同时还不会受到时间和区域的影响，在全国范围内进行营销，不断增加品牌的知名度和影响力；在线下方面，利用门店进行区域性的展示并且与消费者保持密集的互动，通过提供高质量的购物体验以及服务来提高消费者的认同和忠诚度。同时还通过将线上线下的全渠道所收集的信息进行整合，针对不同的群体提供不同的服务、消费渠道、消费场景，同时挖掘潜在消费者，逐步实现"线上广泛推广、线下稳步开拓"的市场开拓目的。

第一，线下：持续加密，老店升级。公司坚持"深耕华中，辐射全国"的战略布局，在省会城市和地级市的主城区，按消费者的生活路径进行布点，为消费者提供便利的购买途径，从而利用零食"冲动性、及时性、高频性"的消费特性，有效地培养了消费者的购物习惯。

第二，开店：旗舰店主要定位于通过全品类的产品展示和优质的服务进一步提升品牌形象，增强与消费者的互动，加强公司品牌形象对周边市场的辐射和渗透力，有效带动周边区域店铺的拓展。标准店则主要定位于加强对区域市场的开拓，强化对周边潜在客户的有效覆盖，增强公司销售能力。

第三，老店升级：良品铺子的老店升级主要是通过深化店面的布局，进行多层次的覆盖，同时对老店铺不断地翻新重建升级，优化购物环境及提供更多的产品种类，为消费者提供全面沉浸式的购物体验。

第四，线上：搭建自营APP。"平台电商+社交电商+自营渠道"多线布局是良品铺子的渠道发展原则。在电商平台方面，良品铺子已经在天猫、京东、唯品会等多家电商平台构建了销售渠道，同时借助电商平台的资源以及流量，来扩大品牌用户数量，增加产品的销售额。在社交方面，企业通过在微博、微信等社交平台，与消费者进行密切的互动，拉近品牌与消费者之间的距离，树立良好的品牌形象。在自营APP方面，企业通过推出自营APP，能够丰富消费者的线上以及线下活动，在增加品牌流量的同时，增加会员数量以及会员的黏度，提高消费者的忠诚度。

第五，B2B和B2C模式相结合。公司B2B客户主要包括电商平台客户和线上经销商。其中，电商平台客户是由电商平台作为产品的销售方向终端消费者提供商品，公司的主要电商平台客户包括京东自营、天猫超市、一号店自营等。线上经销商是由在电商平台开设门店的商户作为产品的销售方向终端消费者提供商品，目前，公司为了简化渠道管理难度，逐步停止了线上经销业务。公司B2C模式分为平台旗舰店模式和自营平台模式两种。在B2C模式下，公司在通过天猫、京东、微信商城等第三方销售平台的资格审核后，与该等平台签订服务协议，在平台开设自营品牌旗舰店，为消费者提供更具有针对性的产品和更优质的服务，同时根据销售流水向平台支付一定比例的平台服务费；平台则负责提供商城基础设施运营、整体推广和数据分析等服务。

（资料来源：作者根据多方资料整理而成）

第三节　营销渠道应对策略

一、冲突与竞争的类型

（一）渠道冲突的类型

渠道冲突主要是指渠道成员发现其他渠道成员从事的活动阻碍或者不利于本组织实现自身的目标。一般来说，渠道冲突可以分为以下几种类型（见图8-10）。

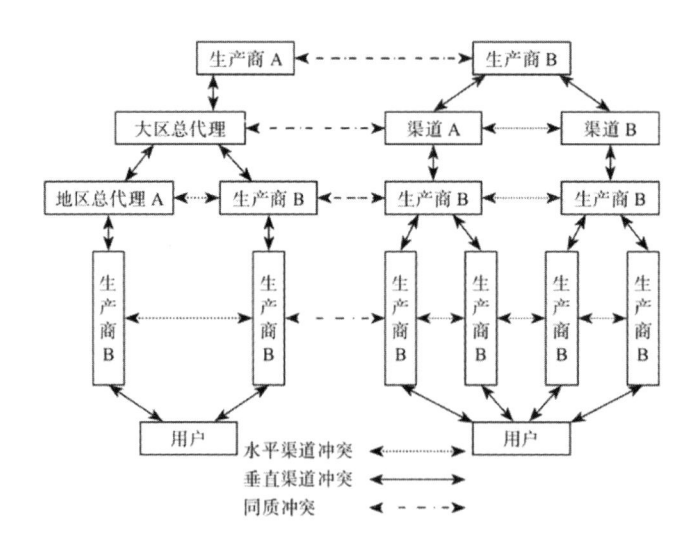

图8-10　渠道冲突的类型

第一，水平渠道冲突。水平渠道冲突是指在同一渠道模式中，同一层次渠道成员之间的冲突，主要是批发商之间、零售商之间及其他中间商之间的冲突，其中分销商之间的冲突主要体现在越区销售。

第二，垂直渠道冲突。垂直渠道冲突也称为渠道上下游冲突，是指同一渠道模式下，不同层次的中间商之间的冲突，主要体现在生产企业与分销商、分销商与批发商、批发商与零售商之间的冲突。

第三，多渠道冲突。随着细分市场及可用渠道不断增加，企业可以采用多种渠道进行整合营销。多渠道冲突是指生产企业采用两条或两条以上的渠道在同一个市场区域内销售产品所产生的冲突，其实质是不同的分销渠道在同一个市场上抢占资源。

第四，同质冲突。同质冲突与多渠道冲突相似，都是渠道之间的冲突，但是同质冲突是不同企业间的渠道水平冲突，它是一种广义上的渠道冲突，往往与市场竞争有关。

（二）渠道竞争的类型

在营销渠道中，由于生产企业和中间商都是独立的经济体，为了追求自身利益的最大化，必然会导致渠道之间及渠道内部之间的竞争。当营销渠道内部产生竞争时，过度竞争会导致渠道整体效率下降，甚至其他伤害渠道成员的利益。派拉蒙田提出了营销渠道中的四种竞争类型。

第一，水平竞争。水平竞争是指同类型的中间商之间的竞争。这种竞争类型是常见的，如两家超市之间的竞争。每家都制定营销和产品战略，以便超越对手，在竞争中赢得先手。

第二，同级不同类竞争。同级不同类竞争是指居于营销渠道同一层级的不同类型的销售商之间的竞争。那些有选择权的制造商可能需要发展不同的渠道来处理与不同类型零售商之间的交易，这样就带来了同级竞争。

第三，垂直竞争。垂直竞争是指发生在营销渠道的不同级别之间的竞争，比如批发商和零售商之间，甚至是零售商和制造商之间。垂直竞争会对营销渠道的完善性和有效性带来严重威胁。这种类型的竞争会带来内耗，渠道成员关注的焦点从联手开拓市场、一致对外，转向内部的互相打斗。

第四，渠道系统竞争。渠道系统竞争是指一个特定的渠道与不同的平行的渠道展开竞争。因此，渠道经营者关注的焦点是保证自己的系统比其他渠道系统更高效，更富有竞争力。这是把着力点放在整个渠道的效率上，但这也意味着，为了形成一个更有效的销售链，该渠道的效率可能难以达到最优化。

二、冲突的原因及管理冲突

（一）渠道冲突的原因

1.渠道冲突原因的具体表现

第一，角色不一致。不同的渠道成员的行为都有一定的范围限制，当渠道成员的行为超出了其行为范围时，很容易造成渠道成员之间的冲突。

第二，观点差异。不同的渠道成员对于市场上发生情况和刺激会做出不同的反应，而不同的观点会造成渠道成员采取不同的措施，从而引起渠道成员之间的冲突。

第三，决策权分歧。决策权分歧是指渠道成员对其应当控制特定领域的交易的强烈感受。分歧发生在渠道成员们对外在影响的范围不满意的时候。

第四，期望差异。期望差异是指渠道成员对其他渠道成员的行为没有达到预期水平的差异。

第五，目标错位。目标错位是指不同的渠道成员之间的目标存在差异。

第六，沟通困难。沟通困难是指渠道成员之间的信息交流速度慢且不准确，信息不对称。例如，目前退换货问题很容易引起渠道成员之间的矛盾，为了减少沟通困难，可通过信息网络实现信息共享。

第七，资源稀缺。资源稀缺是指由于在目标市场上对有限的资源分配不均所引起的问题。

2.渠道冲突的根本原因

第一，在日常的购销过程中很容易存在矛盾，因此渠道冲突产生的原因有很多，如在价格、供货方式、交付方式等方面都存在着矛盾冲突。其中冲突存在的一个最主要的方面是生产企业的目标与中间商的目标不一致，绝大多数的生产企业都希望能够占取更大的市场份额，销售更多的产品及获得更高的利润增长。

第二，渠道成员的任务和权利不明确。在营销渠道中，由于不同的销售渠道都是面临着同一个目标市场，在面向共同的目标消费者，因此会造成不同的营销渠道抢占同一目标消费者的情况，会造成渠道资源的浪费。

第三，中间商对生产企业的依赖过高。在一些行业中，生产企业占有很大的主导权，产品的质量及产品设计、定价都对中间商的销量有很大的影响，这也是产生冲突的潜在问题之一，因为这些可能会导致生产企业与渠道成员之间缺乏充分地沟通而使得关系紧张。

3.渠道冲突的直接原因

第一，价格原因。产品价格会直接影响渠道成员的盈利情况，而各级中间商的价格差是产生渠道冲突的一个诱因。中间商会抱怨生产企业给消费者的让利太多,使中间商无利可图;而生产企业会抱怨中间商的销售价格过高或过低,影响品牌和产品的形象和定位。

第二,存货水平。生产企业和中间商都希望自己的存货控制在最低水平,以减少销售费用,提高自己的经济效益。而中间商的存货水平低又会导致中间商无法及时向消费者提供所需要的产品而造成损失甚至导致消费者选择竞争对手的产品。同时,中间商的存货水平低又会导致生产企业的存货水平高,从而增加了生产企业的销售费用,降低其经济效益。此外,不论是哪一层次的渠道成员拥有过多的存货都有产品过时的风险,因此,存货问题很容易引起渠道冲突。

第三,大客户原因。中间商与生产企业之间的长久矛盾来源就是直销渠道与分销渠道之间的冲突,一般来说,与生产企业直接建立交易关系的最终用户通常都是大客户,是厂家宁愿直接交易而把余下的市场领域交给渠道中间商的客户(通常是因为其购买量大或有特殊的服务要求)。由于在工业品市场上掌握的大客户就相当于掌握了80%的市场需求,中间商掌握的市场份额只有20%,挤压了中间商的营业范围,因此很容易产生冲突。

第四,争占对方资金。生产企业和中间商之间在交付方式上存在着较大的冲突,生产企业希望中间商能够先付款再发货,而中间商希望能够先发货再付款,从而减少自身的损失。在市场需求情况不稳定的时候,中间商则更希望能够通过代销等方式来销售产品,即先销产品在付货款。但这种方式占用了生产企业的资金,增加了其财务费用。

第五,技术咨询与服务问题。有的产品的技术咨询和服务的要求较高,中间商能够提供符合标准的技术支持和服务,是生产企业决定采用直销渠道的重要理由。对某些用户来说,一些技术标准比较固定的产品,仍需要通过技术咨询来选择最适合其产品性能的产品以满足生产过程的需要。

第六,中间商经营竞争对手产品。生产企业希望中间商能够专注于本企业产品的销售,不希望中间商同时经营其他竞争产品。在工业品市场上,由于用户的忠诚度不高,中间商的营销侧重产品都会成为用户的选择,因此中间商占有很大的主动权。同时,中间商希望能够经营多种产品,扩大经营规模,增加自身实力来赢得主动权。

(二)如何管理渠道冲突

渠道冲突管理是指通过分析和研究渠道成员之间的合作关系,对预防和化解渠道冲突所进行的计划、组织、协调和控制的过程。渠道冲突是在任何产品或服务在营销活动中不可避免发生的客观事实。并不是所有的渠道冲突都不利于营销活动的进行和企业的发展,适当的渠道冲突有利于增强渠道成员的忧患意识,促进渠道成员不断改进渠道的运营和创新,提高渠道效率。

1. 渠道冲突管理的策略

从管理学的角度看，渠道冲突对于渠道营销活动有着一定的正面影响，能够有效提高渠道绩效水平，但是必须要配合有效的渠道冲突管理策略才能达到预期的效果，保障流通渠道能够正常运营，提高渠道效率。

第一，建立制度化管理机制来控制早期冲突。渠道冲突的化解仅仅依靠渠道成员之间的自觉和约束时远远不够的，而是应该制定相应的积极处理渠道冲突的预防和协调机制，以实现对渠道冲突的高效管理。

第二，区分及识别冲突。渠道冲突具有多种多样的类型，除了上面提到的水平渠道冲突、垂直渠道冲突、多渠道冲突及同质冲突之外，还有许多具体细分冲突。渠道冲突管理要求管理者在解决冲突时，应该首先把握其冲突的类型。

第三，解决渠道冲突的适应性策略。在许多情况下，潜在性冲突都将不可避免地会转变为现实性冲突，此时渠道成员就必须采用一系列方式来解决，如迁就、回避、妥协和竞争等。

生产企业在选择合适的中间商之后，会与之建立良好的合作伙伴关系，开展渠道合作营销。通过合作可以加强渠道成员之间的相互理解和信任，消除对方的预期差异和感觉差异。

2. 渠道冲突管理协调机制

渠道冲突并不是对企业只有坏处，适当的冲突有利于企业销售渠道的优化。问题的关键不是消除这种冲突，而是如何更好地管理冲突。以下是几种有效管理冲突的机制。

第一，采用超级目标。渠道成员的目标有时是不一致的，因此渠道成员可以通过一定的方式签订拥有基本共同目标的协议，该协议的内容包括生存、市场份额、提高品质或顾客满意。

第二，在两个或两个以上的渠道层次上互换人员。例如合作，包括参加咨询委员会和董事会等，这对一个组织赢得另一个组织领导的支持是有效的。

第三，许多冲突可以通过贸易协会之间的联合来解决。

第四，协商。发生冲突的渠道成员，通过面对面地交流来解决冲突。

第五，仲裁。征求双方的同意，将冲突的解决交给中立的第三方，双方接受第三方的处理结果。

三、稀释和竞争

生产企业应该注意到，渠道冲突和竞争可能会造成品牌稀释。品牌稀释是指由于品牌延伸过度而造成品牌定位模糊，无法建立有效的品牌联想的现象。渠道的扩张和延伸，会造成品牌定位模糊的现象，尤其是对于拥有高级定制化的品牌形象的影响最大。对于这种问题,生产企业可以采用这些措施:一是加大对中间商的投入。生产企业在选择中间商时,首先应该选择与企业品牌形象相吻合的中间商,使得中间商的硬件设施能够符合品牌的形象。二是加强中间商的培训。加强中间商对产品专业知识的了解程度,同时能够提高服务质量,维护品牌定位。

营销方式和渠道管理专栏5:

东阿阿胶避免渠道冲突的策略

东阿阿胶股份有限公司是我国最大的阿胶产品生产企业,是著名的阿胶产品生产企业,OTC零售药店是东阿阿胶最重要的渠道,但零售药店渠道具有一定的局限性。东阿阿胶针对传统线下渠道的局限性,拓展了品牌旗舰店及网络渠道,所以东阿阿胶既自建网站进行销售,也在淘宝平台进行销售,药品的"互联网+"进程逐步推进。同时,东阿阿胶在部分药店提供免费熬胶服务,部分顾客在网上购买阿胶,到店寻求熬胶服务,线下渠道没有获得销售利润,却要提供增值服务,进一步加剧了线上与线下渠道的冲突。为了使两者有机地结合,在可能的情况下,应该采取避免冲突的策略。

一、东阿阿胶避免渠道冲突策略

第一,产品策略。在可能的情况下,对线上与线下产品进行合理的规划、布局来降低渠道冲突的程度,线上线下销售产品的不同品规,甚至是不同品牌。

第二,价格策略。价格是渠道冲突产生的重要原因,如果同时通过线上线下进行销售,在确定价格前需要进行非常谨慎、严密的评估,线上销售的价格如果低于线下渠道,将导致线下渠道无法进行销售,而线下渠道对药品生产厂家来说,并不仅仅是产品销售渠道,还承担着药事服务、不良反应监控、患者教育等多种角色,一旦线上渠道过多侵占线下渠道市场,对制药企业、商业流通企业很可能导致重大的损失。为了避免这种问题,在产品同时线上线下销售时,应该尽可能保证消费者在所有渠道看到的价格是一致的,这样消费者就不会受到过重的价格引导,而会选择"服务更好的渠道",从而避免了过于激烈的渠道冲突。

第三,融合策略。线上渠道具有更多流量,线下渠道提供更多服务,融合两者的优势,就可以提供"空地一体"的巨大战术优势,也是"新零售"所希望达到的目标。

线上平台利用流量进行产品的广告、营销推广,为线下渠道进行引流,由线下渠道提供专业服务,并适当收取"服务费",助力传统线下渠道从"买药品"转向"买健康"转型,将是"新零售"与"智慧药房"的有机结合。

二、东阿阿胶面临的困局

随着阿胶市场的发展,经销商们发现,东阿阿胶已经不仅仅是一种用于销售的商品，还是一种有一定金融属性的商品。在这一点上，其实当时的东阿阿胶跟茅台酒还是有点像的，不过茅台酒的优势在于越囤越值钱，而阿胶始终有一定的有效期，在这一点是略微逊色的。所以东阿阿胶的下游经销商们发现：囤阿胶比卖阿胶更赚钱。东阿阿胶越是涨价，经销商越是囤货，东阿阿胶涨价越猛，下游经销商货囤得越多。再加上阿胶长达五年的保质期，所以经销商们还是可以放心大胆地囤货，静待下一次涨价。如此大量的阿胶被下游经销商们囤起来了，市面上流通的东阿阿胶并不多，东阿阿胶就显得更加珍贵。这也反过来刺激东阿阿胶再次涨价，然后进入下一个轮回。到了这个时候，东阿阿胶的商品属性日渐降低，而商品的金融属性日渐加强，在这个长达十年的循环强化下，东阿阿胶渐渐从消费品变成了金融产品。由于阿胶市场的进入壁垒不高，但是许多大牌厂商开始生产阿胶，原来囤积的阿胶由于价高不能全部售出，使渠道也越来越混乱。

（资料来源：作者根据多方资料整理而成）

第四节　营销方式

一、服务营销

服务营销是指企业在充分认识消费者的需求的前提下，以满足消费者需求为目的的营销过程活动。服务的产生是社会生产力的提高及科技进步的成果，一方面产业升级和生产专业化发展使得服务密度日益加大，另一方面消费者的生活水平的日益提高使得消费者的需求层次也相应提高。服务营销不同于传统营销的关键之处在于，消费者购买产品并不是代表销售工作的结束，而是服务工作的开始，产品的成功售出不是企业关注的重点，重点是关注消费者在享受企业通过产品为其提供服务的全过程的感受。

二、网络营销

网络营销是指通过互联网平台，利用互联网的数字化信息及交互媒体来促进企业的营销的一种方式，帮助企业扩展销售渠道，促进产品销售等。这种营销方式是以互联网用户为中心，具有低成本、高效率等特点的新型营销方式。由于计算机网络分为互联网、内联网及外联网三种，因此企业可以通过各种计算机技术来获取市场信息，并进行信息的筛选和整理，促进企业网络营销渠道的改进以及根据市场信息进行调整。除此之外，网络营销渠道除了互联网平台之外还可以通过整合各种资源来进行整合营销。

三、体验营销

体验营销是指注重消费者的情感和理性因素，营销人员需要采用合适的方式来刺激消费者的体验感受，使其在认知和情感上产生对产品的认同。随着人们社会的进步以及消费水平的提高，体验营销越发地繁荣发展，消费不仅仅是停留在物质水平，而是更加注重消费者的情感和感受，更加注重消费者的个性化需求，更加注重消费者对产品或服务的认同。在这种营销方式下，消费者可以参与到产品设计和制造过程，使得消费成为一种体验。

四、个性化营销

个性化营销是指企业避开中间环节，直接面向消费者，服务于消费者，并根据消费者的特殊要求制作个性化的产品的营销方式。个性化营销注重产品的创新设计、服务个性化及企业资源的整合经营效率。个性化营销需要消费者提供有限的个人信息，帮助企业建立消费者的个人数据库，与消费者建立更加人性化的联系，能够充分了解消费者的个性化需求，生产消费者需要的个性化产品，帮助企业增强竞争优势。

五、会员营销

会员营销是指企业通过自身的资源与能力，与会员之间建立系统性、持续性及周期性的沟通，达到对会员的分类管理和利益整合，实现互惠互利的营销方式。会员销售是现代电子商务销售的有效手段。会员营销具有特色性、自愿性及契约性等特点。

六、知识营销

知识营销是指在市场营销的过程中，注重在销售过程中对产品知识的宣传，能够让消费者在购买产品的过程中学到新的知识，加强对产品的了解，增加营销活动的知识含量及提高消费者的生活品质，是消费者由对产品产生共鸣的价值观念，扩展产品知名度。在知识经济时代，消费者的知识水平越来越高，掌握相关产品的信息也越来越多，这使得企业应该将重点从生产转移至研究开发，对有形资产的管理转移至对知识的管理。与此同时，企业营销方式也必然会转向更高层次，即知识营销将成为企业获得市场的一种重要的营销方式。

七、情感营销

情感营销是指以消费者的不同情感需求为核心，通过借助情感设计、情感包装、情感价格及情感服务等情感营销策略来实现企业的营销目标。它注重和消费者之间的感情互动，增强和消费者的沟通。

八、教育营销

教育营销是指把新的消费观念、新的生活方式通过会议讲座、人际传播等方式来教育和引导消费者的消费行为。只有让消费者形成新的消费观念，才能出现新的消费浪潮，实现消费地快速增长。

九、差异营销

差异营销是指企业通过利用自身的资源与能力，开发出优于市场水平的产品或服务，或者是在营销方式或营销手段上具有独特的优势。差异化营销的依据是市场需求的多样化，不同的消费者具有不同的爱好、个性和价值取向，从而保证了市场差异营销的有效运行。

十、整合营销

整合营销通过系统的方法，使多种营销方式结合起来，能够随着环境的变化进行及时地调整，以使交换双方在交互中实现价值增值的营销理念与方法。整合营销以消费者的需求为中心，通过建立、维护和对品牌的传播来加强客户关系，将各个独立的营销综合成一个整体，产生协同效应。这些独立的营销工作包括广告、直接营销、销售促进、人员推销、包装、事件、赞助和客户服务等。

十一、联合营销

联合营销也叫合作营销，是指不同的企业之间通过建立战略联盟，互相交换和联合自己的资源，共同分担营销费用，共同展开营销传播、品牌建设、产品促销等方面的活动，以达到共享营销资源、巩固营销网络目标的一种营销方式或理念。联合营销的最大好处是可以使联合体内的各成员以较少费用获得较大的营销效果，有时还能达到单独营销无法达到的目的。

联合营销类型：不同行业企业的联合营销；同一企业不同品牌的联合营销；制造商与经销商之间的联合营销；同行企业之间的联合营销。

十二、绿色营销

绿色营销是指企业在生产经营过程中，充分体现环保意识和社会意识，以绿色文化为价值观念，以消费者的绿色消费为中心和出发点的营销观念、营销方式和营销策略。绿色营销的目的在于节约资源的使用，并能够提供符合社会道德标准的产品和服务，减少污染，保护环境及消费者的身心健康，同时通过营销实现生态环境和社会环境的保护及改善，实行养护式经营，确保消费者使用产品的安全、卫生、方便，以提高人们的生活质量，优化人类的生存空间。

十三、公益营销

公益营销是指将企业与社会非营利组织相结合，将产品销售与公益事业相结合，在为相关公益事业进行捐赠、资助的同时能够促进产品销售，提高企业利润，改善企业形象。公益营销是一种立意长远的营销活动，通过公益等实际行动，既体现企业的社会责任感，又使社会受众群体对本企业产生良好的印象，实际上是做了一次变相的企业形象广告。

十四、病毒营销

病毒营销是一种常见的网络营销方法。病毒营销主要使借助口碑传播的原理，通过"口碑领导者"或"意见领袖"的言论渠道发表消费意见，可以像病毒一样蔓延，高效的传播信息，这被证实为网络时代最有发展的营销利器。

十五、事件营销

事件营销是指企业通过组织、策划和利用社会事件、新闻及热点话题的事件，引起消费者及公众的关注，提高产品知名度，以及树立良好的企业形象的营销手段或方式。事件营销简单来说就是通过新闻事件的传播效应来达到广告的效果，能够在最短的时间内以最快的速度创造强大的影响力。

十六、饥饿营销

饥饿营销是指企业通过降低产量期望来达到调节供求关系的效果，从而制造供不应求的局面来维持较高的价格和利润。饥饿营销的目的是通过调节供求关系来提高产品价格，同时还可以增加产品的附加值。但饥饿营销是一把双刃剑，用得好则可以增加品牌的附加值，使得品牌更加强大；用得不好则会对品牌造成伤害，降低品牌的附加值。

十七、上门营销

上门营销是一种常见的人员推销形式，主要是通过销售人员携带各种产品的样品、说明书及订单走访不同的消费者，来推销自己的产品。上门推销可以直接接触消费者，能够为消费者提供有效的服务，获得消费者的认同和接受。这种营销形式是一种积极主动的、名副其实的"正宗"推销形式。消费者可以通过销售人员对产品留下直观的感受。好的销售人员并不是意味一定要推销成功，而是，在消费者产生需要时，能够第一时间想到推销人员以及所属企业和品牌。

十八、对立营销

在现代市场上，同质化的产品层出不穷，企业想要跳出同质化的市场就可以采用对立营销的方式。市场上同质化的产品很多，同时产品又不能完全创新，产品想要差异化，就要采用对立营销来体现产品的差异化，给消费者留下深刻的印象。企业在向市场推出产品时，需要找出每个竞争阶段的对立者，可以是对立品牌、对立产品，也可以是对立企业或者对立个人。

对立营销策略，由目标市场、对立者、对立策略三者组成，根据目标市场，设定主要竞争对手为对立者，针对对立者建立企业或产品自身的营销策略体系。

十九、奖励营销

奖励营销是指企业在进行产品推广时，消费者能够获得相应的奖励。通过奖励的方式，促使消费者主动去获取产品信息，能够给消费者留下深刻的印象。奖励营销有实物奖励及虚拟奖励。

章末案例

小米公司的网络直销渠道和营销方式

北京小米科技有限责任公司（简称小米），成立于2010年4月，是一家专注于高端智能手机、互联网电视及智能家居生态链建设的创新型科技企业。"为发烧而生"是小米的产品概念。小米公司首创了用互联网模式开发手机操作系统、发烧友参与开发改进的模式。

"让每个人都能享受科技的乐趣"是小米公司的愿景。小米公司应用了互联网开发模式开发产品的模式，用极客精神做产品，用互联网模式干掉中间环节，致力让全球每个人,都能享用来自中国的优质科技产品。

小米公司的智能硬件产品全部采用电商模式进行销售,主要阵地为小米网,这种没有手机卖场的营销渠道如同春雷,打破了手机传统的销售模式。在小米手机发布会之后,小米手机正式接受网络预订,并在三个月后正式发售,这种类似期货商品的销售方式,让众多传统厂商深感不可思议,但正是这种与众不同的营销渠道的选择,令小米公司取得了巨大的成功。

网络渠道不同于传统的销售渠道,它具有成本低和环节少的天生优势,一直自称互联网企业的小米公司深谙此道,利用社交化媒体和电商网络,令小米手机一炮而红。小米手机营销渠道以电商为主,社交化媒体为辅,广告效应良好。

一、小米公司的营销渠道

小米公司因其手机进行了大量营销造势,加之主打超高性价比,而因此获得了超高的人气,但在早期小米手机的分销模式主要依靠网络直销,即厂家—消费者。这种分销模式造就了小米的销售神话,其优点有以下几点。

第一,通过网络直销的成本较低,公司可以将节省的渠道管理、维护的大部分成本返利给消费者。毕竟高配置、低价格是小米最强的竞争优势;企业可以直接了解客户的需求,进而完善自己的产品;可以获得大量的用户信息,大数据时代已经来临,未来的市场将会掌握在拥有大数据的公司手里;因为小米的物流方面是与凡客诚品合作,这样小米与凡客的品牌可以互补,又节省了小米的物流成本。

第二,以购买资格为准。小米手机从发布会后,正式在小米网接受预定之后,一种被称为F码的购买资格成为小米手机消费者的追逐焦点,F码有限的情况下,在"红色星期二"里,小米产品的购买活动便形成了一场规模巨大的脉冲式社会化传播,效果良好。

第三,通过预售规避压货风险。小米在进入市场时便是以电商的形式,通过网络可以前发布预售信息,通过估算销售额来调整生产,减小压货风险。传统的手机销售模式就是要减少库存,但由于市场信息的不完整,很难控制产量,容易产生积压库存等问题。而预售明显地减少了这种风险。

第四,符合当代消费者的购物习惯。在进入21世纪以后,经过大约10年的发展,中国的电商市场已经逐渐成熟,人们也普遍接受这种消费模式,同时也培养起来了网购的习惯。而小米的电商模式刚好迎合的电商发展的红利。小米的目标消费者主要是年轻人,而中国年轻消费者的主要购物方式之一就是网购。

小米的成功,有的人归功于雷军的饥饿营销,但也有人归功于小米的口碑营销,相比而言作者更倾向于口碑营销。雷军说过小米不把顾客当"上帝",只把顾客当朋友。小米公司会在论坛收集用户的反馈,做到一星期一更新的举措。

这样也就达到了有效地沟通,使消费者觉得自己参与了小米手机的优化,他给同事介绍小米手机的时候会激动地说这是自己的想法,可谓是雷军独创的营销方式。

二、现有渠道战略分析

第一,自有网络渠道为主。根据小米手机的渠道战略,小米手机建立了自有渠道，小米手机的自有渠道是消费者通过到小米手机的官网定制手机。正式开放前几小时小米手机的购买页面就已经接近瘫痪，想要购买到小米手机更是难上加难。

除了官网，小米手机指定了淘宝网、京东商城、苏宁易购等平台拥有线上销售特权。但是小米手机在这些平台货源是十分充足的，暴露了其渠道问题。

第二，增加手机运营商渠道，制定合约机。小米手机为了解决渠道问题，先后与中国联通、中国电信合作。中国联通和中国电信通过实体营业厅和在线营业厅售卖小米手机。

第三，扩展社会渠道。从苏宁开始，小米手机在网络销售之外开辟新的渠道，苏宁电器成为小米手机的首家社会电商渠道销售商。

三、小米公司的营销方式

第一，信息发布。从小米公司内部和供应商爆料开始，到其关键信息正式公开，小米手机的神秘面纱一点点掀开，引发了大量猜测，并迅速引爆成为网络的热门话题。小米手机的创始人——雷军凭借着其自身的名声号召力，自称是乔布斯的超级粉丝，于是一场酷似苹果的小米手机发布会在中国北京召开。如此发布国产手机的企业，小米是第一个。不可否认，小米手机这招高调宣传发布会取得了众媒体与手机发烧友的关注，并且网络上到处充斥了小米手机的身影，在各大IT产品网站上随处可见小米手机的新闻，拆机测评、比较等。

第二，建论坛。2011年中期，凭借MIUI论坛，手机论坛迅速建立起来。之后相继建立了几个核心的技术板块（资源下载、新手入门、小米学院），后来增加了生活方式的板块（酷玩帮、随手拍、爆米花等）。这些板块的人气为小米手机后续实施的"饥饿营销"起到了极大的宣传推广作用。

第三，病毒式营销。病毒式营销的特点就是当你身边的人都了解这个东西，为了社交的需要，或者出于好奇，你也会想去了解，在明确其产品的优点之后，于是你不由自主地当起了"病毒传播者"。除了小米之外，还有一个利用病毒式营销获得巨大成功的公司，那就是拼多多。拼多多利用病毒式营销成为第三大电商平台，因此病毒式营销的影响是巨大的。但小米的病毒式营销是通过模仿苹果的营销手段，这是成功的，小米手机实现了品牌的推广及获得了经济效益。

第四，事件营销。一直以来，小米手机发热的事情让人诟病，但后来小米出了"为发热而生"的口号，瞬间获得了大量年轻群体的欢迎。同时小米手机一直以性价比为特点获得大众的青睐。同时雷军曾经以福布斯的风格召开"像乔布斯致敬"的发布会赚足了媒体的眼球，也吸引了巨大的流量。

第五，微博营销。可以说微博是小米营销的一个主要阵地。在小米每款旗舰手机发布之前，都会在微博上提前告知，充分利用微博社交的作用及影响力，通过与用户之间的互动，了解用户在使用过程中的问题及需要哪些新的功能和服务。同时，在小米营销的微博号中也时常有转发微博送手机的活动及新机测评等。而小米手机的创始人雷军的微博也是品牌营销的通道，它通过密集的发布新手机的相关消息来宣传手机，还参加各种访谈和活动来进行宣传。除了雷军以外还有公司高管的微博、雷军朋友的微博，也会在微博里为小米助力，使其拥有庞大的流量，微博的营销功能被小米团队运用到了极致。

第六，饥饿营销。在小米手机发布前的一段时间，有媒体爆出小米手机硬件的采购细节，发现小米手机第一批产能只有一万台，这个消息确实让不少狂热的消费者立马紧张起来，媒体方面也出现了诸多猜测，有的说小米实力不足，有的说小米搞饥饿营销，虽然小米官方辟谣否定这些消息的真实性，但是这一万台的营销效果，直接引发了在网络上更广泛地讨论。对于网络营销来说，引发广泛讨论是必备的，很多朋友说推广要准备很多文案和信息，其实只要你找出几个有讨论价值的论点结合自己的产品，让用户来对你的生产内容和信息进行讨论，这样你的推广效果就会事半功倍。

总之，在小米公司的前期发展中，基本上没用通过任何的线下投放广告，完全是凭借网络媒体，小米集团主要靠病毒式营销成功实现了品牌的推广，让很多人认识了小米手机及小米公司这个大家庭。同时也创造了国产手机的一个纪录，其中，网络营销手段可谓是功不可没！

（资料来源：作者根据多方资料整理而成）

本章小结

直销渠道分为两种形式，直接销售和直复营销。直接销售是指生产企业不通过中间商直接将产品销售给消费者。直复营销是指通过各种媒介将产品信息及产品传达给消费者。

分销渠道是指将种产品或服务的所有权从生产者转移至消费者或工业用户所需要经过的方式、路径或流通渠道。

分销渠道具有多种结构，包括长度结构、宽度结构、广度结构。根据长度结构可以将分销渠道分为零级渠道、一级渠道、二级渠道和三级渠道等。根据宽度结构，可以分为密集分销、选择分销及独家分销三种类型。

分销渠道分为直接渠道和间接渠道；长渠道和短渠道；宽渠道和窄渠道。

分销渠道设计的程序包括：确定渠道目标；分析渠道环境；选择分销模式；规划渠道结构；分配渠道任务。

网销渠道就是网络营销渠道，是指产品或服务从制造商转移至消费者的过程中所经历的网络渠道或途径。

营销渠道管理的步骤包括挑选渠道成员、培训渠道成员、评价渠道成员、激励渠道成员、渠道成员改进决策。

渠道冲突是指渠道成员发现其他渠道成员从事的活动阻碍或者不利于本组织实现自身目标。渠道冲突具有多种类型，包括水平渠道冲突、垂直渠道冲突、多渠道冲突及同质冲突。渠道竞争包括水平竞争、同级不同类竞争、垂直竞争、渠道系统竞争。

营销方式包括服务营销、网络营销、体验营销、个性化营销、会员营销、知识营销等。

第九章

整合传播与管理

被打倒站起来的人的韧劲，值得去期待，这个就像登陆作战一样，我们其实建立了一个小的桥头堡、滩涂阵地，是我们可以一点一点去进攻市场的基础，这个基础还是产品、服务，这是真理。

——蔚来创始人、董事长、CEO 李斌

【学习要点】

☆ 整合营销传播的理解
☆ 广告传播、促销传播、体验传播、公关传播
☆ 数字化传播的相关内容
☆ 直复营销、销售团队的内容
☆ 整合营销管理

章首案例

蔚来汽车公司整合传播

一、公司介绍

蔚来汽车有限公司是由易车公司创始人李斌联合刘强东、李想等知名企业家设立的。这家注册于中国上海的新能源汽车公司，在北美、伦敦、德国、北京均设立了业务中心，拥有数千名员工。2016年，蔚来在伦敦发布英文品牌"NIO"，即A New day。全新的Logo表达了蔚来希望为消费者提供纯净的天空、美好的未来的企业发展愿景。同年，蔚来发布全球最快电动汽车EP9。此后，蔚来相继发布了ES8、ES6、EC6等高端电动车型。

蔚来汽车从创建之初便致力于成为中国版的特斯拉，意图通过提供高品质与出色性能表现的新能源汽车产品，为消费者提供卓越的驾驶体验，并进一步提高消费者的生活品质。2018年9月12日，蔚来汽车成功登陆纽约证券交易所上市交易，成为中国互联网新能源汽车发展的一个标杆。

二、整合营销传播

汽车产业的变革，所有的初创公司都不再沿用传统汽车厂商的4S店模式，而是借助互联网推出多元营销模式，以用户体验为中心。蔚来汽车在营销上形成了独具自身特色的互联网营销传播多元矩阵。

第一，赞助赛车队，打响品牌度。蔚来汽车第一次被大众所知晓，是在2017年ES8在北京世贸天阶的发布会，但实际上，蔚来早在2014年就耗资1000万美元赞助车队参加Formula E电动方程式的比赛，并且还斩获了首个年度车手总冠军，而这一赞助一直延续至今。通过与世界知名赛车运动结合，突出了蔚来汽车对于高性能的品牌追求，也有利于扩大品牌影响传播。

第二，打造用户沟通矩阵。对于用户沟通矩阵的打造，蔚来都是围绕用户体验传播来进行的，主要是NIODAY、NIOAPP、NIOHOUSE、NIORADIO、NIO-LIFE、NIOSERVICE。

蔚来汽车的"NIODAY"品牌发布会一般是在每年年底举行。并且把它作为年度的品牌战略营销支点，以发布最新车型与三电技术为主要内容。借助"用户聚会+明星演唱会"模式在不同城市开展，而用户顾问团策划与名人参与又在各大互联网平台形成持续的正向的事件传播。NIODAY本质上属于"事件营销"。这种传播方式具有极强感染性。

为了整合分散化的传播信息，实现更加精准的营销。蔚来建立了以用户为核心的数字生活空间：NIOAPP。它集成了用户"社交+传播媒体+服务商城"属性，本质上是社群营销传播。对于蔚来而言，通过NIOAPP可以进行数据收集并分析诸如用户的家庭环境、消费偏好、品牌追求等信息，从而制定精准的推广活动和产品策略。对于蔚来车主而言，可以在APP上完成购买、交流、预约、维修保养等各类活动，非蔚来车主也可以通过浏览、参加讨论等行为参与其中，获取产品信息。NIOAPP这种数据中心平台的使用极大地提高了企业传播相关信息的效率，同时加强了用户与企业的联系。

蔚来汽车旗舰店NIOHOUSE基本上每年为用户举办超过10000场体验活动，丰富了用户的线下体验。基于互联网的用户位置分析，蔚来实现了对线下门店（NIO-HOUSE蔚来中心、NIOSPACE蔚来空间、NIOHOP-UP蔚来快闪店）的高效部署。蔚来借助收集的用户信息，有效实现了品牌价值层面与目标用户的门店协同，使得用户对于品牌文化有深刻理解。

NIORADIO是蔚来为车机系统专门打造的，目的是提升用户的驾驶感受和行驶品质。通过车载广播培养用户对品牌的忠诚度，将企业品牌让融入用户生活，并对蔚来品牌认同并追随。

NIOLIFE以蔚来精品周边为主，不仅是很好的销售辅助，还有助于品牌IP的塑造。蔚来并没有将周边仅限于官网、APP等进行销售，淘宝等第三方平台也开设有旗舰店。这些周边产品既有大牌联名也有用户深度参与设计的产品。同时，蔚来也通过产品赞助的方式进行周边活动，如Formula E、中国大学生方程式、金鸡百花奖等都有蔚来的身影。

蔚来对于用户整体化的服务体系是其用户沟通矩阵中的最重要一环。互联网汽车产业中产品是用户与企业联系的根本点，同时由于汽车是一个损耗周期长、使用频率高、价值高的产品，所以用户关系的维护最直接的就是体现在产品的维护上。在服务上蔚来通过严谨的服务流程、专业高效的团队，以及独有的电池换电专利技术，在电动汽车行业做到世界车企中的领先水平。蔚来极大提高对用户服务的效率，与消费者之间建立了良好的互信。

第三，联合传统车企，打造品牌联合效应。蔚来是诞生于线上互联网的新能源汽车品牌。与传统汽车厂商相比，作为造车新势力的蔚来主要在线上获客，享有一定知名度。但是，这并不意味着其品牌已经有广泛的认知度和信誉度。在庞大的消费者群体面前，与传统大厂品牌相比，蔚来还是小众。

2018年4月，广汽蔚来成立，并在2019年对外发布全新的"HYCAN合创"品牌。广汽蔚来是由广汽新能源汽车有限公司与上海蔚来汽车有限公司及湖北长江蔚来新能源产业发展基金共同出资设立的，是实现蔚来和广汽集团彼此优势互补的、相互融合的新能源汽车公司。广汽集团拥有整车研发、制造、线下销售、用户服务等完整的产业链优势，有非常高的消费者品牌认同；而蔚来在智能化、互联化、互联网营销、互联网用户思维及电能服务体系上有着较大的品牌影响力。蔚来通过联合传统汽车大厂，打造出强有力的品牌联合效应。

第四，直播基础上的点播销售。2020年，诸多车企的线下渠道遭遇堵塞，进而转向网上直播形式来获取客户，但是效果并不是很明显。

而广汽蔚来在直播销售的基础上展开了自己的探索："1对1点播看车"。广汽蔚来在官方APP和微信小程序上添加了"1对1点播看车"业务选项，用户可以随时随地登陆APP或小程序进行点击，在线预约专属讲师，然后通过视频的方式进行全方位的车型讲解。这样一来，原本线性的直播变成了随时可以进行的讲解服务。广汽蔚来的点播讲解是把线下的销售顾问讲解搬到线上，同时再把看车、试驾等环节相结合起来的。这样的1+1点播形式下，如果消费者有购买意愿但是不便立刻进行实车体验的，销售顾问就可以借助这一工具，加深意向客户对于汽车产品信息的了解。

"PAC模式"为广汽蔚来线上直销提供了渠道保障。按照广汽蔚来的"轻投入"和"轻库存"思路，"PAC模式"的核心要义在于尽可能多地实行终端的销售。"A"代表蔚来，也可以是经销商，甚至可以是车主（官方授权）。"A"是一种社交新零售的方式，是一个可以不断扩大的销售体系。而"C"则是终端消费者。该模式消解了汽车销售门槛，人人皆可以参与，成为加盟者。"PAC模式"在提升"人—货—场地"的利用效率的同时，实现了"三无一稳"：无专属设施投入，无新车库存投入，无专属团队投入，稳定的销售毛利。广汽蔚来的"PAC渠道模式"，已经覆盖了广东、上海、浙江、北京、江苏等多个省份和直辖市，给蔚来的"线上+线下"营销提供了有力的支撑。

总的来说，诞生于互联网时代的造车新势力——蔚来，正在通过自身独特的营销传播手段，成长为颇具竞争力的新能源汽车厂商。

（资料来源：作者根据多方资料整理而成）

第一节　整合传播

整合营销传播是指企业将所有与营销有关的传播活动统一起来的过程。整合营销传播的优势：第一，广告、促销、公关、直销、包装、新闻媒体等传播活动都包含在营销活动的范围内；第二，它使企业能够向顾客传达统一的信息。中心思想是以企业与客户沟通的价值为导向和以满足客户需求为导向，确定企业统一的推广策略，协调使用多种传播方式，发挥不同传播工具的优势，以低成本的促销达到高潮。

一、整合营销传播内涵

"整合营销传播的概念"是由"传播协同"的概念演变而来的，20世纪80年代，由于市场竞争激烈，西方媒体环境发生了一系列变化，大众传播逐渐开始分众传播，同时，一些学者和专家注意到了企业营销传播中存在的一个特殊现象：所有企业利用外部宣传所引起的综合效应，大于单一的宣传传播效应对数量的简单叠加，这种现象被学者们称为"传播协同效应"。在"传播协同效应"的指导下，企业开始整合和优化各种传播手段,以达到"协同效应"的最大化。同时,也进行了相关研究。20世纪90年代,唐·舒尔茨(Don Schultz)界定了"整合营销传播理论"的概念并认为,"整合营销传播是一种营销策划,而策划的制定需要充分了解各种传播手段,如一般广告、直销、促销和公关等,并通过这些手段的结合,通过清晰地表达和一致的连贯性,才能最大限度地发挥整体的传播效果。"

菲利普·科特勒在《营销管理》一书中,从务实的角度实施整合营销,即在企业各部门的共同努力下为客户谋利益,这样,整合营销包括两个层面的内容:一是不同的营销部门,如销售、广告、产品管理、售后服务、市场调研等部门必须协调;二是市场部与企业其他部门的协调,如生产部、研发部等职能部门。

1990年,劳特伯恩教授提出了与传统营销4P理论相对应的4C理论。1992年,整合营销传播学的创始人舒尔茨在与其他学者联合编著的整合营销传播著作 *Integrated Marketing Communication: Pulling It Together, Making It Work* 中,也提出了以企业传统营销为中心的"4P"模式,转到以消费者为中心的"4C"模式(见图9-1)。此时,4C理论已成为整合营销传播理论的支撑点和核心概念。

4C模式强调从以消费者为中心的角度制定和实施企业的营销战略,4C理论包含四个要素,即消费者需求(Consumer)、成本(Cost)、沟通(Communication)和便利性(Convenience)。

消费者需求是以消费者为中心,明确消费者的需求。要求企业在提供各种产品和服务时要顺应市场,根据消费者的需要提供满足其需求的服务和产品。要做到这一点,企业需要对消费者有足够地了解。通过建立消费者数据库,研究了消费者的性别、年龄、文化程度、收入、消费行为习惯、社会背景、消费心理、审美水平等深层次的社会关系和意识形态对消费者需求的影响。

成本是指消费者为产品或服务所付出的成本,它不是简单的企业生产成本,而是涵盖了消费者为了获得企业服务或产品愿意付出的全部成本:除了传统的货币成本外,它还包括一些非货币成本如时间成本、学习使用成本、心理负担成本、耗尽成本和沉没成本等。

4C理论	Consumer	Cost	Communication	Convenience
4P理论	Product	Price	Place	Promotion

图9-1 经典营销理论

根据4C理论，企业需要建立一种新的与消费者双向沟通的沟通模式。双向沟通有利于解决企业与消费者之间的信息不对称，缩小企业与消费者之间的距离，帮助企业更好地收集、分析和了解消费者的消费习惯和行为。

便利性是指企业在向消费者提供产品和服务时所采取的各种改进措施，包括消费者能否方便地获得产品或服务；企业的产品或服务是否易于使用；各种服务在售前、售中、售后是否到位；消费者能否有一个"方便"和轻松的消费体验。

总体来看，4C市场营销理念注重以消费者需求为导向，克服了4P策略只从企业角度考虑的局限。

二、有效传播方式

从整合营销传播理论的概念和理论基础来看，整合营销传播的本质是以消费者为中心，将企业所有的外部传播行为整合到营销活动中，并在每个传播链路中保持统一的形象。在此基础上，通过接触点整合管理，保持与消费者的双向沟通和互动，了解和满足消费者的各种个性化需求。具体而言，其内涵包括以下六个基本方面（见图9-2）。

有效营销传播	以消费者为中心
	统一的传播形象
	沟通渠道的整合
	双向沟通模式
	强化利益者的互利关系
	联络点管理

图9-2 如何有效营销传播

第一，以消费者为中心。明确消费者需求是整合营销传播的首要前提，企业以提供多种产品和服务满足消费者需求为导向，从消费者需求出发，以产品和服务满足消费者需求。

第二，统一的传播形象。整合营销传播的重点是在外部传播中保持高度的一致性，即企业的所有传播活动都融入营销框架中，并在各种对外传播渠道中呈现出稳定的单一形象。

第三，沟通渠道的整合。打破传统的营销思维，将企业的一切外部沟通活动纳入企业营销过程中，沟通过程与营销过程要有机地结合起来，达到营销即传播、传播即营销的效果。

第四，双向沟通模式。随着互联网技术的发展，实现信息的即时沟通成为可能，而企业与消费者之间即时的双向互动有利于企业更好地了解消费者需求，促进消费者反馈信息的有效回流，提高企业与消费者的沟通效率。

第五，强化相关利益者的互利关系。相关利益者是指与企业发展有关的一切社会角色，如顾客、员工、投资者和社会公众，而企业整合营销传播的过程就是利用各种媒体或其他方式，将这些利益关系之间的利益联系起来，建立和加强具有长远价值的互利互惠关系，从企业到企业的营销与传播过程中的封闭式互动转化为动态式的开放式对话，并从内而外营造企业文化的驱动力。

第六，联络点管理。整合营销传播的一个重要特点就是注重对企业与消费者"联络点"的探索和管理。联络点是指一家公司的营销、广告、公关活动或产品和服务等一系列传播资源与消费者接触的点。每个联络点都会影响消费者对企业的认知程度和心理取向。

联络点管理的过程包括联络点的选择和联络点的管理两个方面。在企业充分了解消费者和潜在消费者的前下，企业应根据不同的目标群体选择相应的沟通形式和内容形式，进行有效地信息沟通。在确定了联络点后，企业还需要运用统一的传播策略对联络点进行管理，传递一致的信息，加强品牌识别，建立品牌记忆点，运用各种手段进行有效沟通，从而在消费者心中形成鲜明的品牌定位。

整合传播与管理专栏1：

蚂蚁森林的社交营销

支付宝于2016年8月27日在其客户端推出蚂蚁森林。用户可以通过步行、支付宝消费等绿色行为获得能量，当能量达到一定标准时便可以兑换真树或保护地。截至2019年4月，蚂蚁森林用户数量累计已经超过5亿人，线下种树量也达1亿棵。

早期蚂蚁森林的主要功能是种树，后逐渐推出合种、给好友浇水等社交性功能的。随后，蚂蚁森林又适时推出了能量保护罩、时光加速器等辅助玩法。为了丰富用户的社交圈，支付宝于2017年8月又上线了蚂蚁庄园。蚂蚁庄园既可以通过游戏积累免费做公益，也可以通过支付宝直接捐赠钱款给特定福利项目。营销策略包括以下几点。

第一，集五福活动吸引用户。支付宝用户可以通过添加好友、浇水等方式获得福卡的抽取机会，好友间也可以互相索要、相互赠送福卡。而"敬业福"的稀缺，促使人们进行大量的好友添加，为蚂蚁森林带来了忠实的用户。随后蚂蚁森林的用户数量开始了爆发性增长。蚂蚁森林利用社交关系传播速度快这一特性，背靠支付宝终端的活动和流量不断扩大发展自身用户群体。

第二，广告宣传文案增加话题讨论度。蚂蚁森林的广告文案以贴近生活、接地气著称。在各大社交平台上流传甚广，相关的话题讨论可以达1300万，蚂蚁森林的广告为用户提供了社交话题素材。例如"每个认真生活的人，都值得被认真对待"等主题，更多的大片风景和真实人物，有效地增强了用户的代入感。

第三，设置排行榜来发展新用户。蚂蚁森林依照用户能量总数值从高到低排序生成好友排行榜，用户可以互相查看彼此的环保证书、种树情况等。排行榜在社交方面的作用体现在两方面，一是维持老客户的忠诚度，另一方面是通过用户的社交关系发展新用户。

第四，偷能量提高用户活跃度。蚂蚁森林偷能量的玩法借鉴了偷菜游戏，若好友的能量未及时收取，用户可以在列表"偷"取好友的能量或者直接帮好友收取能量。偷能量的设定为用户获取能量提供了一个简单快捷的方式。而能量的限时收取规则有利于激励用户积极参与偷能量的玩法，也为一些步行较少或不常使用支付宝支付的用户带来了"希望"，有效地留住了用户，减少了用户流失。

第五，官方生活号打造内容营销。蚂蚁森林的官方生活号与其他"一本正经"的官方号的发布信息方式不同，她是通过搞怪的小编和高冷的"产品锦鲤"长期"互怼"来制造话题，吸引用户的关注和参与留言。而这种直接的交流渠道，不但有利于和用户形成良好的互动反馈，而且丰富了用户的社交体验感。例如蚂蚁森林生活号发布的文章平均单篇文章阅读量可以达到393万次，点赞数33.3万次。

（资料来源：作者根据多方资料整理而成）

第二节　大众传播

大众传播是指社会媒体组织通过文本（如报纸或杂志）、无线电波（如广播或电视）、电影、互联网等大众媒体，以各种方式向公众公开传播自己复制的信息的整个社会实践过程。

在企业营销过程中，主要的大众传播手段有广告传播、促销传播、体验传播及公关传播。

一、广告传播

美国市场营销协会将广告定义为"由一个有决心的广告商以一定的成本费用对想法、商品或服务进行的非人员化的建议和推广"。广告具有以下特点（见图9-3）：

以盈利为目的的广告；广告需要支付成本；广告是非人员化的促销活动；广告是说服的艺术；广告是被管理的传播活动。根据不同的标准，广告可以分为不同的类别。

第一，根据内容的不同，广告可以分为企业广告、商品广告、商品（或服务）与企业综合广告、服务（劳务）广告、观念广告、商品（或服务）与观念结合的广告等。

第二，根据媒介不同而分为印刷品广告、邮政广告、收藏品广告、户外广告、交通工具广告等。

第三，根据设置地点的不同，商业广告又可分为销售现场广告和非销售现场广告。

第四，根据传播范围的不同，可分为区域性广告、地区性广告、全国性广告、全球性广告。

第五，根据时间特征的不同，可分为新闻性广告、长期广告、短期广告、时机广告等。

第六，根据艺术形式的不同，可分为表演性广告、演说性广告、图片广告、文字广告等。

第七，根据表现的效果不同，可分为感情性广告和说明性广告。其中感情性广告还可分为印象性广告、观念性广告等。

第八，根据广告在产品生命周期的不同阶段所具有的不同特点，可分为开拓性广告、竞争性广告和维持性广告。

广告的特点	以盈利为目的
	需要支付成本
	非人员的促销活动
	说服的艺术
	被管理的传播活动

图9-3 广告的特点

广告媒介又可称为广告媒体，"媒介"一词一般指"中间的""手段"或"工具"等。广告媒介，就是指能借以实现广告主与广告传播对象之间联系的物质或工具。广告传播媒介工具主要包括电视、广播、报纸、杂志、电影、书籍、路牌、招贴、橱窗、邮寄品、霓虹灯、交通工具等。广告传播承担了告知、劝说、提示、增值和促进的基本功能。广告的目标方向也基本分为三种，分别是信息性广告、说服性广告及提醒性广告。

选择广告媒介前应做媒介分析。媒介分析包括媒介公信力、普及率和普及的社会阶层及使用条件等方面（见图9-4）。

媒介公信力。传播媒介本身的公信力对消费者的影响是潜移默化的。虽然某一广告信誉的确立和提高要靠产品或服务，甚至企业本身的质量。但不能低估媒介的公信力在提高广告信誉方面的重要作用。然而，媒介公信力也总是有范围的，它的公信力存在于一部分特定受众中，因此在考虑这个问题时要注意与广告对象的一致性。

普及率和普及的社会阶层。普及率和普及的社会阶层是在分析广告媒介时要认真分析的问题。广告目标的人数和阶层将取决于媒介所普及的人数和阶层。

媒介的使用条件。首先，购买广告时间或版面的难易程度及手续的简便程度，都将影响广告信息是否能够及时传递。其次，广告在媒体上表现的局限性和广告信息表达的保真程度，对消费者的心理会产生很大影响。最后，媒介的广告制作水平、制作风格，也将直接影响广告的传播效果。

媒介的相对广告费用。在不同的传播媒介上刊登广告，费用差别较大。在比较使用哪种媒介更划算时，可以将相对广告费用作为一个参考值，其计算公式如下。

相对广告费用=每次广告单位时间（面积）的价格×预计媒介普及人数媒介的传播效果。媒介的传播效果是指在对各类媒介各方面特点的质量分析后进行的综合评价。这种评价以比较为基础，一方面要与广告目标相比较，即分析哪种媒介适合做何种广告、这种广告形式是否能实现广告的传播目标；另一方面，要把各种媒介相互比较，目的是看哪种媒介更适合实现广告目标，而且相对成本更低。媒体的预算也会跟产品生命周期、目标市场状况、竞争者动向以及促销组合、广告媒体、广告频率等息息相关。

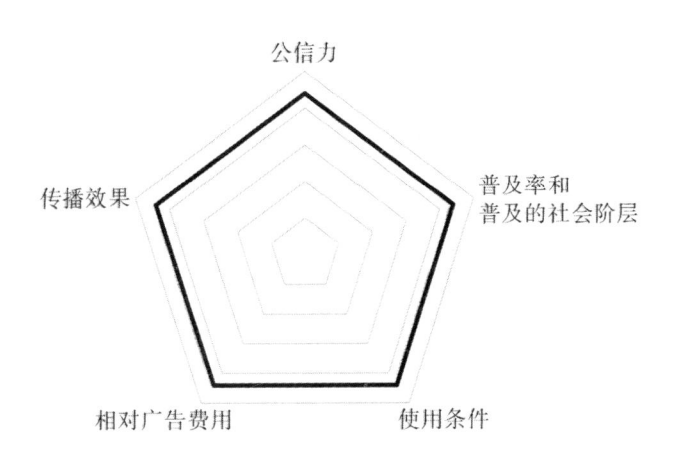

图9-4 广告媒介分析

广告媒介的选择应当考虑以下几个方面的因素（见图9-5）。

第一，目标沟通对象的媒介习惯。每一种传播媒介都有其特定受众群。选择媒介时应根据企业目标市场的消费者习惯来定。

第二，产品特性。产品不同，其属性、性能和要展示的内容与要求也是不同的。不同的媒介传达各方面的信息能力也不尽相同。

第三，媒介可获得性。有时作为最合适的广告传播媒介在一些地区根本就不存在，或者有着严格限制。故而选择媒介时还应考虑其在目标市场地区的可获得性。

第四，信息类型。由于不同的广告所要传达给消费者的信息是差异化的，不同类型的信息应选择不同的媒介。不同媒介在传播信息的内容、效率等方面均会不同。

第五，媒介覆盖面。媒介覆盖面的大小决定于拥有率和显露时间两个因素。各类媒介的显露时间在各地则有不同的规定和习惯，同时各地对于各种媒介的拥有率也高低不一。因此，企业在进行传播媒介选择之前，应对目标市场区域各个媒介的覆盖面情况进行充分了解。

第六，媒介成本。成本也是一个重要的媒介选择因素。但是，绝对成本数字不是最重要的，而是受众人数与成本间的相对关系。而媒介使用价格在很大程度上会受到对方（广告代理商）的谈判实力的影响。

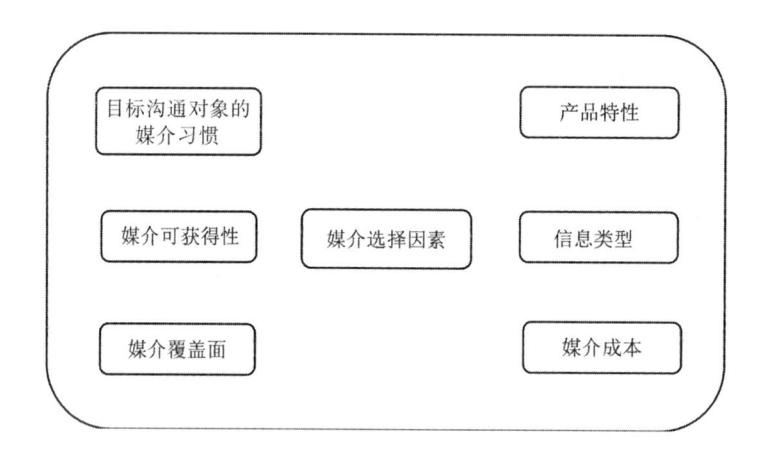

图9-5 广告媒介选择因素

广告预算是指企业从事广告活动而支出的费用。分为直接广告费用和间接广告费用。直接广告费用，是指制作广告作品而产生的制作费，以及将的广告成品借助于各种媒体进行传播所产生的媒体费用。间接广告费用，则指广告部门的员工薪酬、管理费用以及各类其他费用。

预算的计算方法一般有以下几种（见图9-6）。

竞争对抗法：以行业中主要竞争企业的广告费用为基准，从而确定足以与其竞争的支出额。

销售单位法：以一件、一箱商品或相关商品的一定数量为单位，规定每个销售单位承担多少广告费，再与预测的销售数量相乘得出总的广告费用。

广告费用的计算	竞争对抗法
	销售单位法
	百分率法
	目标达成法
	预期消费者数量法
	单位累积法与总额分配法
	支出可能额法
	通信订货法
	投资利润率法

图9-6 广告费用的计算方法

百分率法：以一定期间的利润额或销售额的一定比例确定广告费用总额。

次年度广告费用=上年实际广告费+次年预期增加销售额×百分率

次年度广告费用=上年实际广告费+次年预期增加利润额×百分率

目标达成法：目标达成法是较常用的一种方法。它是依据营销计划所敲定的广告目标，估计为实现这个目标需要支出多少广告费用。

预期消费者数量法：制定对每位消费者支出广告费用标准，以此为单价，乘以预期的消费者数量，从而得出将支出的广告费用。预期消费者数量须经过市场调查估计得出，或按照往年消费者数量增长率的统计数字进行计算。而每人支出的广告费用单价，一般则引用上年价格，当物价指数波动时，相应广告费用单价应变动。

单位累积法与总额分配法：单位累积法是指为达成预定的广告目标，把必需的各类广告费用支出明细进行累计加总，以决定广告预算总额。总额分配法是把计算得出的广告预算总额给广告活动各种费用项目进行合理分摊的方法。

支出可能额法：支出可能额法是按照企业财务承受能力来确定广告预算的方法。

通信订货法：邮售所普遍采用的便是通信订货法。此法是根据特定的广告所吸引的询价和订货人数测算广告费。即合计商品目录印刷费用、征订信印刷费用和信件邮费，除以销售数量，从而得出已售的每件商品平均支出的广告费用。

投资利润率法：投资利润率法是指将广告费用支出视作一种投资，是长期广告战略采用的预算方法。

传播效果是指广告作品通过广告媒体传播之后所产生的影响。广告自身的效果又可以细分为注目效果、知名效果、印象效果、理解效果、接触效果、追忆效果、关心效果、行动效果及购买效果。传播效果还包括对社会的影响即社会效果。

广告信息传播之后要进行广告效果测定，一般是指为企业带来了多少销售额和利润额。

总之，在不同的场景下，企业会使用不同的测量方法来评估实际的广告效果。企业要根据评估结果，及时改进广告策略，以求利益最大化。

整合传播与管理专栏2：

直播给格力带来营销转变

格力电器股份有限公司成立于1991年，是集研发、生产、销售、服务于一体的专业化空调生产企业。1996年11月，格力电器成功登陆深交所。旗下"格力"空调，是"世界名牌"产品，享誉海内外。格力连续9年被《财富》评为"中国上市公司100强"企业。据2019年财报显示，格力电器营业收入达到2005亿元，实现净利润高达247亿元人民币。但是，在2017年达到顶峰后，格力电器的营收增速与净利润增速已经开始逐年下滑，后者在2019年实际下滑了5.75%。

家电航母背后，等待新的破局。借助火热的直播潮流，格力电器董事长董明珠开启了"企业家直播卖货"的营销新局面。

2020年上半年董明珠分别在抖音、快手和京东三个网络平台进行了三次直播"带货"。虽然在抖音首战并不理想，但是接下来的两场直播中，格力董事长扭转了局势，销售额分别达到3.1亿元和7亿元。微博相关话题量阅读量更是达到2亿多次。随后的格力"健康新生活"品牌日直播，董明珠单日交出的成绩单是：65.4亿元！

第一，企业的"形象秀"。格力对于直播的尝试可谓由浅入深、循序渐进。格力的直播，大多以网络访谈、企业展示和产品介绍的形式开展，而非单纯的"带货""销售"。尤其是品牌日直播，更像是由董事长董明珠领衔的一场企业形象秀。

主题为"健康新生活"品牌日直播活动分为两个半场举行。上半场是参观格力科技展厅、国家重点实验室和中央空调核心零部件制造工厂，展示格力制造实力；下半场则是以"新生活、新饮食、新呼吸"为主题消费者推介相关的创新科技产品。

"企业家直播有两件事必须做好，一是产品品质和技术要有先进性，二是要守承诺、重信用。"董明珠说，"对于制造业企业来说，与消费者直接沟通交流，能更快获得市场信息，进一步深挖用户需求，比如消费者在哪种场景下使用电器哪种功能感觉更舒适？以市场需求为导向做好新技术研发，实现产品升级，也是制造业企业发展的大趋势。"而互联网和大数据等新型基础设施建设的不断成熟为企业拉近与消费者的距离提供了工具，同时也让企业运营变得更透明、更高效。

第二，"新零售"实战课。格力现在已经拥有27家区域销售公司，布局了超过3万多家专卖店、6万多家服务网点。而如今，面对线上电商的崛起，这个庞大的经销网络正在面临新的挑战，格力选择与他们站在一起。当日品牌直播则是带动了格力电器线下3万家门店共同参与。直播间另的一侧，各区域销售商的实时销售排名在屏幕上滚动，通过"竞赛方式"充分调动了经销商的积极性。

第三，一次生产与营销变革。"格力已经决定成立董明珠直播间，未来直播将成为格力的常态，但我们的目的并不是单一的带货，而是进一步加强与消费者之间的互动。比如，以往消费者在实体店里受制于店面大小，很多东西无法看到。而在直播间里，产品和技术可以做到一览无余。"董明珠说，"直播不只是谈销售，我希望跟我们的'后浪'聊聊与制造业有关的科技，激发他们的兴趣，引导他们在制造业实现梦想。"

（资料来源：作者根据多方资料整理而成）

二、促销传播

促进销售，简称促销，是指企业通过各种方式将本企业及相关产品的信息传递给消费者和用户，使其了解、信任和购买企业的产品，从而达到扩大销售的目的。因此，促销的本质是营销者与消费者之间的信息沟通。

促销战略的制定有五个步骤：按地区决定促销组合（广告、人员推销、营业推广和公共关系的配合）；决定市场范围；设计有效的沟通方式；选择有效的传播媒介；建立必要的控制系统。

促销在很大程度上是依赖沟通实现的，一个沟通模型应解决五个方面的问题。即谁、说什么、通过什么渠道、向谁说、预期达到什么样的效果。沟通模型如图9-7所示。一个沟通模型有两个沟通的参与者——发送者和接收者，两个沟通工具——信息与载体，四个沟通职能——编码、译码、反应、反馈共同组成。

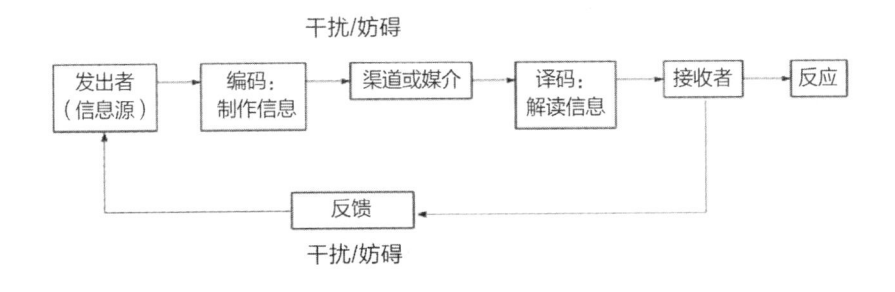

图9-7 沟通模型

实现促销有效沟通有这几个主要步骤：确定目标客户；确定沟通目标；设计信息；选择沟通渠道；制定总体预算；确定促销组合；衡量促销成果；管理和协调营销沟通过程。

促销手段主要分为广告展示、商业推广、公关和个人销售四种类型。促销组合是指有计划、有目的地将广告、个人推销、商业推广、公关等综合运用。影响促销组合决策的主要因素有以下几点（见图9-8）。

促销组合影响因素	推广目标
	产品性质
	目标市场
	产品生命周期
	营销媒介
	促销策略
	其他营销因素

图9-8 影响促销组合决策的因素

推广目标。在不同的时期和不同的市场环境中，企业的具体促销活动有其特定的促销目标。不同的促销目标，促销组合也不同，呈现出各种的异化。

产品性质。促销手段能否有效运用，对不同的消费者和市场是不一样的。消费品生产企业通常都会在广告上投入大量资金，其次是营业推广、人员推销和公共关系。而工业用品生产企业则会在人员推销上投入大部分资金，其次是营业推广、广告和公共关系。

目标市场。影响广告决策的主要因素是当地的环境因素。目标市场特征是影响促销组合策略的重要因素之一。一般来说，如果目标市场的地理范围较大，则应多用广告进行宣传，反之，则是人员推销的主要手段；如果目标市场的消费文化水平较高，经济状况相对丰富，则应多做广告和公关，反之亦然，应该多用业务推广和人员推销。

产品生命周期。在产品的生命周期不同阶段上，使用促销手段所达成的效果也会有所不同。在产品导入期，在广告和公共宣传上投入大量资金，可以打造出很高的知名度。在促使商品较早被试用的时期，促销也能起作用。人员推销的费用相对高一些，但是必须要用它才能加快使顾客接受相关产品。在增长期，广告和宣传应继续发挥作用，而促销应减少，因为消费者不需要太多刺激。在产品成熟期，促销活动与广告相比变得相对重要，但广告只需要起到提醒的作用。在产品衰退期，需要继续使用醒性广告，取消公共宣传，销售人员也只需对该产品稍加留意即可，但要强化营业推广。

营销媒介。这里主要是指传播媒介的可获性。比如，在甲地使用的媒介在乙地是有受到严格限制的，甚至在乙地都根本不存在。值得注意的是，市场各地的大众传播媒介设施尽管发展起点不同，但都在迅速成长。

促销策略。企业选择采用推或拉策略来创造销售机会，这将在很大程度上影响促销组合。驱动策略需要使用销售团队和业务推广来通过销售渠道推动产品销售。拉动策略需要花费大量资金在广告和消费者促销上，以激起消费者购买欲望。不同的公司在推拉策略上有不同的优先级。

其他营销因素。促销组合的效能大小不但取决于各种促销手段自身的配合及使用，还受到产品开发、渠道选择、定价策略等企业营销组合其他因素的协调状况影响。

执行促销计划后，企业要对促销的效果进行持续性的评估。评估主要分为两个方面：一是信息传递效果；二是销售效果。

信息传递效果的评估，即评估促销是否有效地将信息传递给了目标受众。在促销之前与促销之后都应进行这种评估。在促销之前，可邀请客户代表对已经制作好的促销进行相关的评价，借此了解促销信息及信息传达方式还存在着哪些方面的问题。促销之后，企业可以再向部分客户了解是否知道这一促销，是否可以回忆促销内容等。

销售效果的评估，就是评估促销给销售额带来了多少增长。经济发展水平高、消费者可支配收入增长、产品本身质量和功能的改进、渠道效率的提升、定价更合理等都会影响销售额的增长。因此，仅仅评估促销对销售额的影响比较困难。有些企业尝试采用试验法来测量。

三、体验传播

体验营销就是从消费者的情感、感官、思维、行为和关系五个方面重新定义和设计营销的思维方式。这种思维方式突破了传统意义上的"理性消费者"假设，认为消费者在消费中既理性又感性，研究消费者行为和企业品牌管理的关键是消费者在整个消费过程中的体验。体验营销的主要策略包括以下五点。

第一，感官策略。感官营销策略是指通过听觉、视觉、触觉和嗅觉建立感官体验。它的主要目的是创造感性体验的体验。感官营销可以区分企业和产品，从而激发消费者的购买动机，提高产品的附加值。

第二，情感策略。情感营销策略是指在营销过程中，要触动消费者的心，给消费者带来情感体验，其范围可以是一种柔和、温和的积极情绪体验，如喜悦、自豪，甚至是强烈的情感。情感营销的关键在于要真正了解什么样的刺激才能引起消费者的相关情绪，这样消费者自然会被感染并融入其中。

第三，思维策略。思维营销策略的目的是激发人们的智力，创造性地使消费者获得理解和解决问题的各种体验。它使用技巧或诱惑来诱导消费者提出统一或多样化的想法。在提高科技产品的宣传中，思维营销被广泛运用。

第四，行动导向策略。行动导向策略是通过影视明星或著名运动员等大众偶像来刺激消费者，从而改变他们的生活方式，实现相关产品的销售。

第五，关系策略。关系营销策略是一种情感、感觉、思想和行动的结合。关系营销策略特别适用于日用品、私人交通工具、化妆品等方面。

企业在实施体验营销的对策分析过程中应当注意以下四个方面。

第一，树立"以顾客为中心"的综合体验营销理念。客户是公司最重要的资源，所有其他资源的存在都是为了支持和留住客户。一方面，保持企业现有规模，增加客户保有量；另一方面，拓展企业发展空间，寻找和挖掘潜在客户。诞生于体验经济时代的以"顾客为中心"的综合体验营销是提高顾客满意度的有效途径。

第二，制定体验营销策略，实现体验营销的立体化。企业战略是企业发展的方向。体验营销理念的确立需要企业制定相应的营销策略。对于企业而言，体验式营销战略是保证战略目标顺利实现的重要手段。所有的营销环节都涵盖了市场细分、市场定位、市场调研、产品开发、广告和供应链管理的结合。体验营销多维化是指体验营销实现时间和空间的连续性系统化。在企业的不同发展阶段，要及时调整营销策略，保证其在空间上的连续性和时间跨度的完整性，从而在体验式营销中取得良好的效果。

第三，充分利用网络手段，实现体验营销的网络化。现代网络信息技术的飞速发展和生产技术的自动化、电子化，为体验营销的实施提供了良好的平台。现代计算机网络技术的应用可以大大提高消费者对体验营销的参与度。企业应充分利用现代网络信息技术提供的高效、便捷的手段，与消费者建立网络系统。

第四，开展体验营销战略组合。例如，设定体验价格；发掘品牌核心价值，获得提高溢价能力；利用各种感官刺激创造终端体验；使用纪念品进行体验推广等。

四、公关传播

公关关系促销是指企业利用各种传播媒介，以可靠的事实和深入人心的生动方式，沟通企业与消费者乃至社会大众之间的联系，增进彼此的相互了解与理解，通过为消费者与社会公众服务的诚意，树立起企业的良好形象，获得良好的社会声誉，从而激发社会公众与消费者的信任。公共营销的最终目的是为企业产品或服务的销售营造一个良好的外部环境，有效地实现产品或服务的销售和盈利。企业要搞好公共关系，必须首先明确企业所面临的公众，即公共关系的对象。企业的公众比企业的市场范围更广，包括与企业打交道的各个方面，如顾客、供应商、经销商和代理商、竞争对手、政府机构、企业的股东和职工以及一般公众等。

公关促销一般有五大基本要求，如图9-9所示。

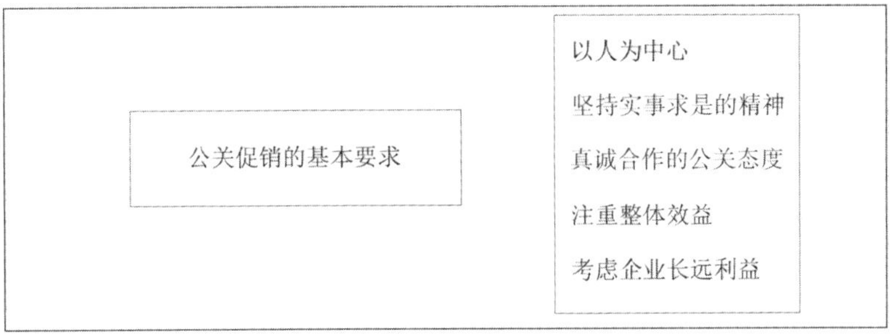

```
┌─────────────────────────┐    以人为中心
│                         │    坚持实事求是的精神
│   公关促销的基本要求    │    真诚合作的公关态度
│                         │    注重整体效益
└─────────────────────────┘    考虑企业长远利益
```

图9-9　公关促销的基本要求

第一，以人为中心。人是公关促销工作中的首要因素。这有两方面含义：首先，企业要搞好内部公关工作，做到尊重人、理解人、相信人、爱护人，使每个员工都能够产生爱企业、爱本职工作的热情，企业也可因此对员工产生向心力和凝聚力。其次，企业的对外工作要对公众负责，生产出社会需要、消费者需要的产品，为社会创造出财富，同时还必须对自身行为引出的结果负责。

第二，坚持实事求是的公关精神。实事求是为公关促销应把握的基本精神之一。只有坚持实事求是，企业才能树立良好的形象和信誉，才能使企业营销工作有效地展开。

第三，真诚合作的公关态度。社会分工的日益深化，使企业主体之间、企业与政府及非政府组织之间、企业与社会公众之间交织了巨大的网络。真诚合作精神已成为现代企业公关促销工作的重要法宝。

第四，注重企业整体效益。企业是社会经济组织的组成细胞，现代经济的发展则要通过企业才充分表现出来。企业要在全体员工中明确自己的社会使命，承担社会责任，满足社会需求，参与社会服务，欢迎社会监督，以良好的企业形象赢得社会公众的信任和支持。

第五，考虑企业长远利益。企业营销不能只谋求眼前一时的利益，而要有放眼未来的战略把握。

整合传播与管理专栏3：

老乡鸡董事长手撕员工联名信

老乡鸡，前身为"合肥老母鸡"，是一家发源于安徽省、专注于特色老母鸡菜品的大型快餐连锁品牌。老乡鸡凭借时尚温馨的装修、地道的口味、便捷的点餐、24小时的营业时间及随处可见的店面等优势而深得消费者喜爱。如今的老乡鸡经过多年的发展，已经成长为安徽省最大的中式快餐连锁企业并走向全国。截至目前，老乡鸡在全国各地拥有超过800家直营店，员工达16000多人。

2020年突如其来的新冠肺炎疫情使社会的经济运行陷入了停滞，餐饮业首当其冲。老乡鸡也不例外。但在2月8日，"老乡鸡"这个品牌开始红遍整个互联网。当天，老乡鸡在社交媒体上发布了一个名为"董事长束从轩手撕员工联名信"的视频，迅速引发了舆论热议。视频中，老乡鸡董事长束从轩亲自出镜，在镜头前讲述了由于疫情的影响，老乡鸡亏损5亿元。束从轩对留守在武汉的老乡鸡员工为医护人员送餐表达了感谢。同时还倡导所有人在家隔离，为国家、社会做出贡献，但是在家也要多多活动。视频的最后，束从轩手撕由老乡鸡员工发起盖满手印的关于不要工资的联名信，并坚决表示不同意员工疫情期间不拿工资的请求，哪怕卖房卖车也要让员工有饭吃、有班上。

视频发出后，当天就收获了7万次点赞。而后"撕员工联名信"视频从抖音开始发酵，迅速就获得上百万次的点赞数和上万条评论。随后其他各大网络平台纷纷对这个视频进行转发，开始产生裂变效应。接着该视频又从网络传播到传统媒体，成为现象级的刷屏事件。"老乡鸡董事长手撕员工联名信"的微博话题更是达到了1.4亿次的阅读量。老乡鸡不仅赢得了消费者好感，还大大扩大了自己的品牌传播和影响。不管是老乡鸡董事长的真情流露还是品牌的刻意营销，在元宵节这天，从公关营销的角度，老乡鸡无疑是获得了成功。

第一，标题反差化效果。在信息泛滥时代，受众接收的信息趋于碎片化。而一个好的标题是用户是否点击浏览的关键。疫情期间，各个行业都遭受了巨大打击，报道中小企业困难的文章非常多，有了一定程度的关注度，已经制造了用户的心理冲突。"董事长手撕员工联名信"这样的标题，制造反差效果，可以极大地激发用户好奇心理去点击。

第二，网络流行词+正能量。一般的公关稿往往都是用词严谨，风格严肃的。而老乡鸡董事长手撕联名信视频中，束从轩的风格从头到尾引用了较多的当下流行的网络热词、网络段子及"梗"等。这种方式极大地拉近了与年轻人的距离，充分利用了社交媒体时代信息快速传播的特点。

第三，视频+董事长亲自上阵。现如今很多企业在面对公关事件的时候，往往都选择使用书面的形式来应对。通常便是写一篇公关稿，在微博、微信等社交媒体进行发布。但是此次老乡鸡采用的是视频的方式，并且由老板亲自操盘，显得真实，同时又传达了老乡鸡作为一个企业经营者对员工、对社会的人文关怀和社会责任感。这样无疑能让很多的人产生好感，同时有利于增加用户对品牌产生天然的亲近感，也对企业经营者有了良好的第一印象。刷屏过后，"中国好老板"的热议便是最好的证明。

（资料来源：作者根据多方资料整理而成）

第三节　数字化传播

网络和信息技术的发展，有力地推动着企业营销理念和方式的变革，基于此技术的数字化营销模式的出现，影响了企业文化、组织及业务流程等。企业通过借助多媒体传播渠道、电子终端多元化解读产品市场变化，向消费者推介产品信息，实现精准营销。

一、数字化传播的产生背景

微信、微博、短视频、虚拟游戏、移动支付等迅速融入人们的日常生活，改变着人们的行为习惯，"数字化生存"已经成为现实。消费者在哪里，营销就应该到哪里。以消费者为中心的现代营销，也正经历着不可避免地革命性的转变。越来越多的企业将它们的营销预算从传统媒体转向数字媒体。

数字化营销能够盛行，并呈现出一发不可收拾的发展趋势，根本原因在于数字化营销顺应了经济发展的潮流。借助数字化营销手段，企业可以在激烈的市场竞争中胜出、并且建立起自己的竞争优势，如图9-10所示。

第一，有助于企业产生和创造出具有独特竞争力的产品和服务。这些产品和服务有着较高的技术含量优势，竞争对手往往越难以赶超。

第二，有利于企业以更低的成本进行产品和服务的生产。例如在零售业，超市与供应商之间可以通过建立信息系统和数据库进行直接订货和送货，这样一来就有效降低了仓库成本，还节约了送货的时间。

第三，有利于企业开发新的目标市场并提供更好的产品和深入的服务。借助数字化营销系统，企业可以实现信息的采集、管理和共享，将市场信息作为战略资源进行深入开发。通过对大型数据库中的信息进行深刻挖掘和分析，识别出具有商业价值的关键所在（消费者购买行为、收入、偏好及习惯等）。而后，对精准的目的市场和消费群体进行营销信息传达，或者用于改进企业的产品和服务。

	独特竞争力的产品和服务
	更低的生产成本
数字化营销的必要性	开发新的目标市场
	优化企业内部价值链
	优化企业外部价值链

图9-10　企业数字化营销的必要性

第四，有利于优化企业内部价值链。企业的竞争优势源自产品生产、流通的各个环节间的联系、协调、管理及优化。通过借助数字化营销系统，企业将各环节打通，实现无缝衔接、信息传递和共享，即能够降低成本，提升企业的运行效率，也有助于企业升级新的工艺。

第五，优化企业外部价值链。竞争价值链之间的差异是企业获得竞争优势的一个关键点。

企业的必须升数字化营销的战略高度，在竞争愈发激烈的新的经济发展阶段不断升自身优势。

二、数字化传播的优势和劣势

数字营销是以特定的数据库对象为基础，通过数字多媒体渠道，如电话、短信、电子邮件、传真、网络平台等数字媒体渠道，实现精准营销、量化营销效果和数据的高层次营销活动。数字营销有以下几个特点（见图9-11）。

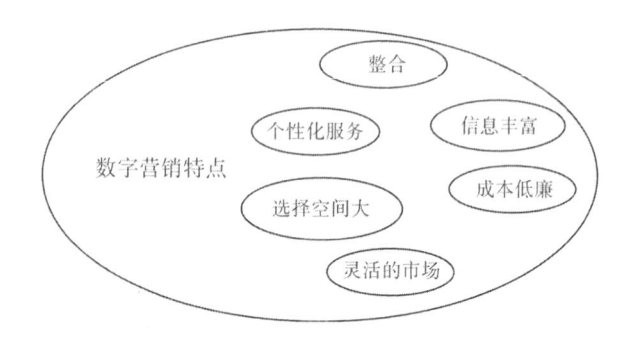

图9-11 数字化营销的特点

第一，整合。数字营销实现了前端和后端的紧密结合，为客户个性化需求的快速响应奠定了基础。

第二，个性化服务。数字化营销就是根据顾客的需求提供个性化的产品。

第三，信息丰富。互联网可以显示当前产品的详细规格、技术参数、保修信息和使用情况，甚至可以为消费者常见的问题提供解答。

第四，选择空间大。数字营销打破了传统的货架和库存限制，提供了巨大的产品"货架"和无限的销售边界，并为客户提供了无限的选择。

第五，成本低廉。在互联网上发布营销信息是非常便宜的。公司可以通过互联网直接向消费者销售产品。

第六，灵活的市场。数字营销产品的种类、价格和营销方式可以根据客户的不同需求、竞争环境的变化或库存情况的变化及时调整。

总之，数字营销具有许多前所未有的竞争优势：它可以整合各种营销活动，如产品述信息、促销活动、客户意见调查、广告和公关等，实现与消费者的一对一沟通，真正达到整合营销所追求的综合效果。

然而，数字化营销也存在固有的缺陷。一般而言，厂家按自己的主观判断，先大量生产同一产品，再批发至各地商场进行销售。所以有很多产品其实并不符合消费者的个人需要，所以经常可以会有诸如"大降价""大拍卖"之类的标语进行促销。这不但严重影响着企业的经济收益，而且由于经常性廉价促销，影响了企业形象，降低了品牌价值。快节奏的生活和繁杂的娱乐节目导致消费者对广告接受的效率大幅下降，一方面企业在广告投入上花费了大量人力和物力，而另一方面广告被接受的效率却在大打折扣。

三、在线营销

在线营销是将企业营销与现代信息通信技术、网络技术紧密结合得到的产物。具体是指企业以电子信息技术作为基础，利用计算机网络为传播媒介和手段而进行的各种营销活动的总称。

总体而言，在线营销的优势有以下几点。

首先，所有的商家一律平等。互联网的核心是自由、开放。与传统商店相比网络平台更直接、便捷，任何人都可以在其中随心选购自己心仪的商品。每个商家都可以在网络上注册自己的网址，都可以在得到网络许可的情况下在商业网站上随时随地上传自己的产品信息。

其次，优势体现在产品、价格、渠道、服务方面。产品方面，通过在线营销企业的产品从定位、设计、生产等阶段便能充分吸收用户的要求和观点并且用户的使用反馈也能通过网络很快地在上述环节反映出来。价格方面，在线营销具有明显的优势。渠道方面，主要体现在它消除了中间商环节，企业与消费者之间的距离达到了最小。服务方面，则体现在它使企业和消费者之间的互动反馈是及时有效的。

最后，观念的改变是消费者普遍接受网络营销的重要基础。但是目前绝大多数消费者的观念并未转变，具体表现在个性消费的回归性不强；消费者的主动性不够强；在线消费时消费者对购物乐趣的体验感不高；价格仍然是影响购买的重要因素。而这些也成为在线营销的劣势。

四、口碑

近年来，计算机信息技术得到了迅猛发展，互联网的应用已经迅速普及到大众的学习、工作和生活中。人与人信息的传递不再受时间和空间的限制。人们可以在任何地方、任何时间进行及时地信息沟通与情感交流。消费者对潜在消费者的推荐或建议，往往能够促成潜在消费者的购买决策。铺天盖地的广告攻势，媒体逐渐有失公正，已经让消费者对传统媒体广告的信任度下降，口碑传播往往成为最有力的营销策略，还可以有效降低营销成本和提升品牌度。

在线口碑是人们在网络上进行交流的方式之一。在相关网站上人们发布自己对种商品或服务的使用看法来为其他潜在消费者提供参考信息。相比于商家的广告等宣传，由于口碑的信息来自实际消费者，所以往往更具有客观性。因此，口碑的可信程度非常高，其影响力也十分巨大。在购买商品前喜欢在网络上查看口碑信息已经被越来越多的消费者作为自己的决策参考。出于互助的心理，也有越来越多的消费者会在使用完商品或服务后，将自己的心得上传至口碑上供其他消费者参考。

在线口碑的劝导作用反映于在线评论的情感特征上。用户利用在线评论传达出自己对已使用的商品或服务的感受及好恶态度，当潜在的消费者阅读到这些评论内容后，便会与同是消费者的评论发布人处于同一场景和立场之中，那么对于商品和服务便会产生同样或者类似的心理态度，进而影响其对于商品或服务的消费决策。

五、社交媒体

社交媒体指是人们在互联网上进行意见交流、信息分享的平台，包括社交网站、博客、微博、微信等。企业营销人员也会通过社交媒体向消费者传递营销信息，进行互动。社交媒体营销是指利用支持用户个人分享内容、表达观点、传播信息的互联网线上工具和平台进行营销的过程。社交媒体营销是移动互联网大数据的重要应用方向，也是社交媒体时代符合消费者行为习惯的营销方式。锁定目标消费群体、降低营销成本、满足企业不同发展需要等优势，使越来越多的企业开始重视社交媒体营销。社交媒体营销过程主要包括了以下四个环节（见图9-12）。

第一，社会化营销整合。由于社交媒体的开放性，通过形式多样的数据来反映消费者行为会变得难以分析。

第二，构建品牌社群。在企业原有忠实消费者的基础上，依托原有消费群，进行客户拓展，获取在消费产品和消费模式上类似的消费者群体。

第三，品牌社群管理。社群的管理非常重要。企业应注重社群的维护和完善，适时投放产品信息，充分利用已有忠诚用户的口碑传播效应，进行品牌营销开发工作，让更多还未对品牌产生认同的消费者了解企业的产品特性和优势，转化为企业忠实客户，从而带动更多的消费者加入企业用户群。

第四，品牌站群建设。构建企业站群，利用搜索引擎获得大批流量，进一步夯实获取忠实客户的来源。站群中的每个网站利用不同的关键词来共享相同内容，这样管理员可以更为方便快捷地管理、更新每个网站的信息，从而保持稳定的搜索引擎排名，增加品牌曝光度。

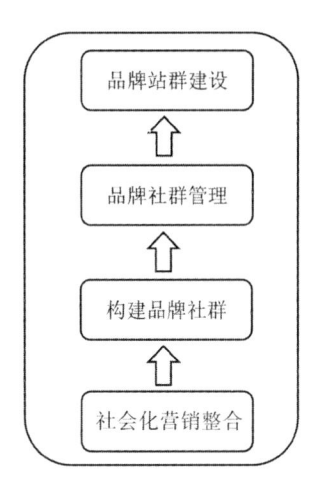

图9-12 社交媒体

营销阶段社交媒体营销具有营销精准化、主体多样化、传播互动化等诸多特点（见图9-13）。

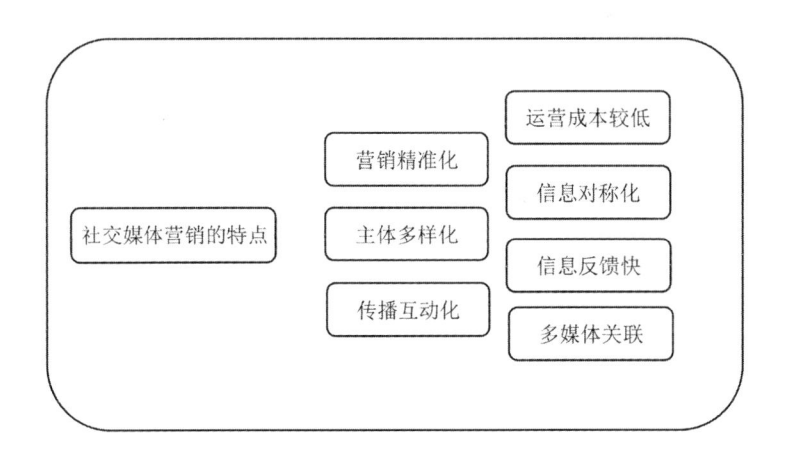

图9-13 社交媒体营销的特点

第一，营销精准化。依靠社交媒体，以消费模式和产品为区分标准，形成了不同的消费社区。这些自发形成的社区集聚的一般是企业目标消费群体，因此企业可以更为直接地为目标客户提供更周细的产品和服务，强化自己的产品宣传和品牌定位，促进消费者对企业的了解。

第二，主体多样化。与传统营销不同，在社交媒体上，不论是企业还是消费者均能不受时空限制地生产、发布各自的信息。企业的忠诚客户会通过口碑传播方式向其他消费者推荐企业的产品，从而拓宽了企业消费群体聚集的深度和广度，扩大原有的营销传播面，消费者成了企业的营销主体。

第三，传播互动化。社交媒体突破了以往信息单向传递的瓶颈，受众可以向传播者反馈自己对于信息的看法，企业则可以针对消费者这一反馈修改信息并在此发送，消费者也可以再次发送反馈，如此循环往复。

第四，运营成本较低。企业运用社交媒体营销往往能够以较低的成本获得较大的宣传效果。

第五，信息对称化。社交媒体的双向信息传输特性使得消费者对于企业发布的相关信息可以进行及时了解、核实和反馈，这改变了以往企业单一发布，消费者被动接收的局面。

第六，信息反馈快。企业利用社交媒体进行营销活动，及时性使得企业能迅速得到消费者的反馈信息，企业便及时根据信息反馈情况对产品和策略进行合理修正。企业可以通过建立有效的反馈信息收集机制，全面及时搜集、分析反馈信息，从而加深对消费者需求的理解，挖掘产品的升级潜力，提升用户体验，从而建立起长期的产品和服务销售优势，占据更大的市场份额。

第七，多媒体关联。各类社交媒体之间有着极强的关联性，企业的社交媒体营销不能只限于在一个社交媒体上产生效果，要整合各个社交媒体渠道，保证各种社交媒体渠道在关键信息上的统一。

六、移动营销

移动营销是指基于移动互联网技术以面向移动终端个体用户为主的一种现代营销手段，其初期思想来源于作为传统市场营销下的分支——网络营销，经过数年来的发展移动营销已经逐步衍生出了独有的特性与优势。与传统的市场营销方式相比，移动营销（见图9-14）其具有实时性、交互性、精准化、个性化等优点，故而近年来广受企业经营者的青睐。

移动营销的过程实质是根据目标市场定位，通过具有创意的互动方式，依托移动互联网终端，向受众传递品牌价值，达到扩大企业收益的过程。企业利用二维码营销、APP营销、手机网站营销、LBS营销、微信营销、微博营销、直播营销、短视频营销和信息流矩阵等营销方式传播相关信息，从而达到创建客户群、提升企业知名度、了解消费者偏好等目的。企业应用移动营销有以下优势。

第一，资源的整合性、信息的开放性和共享性。互联网的共享性和开放性，决定了移动营销信息传播突破地理区域和时间的限制，能够传播至全球的任何角落。

第二，成本低廉。移动端消费群体庞大，接收信息方面又不存在时间和地域的限制。这种快捷、覆盖面广和高效传播的特点也满足了企业的使用需求。

第三，较强的精准性。在移动营销中广告往往是企业根据消费者量身定制的。首先对消费者进行明确的归类，其次运用大数据分析结果，针对不同的偏好的消费者进行广告的精准投放，激发消费者兴趣。

第四，营销效果显著。例如，移动端的广告不仅可以有文字、图片，还有视频甚至是其他更新颖的形式，而且往往能够把各种营销形式巧妙地融合起来，通过更加生动的形式达到广而告之的目的。

优势	不足
资源的整合性、信息的开放性和共享性	信息易超载
成本低廉	缺乏体验感
较强的精准性	服务程式化
营销效果显著	产品质量难以得到保障

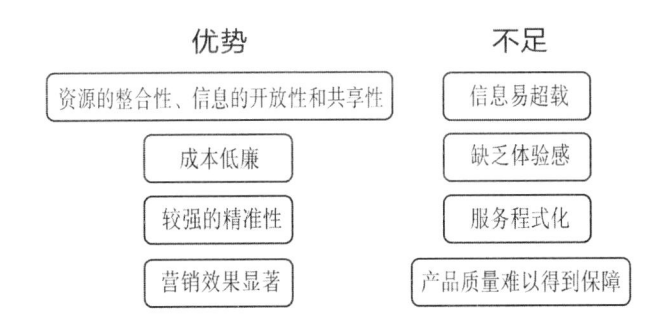

图9-14　移动营销的优势与不足

然而，移动营销也存在一些缺点。

第一，信息易超载。企业的移动营销推广突破了时间与空间的限制，实现了全天候、跨区域的产品市场推广，但是同样导致营销信息在移动终端无限制的传播的问题。例如大多数微商人员，每天至少发三次朋友圈，致使信息严重超载，消费者对重复相同的内容易产生疲倦与反感。

第二，缺乏体验感。体验经济已经成为社会发展的必然趋势，但线上营销依旧普遍缺乏体验感。

第三，服务程式化。越来越多线上商家为了节省时间，采取将消费者的相关问题程式化处理的策略，比如程序的自动回复，给出相关链接等。企业的线上服务正变得越来越程式化、机械化。

第四，产品质量难以得到保障。移动互联网背景下，产品质量引发的问题越发突出。

整合传播与管理专栏4：

六福珠宝差异化整合传播营销

一、企业介绍

六福集团（国际）有限公司成立于1991年，由一群经验丰富、成绩斐然的珠宝专才创办，并于1997年5月6日在香港联合交易所有限公司主板上市（股票代码：00590.HK），是中国主要珠宝零售商之一。公司及其子公司有五大运营分部：零售——中国香港、中国澳门及海外分部，批发——中国香港分部，批发——中国内地分部，零售——中国内地分部，以及品牌业务分部。六福集团主要从事各类黄金首饰、黄金装饰品、钻石首饰、翡翠、宝石及其他配饰之采购、设计、零售及批发业务。六福集团的企业愿景及品牌的核心价值是"香港名牌国际演绎"，六福集团一直尽心竭力、坚持不懈地使六福成为全球喜爱及认可的品牌。

二、优势发展

第一，品牌优势。品牌是消费者刻在心里的印记，是销售量的巨大保证，品牌可以为产品吸引消费者，可以提高消费者忠诚度，可以吸引人才加入，具有不可比拟的优势。珠宝首饰兼具装饰和收藏价值，单价昂贵，普通的消费者难以鉴别珠宝首饰的质量，因此消费者格外注重品牌的名气和历史，往往通过品牌的知名度来判断珠宝首饰。六福珠宝在我国珠宝首饰行业享有很高的知名度。六福珠宝的历史渊源悠久，追根溯源要从晋朝说起。西晋中期，善琢玉器的张璞闻名遐迩。到了唐朝，张璞的后人张宗义得到李世民器重，为长安城创造了不胜枚举的艺术瑰宝。宋明两朝，张家后人一直为宫廷制作珠宝首饰。清朝时期因宫廷变故，张家后人先后搬迁至广州和香港，开创"禧六福"金铺。千百年来，工艺世家张氏家族薪火相传，对珠宝首饰的设计和制作精益求精，也创造了六福珠宝悠久的历史和很高的知名度。一方面，基于自身特有的品牌优势，六福珠宝很容易吸引顾客前来购买，人们选择六福珠宝产品，亦是对六福珠宝品牌的认同。另一方面，品牌优势还体现在招贤纳士，优秀的人才出于对六福珠宝品牌的崇尚，愿意加入六福集团贡献一己之力，对公司越认同，对工作越会努力投入，给六福珠宝注入新的活力。

第二，资金优势。珠宝首饰行业属于资本密集型行业，对资本有很大的需求。《2019港股珠宝上市公司研究报告》指出，周大福、周生生、六福集团是目前规模最大、业务增长态势最好的三家企业。六福珠宝于1997年5月6日在香港联合交易所有限公司主板上市，上市以后经营良好，积累了大量的资金，合理安排利润，保留了充足的可用资金，资金实力可谓雄厚。近年来六福珠宝的资产总额、营业收入、净利润均呈现出逐渐上升的趋势。2019年3月31日，六福珠宝资产总额达144.24亿港元，与2017年3月31日的106.79亿元相比有了很大的提升，2019财年六福珠宝实现营业收入158.60亿港元，实现净利润14.93亿港元，均超过了2017财年和2018财年的数据。这几年六福珠宝无论是资产总额、营业收入还是净利润均呈逐年增加的趋势。

三、差异化跨越成长

与早年的短缺经济相比,如今的消费者选择余地非常之大,各类珠宝可谓百花齐放,但这也造成了目前市场上严重的同质化现象。在此背景之下,六福珠宝想要长远发展,首先应考虑创新。要想从珠宝首饰产品同质化的困局中突围出来,六福珠宝应当采取差异化的产品、差异化的质量、差异化的品牌和差异化的服务等举措。

第一,产品差异化。根据目前六福珠宝的产品类型,在原有的差异化营销的基础之上,需要制定更为详细的产品营销策略,产品的差异化则需要根据市场的需要来实施针对性的营销。高端珠宝首饰市场主要销售镶嵌宝石饰品和钻石饰品,这类产品的销售量少,但是毛利却很高,也因为其单价昂贵,存货周转率较低。中端珠宝首饰市场主要销售黄金和铂金饰品,黄金和铂金饰品的单价相对较低,更多的人具有消费能力,因而销量更高,存货周转率更高,但是毛利较低。六福珠宝要把握消费者的购买需求,蒂凡尼、卡地亚等国外知名品牌之所以能占据高端珠宝首饰市场,除了凭借品牌悠久的历史,很大程度上还因为它们出色的设计和工艺水平,在原材料的基础上有很多设计带来的溢价。高端珠宝首饰的购买者更加注重珠宝首饰的设计和品质,在同等价格的情况下设计和质量是其考虑的重要因素,对于高端产品线,六福珠宝应该格外注重产品的设计,牢牢把握流行趋势,在珠宝首饰的设计上不断推陈出新,同时在工艺上精益求精,彰显产品高端的品质。对于中端产品线,由于中端珠宝首饰的购买者主要是中产阶级或者工薪阶层,对价格有一定程度的敏感性,所以六福珠宝要有的放矢,注重中端产品线的保值增值性和性价比。

第二,质量差异化。珠宝首饰价格昂贵,其质量是所有消费者都关注的重点。六福珠宝质量差异化的首要目标是保证原材料及标志的真实性,创造优良的品牌口碑,让其他同行业竞争者难以望其项背。珠宝镶嵌是加工质量的关键环节。镶嵌质量主要取决于镶嵌师的操作水平和经验,镶嵌师不仅要具备娴熟的技术,还应了解珠宝的摩氏硬度、脆性等相关力学性质。此外镶嵌质量的好与不好也受配石和镶口吻合度的影响,配石太大就没有办法镶嵌牢固,配饰太小没法呈现出最佳效果。珠宝镶嵌质量好主要体现在牢靠、周正、平服三个方面。牢靠是评价宝石镶嵌质量最重要的指标,牢靠度需要进行一些外力的检验,施加外力的方式因镶嵌方法而异,如爪镶、轨道镶等采用加拉的方法进行牢靠度的检验,吸珠镶采用从底口顶的方法检验镶石是否松动,起钉镶、微镶等采用钢针点压的方法检验牢固度。周正是指珠宝在镶口中的位置对称且处于镶口的中央,从俯视角度看珠宝不能偏斜。平服指的是从侧面观察刻面型珠宝,其台面应该水平,从侧面垂直的两个角度观察珠宝,珠宝和金属爪、金属边有较好的对称性。群镶的各粒珠宝,各珠宝周边钉的大小要相同,在同一平面上的各宝石的台面应该处于同一高度。珠宝不能有划痕和缺口,金属托不能变形,金属托表面不能出现裂纹、划痕、断口等现象。首饰表面应该精细打磨,不能留下明显的铲痕和锉痕。六福珠宝应该在珠宝首饰质量方面追求极致,原材料求真,工艺求精,标示实事求是,用质量差异化在激烈的珠宝首饰市场中占据一席之地。

第三，品牌差异化。现在我国的珠宝首饰企业，已经渐渐由品牌竞争取代价格和产品竞争，品牌竞争的核心是品牌形象和价值，珠宝首饰企业必须注重对品牌文化的塑造。每一个珠宝首饰品牌，都有自己的故事和独特的品牌历史文化，我们可以把品牌文化理解成一个故事。故事营销的观点出，对于品牌的经营，不论是对外部还是企业内部，说品牌故事是沟通的好方法。根据STP分析，在市场细分的基础上设定目标市场后，应该深入调研目标市场消费者的文化心理，再将文化心理和商品的能效相联系，为品牌塑造出典型的文化特质。在竞争激烈的当前珠宝首饰市场，众多品牌林立，要从琳琅满目的品牌中凸显，让消费者鲜明地识别自己的品牌，就需要建立文化差异并让目标市场的消费者接受。品牌要打造特别的价值主张，给消费者提供深度的情感体验，进一步提升品牌的忠诚度。除了品牌文化之外，品牌的形象也非常重要。珠宝首饰企业要充分利用新闻、广告等载体，通过良好地宣传提升品牌形象，提高企业经济效益。

第四，服务差异化。珠宝首饰在销售前后都需要一系列的配套服务，提高客户的满意度，通过差异化的服务能够提升公司的软实力。六福珠宝除了做好销售、维修、保养、退换这些基础服务，还需要从消费者体验方面提供差异化的服务。首先，要推出个性化定制概念，迎合消费者。采用专业设计师一对一的定制服务，为消费者打造专属的个人珠宝，为消费者呈现个性之美。其次，为了维护消费者关系，让消费者能够不断地关注六福珠宝，要经常给顾客关怀，比如留下顾客的个人资料，在顾客的生日和结婚纪念日发送祝福短信或者赠送小礼品。发布新产品之后，给老顾客邮寄一份宣传册，让老顾客第一时间知晓。再次，在销售产品时可以给消费者讲述品牌文化、产品故事，让销售过程演变成一场珠宝首饰文化之旅，不管消费者最终是否购买都能学到一些珠宝知识，对六福珠宝的好感度也会升，为未来的发展打下基础。最后，注重细节。在发达国家，消费者购买钻石后都会去定期保养，而我国的消费者则没有这种保养意识，往往是钻石松动或者脱落了才会去门店咨询。六福珠宝可以定期醒消费者去门店对钻石进行保养，从细节提供附加服务，赢得市场竞争。

（资料来源：作者根据多方资料整理而成）

第四节　人员传播

人员营销传播是指通过推销人员深入中间商或消费者进行直接的宣传介绍活动，使中间商或消费者采取购买行为的促销方式。它是人类最古老的促销方式。人员营销不仅有利于传播企业产品信息、促进产品销售，而且在与客户进行人际交流过程中也有助于传播企业的价值理念。

一、直复营销

直复营销英文为Direct Response Marketing，使用多种广告媒体，使之相互作用于消费者，并通常需要消费者做出直接反应。它是迎合消费者个性化需求的产物，是企业传播个性化产品和服务的最优渠道。美国直复营销协会给出的定义是"一种为了在任何地点产生可以度量的反应或达成交易而使用一种或几种广告媒体的互相作用的市场营销体系"。

互联网作为一种具有交互式和双向沟通特点的渠道和媒介，它的广泛使用可以很方便在企业与客户之间架起桥梁。基于互联网的直复营销则更加符合直复营销的核心理念。这表现在以下四个方面。

第一，直复营销是一种企业与客户之间相互作用的体系，特别强调直复营销者与目标客户之间的"双向信息沟通"，以克服传统市场营销方式中的"单向信息交流"缺陷。

第二，直复营销活动的关键是为每个目标客户提供专门向企业营销人员反馈的通道。企业可以凭借客户反应找出相关活动的不足之处，为下一次直复营销活动做好改进准备。客户也可以高效地通过网络直接向企业提出意见和自身需求，也可以直接利用互联网寻求售后服务。

第三，直复营销活动中，强调要在任何时间、地点都能有效实现企业与客户的"信息双向沟通"。互联网使得客户能够在任何时间、任何地点直接且快速地向企业出需求和反馈问题。企业也可以利用互联网实现低成本的实现跨时空同客户的主动双向交流。

第四，直复营销活动最重要的特点是活动的效果是可测定的。互联网作为最直接、最便捷的沟通工具，也是为企业与客户实现交易提供沟通支持的平台。通过数据库和网络控制技术，企业可以非常方便地处理每一个顾客的订单和诉求，而不用顾忌客户的规模大小、购买量的多少。这要归功于互联网的沟通成本和信息处理成本非常低。

直复营销主要有以下特点（见图9-15）。

第一，目标客户选择更精确。销售人员可以从数据库中的客户列表和相关信息中选择潜在客户作为目标客户，然后与单个目标客户进行直接沟通。使目标客户准确，沟通也有针对性。

第二，强调与顾客的关系。在活动中，销售人员可以根据每个顾客的不同需求和消费习惯，采取有针对性的营销策略。从而与客户形成一对一的双向沟通，与客户形成并保持良好的沟通关系。

第三，激励客户立即反应。通过集中精力刺激广告，促进即时行动，同时为顾客提供最便捷的及时反馈方式，实现人性化的直接沟通。

第四，营销策略的隐蔽性。直复营销策略往往是在低调中进行的，不容易被竞争对手注意到。竞争对手是否了解他们的营销策略并不重要，因为直复营销广告和销售同时发生。

第五，关注客户终身价值和长期沟通。把企业的客户（终端客户、分销商、合作伙伴等）作为企业最重要的资源。

直复营销的特点	目标客户选择更精确
	强调与顾客的关系
	激励客户立即反应
	营销策略的隐蔽性
	关注客户终身价值和长期沟通

图9-15　直复营销的主要特点

按照不同的营销方式，直复营销可以分为以下几种（见图9-16）。

直复营销的种类	直接邮寄营销
	目录营销
	电话营销
	电视营销
	平面媒介营销
	广播营销
	网络营销

图9-16　直复营销种类

第一，直接邮寄营销。营销人员直接向目标客户发送信件、样品或广告产品。可以从非竞争企业租赁、购买或交换目标客户列表。在实际使用这些单子时，要避免同一邮件超过两次给同一客户的现象，引起客户反感。

第二，目录营销。目录营销是指营销人员向目标客户邮寄目录或准备目录供客户随时收集。

第三，电话营销。电话营销是指营销人员通过电话向目标客户进行营销。

第四，电视营销。电视营销是指营销人员在电视上介绍产品或赞助一个特别节目来推广产品的营销活动。

第五，平面媒体营销。平面媒体营销通常是指在杂志、报纸和其他平面媒体上的直复营销广告。通过鼓励目标客户通过电话或回复订购来增加销售量。

第六，广播营销。广播营销可以作为直接回应的主要媒介，也可以与其他媒介一起收集顾客的反馈。随着广播事业的发展，广播电台越来越多，专业化程度越来越高。一些广播电台甚至专门针对一特定的细分群体，为销售人员提供了找到准确目标定位的机会。

第七，网络营销。网络营销人员通过互联网和现代电子通信手段进行营销活动。随着移动互联网的迅速发展，企业与消费者之间可以实现实时的沟通和反馈。网络直销与传统营销媒体相结合，为企业拓展了更广阔的发展空间。

采用直复营销有效地降低了客户的成本、提高客户时间效率以及满足客户个性化需求。直复营销省略了中间经销商加价环节，从而降低了商品价格；同时，顾客无须出门便可实现购物，他们的时间及精力成本几乎降为零。

社会经济的发展使人们越来越愿意把宝贵的时间投入到学习、工作、交际等更有意义的事情中，而非缺乏效率的逛街购物。直复营销电话（或网络）订货、送货上门的特点则为顾客追求时间效率的购物倾向提供了极大的支持。

通过直复营销，生产企业可根据每位客户的特殊需求进行产品定制，从而为客户提供令其满意的商品。直复营销的优势如图9-17所示。

直复营销的优势	降低客户的成本
	提高客户时间效率
	满足客户个性化需求

图9-17　直复营销的优势

整合传播与管理专栏5：

碧桂园整合传播营销持久发力

碧桂园集团1992年在广东顺德成立，成立之初仅仅是顺德本土的一家小型地产开发商和建筑施工企业，经过十几年的快速发展和成长，碧桂园集团得到了广大投资者和资本市场的广泛认可。2007年4月20日，碧桂园集团在香港联交所上市成功上市。2019年，碧桂园股票又被香港联交所纳入中国内地企业股票指数成分股，成为联交所恒生指数十分重要的蓝筹股。随着改革开放新征程的开启，碧桂园集团取得了进一步的傲人成绩，2017年碧桂园全年权益销售额排名国内开发商第一名，之后连着三年都位居销售排行榜第一名。企业已经发展为年营销收入超过7000亿元的超大型地产综合开发企业。至2020年，碧桂园集团已经连续第四年入选美国Fortune杂志评选的"世界500强"企业。同时，碧桂园集团也是中国地产行业开发商三强之一。2019年，在英国知名的企业品牌研究机构Brand Finance评选的世界企业品牌价值榜单中，碧桂园集团位列102位，位居中国地产开发商综合品牌价值前列。持久发力成功的整合营销战略措施有以下几点。

第一，在标准化营销管理及全产业链开发模式的基础上，实现成本优化战略。在竞争越来愈激烈的当下，应实现降费增效，提升项目全周期竞争力，结合客户的敏感点及市场布局的具体情况，在公司营销标准化的前提条件下，实施成本优化及小货值打法的营销策略。碧桂园标准化是成本优化战略的保障基础，其实施可进行风险管控和实时预警，项目可实现快速开发销售，对企业营销价值链进行有效整合，这种集约化的管理可实现最大化地追求市场份额及规模，同时得益于碧桂园全产业链生态圈开发模式的布局，使其地产业务的各道工序都能够进行标准化的管理，配合生产运营的强管控体系，碧桂园整体的生产运营效率得到大大提升，最终可实现低成本和快速度开发的经营目标。

第二，以客户需求为基础的产品力升战略。当下的消费者更注重个性化及定制化的绿色住宅，碧桂园应在其"好房子"及"星、府、云、天"系产品的基础上，研发可变成长型健康住宅，在保证动静分区、南北通透、四开间朝南等优势的前提下，通过隔墙改造，将两房变三房、将三房变四房、将四房变五房，从而满足住户不同阶段的居住需求。同时持续关注产品装标细节的提升，如碧桂园集团自主研发的防臭专利地漏产品，可以很好地用于解决污水管道密封性差的问题，从而起到抑制病毒活性的作用。在产品设计上要关注室内生态系统、生态环保材料的使用、收纳系统及智能化系统，不断基于客户的敏感点提升产品设计。

第三，以客户服务为中心，结合大数据有效挖掘客户价值，深入实践体验式营销战略。良好的客户价值管理，一方面能够为企业带来稳定的客户群体，从而有效地降低企业的营销风险；另一方面能够提升企业的市场竞争力，为企业带来持续的盈利能力。房地产供需关系反转后，客户的决策周期拉长后，线上成为客户一个非常核心的决策场景，碧桂园凤凰云平台实现了线上线下营销整合打通，最终实现营销全链条的数字化。以客户服务为基础数字化营销可以通过大数据及时检测整个营销行为的效果，准确进行营销数据的分析，针对客户的敏感点进行精准的客户定位，并通过场景化及互动式的销售动线，实现线上线下体验式营销策略，让消费者从理性思考转变为感性思考，从而愉悦地购买产品，助力品牌树立良好的口碑，同时可以降低成本、节约资源，系统性的提升整个营销运行效率。

第四，以客户价值管理为核心，全面实施全民营销战略。碧桂园在客户价值管理中，非常注重对老业主的组成进行深挖与分析，在此基础上开展市场营销工作。通过全民营销平台来撬动内部员工及老业主等社会人士的资源，从而促进老带新成交，强化该渠道的带客效果及转化率，尤其是在当下的地产白银时代，刚需产品越来越占市场的主流，据凤凰通后台数据统计显示，全民营销的销售模式对刚需小户型产品的销售更具吸引力。碧桂园通过凤凰通APP平台，整合集团内部深度资源，协同区域导流，实现全方位的信息覆盖，引发广域性及全民性的参与度，以开拓新客户，并引导购房客户到现场看房，从而打通凤凰通线上与营销中心线下的互动流量闭环，成功实现线上的宣传导流作用。这种全民营销战略助力于营销降本增效的实现，尤其在一城多碧的情况下，兄弟项目通盘通卖地缘辐射放大推介量，使得凤凰通效用最大化。另外，碧桂园的凤凰通平台可以加强与外界商家进行跨界合作与战略联盟，围绕客户需求联动其他行业平台进行资源共享，互利共赢，最终将把碧桂园凤凰通发展成为行业内一个以业主住房需求为中心的综合性提供美好生活的互联网平台。

第五，基于同心共享及成就共享的价值双享制度及营销人才保障机制体系，激发营销管理人才的培养。人力资源是企业的第一核心资源，成就共享和同心共享的合伙人制度极大地激发了员工的工作积极性及主人翁意识，从而改变了公司职业经理人管理团队的心态，使得开源节流、大胆创新及可持续发展的经营理念自然的融入日常营销运营管理中，快速提升了营销管理工作的效率，大大提升了员工的主观能动性及稳定性。碧桂园始终注重打造雇主品牌形象、注重优化人均效能、加强人才发展与培养的全流程管控、持续提升专员专业及综合素质能力，为集团不断输送优秀的营销管理人才。

第六，基于碧桂园的企业文化及社会责任，最终实现营销的可持续发展战略。碧桂园营销的可持续发展战略充分体现碧桂园集团的环境保护意识及企业的社会责任感，这一战略顺应了后疫情时代的市场需求，从产品定位到生产营销，每一个过程都应更多考虑该产品在生产与使用过程中是否破坏生态，是否污染环境，是否有益于人体的身心健康。"希望社会因我们的存在而变得更加美好"，作为集团发展的最终目标，碧桂园的企业责任感和社会使命一直是集团核心领导层首先考虑的问题。近年来，响应国家号召，集团上下积极投身公益事业，以产业建设来根本解决贫困问题，在全国多地开展新农业产业建设，提供大量的就业岗位，从根本上协助国家扶贫工作，博智林机器人产业则让机器人像生产汽车一样，进行流水线标准化地建房子，不仅可以让建筑工地实现零伤亡、好效益、高标准、高质量，而且能从根本上解决房子的人员安全和产品质量问题，从而大大地提高劳动生产率，实现成本优化策略，最终实现企业、社会、消费者及环境利益的和谐统一，使企业可持续健康地发展。

（资料来源：作者根据多方资料整理而成）

二、设计销售团队

首先，销售队伍的结构。企业可以按照产品线种类不同来划分销售队伍的职责。主要有以下四种结构设计（见图9-18）。

第一，区域式销售队伍结构。在区域式销售队伍结构下，每一个销售人员都会被指派到一个特定的地理区域，并向这个市场区域内的所有客户销售企业的所有种类的产品及服务。企业会明确定义每个销售人员的工作任务和固定的职责。这样的安排有利于也激发销售人员同当地客户建立长期的友好商业关系并提升销售人员对销售绩效的热情。

第二，产品式销售队伍结构。作为销售人员必须了解自家的产品，尤其是当产品种类繁多而且复杂时更是如此。许多公司在设计销售队伍结构时采取的是一种产品式销售队伍结构，即把销售人员按照产品线的不同进行分配。

第三，客户式销售队伍结构。越来越多的公司开始采用客户式销售队伍结构设计，将销售人员按照客户或者行业属性进行划分。针对不同行业的客户、现有客户和潜在客户，以及大客户和普通客户等，公司专门组建独立的销售队伍。

第四，复合式销售队伍结构。当企业在广大的市场区域内向不同的客户销售种类复杂的产品时，它通常会将上述几种类型的结构结合在一起来设计销售队伍结构。

公司应当每隔一段时间就他们的销售队伍结构进行重新评估，以确保它们可以时刻满足公司与其客户的需求。

销售队伍的结构	区域式销售队伍结构
	产品式销售队伍结构
	客户式销售队伍结构
	复合式销售队伍结构

图9-18 销售队伍的结构

其次，销售队伍的规模。销售团队对于公司而言是最富生产力的，同时也是最宝贵的核心资产之一。因此，确定合理的销售团队规模十分重要。按照工作量法来确定销售队伍的规模是很多公司的常用方法。它是指将公司的客户按照规模、重要程度或其他影响维系客户所需的工作量的相关因素分类，然后确定对每一类的客户完成预定拜访次数所需要的销售人员的数量。除此之外，营销经理还面临销售队伍的结构设计的其他问题：一是内勤和外勤销售人员问题。企业可以通过外勤销售人员（或现场销售人员）销售产品，也可以通过内勤销售人员，或者两者共同使用。外勤销售人员负责外面奔波，拜访客户。内勤销售人员在公司场地内办公，通过电话、网络或者接待客户来访来完成销售任务。二是团队销售问题。当自身产品越来越复杂、客户规模变得更大并且需求越来越多样时，一个单独的销售员很有可能无法独自满足一个大型客户的所有业务诉求。销售团队可以解决单个销售人员无法处理的问题、找到合适的解决办法以及发现新的商业机会。然而，这样的一个团队可能需要企业的各个层次、各个领域的能手——销售、运营、营销、技术与服务支持、研发及其他部门共同组建而成。

三、管理销售团队

销售队伍管理是指对销售人员营销活动进行分析、计划、实施和控制的过程。它的具体内容包括设计销售队伍的战略和结构、对公司的销售人员进行招聘与筛选、培训、报酬、督导和激励，如图9-19所示。

销售人员的招聘与筛选 ⇒ 销售人员的培训 ⇒ 销售人员的报酬 ⇒ 销售人员的督导和激励

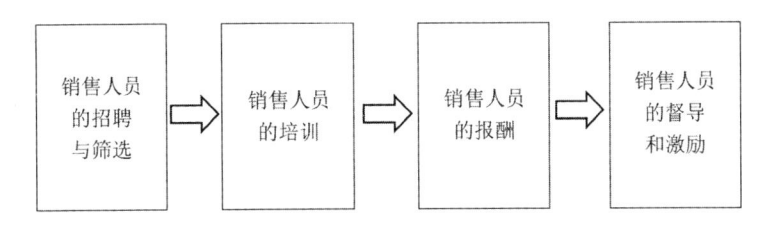

图9-19　管理销售团队

第一，招聘与筛选。在团队销售中，排名前30%的销售人员能够带来的是团队总销售量的60%。因此，仔细挑选销售人员对于提高整体的销售业绩有着巨大帮助。除了业绩上的差别之外，招聘不力还将导致销售部门的人员流动率居高不下，给企业带来巨大的成本损失，包括重新寻找并培训一个新的销售人员及离职后带来的销售损失。此外，过于频繁的人员流动也会导致破重要的客户关系被破坏。

第二，培训。接受培训对于新的销售人员十分重要。销售人员的培训通常占据着企业培训预算的绝大比重。培训要付出较大的成本但也能给企业带来巨大的回报。

第三，报酬。为了吸引优秀的销售人员，公司必须设计一个富有吸引力的薪酬结构。薪酬一般由固定工资、销售提成、费用报销及员工福利组成。固定工资，也称底薪，它是销售人员的基本收入。提成则可能是以销售绩效为基础的佣金或者奖金，是对努力销售的回报。

第四，督导和激励。对于一个销售人员，还需要进行督导和激励。督导的目的是帮助销售人员"聪明地工作"，用正确的方法完成正确的工作；激励的目的是让销售人员"努力地工作"，达成销售目标而努力。如果一个销售人员不仅聪明地工作，而且努力地工作，他的潜力将会被最大地发掘出来，对销售员自己意味着收入的增长，对企业意味着利润的增加。

图9-20显示了销售人员怎样分配他们的时间。平均而言，实际上销售人员在积极销售时间仅占总工作时间的11%。如果这部分时间的比例能够从11%上升到33%，销售的时间便是增长至3倍，这对企业的好处是显而易见的。因此，企业总是在不断寻求节省时间的方法。例如，简化行政职责、制订更优的销售拜访和路线计划、提供更多且更精准的客户信息、使用电话或者视频会议替代出差等。

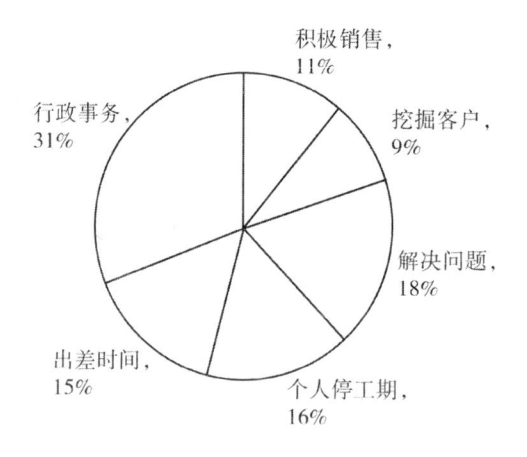

图9-20 销售人员如何分配他们的时间

管理人员在确定销售人员的任务及相关激励的过程中需要反馈，而良好的反馈意味着可以经常获取到关于销售人员的信息，从而对他们开展评估工作。

来自各种渠道的各类报告和信息，构成了管理者对个体销售人员进行评估的依据。管理者主要的评估内容应当是销售人员制订并执行计划的能力。正规的评估要求管理者开发并向销售人员传达明确的判别绩效标准，这样既可以为销售人员提供具有建设性的反馈意见，还可以能激励他们更加努力地工作。

第五节　整合传播管理

随着我国社会经济的稳定快速发展，中等以上收入人群在不断增加。收入增长便会刺激消费的增加。与以往不同，80后、90后所倾向的消费领域也不仅仅限于物质层面，他们更多地追求精神方面的享受。80后和90后作为在互联网时代成长的一代人，在消费上更加注重的新鲜感和体验感。他们进行消费时更加依靠感性思维来给产品赋予价值，而非过分倚重产品质量。因此，满足消费群体的新鲜感和体验感尤为重要。作为企业，对大趋势的把握是十分重要的，这是做好营销管理的重要参考。

企业要想做好整合营销传播管理首先要对当前营销管理中存在的不足有清醒的认识。在当前企业营销管理工作开展中，由于企业管理工作落实和规划的需求不同，所以往往导致不能为营销管理提供帮助。营销管理理念得不到落实，便影响了企业营销管理效果。营销形式的确定是非常关键的，需要对其进行科学的分析。但是大部分企业营销管理工作中，对于营销形式的认识还存有明显的不足，不利于进行营销工作的实施。营销方案是企业整合营销管理中有着较为关键的作用。但很多企业在整合营销工作中，并没有对营销方案进行确认，从而到导致在企业整合营销工作中的指导没有针对性。完善的市场营销宣传方案制订非常重要。企业往往忽视了它的作用。不仅使得企业整合营销管理工作实施受到阻碍，更是影响了企业自身的发展。企业可以从以下几个方面加强整合营销管理。

第一，树立实事求是、与时俱进的市场营销观。企业要在变化莫测的市场环境中获得良好发展，必然要树立符合市场实际的营销观念。这样一来，不但能够提升企业对市场的适应度，而且有助于了解消费者的需求与偏好，及时调整自己的产品和受众，实现精准营销，满足消费者需求。

第二，实时监控市场动态。企业的整合营销管理一方面是从市场本身的角度出发的，因此整合营销管理必须全面、实时地了解市场的动态和变化，并根据市场的变化及时进行调整和优化。另一方面，企业营销管理的核心在于"营销"，营销的目标是消费者。消费者的需求是多样化的，他们的偏好受到许多因素的影响。对企业实时监控市场动态，获取市场和消费者数据具有重要意义。具体来说，企业可以积极开展市场调研，通过问卷调查、走访等形式深入消费者内部，了解市场动态和消费者需求变化，为整合营销管理提供正确决策依据。

第三，推动企业营销管理优化、革新。科学的营销管理可以推动营销传播活动取得良好效果，反之则会导致效果不佳。因此，必须优化、创新市场营销管理，促进营销活动内部机制完善、外部运营顺利。具体来说，在进行管理时，要将营销整体过程、市场信息及消费者需求三者紧密结合起来。除此之外，要加强企业各个部门之间的沟通、协调配合，以求营销活动的顺利完成。

第四，提升营销管理人员的能力，培养营销管理人才。树立以人为本的观念，这是因为一切营销工作都是营销管理人员来完成的，先进的管理理念也都是营销管理人员来实现的。市场竞争越发激烈，营销管理人员的水平将直接决定营销的水平甚至是企业的总体收益。因此，企业要把握管理变革的机遇，加大高素质营销管理精英的培养。既可以通过企业内训来实现，也可以借助外部优秀培训师的力量。此外，企业还应重视对人才的管理，打造一支优秀的管理人才队伍。

总而言之，企业要重视整合营销管理，通过发现存在的管理问题，及时根据市场以及自身情况调整管理战略，如此才能在市场激荡中获得可持续发展优势。

章末案例
....

安踏多品牌整合传播战略

一、公司简介

安踏公司1991年成立，从工厂作坊开始，1997年创立了安踏品牌，2007年成功在香港交易所上市（股票代码：02020.HK）。2000年安踏第一次开启了体育明星代言、央视广告投放的营销策略，当年拿出全年利润的70%，押注国家乒乓球队孔令辉，时年孔令辉取得奥运会冠军，个人影响力带来代言品牌影响力的巨大提升，营销策略获得巨大成功，伴随着品牌营销的成功，迎来了安踏的高速增长期。此时，国内运动鞋服企业不同品牌的产品定位、客户定位、营销策略都大同小异，竞争激烈，安踏率先谋求突破，2009年，从百丽手中收购了意大利时尚运动品牌斐乐的中国运营权，填补其了高端品牌的空白。经历了品牌整合的10年，斐乐在中国取得了巨大成功，2018年销售流水已经突破了100亿元，年复合增长率超过60%，斐乐的成功，一方面稳定了公司在安踏主品牌增长趋势放缓带来的业绩压力，另一方面也给公司收购其他品牌提供了信心。尝到斐乐给业绩增长带来的甜头后，安踏又频频出手，进行品牌收购，2018年年底形成了9个品牌的多品牌公司。

安踏公司目前的业务模式包括批发和自营零售两种业态，其中安踏主品牌采用的是以批发为主的经营模式，斐乐等其他收购品牌采用的是完全自营零售的模式，不同品牌间的管理相对独立，有各自成套的组织架构支撑业务运作。

从市场表现看，以运动鞋服公司市值为指标，安踏公司目前市场突破1000亿元人民币，是仅次于耐克、阿迪达斯，排名全球第三的运动品牌企业，公司价值和品牌价值优势明显；2018年，经营流水在国产运动品牌中遥遥领先于其他品牌，也仅次于耐克、阿迪达斯、彪马等少数几家国际品牌。

二、发展期遇瓶颈

第一，国家产业政策层面。大力推广全民体育健身被纳入国家战略层面，致力于促进国内体育产业良性发展。2014年10月，国务院下发《关于加快发展体育产业促进体育消费的若干意见》，开启促进体育运动产业高速、深化发展的大幕，被视作国内体育产业里程碑式文件。随着北京申办2022年冬奥会的成功，国家又密集出台了许多利好政策，吸引社会资本进入，加快行业发展，体育产业受到政府和企业以及资本界的看好。2019年1月15日，体育总局、发展改革委印发了《进一步促进体育消费的行动计划（2019—2020年）》，提出到2020年，全国体育消费总规模达到1.5万亿元。2019年6月国家九个部门联合印发了《冰雪装备器材产业发展行动计划（2019—2022年）》，在重点任务中提到要加强企业品牌培育，做强做大龙头企业，鼓励通过跨地区、跨行业、跨领域的联合、兼并、重组、上市等方式，积极培育技术创新能力强、综合实力过硬的冰雪装备器材龙头企业，构建全球性的研发、生产和经营体系，还要引导企业分工专业化、产品梯次化，专注于细分产品市场拓展、产品质量提升和名优品牌培育。

第二，行业市场层面。运动服饰具有功能性与专业性的标签，近10年来随着全球运动时尚之风愈演愈烈，消费者对于运动服饰的认识不断刷新，从而形成广义的"运动风"，对运动服饰的消费偏好加剧，再加以中国为主的新兴市场运动鞋服渗透率提升，以及众多有影响力赛事的不断推动，运动服饰成为服装行业中增长最为亮眼的品类之一，2018年市场规模约为2308亿元，较上年增长了11.0%。此外，随着"体育休闲"潮流的快速变化，以及市场对"差异化""高端化"体育产品需求的增加，要求运动服装企业需要通过多维度、全品类地满足消费者对不同种类运动和生活的需求。

目前国内具有影响力的运动鞋服品牌主要有20余家，运动鞋服市场基本形成了国际品牌与国内品牌两分天下的局面。以耐克和阿迪达斯为代表的国际知名运动品牌凭借其雄厚的资金实力、前沿的设计理念和强大的品牌推广与市场营销能力，占据了一线城市运动鞋服市场的领导地位。安踏、李宁、特步、361度等近年迅速崛起的民族品牌已经逐步建立起完善的营销网络，在二线、三线、四线城市运动鞋服市场优势尤为突出，但也形成了激烈地竞争，尤其在品牌定位、产品设计差异不明显的情况下，陷入了价格战，影响了企业的整体盈利水平。

受益于终端消费的逐渐复苏，已进入转型调整期，面临着消费不断升级、需求趋向多元的新变化，促进了运动服行业逐渐细分，以满足不同人群的需求，出现了专业运动、时尚运动、潮流运动等不同偏好的演绎。

第三，竞争对手。国产品牌持续发力，以李宁为代表，近两年增长强劲，尤其是抓住运动潮流的风向，推出的中国李宁系列服饰，通过纽约时装周的品牌营销推广，以及其自带的民族品牌感召力，重新赢回消费者的信任，特步等其他品牌也紧紧抓住细分品类市场，通过赛事赞助抢占生意，在跑步鞋品类具有很强的品牌竞争力；同时，国际品牌耐克、阿迪达斯，也开始注意到国产品牌的竞争压力，开始放低身段，通过折扣形式，打压国产品牌，安德玛、斯凯奇等品牌开始进入和加大在中国市场的开拓。在目前国产运动品牌科技和研发投入尚无法与国际大牌抗衡的情形下，一旦国产品牌丧失了明显的价格优势，客户很容易流失。2016—2018年，耐克大中华区的营收同比分别增长27%、17%、18%，2018年更是突破50亿美元的营收大关。阿迪达斯在2018年第三季度财报中宣布，大中华区已连续11个季度销售额增速超过20%。后起之秀如彪马、新百伦、Asics也收获颇丰，2017财年Asics的中国区销售额大涨34.5%。

第四，主品牌增长放缓，同质化竞争激烈。安踏主品牌定位的是成为消费者买得起的运动品牌，侧重性价比，面对的主要是中低端市场，这与国内主流的运动品牌定位基本重合，如特步、361度、匹克、鸿星尔克等，尤其在三、四线城市的竞争尤为明显，竞争品牌间的产品功能、产品设计、定价策略并无明显的差异，同质化竞争激烈。安踏虽然得益于2012—2013年相较其他品牌快速的摆脱"库存危机"，实现零售转型，通过门店的大量扩展和高效的执行力，成为第一个实现国产运动品牌流水突破百亿元的企业，但是近年来也呈现增速放缓的情形。从最近展示的2019年第一季度上市运动品牌公司经营数据来看，在各家的主品牌中，李宁增速最快，李宁销售点（不包括李宁YOUNG）于整个平台的零售流水以20%~30%低段增长，特步线上线下零售销售增长20%，安踏品牌产品的零售金额一季度同比仅获得10%~20%低段增长，安踏的增速已经低于主要竞品的速度，这是安踏主品牌需要面对的现实。过往安踏的增长，很大一部分原因是因为销售门店的扩张，通过地域覆盖来扩大销量，2018年已经突破了1万家门店，规模已经十分庞大，再依靠简单的门店扩展，效果不一定理想，甚至会产生门店之间的不良竞争。而且随着电商的快速发展，已经很大程度打压了线下实体门店的业绩，传统的街铺业绩下降明显。在渠道优势弱化的情况下，品牌的竞争就更为重要。

第五，品牌形象短期内难以转变。安踏主品牌的定位已经在消费者心中形成了比较固定的标签，通过设计创新、传播推广，短期内无法改变中低端的品牌定位。而中国新生一代的年轻群体，他们在追求个性、时尚，这些元素很难在消费者心中产生对安踏品牌的联想，从行业研究也表明，运动服装也在朝着运动时尚和高端专业方向发展，这些恰恰是国际大牌所擅长，因此安踏公司如果仅仅依靠主品牌，将会遇到增长瓶颈，甚至因为没能快速地捕捉住年轻一代的消费者，而逐渐被品牌边缘化。

安踏原来奉行的一直是让消费者买得起的价格理念，但是随着业绩的快速增长，对其他国产品牌形成了销量优势后，试图开始往高端价位发力，2017年年末，安踏公司对主品牌进行了重新定位，推行"高值感"，把过去消费者"买得起"的品牌转化为消费者"想要买"的品牌，但是在整体品牌建设尚未跟上的情况下，大部分消费者还是停留在安踏是相对平民化产品的认知上，简单的通过砍掉低价位产品，提高高价位产品的销售占比，来试图提升"高值感"，但产品功能和设计并未有明显的突破，并未得到市场的预期反应。相反，因为整体销售价格的提高，流失了一部分消费者，部分品类的产品客单量在下降，客户的流失对品牌的长远发展是致命的。

第六，产品创新不足。安踏虽然持续对研发创新进行投入，设立有创新实验室，开发了虫洞科技、羽翼科技等技术，但目前市场上整体反应平淡，很多消费者并不认为这些属于新科技，相比较于耐克、阿迪达斯强大的研发能力和大量的运动员测试数据，并不具备任何优势，难以在消费者面前产生强大的冲击力。另外，国产运动品牌在技术创新方面，相比国际品牌有个明显的资源短板，那就是专业运动员的基础运动数据，目前篮球、足球两个受众群体最广的运动项目，顶级运动员和赛事基本被耐克和阿迪达斯收入合作范围,他们可以依托大量的专业运动员实战数据的积累和测试,通过他们设立的科学实验室,进行技术革新,颠覆市场产品,最经典的案例是耐克的气垫技术,颠覆了传统的胶底,是耐克确立篮球鞋市场霸主地位的核心科技。

在设计创新方面,安踏设立了美国、日本等全球五大设计中心,高薪引进了国际设计团队和人才,但在原创设计创新上,也并无特别突出的持续爆品,我们看到,目前安踏在市面上销售业绩出色的单品,多数是通过IP联名,如2018年推出的NASA鞋,是和美国NASA协会的联名IP。IP联名并不能完全反映企业的自主设计能力,消费者购买意愿是基于联名IP的强大号召力,无法有效提升本品牌的知名度。

三、多品牌战略发新芽

基于目前多品牌矩阵,2019年,安踏内部对品牌管理进行了重新划分,依据品牌的主要产品定位,形成了专业运动品牌群,包括安踏、安踏kids、Antaplus、斯潘迪、NBA;时尚运动品牌群,包括斐乐、小笑牛;户外运动品牌:迪桑特、可隆;国际运动品牌群:亚玛芬旗下品牌。

安踏品牌的多元化由来已久,除了安踏主品牌外,旗下品牌运作最成功的应属斐乐品牌。2007年,斐乐将其在中国区(包括香港、澳门地区)的权益以4800万美元的价格转让给了百丽国际。在运动产品市场上,一直依赖于耐克、阿迪达斯两大品牌代理销售的百丽希望能培养自有的运动品牌。但在2007—2008年度,斐乐品牌中国业务先后亏损1096万元及3917.8万元。2009年,安踏花费3.32亿元人民币从百丽国际手中接过了这一权益,弥补了集团此前在高端运动消费品市场的空缺。另外,高端品牌斐乐的品牌形象与安踏相去甚远,如何维持其在中国市场的地位对安踏来说是一大挑战。安踏公司对斐乐品牌培育的成功,总结主要有以下几个方面。

第一,抓住消费者偏好,精准定位。自2009年收购斐乐在中国的业务后,斐乐一直以高端运动时尚服饰品牌定位,瞄准年龄介乎25~45岁的高端消费群,通过不同的产品系列,为消费者带来具有特色和差异化的时尚运动产品。

第二,设计驱动产品创新。邀请了数位知名设计师参与产品的设计。纽约华裔时装设计师Jason Wu(吴季刚)与斐乐一直有着稳定的合作。此外,斐乐还和美国设计师Ginny Hilfiger、Phillip Lim创始人林能平展开合作。它与这三位设计师先后推出了Jason Wu X FILA、FILA Modern Her-itage和FILA X 3.1 Phillip Lim系列。这些经知名设计师之手推出的服饰,保证了斐乐的品位和调性。斐乐还向下裂变出两个子品牌——FILA FUSION和FILA KIDS,完善了产品线。

第三,宣传效应配合与中国影视红星合作,成功将品牌形象进一步提升,加强品牌在市场的认知度;2018年通过米兰时装周,向全球时尚领域大胆发声,赋予FILA百年历史全新的活力与生命,糅合品牌的过去与未来,呈现出意式经典与当代高级运动时尚的完美融合。

第四,组织和经营模式优化,大胆进行人事改革,品牌管理团队主要引进了国内外具有国际化视野的高端管理人才，零售团队选用国内的高效执行团队，通过国际和国内人才的合理搭配，形成了具有很强战斗力的组织。同时抛弃了安踏品牌的代理批发模式，实施纯直营的经营策略，统一品牌形象、渠道和定价。

安踏体育董事会主席丁世忠向记者称："斐乐是安踏集团2018年增长最快的一个品牌，斐乐相关的约1600家店在集团贡献相当大。国内也有一些店铺数量和我们差不多的友商，但是效益还不到我们的一半。"斐乐已经成为安踏品牌矩阵中的重要棋子，2018年，斐乐相关门店增长了566家，与安踏集团的主品牌安踏全年新增门店数量590家旗鼓相当。

斐乐的成功，也说明多品牌策略的可行性，2016年正式发布公司的核心战略"单聚焦、多品牌、全渠道"，此后，一系列新品牌的收购，正是朝着多品牌的总体战略进行布局。总结经验，多品牌成功主要是两个方面：一是清晰的差异化定位。安踏和斐乐两个品牌可以实现很好的互补作用，两个品牌定位清晰，安踏主攻中低端的大众消费者，商品定位为专业性功能性产品，斐乐主攻高端消费者，商品定位为时尚运动。斐乐的成功运营，弥补了安踏品牌在高端和休闲运动领域的空白，填补了主品牌的市场缺陷，带来了丰厚的业绩回报。二是资源协同，安踏品牌的优势在于高效的团队执行力，斐乐品牌的优势在于国际品牌的市场号召力，两者结合，就产生了良好的市场效果，典型的是东北的斐乐运营模式，就是利用安踏已有的丰富渠道网络和高效的零售团队，迅速开拓市场，目前东北市场仍是斐乐业绩最突出的地域。

四、未来发展展望

如果要把脉安踏的未来，则要在"单聚焦、多品牌、全渠道"的战略基础之上加上四个字"协同孵化"。协同能力就是各品牌、各业务单元、各部门不再是单兵作战，而是相互作用、相互赋能的共同体。为了取得更大的规模效益，安踏需将"孵化"的概念引入这一平台，这一平台也将成为安踏集团化架构的新的竞争优势，多品牌形成的涵盖供应链、电商、物流、财务等数个共享协同孵化平台，平台形成的"公司孵化器"优势，不单推动新品牌快速成长，更能优化资源分配，推动了各品牌的互利共赢，这个可能是推动公司未来发展的高速公路。

当然，协同孵化的作用是为了搭建平台，而真正要转化为业绩则需要把产品销售给消费者。安踏集团旗下多品牌贯彻"以消费者为核心"的价值零售，"为消费者创造更多的价值"是安踏高管定义未来品牌成功的路径。并通过强化终端价值、商品价值、品牌价值、文化价值这四大价值，提升品牌和商品的实力。

它的多品牌战略无疑是成功的，这种成功分为两个层面：一是财务账面的经营数据，国内运动服装品牌市值第一、销售流水第一、净利第一；二是无形资产的增值，即品牌资产，积累了大量的消费者资源，覆盖了宽泛的消费阶层和细分市场，为企业的可持续发展奠定了坚实的基础。

斐乐品牌是安踏品牌运营的经典案例，通过斐乐品牌重塑抓住消费者偏好，精准定位，为消费者持续带来具有特色和差异化的时尚运动产品；通过设计驱动产品创新。邀请了数位国际知名设计师参与产品的设计，保持了产品的高品位，与品牌调性保持一致；通过与中国影视红星合作，成功将品牌形象进一步提升，加强品牌在市场的认知度；优化组织和经营模式，大胆进行人事改革，引进了具有国际化视野的高端管理人才，通过国际和国内人才的合理搭配，形成了具有很强战斗力的组织，同时实施纯直营的经营策略，统一品牌形象、渠道和定价，使得品牌公司更能掌控品牌，贴近消费者。

（资料来源：作者根据多方资料整理而成）

本章小结

营销是让企业产品和服务与特定消费群体进行匹配的重要手段，对于企业的生存发展有着重要的作用。本章从整合营销传播为起点，介绍传统大众传播营销的各种手段及相关特点，又对数字化营销传播进行详尽叙述，讲述了现代化数字营销途径的重要性。在企业的营销过程中，传统的大众传播营销与数字化营销并不是两个各自独立的系统，往往是相结合使用以求获得最大效果。此外，优秀的销售团队对企业而言也至关重要，本节的最后也对其进行了相关的分析。

参考文献

[1] Annabeth Aagaard.The Concept and Frameworks of Digital Business Models[M]. Berlin:Springer International Publishing,2018,12(5).

[2] Elisa Truant, Laura Broccardo, Adrian Zicari.Organic Companies' Business Models: Emerging Profiles in Italian Bio-districts[J].British Food Journal, 2019, 121（9）.

[3] Jan F Tesch, Anne-Sophie Brillinger, Dominik Bilgeri. Business Model Innovationand the Stage-Gate Process[M].Berlin:Springer International Publishing,2018,1(9).

[4] Mary Jean Bürer, Matthieu de Lapparent, Vincenzo Pallotta, et al.Use Cases for Block chain in the Energy Industry Opportunities of Emerging Business Models and Related Risks[J].Computers&amp, Industrial Engineering, 2019(11).

[5] Mirko Presser, Qi Zhang, Anja Bechmann, et al. The Internet of Things as Driver for Digital Business Model Innovation[M].Berlin:Springer International Publishing,2018,12(5).

[6] Rudoler David, de Oliveira Claire, Zaheer Juveria, et al. Closed-for Business? Using a Mixture Model to Explore the Supply of Psychiatric Care for New Patients.[J].Canadian Journal of Psychiatry.Revue Canadiennede Psychiatrie, 2019, 64（8）.

[7] Sergey Yablonsky.Smart Wearable Multi-sided Fashion Product Platforms[M]. Berlin:Springer International Publishing, 2017.

[8] Stefanie Steinhauser.Network—Based Business Models, the Institutional Environment, and the Diffusion of Digital Innovations: Case Studies of Telemedicine Networks in Germany[J].Schmalenbach Business Review, 2019, 71（3）.

[9] Srdjan Krčo, Rob Kranenburg, MilošLončar, et al. Digitization of Value Chainsand Ecosystems[M].Berlin:Springer International Publishing, 2018.

[10] Wartini-Twardowska Jolanta, Twardowski Zbigniew.Searching for Synergy from a Combination of Heterogeneous Business Models: Measurement and Assessment from the Polish Software Industry[J].Heliyon, 2019, 5（7）.

[11] 阿里巴巴商学院.电商数据分析与数据化营销[M].北京：电子工业出版社，2019.

[12] 陈楠华.口碑营销[M].广州：广东经济出版社，2017.

[13] 陈菜根.社群运营五十讲：移动互联网时代社群变现的方法、技巧与实践[M].北京：北京时代华文书局，2018.

[14] 陈钦兰，苏朝晖，胡劲.市场营销学[M].2版.北京：清华大学出版社，2017.

[15] 陈乾."网红"的媒介形象塑造研究——以"口红一哥"李佳琦为例[J].新闻研究导刊，2020（1）：65-66+76.

[16] 曹旭平.市场营销学[M].北京：人民邮电出版社，2017.

[17] 崔译文，邹剑峰，陈孟君，等.市场营销学[M].2版.广州：暨南大学出版社，2015.

[18] 杜明汉.市场营销基础[M].北京：中国财政经济出版社，2015.

[19] 菲利普·科特勒，凯文·莱恩·凯勒.营销管理[M].15版.上海：格致出版社，2016.

[20] 菲利普·科特勒，何麻温·卡塔加雅，伊万·塞蒂亚万.营销革命4.0：从传统到数字[M].北京：机械工业出版社，2018.

[21] 冯晓青.企业品牌建设及其战略运用研究[J].湖南大学学报，2015（4）：142-149.

[22] 郭洪.品牌营销学[M].成都：西南财经大学出版社，2011.

[23] 勾俊伟，张向南，刘勇，等.直播营销[M].北京：人民邮电出版社，2017.

[24] 何明光.论基于顾客忠诚的企业服务质量管理策略[J].企业经济，2004（5）：25-27.

[25] 何代欣.向规模性政策转型：更加积极有为地扩大内需——中国应对复杂环境与外部冲击的选择[J].地方财政研究，2020（6）：21-27.

[26] 胡兴民.营销5.0：后互联网时代的企业战略营销模式[M].上海：复旦大学出版社，2020.

[27] 郝祥银.市场营销中服务营销的作用及实践策略分析[J].全国流通经济，2019（26）：5-7.

[28] 焦玉豹.链路营销：触发消费者购买的十大关键点[M].北京：人民邮电出版社，2020.

[29] 李永平. 市场营销：理论、案例与实训[M]. 2版. 北京：中国人民大学出版社，2018.

[30] 李彦亮. 文化营销——21世纪企业营销策略的发展方向[J]. 经济师，2003（9）：176-178.

[31] 李卫东. 5G时代的万物互联网：内涵、要素与构成[J]. 人民论坛·学术前沿，2020（9）：40-55.

[32] 李桥林. 爆品营销[M]. 天津：天津科学技术出版社，2019.

[33] 梁伟，石丹. 喜茶"卫生门"背后：扩张过快、管理粗放[J]. 商学院，2019（7）：34-36.

[34] 梁鹏，邢丽霞. 新冠肺炎疫情对餐饮业的影响及对策研究[J]. 时代经贸，2020（7）：8-12.

[35] 来有为，霍景东，王敏，等. 疫情后我国服务消费的发展趋势及促进消费回补的政策建议[J]. 发展研究，2020（5）：30-40.

[36] 卢泰宏，黄胜兵，罗纪宁. 论品牌资产的定义[J]. 中山大学学报（社会科学版），2000（4）：17-22.

[37] 陆军. 营销管理[M]. 上海：华东理工大学出版社，2017.

[38] 刘治江. 服务价值链分析[J]. 企业经济，2005（3）：68-69.

[39] 吕旭波. 产品生命周期与营销策略研究[J]. 经济师，2010（9）：269-270.

[40] 孟韬，毕克贵. 营销策划：方法、技巧与文案[M]. 3版. 北京：机械工业出版社，2016.

[41] 迈克尔·波特. 竞争战略[M]. 郭武军，刘亮，译. 北京：华夏出版社，2012.

[42] 梅潇. 小米手机网络营销策略分析[J]. 读书文摘，2016（8）：45-46.

[43] 门阳丽. 浅谈企业品牌战略[J]. 现代营销（信息版），2019（6）：240-241.

[44] 浦甲玲，虞娟. 论企业的品牌定位与市场之间关系[J]. 品牌研究，2020（4）：32-35.

[45] 苏朝晖. 客户关系管理：理论、技术与策略[M]. 3版. 北京：机械工业出版社，2018.

[46] 涂平. 市场营销研究：方法与应用[M]. 北京：北京大学出版社，2016.

[47] 王永贵. 市场营销[M]. 北京：中国人民大学出版社，2019.

[48] 王永贵. 服务营销[M]. 北京：清华大学出版社，2018

[49] 王纪忠. 市场营销学[M]. 2版. 北京：北京大学出版社，2019.

[50] 王松梅. 广告的定位与品牌的塑造[J]. 商业研究，2004（9）：163-164.

[51] 威廉·科恩，托马斯·德卡罗. 销售管理[M]. 10版. 北京：中国人民大学出版社，2017.

[52] 武亚军，郭珍.转型发展经济中的业务领先模型——HW-BLM框架及应用前瞻[J].经济科学，2020（2）：116-129.

[53] 唯良.细节营销[M].北京：机械工业出版社，2009.

[54] 徐岚.服务营销[M].北京：北京大学出版社，2018.

[55] 夏凤，胡德华.市场营销理论与实务[M].3版.北京：电子工业出版社，2019.

[56] 肖涧松.消费心理学[M].北京：电子工业出版社，2017.

[57] 熊峰.伊利转型从会员营销开始[J].企业管理，2017（11）：103-106.

[58] 杨洪涛.市场营销：网络时代的超越竞争[M].3版.北京：机械工业出版社，2019.

[59] 杨小红，赵洪珊.市场营销学[M].北京：中国纺织出版社，2016.

[60] 杨洁，甄翠敏，王宏伟.市场营销学[M].北京：中国社会科学出版社，2009.

[61] 余来文，等.企业商业模式：创业的视角[M].2版.厦门：厦门大学出版社，2018.

[62] 岳贤平.推销：案例、技能与训练[M].北京：中国人民大学出版社，2018.

[63] 约翰·韦斯特伍德.如何撰写营销计划书[M].5版.北京：中信出版社，2018.

[64] 闫芳.竞争对手分析[J].科学大众（科学教育），2020（4）：123.

[65] 周欣悦.消费者行为学[M].北京：机械工业出版社，2019.

[66] 周庆，易鸣，向升瑜.以市场为驱动——华为大客户营销实战演练[M].北京：中国人民大学出版社，2018.

[67] 周建波.市场营销学——理论、方法与案例[M].2版.北京：人民邮电出版社，2019.

[68] 周姬文希.基于品牌定位理论对星巴克在中美市场品牌定位策略的分析[J].现代商业，2020（13）：35-37.

[69] 周华.服务感知质量对顾客忠诚度的影响研究[J].江苏商论，2005（11）：26-28.

[70] 郑锐洪.服务营销：理论、方法与案例[M].2版.北京：机械工业出版社，2019.

[71] 郑锐洪，王振馨，陈凯.营销渠道管理[M].2版.北京：机械工业出版社，2016.

[72] 张萌欣.区块链在技术交易领域应用场景探讨[J].中国科技产业，2020（4）：61-64.

[73] 张浩威.新冠肺炎疫情下的商业伦理问题探究——海底捞涨价与麦当劳高调降价对比[J].辽宁经济，2020（7）：36-37.

[74] 张继焦，吴玥.中国私营企业履行社会责任40年[J].青海民族大学学报（社会

科学版），2020（1）：40-47.

[75] 钟帅，章启宇. 基于关系互动的品牌资产概念、维度与量表开发[J]. 管理科学，2015（2）：69-79.

[76] 朱勇，张晗. 基于消费者视角的阿里双11促销中存在的问题及应对策略[J]. 电子商务，2020（4）：56-57.